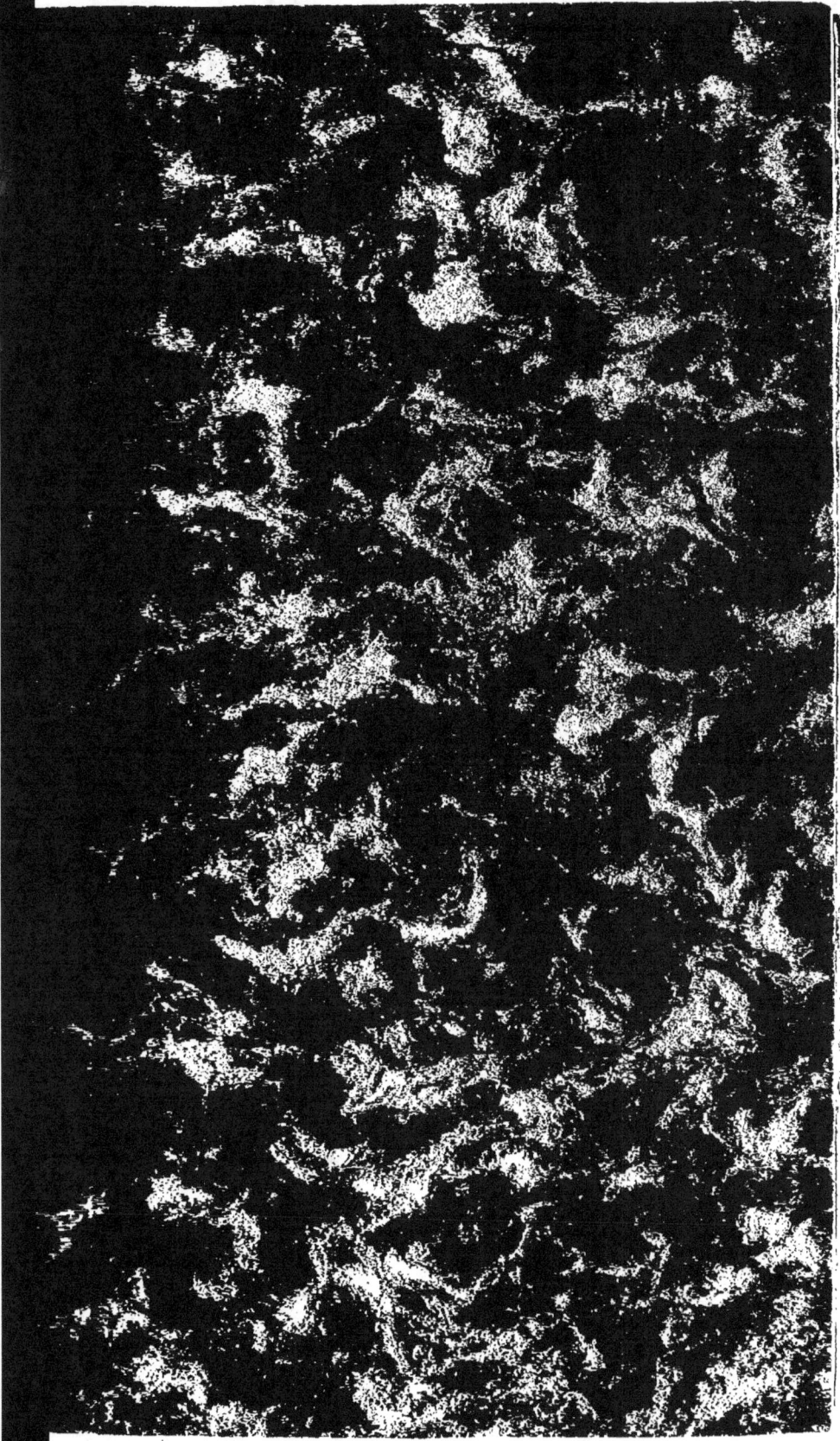

30986

HISTOIRE ET THÉORIE
DU
SYMBOLISME RELIGIEUX

POITIERS. — TYPOGRAPHIE DE A. DUPRÉ.

HISTOIRE ET THÉORIE
DU
SYMBOLISME RELIGIEUX
AVANT ET DEPUIS LE CHRISTIANISME

Contenant :

L'EXPLICATION DE TOUS LES MOYENS SYMBOLIQUES EMPLOYÉS DANS L'ART PLASTIQUE, MONUMENTAL OU DÉCORATIF CHEZ LES ANCIENS ET LES MODERNES, AVEC LES PRINCIPES DE LEUR APPLICATION A TOUTES LES PARTIES DE L'ART CHRÉTIEN, D'APRÈS LA BIBLE, LES ARTISTES PAÏENS, LES PÈRES DE L'ÉGLISE, LES LÉGENDES, ET LA PRATIQUE DU MOYEN AGE ET DE LA RENAISSANCE ;

OUVRAGE

Nécessaire aux architectes, aux théologiens, aux peintres-verriers, aux décorateurs, aux archéologues et à tous ceux qui sont appelés à diriger la Construction ou la Restauration des édifices religieux,

PAR

M. L'ABBÉ AUBER

Chanoine de l'Église de Poitiers, Historiographe du diocèse, Membre des Académies des Quirites de Rome, des Sciences du Hainaut et de l'Institut des provinces de France; ancien Président annuel de la Société des Antiquaires de l'Ouest, Correspondant de la Société des Antiquaires de France, etc., etc.

Et dicebant: Quis revolvet nobis lapidem monumenti ? — et respicientes viderunt revolutum lapidem. (Marc, XVI, 4.)

TOME PREMIER

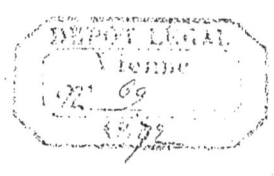

PARIS
LIBRAIRIE A. FRANCK
67, RUE RICHELIEU, 67.

POITIERS
A. DUPRÉ, imprimeur-éditeur
RUE NATIONALE.

1870.

Ce livre était promis depuis longtemps, peut-être attendu : il n'en invoque pas moins de l'indulgence des lecteurs auxquels nous l'avons destiné. Trente années de méditations et de recherches sont dans ces pages, qu'on a pu croire utiles, et que déjà, avant même leur apparition, d'illustres et honorables suffrages ont bien voulu encourager. Toutefois il s'en faut que nous regardions ces bonnes paroles comme une garantie d'infaillibilité que ne donnent à aucun écrivain ni les veilles laborieuses ni le consciencieux désir de bien faire. Où est-ce qu'on ne se trompe point, et en quelles choses d'ici-bas? Cependant nous avons confiance que nous ne serons trouvé, dans un livre où semblaient devoir se réfugier tant de conjectures, ni aussi *conjectural* ni aussi hardi qu'on l'avait craint. Nous espérons même qu'entouré du cortége respectable de tant d'autorités compétentes, qui témoigneront au bas de chaque page en faveur de théories peu connues et de nos propres opinions, on voudra bien admettre que notre voie était assez sûre et passablement éclairée. En effet, il ne s'agissait pas ici d'imposer des croyances personnelles, non plus que d'inventer les éléments d'une science inattendue; il ne fallait que réunir, dans un cadre qui en démontrât l'ensemble et les relations, des matériaux déjà mis en œuvre par tant d'autres, en déblayant le terrain sous lequel ils gisaient depuis longtemps oubliés.

Cette tâche est le résultat de nos vieilles et intimes convictions. C'est pourquoi nous l'avons entreprise avec amour et poursuivie avec zèle. La grande récompense que nous en attendons sera dans le service que nous aurons pu rendre par elle à la théologie chrétienne, restée jusqu'à présent trop étrangère à ces aperçus; à l'archéologie, qui n'a qu'une vie incomplète si elle se sépare de l'exégèse catholique; aux artistes enfin, dont les constructions grandioses et les séduisantes images ne peuvent trouver que dans notre esthétique religieuse l'énergique douceur et la gracieuse austérité de leurs difficiles compositions.— L'homme du monde aussi qui ne reste pas en dehors des lectures sérieuses et attachantes, le savant qui aime des horizons nouveaux pour en dissiper chaque jour quelque nuage, ne resteront pas indifférents à nos découvertes. Nous en avons pour garantes les promesses des esprits distingués, qui déjà nous ont compris et ont daigné nous le dire.

Notre matière a dû se partager inégalement, selon que chacune de ses trois parties comporte une masse plus ou moins considérable de renseignements. C'est pourquoi ce premier volume est de beaucoup plus restreint que les deux autres. Le lecteur comprendra très-bien de lui-même comment le sujet est cependant resté pour chacun d'eux en de convenables proportions.

C. A.

Poitiers, 26 juillet 1870.

LETTRES ADRESSÉES A L'AUTEUR.

Poitiers, le 25 octobre 1869.

Monsieur le Chanoine,

D'après le rapport qui m'a été fait concernant votre important ouvrage sur le *Symbolisme*, j'estime que la science religieuse devra tirer un véritable profit de vos études laborieuses et approfondies.

Personne n'avait encore pris le soin de rassembler autant de textes sur cette matière. Vous découvrez et vous expliquez les rapports qui partout et toujours ont uni les arts à la religion, l'esthétique à la théologie. Cette dernière science peut s'enrichir de nombreuses observations qui découlent de vos aperçus.

Ce n'est pas que vous ne deviez rencontrer, quant aux interprétations données à certains symboles difficiles et problématiques, des antagonistes sérieux et très-arrêtés dans des convictions contraires aux vôtres. Cette opposition, toujours permise entre les doctes quand elle tend à les éclairer, n'attaquera, j'en ai la confiance, que des détails secondaires laissés aux conjectures de chacun ; elle ne détruira pas des principes puisés dans la lecture attentive des auteurs compétents et dans l'histoire de l'art à toutes ses époques.

Je bénis donc votre travail, et je fais des vœux pour qu'il obtienne le succès que vous êtes en droit d'espérer.

Croyez, Monsieur le Chanoine, à mon sincère et entier dévoûment.

† L.-E., évêque de Poitiers.

Carcassonne, le 1ᵉʳ septembre 1869.

Monsieur le Chanoine,

Bien volontiers j'inscrirai mon nom à côté de ceux des souscripteurs de votre bel ouvrage ; et dès qu'il aura paru, je le lirai avec un très-vif empressement.

Le symbolisme touche à toutes les grandes choses de l'esprit et du cœur. J'ai essayé de montrer dans mes *Études*, en m'appuyant sur la Sainte Écriture et les Pères, que chaque objet créé est pour nous un admirable enseignement dogmatique et moral, nous laissant entrevoir les plus beaux mystères de la religion et nous donnant les leçons des vertus les plus élevées ! Mais l'application du symbolisme à l'art est, à elle seule, une magnifique donnée ; et vos travaux antérieurs, Monsieur le Chanoine, votre expérience et votre science, nous promettent, sur ce point, un livre du plus haut intérêt.

Parmi les réhabilitations importantes qui seront l'une des rares gloires de notre siècle, je ne doute pas que celle du symbolisme n'occupe un rang considérable. Le xviiie siècle s'était plu à tourner en ridicule les travaux et les aperçus symboliques du moyen âge, et l'on s'apercevra que, sans l'aide du symbolisme, on ne pénètre dans rien ; qu'il est *la clé*, comme l'a nommé saint Méliton ; qu'avec lui on explique le monde extérieur, on explique l'homme, on explique l'Écriture, on explique l'histoire sacrée, on explique l'art, on explique enfin tout ce qui fait ici-bas l'objet de nos plus nobles investigations.

Vous aurez pris, Monsieur le Chanoine, une très-grande et très-utile part à la restauration des études symboliques.

Permettez-moi de vous adresser d'avance mes vœux les plus sincères pour le succès de votre livre, et de joindre à l'expression de ces vœux celle de mes plus dévoués et distingués hommages.

† François, évêque de Carcassonne.

Liége, le 16 juillet 1870.

Monsieur le Chanoine,

Tous les artistes, tous les amis de la science doivent encourager votre œuvre et concourir à la propager.

J'en connaissais l'existence, mais j'ignorais tout ce que vient de m'apprendre le prospectus. Le plan du monument que vous élevez ne saurait être mieux conçu, et vous avez prouvé depuis longtemps que vous savez exécuter de main de maître les entreprises les plus ardues.

Je me fais une fête de fortifier et de compléter mes études en vous lisant ; dans toute la force du terme, vous avez satisfait à un *desideratum*, et vous allez rendre un service inappréciable aux constructeurs comme aux érudits.

Veuillez me faire inscrire sur la liste des souscripteurs à l'*Histoire du symbolisme religieux*, pour un exemplaire, aux conditions du prospectus, et agréez, Monsieur le Chanoine, l'hommage de mes sentiments les plus distingués.

Alphonse Le Roy,
Professeur à l'Université de Liége.

A M. LE COMTE AUGUSTE DE BASTARD.

Monsieur le Comte,

C'est à l'auteur des *Peintures et Ornements des Manuscrits*, à celui de *La Crosse abbatiale de Tiron*, que doit être offert l'hommage d'un livre où je cherche à développer des principes que votre haute intelligence avait dès longtemps si bien compris et consacrés. Ces études sérieuses et positives d'où l'esthétique chrétienne jaillit si abondamment ont fixé l'attention de toute votre vie, et vous fûtes l'un des premiers qui, à notre époque, soutinrent dans le champ de la science des théories rationnelles jusqu'à nous trop méconnues, préoccupation habituelle du moyen âge et de la vie intime de ses beaux arts. Ainsi, Monsieur le Comte, vous avez ajouté à l'honneur d'un nom illustre et noblement porté celui d'un des plus beaux succès scientifiques de notre siècle : double auréole, rarement tracée autour de la même tête, et qui, lorsqu'elle éclate encore par le rare mérite de labeurs désintéressés et incessants, fait trouver dans l'estime publique la plus belle et la plus légitime compensation de généreux sacrifices et d'obstacles énergiquement vaincus. C'est à ce zèle constamment dévoué que doivent une lumière, désormais impérissable, les merveilleuses peintures de nos vieux manuscrits. Sans vous, Monsieur le Comte, elles nous fussent restées étrangères, et leur perte eût constitué pour l'histoire de l'art une lacune de dix siècles ! C'est donc une *Renaissance* que le présent vous doit, et que louera sans réserve l'impartiale postérité. Oui, c'est ajouter un magnifique fleuron à la couronne de ses pères que d'avoir glorifié en de telles pages une période qui n'est aujourd'hui si follement calomniée que parce qu'elle fut le règne de Dieu !

A tant de titres, Monsieur le Comte, je partageai pendant de longues années l'admiration respectueuse de vos sympathiques lecteurs. En poursuivant, dans le silence d'une vie isolée du monde par goût et par devoir, de longues études qui en ont fait le charme, j'ai trouvé de douces et paisibles jouissances à me rencontrer souvent avec vous dans les mêmes pensées, et à porter le même jugement sur les mystères d'architecture et d'iconographie dont je préparais lentement l'exposition trop peu soupçonnée. De là sont venus des encouragements que je vous dois, et cette honorable bienveillance qui vous fit veiller sur l'apparition de ce livre et seconder sa marche dans les voies difficiles de cette république des lettres où les publications utiles semblent être aujourd'hui celles qui réussissent le moins : ainsi vous lui ménageâtes d'illustres appuis, que son auteur ne saurait non plus oublier !....

Après tant de bonheur fait à mon œuvre, il m'appartenait de lui en chercher un autre : il fallait décorer cette première page d'un nom qui résumât toutes les bontés dont je fus l'objet, sous les auspices duquel le monde des érudits n'hésitât point à l'accueillir ; et vous avez bien voulu permettre, Monsieur le Comte, que j'inscrivisse le vôtre au frontispice que je lui destinais. Qu'il y soit donc un gage constant de ma reconnaissance, un juste retour pour vos affectueux empressements, et un témoignage assuré de ma profonde vénération.

L'abbé AUBER.

Poitiers, 1er août 1870.

HISTOIRE
ET THÉORIE
DU SYMBOLISME RELIGIEUX

PREMIÈRE PARTIE.

DU SYMBOLISME CHEZ LES ANCIENS.

CHAPITRE I.

INTRODUCTION.

La parole est la plus merveilleuse empreinte que Dieu ait laissée à l'homme de la puissance de sa raison. Par elle il exprime ses besoins, il communique ses sentiments, défend et ordonne, excite les passions et les apaise; sa voix, maîtrisée par les mille modifications dont il dispose, est pleine, au besoin, d'énergie ou de suavité, de fermeté ou d'harmonie; elle attire les cœurs ou les repousse, les irrite ou les captive, selon que l'intelligence et le cœur secondent ses caresses étudiées ou ses légitimes emportements. Pas d'élans qu'elle ne serve, de pensée qu'elle ne colore. Elle rend

Merveille de la parole humaine.

tout avec précision, netteté, justesse. D'une seule âme elle en fait mille; elle est, à l'occasion, pour la foule une instigation de désordre et de paix, une conseillère du vice ou de la vertu. Dans le monde matériel des choses tout se fait par elle; son magique empire n'en atteint pas moins le monde invisible des esprits.

Nécessité de l'écriture.

Et cependant, comme figure de la pensée, la parole, réduite à elle seule, et toute pourvue qu'elle soit de si magnifiques priviléges, demeurerait insuffisante. En vain, pour entraîner un auditoire, elle s'accompagne de gestes passionnés, des éclairs du regard, des vives émotions du visage; inutilement elle module en des accords délicieux les savantes cadences d'un chant sublime de noblesse ou ravissant de douceur; il lui faut encore un art qui supplée au son passager qu'elle fait entendre, un moyen qui prolonge au loin ses fugitifs retentissements. Cet art, c'est l'écriture, écho non moins admirable de la pensée, et qui tient si providentiellement au langage, qu'il n'est guère possible de supposer l'un sans l'autre, pas plus, comme l'a dit Lactance, qu'une société sans langue (1).

L'une et l'autre supposent d'autres signes indispensables.

Mais ce procédé si remarquable, que serait-il encore s'il n'avait que lui-même pour venir en aide à l'esprit humain? Cette ingénieuse combinaison de vingt et quelques caractères (2) capables de tout dire aux yeux en reflétant nos pensées, possède-t-elle une action assez vaste pour tout exprimer? N'est-il rien qu'elle n'omette? et, admettant qu'il en soit ainsi, nous peut-elle bien représenter toutes les idées avec autant de ton et de vivacité qu'il leur en faut? Non, les

---

(1) « Nulla in principio facta est (hominum) congregatio, nec unquam fuisse homines in terra qui propter infantiam non loquerentur; intelliget cui ratio non deest. » (Lact., *De Vero Cultu*, cap. x.)

(2) Ce nombre se rapporte à la plupart des langues européennes et n'a d'exception que pour le slavon, qui compte 35 lettres. La plus riche des langues parlées sur le globe est l'indien, qui a 50 lettres, dont les liaisons se multiplient à l'égal des articulations de la parole.

aridités de la science, les théories parfois obscures des arts, la nécessité de suppléer aux notions qu'on nous en donne par des planches et des figures qui les complètent, sont autant de témoignages contre toute affirmation à cet égard. L'homme en société a surtout besoin de comprendre. Les demi-jours, les lueurs douteuses ne conviennent pas plus à son imagination que les notions imparfaites du bien et du mal ne vont à sa conscience et à son cœur. Il cherchera donc autour de sa vie extérieure tout ce qui peut l'aider à en étendre l'action, et s'adjoindra, soit pour multiplier ses rapports avec ses semblables, soit pour les transmettre à l'avenir, autant d'auxiliaires que le monde physique lui offrira d'objets créés, autant de moyens que sa faculté de connaître et de réfléchir lui fournira d'images.

De là les signes, les monuments, les représentations figurées des choses dont on veut transmettre ou maintenir l'expression ; de là, en un mot, ces symboles innombrables dont l'homme s'est emparé, dès le berceau du monde, pour activer la puissance de sa parole, jeter à tous et partout la lumière de sa pensée, et revêtir d'un corps les idées les plus métaphysiques et les plus abstraites.

Sous quelques nombreux rapports qu'on envisage l'ensemble des connaissances humaines, il n'en est pas une qui n'ait sa terminologie spéciale, et dans cette terminologie on trouve toujours autant d'images que de mots. Les idées les plus inaccessibles à nos sens s'y traduisent nécessairement par des peintures, plus ou moins colorées sans doute, selon qu'elles sont conçues par une âme plus ou moins impressionnée au contact du sentiment, mais qui témoignent incontestablement du besoin qu'éprouve notre nature spirituelle de comparer pour mieux comprendre, de peindre pour mieux démontrer. Fréquence des images dans toutes les langues,

Ainsi tout ce qui est relation entre les hommes atteste la fécondité de cette source. Elle jaillit de toutes leurs affections, se mêle à tous leurs usages, coule avec toutes leurs doc- et dans toute la vie humaine.

trines, se répand sur tout ce qui les intéresse en ce monde. Elle anime pour eux la vie de famille et se glisse, pour la vivifier et l'embellir, dans tout ce qui se rattache aux joies publiques ou privées, aux efforts de la politique ou de la guerre, aux expansions de l'art, aux dogmes et aux enseignements de la religion.

<small>But de ce livre : le symbolisme de l'art chrétien.</small>

Nous voudrions, dans ce livre, exposer surtout ce dernier point et faire adopter les conclusions qui s'en déduisent. Le symbole religieux, l'idée devenue forme au souffle créateur de l'art plastique, se manifeste de toutes parts dans le christianisme. Son rôle n'a jamais cessé d'y avoir une haute importance, et toutefois, par une foule de causes que nous dirons, ce n'est qu'un petit nombre d'observateurs sérieux qui a pu l'y reconnaître : encore, cette acceptation d'un fait évident s'est-elle souvent restreinte pour eux en des limites bornées. La foule, au contraire, a longtemps refusé de reconnaître ce mystérieux laconisme de l'art chrétien, qui dit tant de choses sur une étroite pierre. Il a fallu ce vaste essor que s'est fait depuis quarante ans la science archéologique pour amener enfin ces esprits rebelles à des aveux qu'ils ne peuvent plus refuser ; et c'est afin d'utiliser ce mouvement du progrès au profit du catholicisme qu'après de longues études et des recherches attentives, nous venons en parler aux incrédules pour les convaincre, aux convertis pour élever leur regard vers des horizons lointains, dignes à tous égards d'être explorés.

<small>Définitions du symbole, et différents sens de ce mot.</small>

Mais d'abord qu'est-ce qu'un symbole ?

En remontant à la source grecque de ce mot, nous trouvons sa plus expresse signification dans celui dont nous l'avons formé : τὸ σύμβολον. C'est, dans la langue originale, une note, un signe : voilà le sens propre et primitif. Mais ici, comme toujours, le substantif est sorti de cette enveloppe gênante et s'est étendu jusqu'à d'autres objets avec lesquels on lui découvrit quelque affinité. En effet, une *note*, un *signe* supposent nécessairement un rapport établi entre eux et

INTRODUCTION. 5

quelque autre chose ; c'est pourquoi, par un de ces phénomènes philologiques dont toutes les langues s'enrichissent à peine formées, le même mot agissant selon la force de sa composition, Σὺν-Βάλλω en est venu à signifier à la fois tout ce qui existe par l'agrégation de deux éléments de natures sympathiques ; ainsi on l'a traduit par : *avis* donné à quelqu'un, *présage* d'un événement à venir ; ç'a été encore une tessère d'ivoire ou de bois dont l'usage fut si commun et si varié chez les Romains, et qui, dans la Grèce même, avait servi de marque de ralliement aux sectes philosophiques, dont les secrets n'étaient donnés qu'aux initiés d'une certaine valeur (1). De là à un *sceau* ou *cachet* il n'y avait qu'une distance imperceptible, et, comme ces cachets servaient de signes de reconnaissance et conservaient les conventions sociales, ils furent aussi des symboles, τὰ σύμβολα. Des signes de ce genre constataient parfois aussi les alliances contractées entre les villes voisines, comme on le voit par une main de bronze découverte dans le Velai, et portant à l'intérieur cette inscription grecque : Σύμβολον πρὸς Οὐελαυνεῖς, *Symbole donné aux Velauniens* (2). C'est par un rapprochement de ce genre qu'on désigna sous ce même nom l'ensemble des articles de la foi chrétienne convenue entre les Apôtres, lorsqu'après l'ascension du Sauveur ils durent assurer l'unité inviolable des dogmes qu'allait accepter l'univers. Alors le symbole de la religion nouvelle devint comme un *mot d'ordre*, auquel désormais et toujours les disciples du Christ

(1) Voir une curieuse et savante *Étude sur la loi du secret dans la primitive Église*, par M. Caillette de l'Hervilliers, in-8°, Paris, 1862. L'auteur, qui a parfaitement compris ce sujet, et qui entend fort bien les textes originaux, cite un passage de Jamblique, platonicien du Ve siècle, qui se sert du mot *symbole* pour exprimer un signe secret de convention employé par les pythagoriciens : « Nequaquam sua sacra enuntiabant, sed per *symbola* et arcanas tesseras obscure et latenter sibi *mutuo sensu mentis* velut ænigmatibus significabant. » (Jamblic., *De Vita Pythagoræ*, lib. II, cap. XXVIII.) Ces derniers mots renferment une juste et complète définition du symbolisme, tel que nous allons le considérer.

(2) Voir Montfaucon, *Antiquité expliquée*, t. III, pl. 197, p. 361.

devraient se rallier. Ils le savaient tous de mémoire, à l'exclusion des païens, auxquels on avait grand soin de ne pas en confier le texte, et, pour se reconnaître entre eux, ils se demandaient le *signe*, le symbole : *da signum, da symbolum* (1). C'était donc encore une sorte de cachet posé sur leur cœur pour en fermer l'entrée aux croyances déchues, et, si le *symbole*, pris dans ce sens, a toujours signifié depuis lors, mais surtout depuis S. Cyprien, qui paraît l'avoir employé le premier, une profession de foi, une ferme adhésion à une communauté de sentiments religieux, le même mot, pris dans l'acception de signe extérieur, s'est toujours maintenu aussi dans le droit d'exprimer un rapprochement entre deux idées, une comparaison propre à en développer l'intelligence.

<small>Ce qu'est le symbole religieux en particulier. — Science du symbolisme.</small>

Maintenant sortons de ces généralités pour nous rattacher à notre sujet, et reconnaissons le symbole religieux à ses caractères spéciaux. On a jusqu'à présent discuté beaucoup sur son application : personne n'attaque sa raison d'être. Pour tous c'est « la représentation allégorique d'un principe chrétien sous une forme sensible (2). » Cette forme varie à l'infini, elle se plie aux exigences des imaginations les plus fertiles. On ne la trouve pas seulement dans la sculpture des temples, dans les peintures qui en décorent les verrières et les murs; elle ne se borne pas à émailler les marges de nos vieux manuscrits; elle vit et se révèle dans les pages prophétiques de nos livres saints sans en rien altérer des vérités historiques ou des réalités du dogme; elle y règne sous l'enveloppe du sens littéral depuis le premier chapitre de la *Genèse* jusqu'au dernier de l'*Apocalypse*. La science qui fait trouver ses rap-

---

(1) « *Symbolum* dicitur et indicium quod per hoc qui recte crediderit indicitur. » (S. Fortun., episc. Pictav., *De Symbolo*, cap. I, inter *miscellanea*, lib. XI. — S. Hieron., *Ad Pammach. Epist.*, 64, cap. IX.)

(2) « Symbolum, collatio videlicet, id est coaptatio visibilium formarum ad demonstrationem rei invisibilis propositarum. » (Hugo a S. Victore, *Expositio exegetica in Hierarchiam cœlestem S. Dionysi*, lib. II, cap. II; — Migne, t. 1, col. 960.)

ports, qui fait distinguer ce qu'il faut en rejeter ou en croire, c'est le symbolisme : science toute moderne en apparence, mais qui, à vrai dire, sort heureusement du tombeau où quatre siècles l'avaient clouée. Car, dès l'origine du Christianisme, elle colora de son charme plein de douceur et de mystère la belle théologie des Pères et les œuvres encore admirées des artistes qui les traduisaient. Partout et toujours, depuis l'Église naissante jusqu'à l'heure néfaste où gronda le luthéranisme, le symbolisme chrétien a tempéré les austères leçons de la scolastique, s'est mêlé à l'enseignement des petits, s'est fait le livre de ceux qui ne savaient pas lire, et le point de réunion où la pensée de Dieu arrivait à l'âme humaine par un intermédiaire matériel. Entendons-nous cependant sur un point dont il importe d'être prévenu pour n'être pas tenté d'accuser l'exactitude de nos termes : les différentes définitions qu'on pourrait donner du symbolisme, tel que nous voulons le faire comprendre, ne peuvent se restreindre à une formule précise et absolue. Celle que nous venons d'exprimer renferme, croyons-nous, tout ce qu'on en peut dire, et s'étend à tous les phénomènes de la pensée où le raisonnement donne un rôle à la faculté de comparer. Qu'on l'appelle donc *comparaison*, *signe*, *allégorie*, *figure*, *mythe* ou *symbole*, ce sera tout un, et nous nous emparons d'avance de ces synonymes pour les plier aux exigences de notre style, en dépit des nuances qui différencient la signification ordinaire de ces termes. On ne s'étonnera donc pas de rencontrer, dans notre première partie surtout, beaucoup d'allégories de l'art ancien, adoptées comme autant de symboles et traitées en conséquence. On voit bien qu'au fond de tout cela c'est le symbole qui règne et qui agit. S'il y est à l'état rudimentaire, il n'appartient pas moins au principe que nous étudions et que nous voulons divulguer. Si donc nous déviions en cela de la route, un peu trop étroite, selon nous, qu'ont cru devoir se tracer des symbolistes beaucoup plus dignes, mais un peu trop scrupuleux, c'est que nous ne voyons pas clairement en vérité la nécessité d'une distinction absolue entre l'allégorisme de l'époque païenne et le symbolisme de notre doctrine religieuse. En fait, la même définition convient aux deux en tant que l'une et l'autre se rattachent à l'explication d'un principe idéal par un fait sensible et extérieur. Les termes, d'ailleurs, en toute science que ce soit, n'ont jamais qu'une valeur de convention, et nous pouvons fort bien appliquer le nôtre en même temps aux choses profanes et aux choses sacrées, sans confondre la vanité des premières avec la haute dignité des autres, que nous respectons par-dessus tout.

Motif et but de ses enseignements actuels, méconnus du plus grand nombre.

Écrire à grands traits l'histoire de cette science, exposer la théorie qui présida à son origine et à ses développements, dissiper les obscurités qui la cachent à des yeux prévenus ou à peine ouverts, montrer à quelques-uns le symbolisme resté toujours pur des excès qu'on lui prête, prouver à d'autres qu'il vit encore sous des formes méconnues, et qu'il n'est rien de barbare sous ses doctes et saintes leçons, c'est une tâche qui, pour être laborieuse, ne laisse pas d'avoir ses attraits. Cette tâche, au reste, explique d'elle-même pourquoi nous l'avons entreprise. Maintes fois nous avons entendu professer, sur la valeur du symbolisme catholique, d'étranges principes, qui par des voies opposées arrivaient tous à noter l'Église d'ignorance coupable ou de scandaleuse grossièreté. A l'aide de deux ou trois idées depuis trop longtemps accréditées sur la barbarie de ce moyen âge (qu'on calomnie encore parce qu'on n'en veut étudier que certains dehors); des esprits, pourtant distingués parfois, se récriaient sur l'impossibilité d'admettre de telles images et les attribuaient à de bizarres caprices des imagiers. Les uns s'ébahissaient devant une façade monumentale sur laquelle ils se croyaient forcés de lire des scènes prétendues indécentes, que très-souvent leur seule imagination y sculptait; d'autres s'indignaient pour les corniches d'un intérieur, en présence de quelques scènes moins équivoques et que leur ignorante pudeur prenait naïvement pour des excitations au mal; d'autres encore s'ingéniaient avec tout l'esprit du monde à nier que dans ces figures tour à tour grotesques, horribles, ou vives ou gracieuses, qui soutiennent les entablements ou garnissent les chapiteaux, on dut reconnaître autre chose que les égarements capricieux d'artistes sans gravité et sans direction.

A l'appui de ces récriminations, on apportait d'abord son sens intime, puis une bonne dose d'imagination qui en secondait les convictions arrêtées, puis enfin deux ou trois passages d'illustres auteurs plus ou moins connus, lus à la hâte, ravis à grande joie et apportés en triomphe sur le théâtre de discussions archéologiques où les pauvres malheureux, disséqués à grands frais de dissertations verbeuses, devenaient la proie d'autres champions qui ne les entendaient pas mieux que les premiers, mais n'y voyaient pas moins tout ce qu'on avait voulu leur faire accroire. Nous remarquions, pendant tous ces orages, qu'une seule chose manquait aux antagonistes : l'étude quelque peu sérieuse du point si intéressant dont ils discutaient. Et cependant il y avait des livres, des traditions, des œuvres d'art, qui eussent attesté aux uns le caractère de leur thèse et prêté aux autres les véritables moyens de réfutation ; et cependant encore on rendait, sans le savoir fort souvent, quelquefois aussi sans le vouloir, on rendait l'Église complice de telles singularités...

Mêlé que nous fûmes à quelques-unes de ces luttes, dans les Congrès scientifiques ou ailleurs, nous y eûmes surtout à cœur, comme prêtre, de défendre l'honneur de notre Mère ; mais nous comprîmes qu'une mission importante, et que nous croyions avoir le droit de nous donner, voulait plus que des dissertations d'une demi-heure à plusieurs mois d'intervalle. Un livre ne nous parut point de trop pour poser la question et la résoudre dans son véritable sens. C'est le résultat du travail que nous apportons dans les chapitres qui vont suivre.

L'auteur a voulu éclairer sur ce point.

Ce travail, nous serions heureux qu'il fût utile aux cours d'archéologie qui se professent dans les séminaires, car nous

Importance de cette étude pour les ecclésiastiques.

supposons qu'il n'est pas un seul de ces établissements où la science qui élucide toute l'histoire ecclésiastique, et sans laquelle on ne sait rien de celle-ci, ne soit pas enseignée aujourd'hui; et, en considérant cette science du point élevé qu'elle a certainement atteint, nous osons dire qu'elle devient de plus en plus un complément indispensable des études théologiques. Si quelques-uns s'obstinent encore à en douter, un temps doit venir, et très-rapproché de nous, où il ne sera plus permis à un jeune prêtre de ne pas comprendre les détails d'ornementation de l'église que son évêque lui aura confiée. Il ne devra plus permettre à un laïque de lui compléter des connaissances déjà acquises, en lui disant quelle profonde pensée est cachée sous les mystérieuses apparitions de ses sculptures ou de ses fresques..... Peut-être ce que nous allons dire devra-t-il contribuer à lui éviter ce chagrin.

Plan général de cet ouvrage.

Mais il est bon d'initier d'abord notre lecteur à la marche que nous voulons suivre, en lui indiquant la voie où nous désirons qu'il entre avec nous. Avant donc d'entamer la question au point de vue catholique, nous tenons à dissiper les vieilles ténèbres des choses humaines et à démontrer que le symbolisme a vécu profondément dans les entrailles des sociétés qui ne sont plus. Son universalité ressortira des usages de leur vie civile, intérieure ou publique; on le verra adapté principalement aux pratiques religieuses des nations qui se doutaient le moins du christianisme, quoiqu'elles fussent, à leur insu, pénétrées de ses principes, aussi vieux que les traditions originelles : tant le symbolisme est dans la nature de l'homme! tant il se lie nécessairement à l'enseignement des mystères que se sont faits toutes les fausses religions! Sans doute nous pensons, avec de graves esprits, que chez les peuples anciens le symbolisme fut plus dans la nature que dans la pensée, et que, si celle-ci dut y apparaître comme l'étincelle d'où le feu se répand, il y eut d'énormes différences entre ces grossières tentatives dont l'art était né-

Démontrer l'universalité du symbolisme.

cessairement empreint et le spiritualisme élevé qui illumina le front de la religion révélée. Mais le besoin de parler aux intelligences un idiome mystérieux et sacré n'exerça pas moins son influence bien marquée sur les générations païennes, et il nous a paru indispensable d'établir tout d'abord cette influence comme se liant à notre objet principal; après quoi nous descendrons la pente, toujours égale, des siècles. Nous l'y considérerons gardant soigneusement son rôle en face de chaque peuple et à chaque période de son existence, se faisant à sa taille et à son caractère : modeste et paisible au foyer domestique, chevaleresque et guerrier à la cour des princes et sous la tente militaire, subtil et séduisant dans les arts, grave et austère sous les voûtes assombries des hôtels de ville et des palais de justice. Chez nous-mêmes, qui ne l'avons observé que trop peu, se mêlant à nos habitudes journalières, nous le verrons se glisser partout, depuis la cabane obscure du pâtre jusqu'aux somptueuses demeures de la richesse et du pouvoir.

Il s'applique aux religions antiques

et aux coutumes et usages des diverses conditions sociales.

Donc le symbolisme a toujours été partout; il existe encore partout où s'illumine la pensée humaine. Dès lors, quoi d'étonnant qu'il ait été, qu'il soit encore dans la vraie religion? Et comment la foi chrétienne, que distingue éminemment son esprit de prosélytisme, son aspiration divine à tout envahir au profit de Dieu, aurait-elle dédaigné ce langage si émouvant, si capable d'autoriser le sien? Elle serait donc la seule philosophie, elle la plus noble de toutes, puisque toute sagesse ici-bas n'est qu'une émanation d'elle-même, elle serait la seule qui rejetât les bons offices de l'art, qui osât nier l'attrayant prestige de l'imagination dans l'exposition solennelle d'une doctrine, et condamner au silence une poésie qui va au cœur de l'homme par son esprit et par ses sens? Nous prouvons qu'il n'en est pas ainsi. Une seconde fois remontons l'échelle des âges, et dès l'aurore du monde antique Dieu lui-même nous apparaît symbolisant ses miséricordieuses promesses à l'humanité déchue. Sous l'in-

Comment le christianisme a dû l'adopter pour l'enseignement de sa doctrine,

fluence de cet adorable exemple, voici tout le peuple choisi semant aux générations à venir une sublime série d'emblèmes et d'allégories par ses historiens, ses prophètes et ses sages. Les livres de ces magnifiques génies scintillent des figures les plus éclatantes ; ils annoncent et préparent, sous le clair-obscur de ces images sacrées, l'avénement du Verbe incarné ; et quand le jour se fait, lorsque ce Verbe imprime à toutes les âmes un caractère nouveau, c'est par des paraboles qu'il procède, c'est en rapprochant le passé du présent qu'il répond à l'incrédulité hypocrite. En lui s'accomplissent tous les traits ébauchés sous la première alliance, et, après lui, nous voyons fidèles à ces données les Apôtres, les Pères, qui reproduisent sa vie par leurs vertus, sa doctrine par leurs livres, prodiguer à pleines mains le symbolisme dans le dogme, dans la morale, dans la liturgie, dans tout ce qui tient à l'extérieur de la religion.

comme dans son architecture et ses autres arts plastiques.

Enfin nous saluons le moyen âge : le plus beau des arts s'identifie avec lui ; l'architecture qu'il inspire y résume ses plus grandioses conceptions. Dans ses majestueuses basiliques, pas un détail, pas une tête sculptée, pas une feuille de chapiteau qui ne représente une pensée et ne parle un langage compris de tous. C'est là ce qui étonne aujourd'hui, quand l'étude en est aussi peu avancée ; c'est là ce qu'on nie hardiment, sans respect d'autorités qu'on n'a pas interrogées et de témoins qu'on n'a guère pu consulter. Mais ces témoins paraissent : comme ces sveltes et imposantes statues versées à profusion par les artistes de Philippe-Auguste et de S. Louis sous les voussoirs de nos cathédrales, ils viennent, portant leurs livres ouverts et leurs phylactères déroulés, découvrir à tous les regards les fondements enfouis d'une science oubliée. Ils ont leurs commentaires de l'Écriture, leurs cérémoniaux, leurs bestiaires, leurs traités doctrinaux, leurs légendes. Prenez et lisez : tout est là.

D'où vient le long oubli qu'on en a fait.

Jusque-là l'Église, mère et maîtresse, a tout ordonné, surveillé, accompli par elle-même. Évêques, abbés, simples moines ont inventé, dessiné, surveillé, exécuté les monuments religieux; le symbolisme s'est docilement soumis à la direction de leur main et de leur pensée. Rien qui n'y soit réglé par le spiritualisme et ne s'y rattache aux enseignements de la foi. Pourquoi les siècles suivants voient-ils dépouiller l'art chrétien du beau et indispensable privilége qui jusqu'alors l'avait maintenu à des mains chrétiennes? Il faut s'en prendre aux malheurs de l'Église, trahie par ses enfants, pillée par les mains sacriléges des puissants du monde, envahie par leurs prétentions odieuses, et ouvrant forcément le sanctuaire au laïcisme, qui s'y étale en vainqueur. De cette phase de l'histoire moderne date la décadence des traditions chrétiennes dans l'art. Le sens particulier détrône l'autorité protectrice qui l'avait élevé si haut sous la garde des traditions; c'est un commencement de protestantisme, de *Renaissance*....; c'est tout ce qu'on voudra, excepté l'inspiration religieuse et le souffle de la vérité artistique. Devant cette irruption de barbares, le symbolisme s'enfuit, et, à partir de cette disparition, le sol de l'Europe va se couvrir, trois siècles durant, de monuments religieux ou civils sans caractère, d'édifices qu'on ne distinguera plus entre eux par le moindre indice d'une destination spéciale.

Telle est l'histoire du symbolisme; tels nous allons en développer les vicissitudes et les détails. On le conçoit, ce n'est point en ligne directe que nous marcherons vers notre but. Souvent, comme le voyageur qui traverse des régions inexplorées, nous en serons détournés par des incidents; nous interromprons notre course pour réfléchir devant un site inattendu et nous rassasier de ses pittoresques aspects. L'histoire et la théorie ne se renfermeront pas dans les limites précises d'une chronologie, dans un plan dont les détails sortent successivement et sans intervalle les uns des autres : elles rattacheront à l'exposition générale de notre thèse chacune de ces branches, selon que nous y amènera le développement du sujet. En un mot, les faits et la théorie s'appuie-

Notre méthode dans le développement de cette histoire.

ront mutuellement, parfois enchaînés et unis, quelquefois se séparant pour se retrouver bientôt, mais toujours revenant au même sentier, pour arriver ensemble au terme de leur commun essor. Cette méthode, pour être plus lente peut-être, n'en sera ni moins intéressante ni moins sûre, et par elle nous parviendrons, selon nos espérances, à cette démonstration évidente que le symbole est inséparable de l'art chrétien, qu'il en est l'âme et la vie, qu'il n'a d'autres limites que les siennes, et que partout où l'un règne, l'autre réclame l'honneur de régner avec lui.

CHAPITRE II.

DES LANGUES ÉCRITES.

Un célèbre grammairien du dernier siècle disait que « les figures de rhétorique n'étaient nulle part si communes que dans les querelles des halles. » C'était rester au-dessous de la vérité : il eût pu dire, en y réfléchissant un peu plus, qu'elles sont communes partout. Que les tropes appartiennent à l'éloquence ou à la pensée; qu'ils ressortent de l'élocution plus ou moins grammaticale du peuple ou de l'homme du monde, ou bien qu'ils concourent à vivifier les arts manuels sous la forme sensible de plus ou moins de métaphores, le résultat est le même, comme le principe : il y a là un ensemble de figures et de réalités. Il en dut être ainsi au sein de la première famille humaine : le besoin de s'exprimer en présence de choses qui se multiplièrent, et à mesure qu'un plus grand nombre de mots vint enrichir la première langue parlée, fit créer des relations nouvelles entre les conceptions de l'esprit et les corps visibles. Les points de contact et de ressemblance s'établirent bientôt assez fréquents pour que l'usage des comparaisons senties ou **parlées** devint tout naturel : il s'ensuivit forcément une série de types convenus qui passèrent à l'usage commun et s'identifièrent plus tard avec toutes les langues.

Mais les langues ne durent pas rester longtemps à l'état élémentaire. En se développant, elles s'étendirent à un plus grand nombre d'individus, et, quand l'espèce humaine se

<small>Les signes symboliques essentiellement liés au langage humain.</small>

fut dispersée et que ses membres divisés en tribus eurent par cela même établi entre eux des distances sur le sol, déjà couvert de leurs travaux, la nécessité de communications qui les rapprochassent dut faire inventer des moyens de se parler de loin autrement que par des envoyés, et surtout de se transmettre par des signes secrets tout ce qui pouvait toucher à des intérêts particuliers. Ce fut la cause première et occasionnelle de l'écriture.

Formes originelles de l'écriture.

Tout d'abord l'écriture ne fut pas phonétique, comme celle des nations qui vinrent ensuite, c'est-à-dire formée de signes exprimant des sons par le concours de voyelles et de consonnes. Ce procédé ne put être qu'un perfectionnement de l'art d'écrire et n'est venu qu'après des éléments plus grossiers. Ce fut donc par des images des choses qu'on en traça l'expression au regard, et chacun put comprendre ce que signifiait la figure d'un arbre, d'une maison, d'un homme,

Usage primitif du dessin.

représentés plus ou moins fidèlement. Cette méthode si facile et si populaire ne fut pas autre chose que le dessin, inventé par conséquent pour seconder une des premières nécessités sociales, et non pas, comme on a voulu l'établir avec plus d'imagination que de philosophie, pour consoler un amour malheureux de l'éloignement d'une personne regrettée. Il paraît, d'après plusieurs voyageurs modernes, que les lois et l'histoire nationale des Mexicains n'étaient pas conservées autrement avant la découverte du Nouveau-Monde (1).

Quoi qu'il en soit, des livres écrits d'après ce système devaient se grossir considérablement sans renfermer de longs ouvrages, et le besoin de prolonger le cours de ses pensées sur la science de la vie, du gouvernement et de toutes les

---

(1) Cf. Gemelli Carreri, *Giro del mondo,* ou *Voyage autour du monde,* trad. par Dubois de Saint-Gelais, t. II, p. 107, Paris, 1719, in-12.—Le P. Joseph Acosta, *Historia natural y moral de las Indias,* Madrit, in-4°, 1608 (*Histoire naturelle et morale des Indes*), trad. par Robert Regnault, in-8°, Paris, 1606.

autres matières politiques ou religieuses dut faire abandonner promptement cette simplicité d'exécution. D'ailleurs il fallait à ces signes si divers, dont chacun n'exposait qu'une idée simple et absolue, des liaisons qui en modifiassent le sens, et tinssent lieu dans le discours suivi, des particules, qui sont de l'essence de toutes les langues. Ce fut le point où dut commencer un autre genre d'écriture dans laquelle les combinaisons de la pensée purent se dessiner à leur tour par des modifications plus significatives. Tel fut le second âge de l'art graphique. Une manière plus abrégée le signale et nous offre une étude pleine d'intérêt, quoique des savants renommés aient perdu beaucoup de temps et de patience à en épeler le mystère. L'écriture hiéroglyphique, en s'appropriant la peinture des choses proprement dite, adopta donc en plus certaines formes variées dont la valeur fut égale aux idées complexes qu'on lui fit représenter. C'était un pas immense vers la perfection possible que d'avoir su ajouter à de simples images le caractère qui les liait à tant d'autres. Tous les monuments historiques étudiés à ce sujet autorisent à croire que les Égyptiens furent les inventeurs de ce système. L'avaient-ils été du précédent? rien ne le prouve ; on se sent porté à croire que le monde n'avait pas vécu près de deux mille ans avant le déluge sans recourir à des signes supplémentaires de la parole. On se le persuade même aisément en considérant qu'à l'époque de la grande catastrophe, les arts, qui supposent des relations très-actives entre les hommes, étaient arrivés à un point de progrès fort remarquable. L'arche de Noé, dont le plan ne précède que de cent vingt ans le cataclysme universel; la tour de Babel, construite cent deux ans ou tout au plus cent cinquante ans après (1), sont des témoignages d'une industrie déjà avancée et semblent confirmer nos données sur l'usage

---

(1) P. Petau, *Rationarium temporum*, pars I, lib. I, cap. 1; pars II, lib. II, cap. v.

fort antérieur d'une écriture quelconque. Or l'Égypte apparaît du temps de Moïse, environ dix siècles après le déluge, si éclatante de civilisation, qu'en dépit des exagérations souvent reprochées à sa chronologie il faut bien lui accorder une antiquité assez rapprochée de la dispersion des enfants de Noé. C'est donc bien près du berceau de ce peuple qu'on doit placer l'invention de l'écriture hiéroglyphique.

Inscriptions juives du Sinaï.

Des preuves nouvelles de cette application des Égyptiens à ce moyen graphique ont été récemment découvertes par un orientaliste anglais, le R. Charles Forster, qui, dans un voyage au mont Sinaï, a pu reconnaître, sur les surfaces perpendiculaires d'énormes rochers taillés à pic dans des gorges, un grand nombre d'inscriptions, mêlées de figures très-variées de beaucoup d'animaux. Les inscriptions se rapportent aux événements miraculeux qui signalèrent et suivirent la sortie d'Égypte, tels que le passage de la mer Rouge, l'eau jaillissant du rocher, l'eau amère changée en eau douce, Moïse priant sur la montagne, les mains soutenues par Aaron et Hur. Les animaux sont des lézards, des serpents, des chiens, des oiseaux, des chameaux et autres bêtes de somme. Des guerriers armés se mêlent à des hommes conduisant des troupeaux; tous ces sujets font partie essentielle du texte, pendant que celui-ci, sans rien exprimer qui soit précisément les termes propres de l'*Exode*, rappelle cependant certains faits de l'histoire juive dans un style identique. Ce curieux spécimen qu'on n'a pas essayé encore de réfuter, que nous sachions, ne serait tout au plus attaquable que sur l'interprétation de toutes ces figures. Mais ces figures n'en existent pas moins, comme on peut le voir par les *fac-simile* de trente ou quarante inscriptions donnés par l'auteur, et pour peu qu'on y sache distinguer les caractères alphabétiques et les mots qu'ils composent des images exprimant à elles seules des mots entiers et même des phrases complètes. Il faut bien avouer que ce que les Arabes du pays appellent la *Vallée de l'écriture* est un des plus anciens et des plus remarquables monuments de la méthode graphique des Égyptiens (1). — Et néanmoins est-ce bien à ces premiers conquérants de la science qu'il faut attribuer ces fragments de l'histoire d'Israël? ne serait-ce point à ce peuple échappé de la servitude, et qui, par un long séjour avec ses oppresseurs, avait nécessairement adopté son écriture, qu'on doit plus raisonnablement accorder d'en être l'auteur? Les faits racontés sur ces pierres éternelles répondent suffisamment à cette question. Ce ne sont pas les savants de Pharaon qui eussent consacré le souvenir de sa défaite, et énuméré des miracles prodigués par Dieu à la gloire de ces esclaves délivrés.

Il faut donc se garder d'une erreur contre laquelle s'élèverait toute l'histoire ancienne, si l'on n'attribuait qu'aux seuls Égyptiens cette pratique. A leur suite peut-être, mais certainement avec eux, d'autres peuples s'en servirent. Les relations de commerce qui unissaient l'Égypte aux pays voisins, et que mentionne la Bible (2); les voyages qu'y faisaient les patriarches de la Chaldée et de la Mésopotamie pour suppléer à l'insuffisance de leurs propres récoltes par les blés des fertiles plaines du Nil (3), ne manquèrent pas d'importer chez ces petites nationalités les connaissances de la grande patrie des Pharaons. — Les caractères hiéroglyphiques devinrent de la sorte communs à un grand nombre de ces colonies nomades, et se répandirent promptement sur la surface du globe; on en a retrouvé l'usage fort anciennement pratiqué dans les quatre parties du monde, et nous avons vu qu'au seizième siècle les conquérants du Mexique le rencontrèrent dans la ville de Montezuma.

D'autres peuples en font usage.

---

(1) « The on primeval language traced experimentally through ancient inscriptions in alphabetic character of lost powers from the four continents; including the voice of Israel from the Rocks of Sinaï... » (Pag. 81-87, London, in-8°, 1852.)
(2) *Genèse*, XXXVII, 25.
(3) *Genèse*, XLII, 3.

Combien fut populaire l'emploi de ce moyen.

Warburton a démontré jusqu'à l'évidence, dans son savant ouvrage de *La Divine Mission de Moïse* (1), que l'écriture hiéroglyphique fut d'abord employée à fixer sur la pierre, le bois, les métaux et autres matières propres à la recevoir, et jusques sur la toile même, les traités historiques, les lois, toutes les publications d'administration civile, et que tout le monde alors comprenait le sens de ces peintures, dont quelques traces encore prouvent que souvent elles furent coloriées. Comment n'en eût-il pas été ainsi, puisqu'il est notoire que les familles reconnaissaient leurs momies aux inscriptions des bandelettes qui les enveloppaient dans les sépultures communes (2)? Les monuments étaient couverts de sentences morales que chacun devait lire apparemment. — Germanicus, au rapport de Tacite, se fit expliquer, sur les ruines de Thèbes, des caractères égyptiens constatant les conquêtes de Rhamsès et les tributs d'or, d'argent, de troupeaux et de blé auxquels furent assujetties les nations vaincues par ses armes (3). Environ un demi-siècle après Rhamsès, Sésostris élevait devant le palais de Luxor le fameux obélisque légué, en 1836, à la capitale de la France. — On a pu y lire son origine avec le nom du prince; mais, quelques études qu'en eussent faites les plus sagaces lecteurs, aucun ne s'était douté que le monolithe exposait aux regards, à l'aide de ses caractères animés, des poèmes héroïques en vers de huit syllabes. C'est pourtant ce qu'a découvert le P. Secchi, religieux italien, membre de l'Académie romaine d'archéologie. Après dix ans de recherches, le docte et patient antiquaire a pu lire à cette

---

(1) On trouve dans ce livre des *recherches sur les hiéroglyphes et l'écriture peinte*, que Léonard des Malpeines a traduites en français sous le titre d'*Essai sur les hiéroglyphes égyptiens*, 2 vol. in-12, Paris, 1744.

(2) Voir Montfaucon, *Antiquité expliquée*, 2ᵉ part., p. 331.

(3) *Annal.*, lib. II, cap. LX. — Voir, pour plus d'éclaircissements, le bel ouvrage de Balbi: *Introduction à l'Atlas ethnographique du globe*, t. I, p. 68 et suiv.

Compagnie une traduction des hiéroglyphes thébains, et l'a accompagnée d'un exposé de sa méthode d'interprétation (1).

On pense bien qu'une telle écriture, si ancienne qu'elle soit, est aussi parfaite que possible. Celle qu'admira Germanicus n'avait guère moins de quinze cents ans; déjà, à l'époque qu'elle accuse, les signes purement figuratifs avaient été secondés par des figures symboliques, de sorte qu'à une tête d'homme ou de femme, exprimant généralement l'un ou l'autre sexe, on voyait ajoutés les noms propres, véritables surnoms inventés pour distinguer les personnes, et qui furent pris d'abord des choses les plus usuelles et les plus communes. C'est ainsi que, par une de ces curieuses industries, sur laquelle nous aurons à revenir, on voyait sur les fameuses pyramides, dont les inscriptions, entièrement effacées, existaient encore du temps d'Hérodote, aussi bien que sur d'autres monuments écrits, des têtes d'animaux, des chiens, des serpents, des chameaux, des chevaux et autres, désignant, à n'en pas douter, les noms des individus. Des règles, des compas, des étoiles y figuraient comme noms qualificatifs. — A cela s'ajoutèrent bientôt des signes en faveur des idées métaphysiques ; ceux-ci ne purent s'établir que sur des analogies, et ce qu'on avait remarqué dans les êtres naturels, à quelque classe qu'ils appartinssent, parut pouvoir s'appliquer aux notions abstraites des choses surnaturelles : un cheval fut la vitesse ; un lion, la force ; un serpent, la ruse, et ainsi de mille autres. Bientôt on simplifia ce progrès, et un signe unique renferma plusieurs idées très-complexes : ainsi, pour rendre l'idée de deux armées qui se livrent bataille, on représenta un arc tendu vis-à-vis d'un bouclier opposé à la flèche qui va partir (2). Mais rien ne résume plus complétement cette

Le symbolisme succède aux signes purement figuratifs.

Symboles des idées abstraites.

---

(1) *Bulletin italien de l'Institut de correspondance archéologique*, cahier de mai 1852.
(2) Voir les savantes recherches et les ingénieuses découvertes de M. Champollion jeune dans son *Précis du système hiéroglyphique*,

méthode que la célèbre inscription du temple de Minerve à Saïs, capitale de la basse Égypte. Cette inscription, que nous a conservée Pausanias, représentait un enfant, un vieillard, un faucon, un poisson et un cheval marin : tout cela signifiait cette sentence : « O vous qui *entrez dans le temple et qui en sortez*, sachez que *les Dieux détestent l'impudence* (1).

<small>Symbolisation des signes alphabétiques.</small>

C'était bien là du symbolisme sans doute, et quand il sembla disparaître, quand après cette écriture primordiale survinrent les signes phonétiques, l'alphabet proprement dit, ces signes ne furent encore que l'abréviation des symboles qu'on voulut remplacer par eux. La nature de la langue égyptienne, alors toute monosyllabique, dut rendre facile l'emploi de ce moyen, et permit d'écrire chaque mot par le caractère correspondant à l'objet qu'il exprimait. Ainsi la main, *tot;* la bouche, *ro;* le soleil, *ra* ou *re*, furent désignés par leur première lettre, et la distinction entre plusieurs mots s'écrivant par les mêmes initiales se fit au moyen de points et d'accents secondaires, ou d'une légère variante dans le tracé de cette lettre. Nous verrons bientôt qu'il en fut ainsi de la langue hébraïque. Combien pourrait-on s'étendre sur ce sujet qui a prolongé les veilles de tant de savants, et qui, de nos jours, occupe si laborieusement les plus doctes esprits! Mais nous ne pouvons qu'effleurer la matière, nous avons à prouver uniquement le fond symbolique des langues les plus anciennes, et nous renvoyons,

---

2ᵉ éd., in-8°, 1828. Les notions les plus intéressantes sur cette grande question y sont élucidées à l'aide de patientes études. M. Champollion-Figeac a donné, dans l'*Encyclopédie du dix-neuvième siècle*, un fort bon article (vº *Hiéroglyphes*), dans lequel, abrégeant ce qu'en a écrit son illustre neveu, il joint à son texte plusieurs figures et alphabets égyptiens qui peuvent dispenser de recourir à l'ouvrage original. — Voir aussi l'article *Champollion*, par M. Picot, *Biographie universelle*, t. LX.

(1) Pausanias, Ἑλλάδος Περιήγησις (*Voyage en Grèce*), liv. IV, in-f°, 1696. — Warburton, *Essai sur les hiéroglyphes*, 2ᵉ partie. — Voir aussi *Mémoires de Trévoux*, 1744 (juillet), p. 1193.

pour le développement des principes, aux écrits si justement célèbres de MM. Champollion, Young, Lepsius, de Saulcy et de Bunzen : la lecture attentive de ces pages confirmera, pour quiconque y voudra recourir, les conséquences que nous tirons de ces notions fondamentales et avérées.

Cette vérité s'applique également à l'écriture chinoise. Warburton a cru y reconnaître des traits dont l'origine lui paraissait remonter à des images plus ou moins symboliques (1). Il est vrai que Fréret, le critique voltairien, a prétendu prouver le contraire et disserté longuement pour établir que les caractères chinois n'ont jamais eu que des rapports de convention avec les choses qu'ils signifient (2). Mais les missionnaires jésuites, dont les études se sont faites au sein même du peuple dont ils virent de si près les mœurs, les arts et la littérature ; le P. Gaubil, dont la science étonnait les docteurs chinois eux-mêmes (3), et dont Fréret, un de ses correspondants, avait sans doute quelque motif de ne pas suivre le sentiment ; le P. Martini, savant auteur d'une histoire de la Chine, et le plus exact avant le P. Duhalde (4) ; le P. Semedo, l'un des premiers écrivains qui aient révélé à l'Europe les mystères de cette nation, et qui s'était spécialement occupé de sa langue (5), sont tombés d'accord, sans concert préalable, que les lettres de ce singulier empire ont peint les choses matérielles et symbolisé par des signes connus toutes celles qui ne peuvent tomber sous le sens. Cibot (6), Gaubil (7) et d'autres, qui ont étudié

<small>Symbolisme de l'écriture chinoise.</small>

---

(1) *Ubi suprà.*
(2) *Mémoires de l'Académie des inscriptions et belles-lettres*, t. VI, in-4°.
(3) *Lettres édifiantes et curieuses*, t. XXVI, édit. de 1781.
(4) *Sinicæ historiæ decas prima*, imprimée deux fois en latin et traduite en français par l'abbé Le Pelletier, 2 vol. in-12, Paris, 1692.
(5) *Biographie univ.*, v° Semedo.
(6) *Mémoires sur les Chinois*, t. IX ; *Essai sur l'antiquité des Chinois*, dans le tome I, in-8°, Paris, 1780.
(7) Le *Chou-King*, livre des traditions historiques de la Chine, observations et notes, p. 62, in-4°, Paris, 1771.

l'histoire de la Chine sur le sol où elle s'est développée, regardent le peuple qu'ils évangélisèrent comme ayant fait le premier quelque usage du symbolisme, puisque, sous le premier empereur Fo-hi, qui régna vers l'an 2,000 avant Jésus-Christ, on s'y servait déjà de cordelettes de couleur et de planchettes noires; sur les unes, on s'entendait par un certain nombre de nœuds, combinés comme autant de mots ou d'images équivalentes; sur les autres, on traçait en blanc ou l'on gravait en creux des figures et des caractères. Trois lignes superposées horizontalement et coupées dans leur longueur selon des conventions adoptées exprimaient toutes les idées, depuis les plus simples jusqu'aux plus complexes (1). Mais si tel est le plus ancien souvenir qu'on ait pu retrouver du symbolisme, nous ne doutons pas que celui-ci ait dû se manifester dès l'origine de la société humaine, puisque dès lors le langage a dû se créer des comparaisons et se solidifier en quelque sorte par des signes matériels. Ainsi ce n'est pas le premier usage du symbolisme qu'il faudrait attribuer aux Chinois; on pourrait tout au plus rattacher à leur civilisation l'usage le plus ancien qu'on en connaisse; mais on peut désormais opposer à cette prétention la découverte des rochers du Sinaï, dont nous parlions tout à l'heure, car ce fait, dont tout le monde savant a retenti, infirme l'assertion d'Étienne Firmont dans sa *Grammaire chinoise* (2) et ses *Meditationes Sinicæ*, aussi bien que M. Abel Remusat, qui avait admis ce principe sans conteste (3).

Au reste, on sait que la ressemblance des caractères chinois et égyptiens, et les conséquences qu'on en pouvait tirer pour l'antiquité des deux peuples, furent, dans le dernier siècle,

---

(1) Voir M. Tremolière, *Encyclopédie du dix-neuvième siècle*, t. XXIII, p. 175 et suiv.

(2) La *Grammaire chinoise* est en latin, in-f°, 1742; elle est analysée dans le *Journal des savants*, mars et avril 1743. Quoique un peu vieillie, elle n'a rien perdu de son autorité sur un point que nulle autre plus moderne ne lui conteste.

(3) *Nouveaux Mélanges asiatiques*, t. I, p. 60.

le sujet d'une sérieuse controverse, à laquelle se mêlèrent, avec les savants anglais Morton et Needham, le célèbre orientaliste français de Guignes, l'abbé Winckelmann, Bartoli et quelques autres. Quelles que furent les conclusions que le public accueillit sur le fond de la question chronologique, il fut prouvé par les Pères jésuites de Pékin, auxquels les contendants s'adressèrent comme à des juges dont l'expérience pourrait prononcer en dernier ressort, que tout ce que nous venons de dire des Égyptiens s'applique parfaitement au grand empire de l'Asie ; que les caractères graphiques de celui-ci sont tantôt de simples images et tantôt des symboles, quelques-uns parlant aux yeux, les autres à l'esprit, et que, quelles que soient les divisions multipliées sous lesquelles on range ces caractères, on parvient à former par eux tout ce que la pensée humaine veut faire comprendre : ainsi l'on exprime une pyramide terminée en pointe, en plaçant la forme qui signifie *petit* au-dessus de celui qui signifie *grand ;* le verbe *aboyer* se rend par une bouche placée à côté de la gueule d'un chien. Ces exemples pourraient se multiplier à l'infini, et leur grand nombre, quelque prodigieusement varié qu'il soit devenu, n'ôte rien à la dignité et à la précision d'une langue non moins remarquable par sa grâce que par son énergie (1).

Abrégeons néanmoins ces détails, pourtant si intéressants par eux-mêmes, et dont le développement plus étendu nous conduirait au delà de notre plan. Qu'il nous suffise d'avoir démontré que l'écriture la plus ancienne s'est faite par des symboles, et que par eux ont commencé les relations écrites d'homme à homme et de nations à nations.

Nous reviendrons d'ailleurs plus d'une fois encore à nos Égyptiens et à nos Chinois ; ils nous doivent le tribut de la

---

(1) Voir le 59e volume des *Transactions philosophiques de la Société royale de Londres,* année 1769, ou l'abrégé donné par Millin, 10e part., *Voyages,* p. 183.

plus ancienne civilisation aujourd'hui connue, et nous aurons à les consulter dans les analogies de leurs croyances et de leurs mœurs symboliques, avec celles de bien d'autres races humaines.

Toujours est-il, et il faut le conclure des notions précédentes, puisées, comme on a pu le voir, aux sources les plus sérieuses, que la science moderne reconnaît dans l'ancienne écriture égyptienne, outre les caractères *épistolographiques* servant à tracer de simples lettres, d'autres caractères qu'on appelle *hiérographiques* ou représentatifs de choses sacrées, et que de ces deux espèces sont sorties successivement l'écriture *curiologique*, représentant les simples images des choses comprises de tous, et enfin l'écriture *hiéroglyphique*, destinée à représenter par des symboles les notions de politique ou de théologie qui devaient rester secrètes pour la foule. C'est ce que S. Clément d'Alexandrie avait parfaitement exposé dans son livre si intéressant des *Stromates* (1), bien avant les disputes récentes qui toutes ont confirmé ses assertions. Quelque animées donc qu'aient pu être les discussions soulevées, il y a plus de trente ans, entre MM. Champollion et Dulaurier (2), nous croyons que le premier s'appuyait avec raison d'arguments auxquels la position et le crédit justement acquis de l'illustre maître de l'école d'Alexandrie donnaient certainement une grave autorité.

(1) *Stromates,* liv. V.
(2) Voir *Univers,* 3 mars 1835.

CHAPITRE III.

DES LANGUES PARLÉES.

Le symbole n'est pas seulement dans les formes linéaires de la parole ; il est visible jusque dans les mots, et chaque langue, en étendant son action à un plus grand nombre d'êtres qu'elle a dû nommer, s'est chargée de prouver plus clairement cette vérité.

Diverses formes du symbolisme. Il existe jusque dans les mots de chaque langue.

L'esprit humain, en effet, est trop subtil et trop empressé vers ce qui le frappe pour ne recourir qu'au prix de beaucoup de temps et de réflexion à un système de démonstration probante. Qu'il prenne tour à tour, au service de la pensée, les rapprochements qui constituent une comparaison ; qu'il dissimule l'éclat d'une vérité philosophique sous les transparences d'une parabole ; qu'il fasse suivre, au moyen de l'allégorie, tous les développements d'un principe qui sortira plus vif et plus clair de ces ombres habilement calculées, il aura usé du symbolisme, mais non encore sous toutes ses formes ; il lui en restera une autre plus déliée, plus mystérieuse peut-être, mais tout aussi puissante à prouver que pour l'homme le symbolisme est partout : cette forme vit et raisonne dans chaque mot des langues dont il se sert.

Des philosophes anciens, à la tête desquels il faut peut-être placer Diodore de Sicile, ont pu croire que les hommes s'étaient fait un langage par des efforts successifs. Le phénomène de la parole est si mystérieux dans son origine pour

Erreurs de quelques philosophes sur l'origine des langues.

qui n'en a rien appris par la révélation, qu'on excuse facilement dans la sagesse païenne les systèmes passablement absurdes qu'elle s'est forgés sur ce point. Mais se sent-on porté à la même indulgence envers les érudits placés au sein du christianisme, et qui, en dépit des lumières jetées sur ce fait par la *Genèse*, ont disserté à perte de vue sur l'organisation prétendue de ce moyen social ? C'est cependant une des erreurs de Warburton (1), qui penche pour l'opinion de Diodore de Sicile; et Richard Simon, qui a bien d'autres hardiesses à se reprocher, la regarde comme probable (2), et prétend s'appuyer de S. Grégoire de Nysse (3), qu'il entend fort mal, comme l'a fort bien prouvé le P. Thomassin (4). — Les sophismes de J.-J. Rousseau se sont exercés aussi sur cette matière (5), et ce qu'il en dit, au milieu d'arguties et d'objections jetées, à son ordinaire, sans rien conclure, ravale au niveau de la brute cette créature intelligente, qui aurait vécu, selon lui, au hasard et sans autres guides que des instincts animaux, forcée par le besoin à émettre quelques sons d'abord inarticulés, à bégayer ensuite des syllabes sans aucune liaison, et n'arrivant qu'à la longue à trouver des mots complets, secondés enfin par des gestes et des inflexions. Les libres penseurs plus modernes sont-ils plus raisonnables en proclamant, comme M. Renan qui les copie (6), une sorte d'intuition et de spontanéité qui révéla à l'homme la parole avec sa pensée, comme s'il s'était créé lui-même, ce qui a l'excessif avantage de pouvoir se

---

(1) *Essai sur les hiéroglyphes*, ch. 1.
(2) *Histoire critique du texte, des versions et des commentateurs du Vieux Testament*, liv. I, ch. XIV-XV, et liv. III, ch. XXI.
(3) S. Gregor. Nyss., *Contrà Eunomium*, lib. XII.— Voir ce que dit Bossuet des excentricités de Simon contre ce Père et plusieurs autres, *Défense de la tradition et des saints Pères*, liv. II, ch. XIV et suiv.
(4) *Méthode d'enseigner chrétiennement la grammaire ou les langues par rapport à l'Écriture sainte*, t. I, p. 149, édit. 1697, in-f°.
(5) *Discours sur l'inégalité des conditions*, 1re partie.
(6) Renan, *Histoire générale des langues sémitiques*, sub init., Paris, 1856; ouvrage couronné par l'Institut.

passer d'un créateur qui soit Dieu? Admettrons-nous comme meilleures les conjectures trop affirmatives de Benloew, dont quelques esprits droits ne se sont pas assez méfiés sur ce point, quand il prétend établir comme incontestable que les premiers mots ont été des espèces d'interjections monosyllabiques, et que le progrès se serait fait en cela selon le besoin ultérieur d'exprimer plus de choses (1)? C'est rentrer dans les idées de Rousseau et établir que la raison de l'homme a dû avoir ses développements successifs, comme ses connaissances acquises. C'était aussi, et forcément, le système des encyclopédistes de Diderot (2). Voilà où tombe l'esprit humain quand, sous prétexte de philosopher, il préfère le vague incompréhensible de ses imaginations aux enseignements précis de la plus infaillible des philosophies.

Sentiment de la Bible, seul admissible.

A ne considérer qu'à ce titre ce que la révélation nous enseigne de l'origine du langage, on comprendrait bien vite combien le simple exposé qu'en fait le plus ancien livre connu est préférable à cette interminable suite de sophismes et de suppositions qu'entasse l'incrédule pour produire une négation toute gratuite. Que dit la *Genèse* à ce sujet? Avec la noble simplicité qui fait son caractère propre, avec l'autorité majestueuse que peut seule se donner la vérité éternelle parlant aux hommes, elle raconte comment « le Seigneur, après avoir créé tous les animaux, les fit paraître devant Adam, afin que celui-ci avisât à leur donner un nom. » — Elle ajoute, par une réponse anticipée à toutes les chicanes du sens particulier, que « tout ce qu'Adam nomma ainsi reçut alors son nom le plus convenable, et que c'est de lui seul que vint de la sorte à tous les animaux qui marchent ou volent un nom qui les distingua les uns des

---

(1) Benloew, *Accentuation des langues indo-européennes*, p. 5 et suiv.

(2) *Ecyclop.*, v° Langues, t. XIX, in-4°.

autres (1). » — Quoi de plus explicite, et que chercherait-on de plus capable de satisfaire la raison que cette affirmation pure et simple, qui ne s'évertue pas à donner des preuves, qui ne discute point, qui dit le fait, et l'impose par là même au genre humain tout entier? Pour tout homme de bonne foi, cela vaut mieux que d'interminables disputes; l'adhésion à de tels caractères l'emporte de beaucoup sur le plaisir de perdre son temps à inventer d'autres moyens. D'ailleurs ce procédé divin honore l'homme, nous le montre dès le principe doué de toute l'intelligence qu'il lui faut pour donner à chaque être qui l'environne un nom *propre*, c'est-à-dire *convenable à ses propriétés* et à sa nature; il suppose l'usage de la parole antérieur au soin qui lui est confié, et le revêt, en présence de ces animaux destinés à sa dépendance, d'une supériorité qu'ont dû lui donner sur eux le souffle de vie et sa ressemblance spirituelle avec le Créateur (2). Il est

---

(1) « Formatis igitur, Dominus Deus, de humo cunctis animantibus terræ, et universis volatilibus cœli, adduxit ea ad Adam, ut videret quid vocaret ea; omne enim quod vocavit Adam animæ viventis, ipsum est nomen ejus; appellavitque Adam nominibus suis cuncta animantia, et universa volatilia cœli, et omnes bestias terræ. » (*Genes.*, II, 19 et 20.)—Quand il n'y aurait que ce texte pour autoriser l'opinion de Thomassin sur l'origine des langues dans l'idiome hébraïque, on pourrait accorder au moins au savant oratorien que la plupart des mots sont tirés de cette source, et ceux qui le contestent trop généralement ne tiennent pas assez compte des transformations successives que la plupart de ces mots ont subies en passant aux peuples des âges suivants. Nous ne tarderons pas à le prouver.

(2) « Faciamus hominem ad imaginem et similitudinem nostram. Formavit igitur Dominus Deus hominem de limo terræ, et inspiravit in faciem ejus spiraculum vitæ. » (*Genes.*, I, 26; II, 7.)—Qu'on remarque bien, au reste, et cette réflexion doit s'appliquer à beaucoup d'autres assertions de la *Genèse*, que l'opposition du philosophisme aux récits de ce livre sur les origines de la société, sur les arts et les inventions diverses, ne repose que sur des négations toutes gratuites dont il ne s'avise jamais contre les historiens profanes. La *Genèse* est, de l'avis même de nos adversaires, le plus ancien livre que l'on connaisse. La plupart de ses affirmations se fortifient, en Orient, de traditions populaires ou scientifiques dont l'origine s'atteste par cette coïncidence que le hasard ne peut avoir faite. Comment donc nier, sans manquer aux plus simples

curieux de voir quels raisonnements a faits Voltaire sur ce fait biblique, et à quel degré de mauvaise foi ou d'ignorance peut amener l'esprit de dénigrement et le parti pris de combattre les assertions de Moïse (1). Bossuet, que le savant de Ferney avait pu lire, mais qui ne lui paraissait probablement qu'un mince génie auprès du sien, donne en quelques lignes la raison évidente de ce passage : « En amenant les animaux à l'homme, Dieu lui fait voir qu'il en est le maître, comme un maître dans sa famille qui nomme ses serviteurs pour la facilité du commandement. L'écriture, substantielle et courte dans ses expressions, nous indique en même temps les belles connaissances données à l'homme, puisqu'il n'aurait pas pu nommer les animaux sans en connaître la nature et les différences, pour ensuite leur donner des noms convenables, selon les racines primitives de la langue que Dieu lui avait apprise (2). » Dans cette circonstance donc s'accomplit comme la première fonction extérieure et publique de cette sublime faculté de parler, et l'homme l'applique au plus urgent de ses besoins intellectuels (3). Il va régner sur

---

éléments de la raison, sans autre appui que des opinions particulières, des événements ou des faits qui établissent le point de départ le plus vraisemblable au moins de toute l'histoire de l'humanité ? Moïse parlait à ses contemporains, et, soit qu'il ait écrit d'après les souvenirs transmis jusqu'à lui par le petit nombre de générations qui vécurent entre Adam et lui-même, soit que des monuments matériels ou des inscriptions respectées lui aient fourni les principaux éléments de sa *Genèse*, il est très-raisonnable de croire qu'il n'a pu se tromper ni vouloir tromper, au risque de se trouver en face d'une foule de témoins prêts à le démentir. C'est ainsi que son seul caractère d'historien se révélerait intact aux yeux d'un homme de bonne foi, n'y eût-il pas à respecter en lui l'*inspiration*, qu'il n'est pas plus possible d'y méconnaître. — Voir, au reste, le savant livre de M. l'abbé Gainet, *La Bible sans la Bible*, où cette question et tant d'autres sont traitées depuis peu avec une grande supériorité de talent et d'érudition.

(1) *La Raison par alphabet*, v° Genèse.
(2) *Élévation sur les mystères*, 5ᵉ semaine, 1ʳᵉ élévation.
(3) « Consilium, et linguam, et oculos, et aures, et cos dedit illis (Deus) excogitandi; et disciplina intellectus replevit illos. » (*Ecclésiastique*, cap. XVII, v. 5.)

une immense variété d'êtres vivants dont les rapports avec lui seront de chaque jour, de chaque instant. Comment ne pas tout brouiller dans ses rapports, dit S. Augustin, comment éviter une confusion inséparable d'une telle diversité, si des noms spéciaux ne viennent pas assigner à chacun un rang et une différence (1)? Rapprochez ce qui se passe alors de l'exposé que le Sage fait ailleurs de l'homme moral, éclairé par la raison et secondé par ses sens (2), et voyez si Adam pouvait faire un plus bel usage de ces nobles priviléges que dans cette mémorable circonstance, où Dieu confirme sa royauté sur toute créature vivante.

Symbolisme des noms donnés par Adam aux animaux.

Remarquons maintenant ce qu'il y a de clairement expressif dans tous ces noms donnés par le père des hommes à toutes ces espèces d'animaux. Chacun de ces noms est un signe particulier qui révèle en celui qui le reçoit son caractère à part exprimé d'après ses attributs les plus apparents, et cette marche est si naturelle qu'Adam lui-même a un nom qui, reçu de Dieu ou trouvé par lui-même, donne la raison de son origine. C'est, d'après la force du mot hébreu, le *premier homme*, l'homme fait *de terre*, l'homme *roux* ou *vermeil*, gardant quelque teinte de l'élément dont il est formé: couleur de feu, πυῤῥός, comme traduisent les Septante. Mieux encore peut-être faudrait-il, avec un savant, prendre ici pour étymologie l'adjectif *adamah*, en phénicien *beau, admirable*, dont la racine hébraïque *Adam* aurait exprimé que l'homme, créé après toute la nature, fut comme le dernier trait mis à sa *beauté* et à sa *perfection* (3). Il n'est donc pas étonnant que les animaux aient reçu de lui des

---

(1) « Omne quippe vocabulum ad distinctionem valet; et vocatio accipienda est ipsa distinctio. » (S. Aug., libro *de Genesi* imperfecto, cap. VI.)

(2) *Élévation sur les mystères*, 5ᵉ semaine, 1ʳᵉ élévation.

(3) L'abbé du Contant de la Molette, *Essai sur l'Écriture sainte*, in-12, 1775, p. 310. — Voir S. Jérôme, cité par S. Isidore de Séville, *Originum*, lib. VII, cap. VI.

noms qui expriment aussi une idée significative. S. Augustin établit un ingénieux rapprochement entre les mots latins *nomen*, dont nous avons fait notre mot français *nom*, et *notamen*, indice plus spécial encore, qui applique à telle chose une note propre à la distinguer des autres (1), et c'est évidemment une réminiscence de cette observation qu'a fait valoir S. Isidore de Séville quand il a dit, à peu près dans les mêmes termes, que « le nom est une véritable *notification* de la chose, et que l'ignorance de l'un conduirait infailliblement à l'oubli de l'autre (2). » On conçoit donc que celui à qui fut départi le soin d'imprimer une *note* spéciale à chaque individu créé pour lui ait dû trouver cette note dans un substantif qui exprimât une qualification. Les termes de la *Genèse* sont formels à cet égard : *Omne quod vocavit Adam..., ipsum est nomen ejus ;* tous les interprètes ont reconnu que ces noms marquaient par le terme même la propriété de chaque nature animale. Moïse, en se prononçant aussi explicitement, indique assez que, de son temps, ces appellations gardaient encore la même valeur et le même sens. Josèphe en dit autant de sa langue contemporaine, quinze siècles après Moïse (3), de sorte que cette langue, réduite depuis lors à l'état de langue savante, et n'ayant subi aucune variation de quelque importance, peut nous répéter fidèlement, par une singularité faite pour elle, ces mêmes noms que le premier homme donna aux animaux de son vaste domaine. Nous pouvons y voir encore quelle impression subite leur aspect fit éprouver à son esprit, et y trouver la preuve de cette activité d'intelligence qu'un Père

---

(1) « Nomen quod rem notat, appellatum est quasi notamen. » (S. Aug., *ubi suprà*.)

(2) « Nomen dictum quasi notamen quod nobis vocabulo suo notas efficiat : nisi enim nomen scieris, cognitio rerum perit. » (S. Isidorus Hispalensis, *Etymologiarum*, lib. 1, cap. VII; edit. Migne, t. III, cap. LXXXII.) — Les commentateurs ont dit aussi : « ex *noscimen* nomen abscissum putamus, ut ex *noscibilis* nobilis. » (*Ibid.*, note.)

(3) *Antiquités judaïques*, liv. I, ch. I.

de l'Église a crue prophétique (1), et qui sut appliquer à chaque être vivant comme une image parlée de sa nature et de sa destination. Ainsi l'éléphant, en hébreu *eleph*, chef, capitaine, marchera, par le privilége de sa taille énorme, à la tête de la grande famille des animaux. Job, contemporain de Moïse, sinon plus ancien, et dont ce grand homme est peut-être l'historien, Job appellera ce même animal *behemoth*, pluriel dont l'emploi désigne *la bête des bêtes*, c'est-à-dire la plus grande de toutes (2). — La baleine, c'est *hattanninim*, ou le grand dragon de la mer; — le crocodile, *leviathan*, composé de *than*, le monstre marin, le gros poisson, et de l'adjectif *leviath*, attaché, joint, collé ensemble, ce qui se rapporte aux écailles épaisses de ce lézard (3). — Le rhinocéros s'avance; il porte sur sa face le nom qu'il va recevoir: *rhum*, *rheam* indiquera le *nez* par excellence, et plus tard les peuples de l'Inde, et les Grecs, dont le langage a beaucoup emprunté du leur, se chargeront de parfaire l'image en exprimant cette corne (κέρας), qui, dans la pensée d'Adam et dans une langue encore élémentaire, ne faisait avec le nez qu'une seule et même chose. — Voici le cerf: le svelte de sa taille élancée, la légèreté de sa course, la finesse de ses membres déliés vont paraître dans le mot qui

---

(1) S. Clément d'Alexandrie, *Stromates*, liv. 1.

(2) Cette tournure si pittoresque et si précise est en hébreu un idiotisme réservé à tous les cas où l'on veut faire concevoir une haute idée de la chose dont on parle: *Deus Deorum Dominus locutus est* (ps. X, lib. IX, 1); *Domini Domini* exitus mortis (ps. LXVIII, 21); etc., etc. — Voir Estius, *Annotationes in præcipua ac difficiliora sacræ Scripturæ loca*, in-f°, Paris, 1683, p. 202. — D. Calmet, *Commentaires sur le livre de Job*, in-4°, p. 381.

(3) Ceux qui n'ont pas étudié le génie de la langue hébraïque trouveront peut-être cette dernière explication un peu forcée; c'est celle néanmoins des interprètes les plus habiles. — Voir D. Calmet, *Comm. sur la Genèse*, p. 87. — Wolsgangi Franzii, *Animalium Historia sacra*, in-18, Amstelod., 1643, p. 433-434; et surtout Samuel Bochard, dans son savant et curieux ouvrage *Hierozoïcon, sive Historia animalium sacræ Scripturæ*, lib. IV, cap. XII, XIII et XVI, 3 vol. in-4°, Lipsiæ, 1793-96.

lui convient le mieux : *aïalah;* c'est notre *élan* qui a passé par le grec ἰλλός.— Le daim aime à se suspendre sur les roches escarpées; cette habitude lui vaudra sa qualification : *jahel* veut dire : *qui monte* ou *qui aime à monter.*— Le bœuf s'est annoncé par sa voix profonde et retentissante. Quoi de plus naturel que de la traduire, et quel mot lui ressemblera plus que *beéglé*, qui retentit jusque dans notre français par un verbe analogue?

Changeons d'espèce. L'autruche, par sa grosseur, semble être plus qu'un oiseau; par son corps paré de plumes, elle doit n'être que cela. Adam sait concilier ces deux idées en un seul nom qui les exprime : *noza* équivaut à l'*animal emplumé.*— De même, ce qu'il y a de remarquable dans le paon est sans doute la magnifique splendeur de sa queue toute riche d'émeraudes et de saphirs; mais cet avantage l'eût confondu, par le terme qui pouvait le rendre, avec une foule d'oiseaux non moins justement fiers de leur beauté; mieux valait-il désigner tout cela par les éclats de sa voix perçante, et ses semblables seront des *renanim*, car la racine *renan* signifie *jeter des cris* qui se répercutent au loin, comme ceux que fait pousser un sentiment de *joie* ou de *triomphe* (1).

Nous pourrions étendre à l'infini cette nomenclature, puisqu'il n'est pas un animal *primitif* qui ne trouve son ap-

Conformité des langues orientales et de la langue

---

(1) Voir, comme preuve développée de cette théorie sur le symbolisme des mots hébreux, l'ouvrage si intéressant de S. Méliton, intitulé *La Clef (Clavis)*, c'est-à-dire *La Clef des saintes Écritures*. Ce saint personnage était évêque de Sardes en Lydie au deuxième siècle, et fut célèbre de son temps par une *Apologie du christianisme* qu'il adressa courageusement à Marc-Aurèle pendant la persécution de ce prince contre l'Église. L'illustre cardinal Pitra, bénédictin de Solesmes, a publié cette *Clef* dans le 3ᵉ vol. de son *Spicilegium Solesmense.* Le chapitre XIII de ce livre traite de la signification des noms hébreux (p. 290 et suiv.), et confirme parfaitement ce que nous venons de dire, d'après tous les Pères des siècles postérieurs. Nous reviendrons sur S. Méliton, qui tient une place considérable parmi les symbolistes, et que nous devrons citer maintes fois.

hébraïque. — Le symbolisme naturel à chacune.

pellation ainsi motivée dans cette belle langue trop peu connue des premiers jours de la création. En lisant tout ce qu'on pourrait écrire à ce sujet, on admirerait une preuve nouvelle de son antiquité primordiale dans la précision avec laquelle on lui voit peindre tant d'images à la fois. Une telle méthode de jeter à l'esprit des idées aussi complexes en un seul mot reporte nécessairement à une époque où tous les êtres sont encore très-rapprochés de leur origine. De là nous concluons encore, pour ce qui regarde nos convictions personnelles, et avec un auteur qui nous semble avoir parfaitement raisonné sur cette matière, que la langue hébraïque est celle qu'Adam a parlée. C'est, au reste, penser comme d'habiles gens, quoique d'autres, fort recommandables aussi, tels que Bochard, Huet, Grotius, Scaliger, aient soutenu l'avis contraire (1).

Parallèle des langues de l'Europe et de l'Inde.

Mais une autre observation naît de celle-là et ne prouve pas moins la propension humaine au symbolisme que la réalité d'une source unique pour toutes les langues. C'est que le plus grand nombre des noms appellatifs, ceux dont on a dû se servir dès le commencement, parce qu'ils se rattachent à des choses dont l'existence a toujours été simultanée à celle de l'homme, ont passé de l'hébreu aux Chaldéens et autres peuples de l'Asie, puis aux Grecs, aux Latins, aux Français et aux autres langues de l'Europe. La comparaison des mots dans différentes langues amène bien vite la démonstration de cette vérité. Paw a trouvé, par exemple, d'étonnantes affinités entre l'allemand et le persan, dans lequel il voit un dialecte du tartare (2). C'est aussi le sentiment du savant lexicographe espagnol Hervas (3), que beau-

---

(1) Voir *Lettre sur les sourds et muets*, p. 238, in-12, Paris, 1750, Bauche fils.
(2) *Recherches philosophiques sur les Américains*, t. II, p. 303, Berlin, 1770.
(3) *Catalogo de las lenguas de las naciones conocidas*, t. I, introduction, in-8°, Madrid, 1800.

coup d'autres écrivains cités par le docteur Dorn (1) ont appuyé de l'autorité d'une immense érudition. Le colonel Vans Kennedy a compté neuf cents mots communs au sanscrit et à d'autres langues (2), et Mgr Wisman, archevêque de Westminster, a résumé ces laborieuses recherches dans son premier *Discours sur les rapports entre la science et la religion* (3).

Mais, plus près de nous, un livre peu connu et qui mériterait de l'être, a tiré de cette question des conséquences plus vastes encore et très-conformes à notre sujet. M. Eichkoff, dans son beau *Parallèle des langues de l'Europe et de l'Inde*, montre les lettres hébraïques, suivant cette même loi de perfectionnement que nous avons observée dans l'emploi de l'alphabet égyptien, « se rapportant par leurs noms aux objets dont elles avaient d'abord reçu la forme, en même temps qu'elles avaient dans l'écriture la valeur de leur son initial. » Ainsi, continue-t-il, *aleph*, en phénicien, signifiait bœuf; *beit*, maison; *guimel*, chameau; *dalet*, porte (4); » et, en effet, chacun de ces caractères consiste en une figure qui se rapproche passablement de la chose représentée par le mot dont il forme la première lettre. Mais les rapprochements mis sous les yeux du lecteur y fournissent si amplement aux plus curieuses expériences, qu'il n'est plus possible, après le plus court examen, de nier la parenté de toutes ces langues; elles ne paraissent plus que des dialectes d'une grande langue universelle, ce qui confirme singulièrement la pensée que Bullet en a développée si savamment dans ses *Mémoires sur la langue celtique* (5). Il n'y manque, selon nous, qu'un seul terme de

(1) *De l'Affinité d'origine des langues persane, teutone et gréco-latine*, p. 91 et suiv., Hambourg, 1827, in-8°.
(2) *Recherches sur les affinités des principales langues de l'Europe et de l'Asie*, in-8°, Londres, 1828, *ad finem*.
(3) Édit. 1843, Paris, Royer, in-18, p. 28 et suiv.
(4) *Parallèle*, etc., p. 52, in-8°, Paris, 1836.
(5) 1ᵉʳ vol., *sub initio*, Besançon, in-f°, 1754.

comparaison, et nous ne devinons pas comment il a échappé à la perspicacité de l'auteur : c'est celui qui naîtrait de l'adjonction des mots hébreux à ceux qu'il tire en même temps du grec, du latin, du français, du gaëlique, du kimri, du lithuanien, et qu'il compare aux mots équivalents des peuples de l'Inde. Quoi qu'il soit de cette omission, rien de plus frappant qu'une telle confrontation pour démontrer que toutes ces langues, nées de celles de l'Orient, ont pris le point de départ de leurs substantifs et de leurs verbes dans un phénomène naturel, ou dans l'un des actes les plus communs de la vie ordinaire, dont ils sont la reproduction phonétique, le signe symbolique en un mot. Citer ici de nombreux exemples serait possible, mais nous conduirait trop loin. Arrêtons-nous à un seul, qui donne au moins une juste idée de l'ensemble, et laissons parler M. Eichkoff expliquant le mot *Dieu* :

« Aucune idée n'est à la fois plus simple et plus féconde que celle de la divinité. Ne pouvant sonder son essence, ni exprimer ses perfections, chaque nation l'a indiquée approximativement, suivant le caractère qui l'a surtout frappée. Chez les peuples du Midi, Dieu est splendeur, lumière : grec, Δίς, Θεός; latin, *Deus;* français, *Dieu;* — ainsi que chez les peuples de l'Ouest : gaëlique, *Dia;* cimre, *Duw,* mot qui se retrouve aussi dans le lithuanien, *Diewas.* — De même, chez les Indiens le nom commun de toute divinité est *Daivas*, Dieu, dérivé, comme les noms du ciel et du jour, du verbe *div*, briller, récréer. Cette même racine a aussi produit les mots *daivi*, déesse; *daivatâ*, divinité; grec, θεά, θεότης; latin, *dea, deitas;* lithuanien, *deiwè, deiwistè.*

» Chez les peuples du Nord, Dieu est pureté, vertu : gothique, *Guth;* allemand, *Gott;* anglais, *God,* analogue au mot qui exprime la bonté, et qui se retrouve dans l'indien *Çuddas,* pur, vertueux, dérivé du verbe *çudh*, purifier, épurer.

» Chez les peuples de l'Est, Dieu est prospérité, bonheur :

slavon et russe, *Bog*, analogue au mot qui exprime la richesse, et qui est représenté en indien par *Bhâgas*, fort, fortune, dérivé du verbe *bhaj*, répartir, distribuer.

« ..... Le nom le plus sublime donné à la divinité dans la langue la plus ancienne du globe retrouve son origine dans l'indien *Sat* ou *Sân*, celui qui est, correspondant au grec Ὤν, l'Être suprême, et dérivé du verbe *as*, être, exister (1). »

Maintenant ajoutons quelques mots pris au hasard, et concevons comment les analogies qui précèdent peuvent se multiplier sans mesure, en remarquant avant tout que les différences, qui peut-être semblent un peu fortes d'une langue à l'autre, tiennent beaucoup à la prononciation véritable, que nous ignorons presque toujours.

Soleil se dit en grec σείρ, σείριος, ἥλιος ; c'est le *sol* des Latins, peut-être aussi le *sirius*, grande étoile nommée encore canicule, et dont la chaleur ajoute à celle du soleil ; c'est le *sauil* du gothique, le *saulé* du lithuanien, le *sûnas* des Indiens, tiré de leur verbe *sur*, darder, briller.

La lune, *luna* à Rome, était à Athènes λύχνος, *lucerna ;* dans les Indes c'est encore *laucanan*, œil, flambeau, du verbe *laué*, voir, paraître.

Mère, μήτηρ en grec, *mater* en latin, *matar* en indien.

Petit (enfant), fils, παῖς, *puer*, *pautas*, de *pus*, nourrir, élever.

Héritier, κλῆρος, *hæres ; har*, saisir, prendre, et ainsi de mille autres.

Des noms communs aux noms propres il n'y avait qu'un trop court intervalle pour que l'extension des uns aux autres ne devînt pas une loi de la nature. Les exemples en abondent dans nos saintes Écritures. Après *Adam*, dont nous avons vu le nom répondre à son origine terrestre, *Heva* devient *la mère des vivants ;* Caïn, leur premier-né, exprime la joie des parents qui *le possèdent ;* Abel survient, et déjà

Les noms propres hébreux, et leur signification figurative.

(1) *Parallèle*, etc., p. 148.

les déceptions de cette vie, dont sa mère connaît ou prévoit les amertumes, ne font plus trouver à celle-ci, dans la naissance de son second fils, qu'une *vanité* de plus; Noé, conservant le germe de la race humaine après le déluge, sera le *consolateur* du monde; Jacob, en naissant, tient de sa main le pied du frère qui naît avec lui; il est *celui qui supplante*, et l'avenir autorisera cette dénomination (1). D'autres fois, on nommera les enfants, dans une famille, d'après certaines analogies prises du règne animal, comme les conquérants du Nouveau-Monde en observèrent l'usage établi chez les Mexicains; mais alors on ne compte exprimer, bien entendu, que les bonnes qualités des animaux qu'on préfère: *Rachel*, une brebis; *Noherta*, une couleuvre; *Caleb*, un chien; *Sephora*, un oiseau. Ainsi se vulgarise l'éloge de la douceur docile, de la souplesse prudente, de la fidélité vigilante, de la légèreté aimable. Abraham et Sara sont deux exemples plus sensibles: l'un n'est appelé d'abord qu'Abram, le *père élevé*, honoré par Dieu et par les hommes; bientôt il devient Abraham, le *père de la multitude*: car ses enfants, selon la promesse divine, « se multiplieront à l'égal des étoiles du ciel. » L'autre était Saraï, *ma dame, ma princesse*, et ce titre avait quelque chose de restreint et de relatif; elle sera donc Sara, *la dame, la princesse*, expression plus absolue et qui désormais conviendra mieux à une femme dont naîtra Isaac, *la joie de sa mère* et le père de tant de rois (2). Ainsi le Sau-

---

(1) Remarquons surtout comment beaucoup de noms propres ont été donnés par un esprit prophétique à ceux dont la vie ou quelque action remarquable devait les justifier plus tard. C'est ainsi que S. Épiphane (*Adversus Hæreses*, lib. I, hær. XXX) l'explique du patriarche Noé. Nous avons vu Clément d'Alexandrie l'attribuer à Adam (*suprà*, p. 32), et Zacharie, au 1ᵉʳ chap. de l'évangile de S. Luc, insiste beaucoup pour faire donner à son fils naissant le nom de Jean, par lequel il énonce d'avance la *piété*, le ministère de *miséricorde* qui fera le caractère du saint précurseur.—Voir, à ce sujet, S. Isid. Hispal., *Etymologiarum*, lib. VII, cap. VI (Migne, t. III, col. 274).

(2) « Reges populorum orientur ex eo. » (*Genes.*, cap. XXII, v. 16.)—Ces remarques se trouvent confirmées par une observation de S. Jean Chry-

veur changea le nom du Prince des Apôtres, quand il lui donna la conduite de son Église : de Simon, l'homme *docile* et *obéissant*, — de Barjona, le *fils de la colombe*, c'est-à-dire du disciple doux et timide jusque-là, le *Sauveur* Jésus va faire Céphas, *Pierre*. Sous le voile transparent de cette synonymie, il dit le miraculeux changement qui se prépare : cette nature souple, souvent indécise (et qui une fois le sera trop !), reçoit la fermeté du roc, qui résiste à toutes les tempêtes, et devient la *pierre fondamentale* de l'Édifice que toutes les puissances de l'enfer ne réussiront point à ébranler.

Mais en fait d'onomatologie biblique, rien ne prouve plus sensiblement le fait énoncé ici que les noms divers donnés dans la hiérarchie des Anges aux divers ordres qui la composent. Ce nom, dit S. Grégoire, exprime non la nature, mais l'office de ces divins *envoyés*. Ils sont donc toujours des esprits, mais ils ne sont pas toujours des *anges*. Pour l'être, il faut être chargé d'une mission du Tout-Puissant, et, selon l'importance de cette mission, l'esprit céleste sera un ange ou un archange. C'est pour cela qu'il fallut, pour annoncer l'Incarnation à Marie, un archange, et non un ange quelconque (1). Chaque ange a aussi un nom spécial qui désigne

<small>Application du même principe aux noms des anges.</small>

---

sostome : « Multis a nativitate nomina Deus imposuit, ut Isaac, Samson, et iis quorum meminit Isaïas et Osee; quibusdam quam acceperant a parentibus appellationem mutavit, ut Abrahæ, Saræ et Israel. Mos etiam antiquitus erat a rebus nomina imponi, quod et Helias fecit ; hoc autem totum non temere fit, sed ut ea appellatio imponatur quæ divini beneficii perpetuum monumentum, et memoria, per prædicta nomina, auditorum animis imprimatur. » (S. Joan. Chrysost., *Homil.* XVIII *in Joan.*, cap. I, v. 42.) — Dans le même temps, S. Augustin expliquait par la même raison le nom de S. Étienne : « Stephanus, confitendo Christum lapidatus a Judæis, *coronam* meruit tanquam suo sibi nomine positam. *Stephanus* enim græce et latine *corona* appellatur. Jam coronam nomine habebat, et ideo palmam martyrii suo nomine præferebat. » (*Serm. II de S. Stephano.*) — Cet accord, que nous verrons si souvent, des plus grands esprits du christianisme sur le sujet qui nous occupe, n'est-il pas d'une valeur irrécusable ?

(1) « Sciendum quod angelorum vocabulum nomen est officii, non naturæ. Semper quidem sunt spiritus. sed semper vocari *angeli* nequa-

ses fonctions et son ministère : Michel signifie *Qui est semblable à Dieu;* Gabriel, la *Force de Dieu;* Raphaël, *le Remède de Dieu.* S'agit-il d'une œuvre de grande importance? Michel reçoit sa mission : ce nom doit faire comprendre que Dieu seul peut ce qu'il va faire, comme lorsqu'il combat contre le démon révolté et le terrasse, afin de montrer l'impuissance de l'orgueil contre la toute-puissance du Créateur. C'est Gabriel qui est envoyé à Marie, car il doit annoncer celui dont l'humilité doit abattre les prétentions de l'orgueil infernal. Quand il faut rendre la vue au vieux Tobie, c'est Raphaël qui est choisi (1). — Veut-on maintenant comprendre le but des fonctions de chacun? on appelle *Vertus* ceux qui sont employés le plus souvent à des miracles; *Puissances,* ceux qui s'opposent le plus fortement, de la part de Dieu, aux efforts du tentateur sur les âmes; *Principautés,* ceux qui, dans l'accomplissement d'une volonté de Dieu, se trouvent placés à la tête d'un certain nombre d'autres. Les *Dominations* s'élèvent par leur pouvoir au-dessus même des *Puissances.* Les *Trônes* deviennent comme le *siége* de la justice divine, par la grâce suréminente dont ils sont remplis : ils sont les organes des jugements divins. Les *Chérubins* ou *Maîtres de la science* en sont d'autant plus pourvus qu'ils se rapprochent de plus près, dans leur vision béatifique, de la contemplation des per-

quam possunt, quia tunc solum sunt angeli, cum per eos aliqua nuntiantur... Hi autem qui minima nuntiant Angeli, qui vero summa annuntiant Archangeli vocantur. Hinc est enim quod ad Mariam Virginem non quilibet angelus, sed Gabriel archangelus mittitur. » (S. Greg. Magn., *Homil.* xxxiv, lib. II, *in Evangel.,* edit. Bened., t. I, col. 1605.)

(1) « Michael namque *Quis ut Deus,* Gabriel autem *Fortitudo Dei,* Raphael vero dicitur *Medicina Dei.* Et quoties miræ virtutis aliquid agitur, Michael mitti perhibetur...., quia nullus potest facere quod facere prævalet Deus... ut qui se ad Dei similitudinem superbus extulerat, per Michaelem promptus discat quia ad Dei similitudinem per superbiam nullus exurgat. — Ad Mariam quoque Gabriel mittitur... Idem quippe nuntiare veniebat qui ad debellandas aereas potestates humilis apparere dignatus est... — Raphael quoque interpretatur *Medicina Dei,* quia videlicet dum Tobiæ oculis quasi per officium curationis tetigit, cæcitatis ejus tenebras tersit. » (S. Greg., *ibid.*)

fections divines. Les *Séraphins* ou *ardents*, plus près encore de l'Essence éternelle, surpassent par cela même dans le sentiment de leur amour ces créatures les plus capables d'aimer (1).

Est-il une seule page de la Bible qui ne contienne au moins deux ou trois symboles de ce genre ? Chose étonnante, et à laquelle on ne semble pas s'être arrêté jusqu'à présent autant qu'on l'aurait pu faire, la religion garde sous ce mystère de tant de noms, pour la plupart prophétiques, un incontestable argument de sa divinité. Comment, en effet, tant de personnages devenus fameux dans la suite par des faits que symbolisait leur nom propre eussent-ils pu être ainsi désignés sans une prévision toute providentielle ? Sans doute, beaucoup de ces noms ne furent donnés qu'après coup et eurent une cause occasionnelle. Israël n'est *fort contre Dieu* que par suite de sa résistance à l'ange qu'il oblige de le bénir; Moïse n'est connu sous ce nom que parce qu'il vient d'être *arraché au fleuve* où il eût péri ; Sennachérib n'est peut-être ce *brandon enflammé* qu'il désigne, qu'après ses guerres à outrance contre le peuple de Dieu ; Judas, si *louable* qu'il pût être avant son apostasie déicide, a bien pu n'être surnommé Iscariote qu'après s'être montré l'*homme de sang*... Mais qui a pu déterminer Jacob et Rachel

Ce fait, preuve providentielle de la religion.

(1) « *Virtutes* vocantur illi... per quos signa et miracula frequentius fiunt...; *Potestates*, qui hoc potentius cæteris in suo ordine perceperunt, ut eorum ditioni virtutes adversæ subjectæ sint ne corda hominum tantum tentare prævaleant, quantum volunt.— *Principatus* ipsis bonis angelorum spiritibus præsunt, qui... eis ad explenda divina mysteria principantur.— *Dominationes* etiam potestatis *Principatuum* dissimilitudine alta transcendunt...— Quia Thronos latino eloquio sedes dicimus, *Throni* dicti sunt hi qui tanta divinitatis gratia replentur, ut in eis Dominus sedeat et per eos sua judicia decernat...— *Cherubim etiam plenitudo scientiæ* dicitur, et subliminora illa agmina idcirco Cherubim vocata sunt, quia tanto perfectiori scientia plena sunt quo visioni Conditoris sui per meritum dignitatis appropinquant...—Seraphim ardentes vel incendentes vocantur, quia ita Deo conjuncta sunt, ut inter hæc et Deum cum nulli alii spiritus intersint, tanto magis ardent, quanto hunc vicinius vident. » (S. Greg. Magn., *ibid*.)

à nommer *Joseph* l'enfant qui, à quarante ans de là, sera pour l'Egypte et pour eux une si puissante cause d'*abondance*? Comment le héros qui dirige et *qui sauve* le peuple que Moïse ne peut plus conduire est-il d'avance l'*Osée* (ou le *Josué*) qu'illustreront la défaite des Amalécites et la conquête de Chanaan? Le fils du pieux roi Ézéchias, de ce prince si plein de *la force du Seigneur*, est-il nommé *Manassès* parce qu'*il oubliera* sur le trône les vertus de son père, ou parce qu'une longue captivité *le fera oublier* de son pays? — Nous verrons, en traitant de la Bible comme source du symbolisme chrétien, l'éclatante énumération que fait Jacob, au 49e chapitre de la *Genèse*, des événements qui signaleront la vie de ses fils ou des douze tribus qui doivent en sortir, et nous les indiquons d'avance comme l'un des plus poétiques tableaux dessinés par une main divine (1). Mais nous ne pouvons guère omettre, avant d'en finir ici avec le symbolisme des noms propres, un des plus frappants exemples que nous présentent les livres sacrés.

Exemple tiré du livre de Tobie.

L'ange Raphaël, répondant au vieux Tobie qui lui demande son nom, avant de lui confier son fils lui dit : « Qu'avez-vous besoin de savoir mon nom? est-ce un nom que vous cherchez ou un conducteur pour votre fils?... Mais, enfin, continue-t-il, je ne veux point vous laisser d'inquiétude à ce sujet : je suis *Azarias*, fils du grand *Ananias* (2). — En ré-

---

(1) Voir Berruyer, *Histoire du peuple de Dieu*, t. 1 de la 1re partie, ad ann. 2316, et, ci-après, le 4e chapitre de notre Seconde Partie. — Voir aussi S. Augustin, *Interrogatio de benedictionibus Jacob patriarchæ*, t. III, p. 379, edit. Lugdun., 1664; et Remy d'Auxerre sur le même fait, cité par le P. Cahier, *Vitraux de Bourges*, p. 21, note 4.

(2) « Genus quæris mercenarii an ipsum mercenarium qui cum filio tuo eat? Sed, ne forte sollicitum te reddam, ego sum *Azarias, Ananiæ* magni filius. » (*Tob.*, v, 18.) — S. Grégoire développe une raison de ce genre dans son exposition de l'Évangile où les pharisiens traitent Notre-Seigneur de samaritain, comme n'ayant à leurs yeux qu'un mépris injuste pour la foi et le culte des Juifs. Ils en concluent même qu'il est possédé du démon. Or le saint docteur fait observer que Jésus-Christ ne se défend que de cette dernière imputation, mais qu'il ne répond pas à

pondant ainsi, l'ange tranquillise le vieillard, et cependant ne découvre pas le secret qu'il doit lui cacher jusqu'à la fin; car Azarias signifie le SECOURS DU SEIGNEUR, *auxilium Domini.*—Ananias répond à *nubes Domini,* LE NUAGE, L'OBSCURITÉ, LA PRÉSENCE CACHÉE DE DIEU. On voit bien que l'esprit céleste veut se couvrir ici d'une innocente équivoque. Il est réellement pour la famille qu'il vient protéger un *secours de Dieu,* et *Dieu* lui-même *caché* sous la figure de son envoyé inconnu; celui-ci, d'ailleurs, peut très-bien s'appeler son fils, puisqu'il est sa créature. De son côté, Tobie s'y trompe d'autant plus facilement qu'une famille connue de lui a réellement deux de ses membres qui se nomment Azarias et Ananias, noms significatifs, comme tous ceux de la nation. C'est donc avec raison qu'il répond à l'ange : « Vous êtes, certes, d'une grande et illustre famille (1). » — On ne peut s'empêcher d'admirer la prudence de l'un, qui répond en termes strictement vrais, sans trahir le mystère qui le dérobe à la connaissance de ses hôtes, et la simplicité naïve de l'autre, qui se contente d'une réponse à laquelle il attache un sens différent, mais également vrai, et qui suffit à le satisfaire. Aussi, quand le divin messager, ayant rempli sa mission, conduit et ramené le fils, aura guéri la cécité du père, ce sera encore avec raison qu'il découvrira son nom véritable de *Raphaël* (2), car Raphaël signifie : le remède de Dieu, *medicina Dei;* — et Tobie ne s'étonnera pas de l'erreur dans laquelle il avait été jeté par le sens équivoque des premiers noms; il ne se récriera pas sur ce qu'un ange a pu le tromper:

l'autre, parce que, *samaritain* signifiant *gardien* et *protecteur* (sans doute parce que Samarie avait été bâtie sur une montagne, d'où l'on pouvait observer de loin tout le pays), il ne voulait pas renier un titre qui pouvait lui être appliqué légitimement : « Quia enim Samaritanus inter-
» pretatur custos..., respondere noluit Dominus : Samaritanus non sum
» ego ; sed : *Ego dæmonium non habeo.* Duo quippe ei illata fuerunt :
» unum negavit, aliud tacendo consensit. » (S. Gregor. Papæ
Homil. XVIII *in evang. S. Juan.*)
(1) « Ex magno genere es tu. » (*Ibid.,* 19.)
(2) « Ego sum Raphael angelus. » (*Tob.,* XII, 15.)

c'est de lui-même que l'erreur est venue, et rien n'a jamais été plus innocent et plus vrai que ce langage coloré, revêtu d'un symbolisme quelque peu mystérieux, il est vrai, mais d'autant plus légitime qu'il était dans les usages de tout le monde.

De telles inspirations, qui n'étonnent pas moins que celles d'Adam et de Zacharie (1), sont néanmoins aussi claires que la parole d'Isaïe désignant par son nom, à travers une période de près de deux siècles, le conquérant qui doit mettre un terme à la captivité des juifs (2).

Voilà pourquoi S. Augustin, si versé dans la science des Écritures, pose comme une condition nécessaire de leur interprétation la connaissance de l'hébreu (3); et nous verrons ailleurs quelle haute estime il fait pour ce même objet du symbolisme en général.

Les chrétiens ne sont pas restés étrangers à ce moyen si pittoresque du langage. Nous les verrons symboliser les vertus, jusqu'à en faire des appellations personnelles, et éta-

---

(1) « Appellavitque Adam *nominibus suis* cuncta animantia... » (*Gen.*, II, 15.) — Voir ci-dessus, p. 29. — « Postulans (Zacharias) pugillarem, scribsit, dicens: *Joannes* est nomen ejus. » (*Luc.*, I, 63.)

(2) « Hæc dicit Dominus Christo meo *Cyro*, cujus apprehendi dexteram. Ego autem... portas æreas conteram, et vectes ferreos confringam... Propter servum meum Jacob, et Israël electum meum, vocavi te nomine tuo. » (*Is.*, XLV, 1 et seq.)

(3) « Si qua forte ignota cogunt hærere lectorem, partim linguarum nota, partim rerum investiganda sunt. Aliquid enim ad similitudinem valet, et procul dubio secretum quiddam insinuat *siloa* piscina ubi lavare facies jussus est, cui oculos Dominus luto de sputo facto inunxerat. Quod tamen nomen linguæ incognitæ, nisi Evangelista interpretatus esset, tam magnus intellectus lateret. Sic etiam multa quæ ab auctoribus interpretata non sunt nomina hebræa, non est dubitandum habere non parvam vim atque adjutorium ad solvenda ænigmata Scripturarum, si quis possit ea interpretari... Quid sit Adam, quid Eva, quid Abraham, quid Moyses? sive etiam locorum nomina: quid sit Hierusalem, vel Sion, vel Hierico, vel Sina, vel Libanus, vel Jordanis, vel quæcumque alia in illa lingua sunt incognita nobis nomina? Quibus apertis et interpretatis, multæ in Scripturis figuratæ locutiones manifestantur. Rerum autem ingnorantia facit obscuras figuratas locutiones. » (S. Aug., *De Doctrina christiana*, cap. XV et XVI.)

blir dans leurs légendes sainte Foi, sainte Espérance et sainte Charité, comme trois sœurs, filles de Ste Sophie, qui exprime *la Sagesse* divine. Des idées semblables personnifieront *la paix du juste* sous le nom de S. Irénée, chez les Grecs; on y trouvera aussi Zoé pour *la vie*, Arsène pour la *fermeté du caractère*; Eudoxie sera l'espérance de la *bonne gloire* du Ciel.

Pour revenir aux Hébreux, nous ne regardons pas comme aussi remarquable l'usage adopté chez ce peuple d'attacher aux noms géographiques un sens qui déterminât tout d'abord leur origine, leur situation ou quelque autre circonstance particulière. Cette méthode semble plus naturelle que figurée. Rien de plus simple que d'imprimer le nom de Babel et, par suite, de Babylone, à une œuvre qui donna lieu à la *confusion* des langues; celui de Cariath-Sepher à une *ville* qui conserve le dépôt *des livres* historiques de la nation; il n'est rien là qui ne se fasse encore partout, et les écriteaux de nos rues témoigneraient qu'il ne peut en être autrement. Toujours est-il qu'on y aperçoit cette tendance de notre nature à distinguer toutes choses par leurs attributions spéciales, et ici ce qui n'est pas tout à fait du symbolisme s'en rapproche beaucoup.

<small>Les noms géographiques moins sensibles à cette influence chez les Hébreux.</small>

Une si impérieuse propension dut gagner bientôt, en dehors du pays habité par les premières familles, les contrées où leur idiome fut importé. De là elle se répandit au loin sans changer de caractère, quelques variantes qu'eussent reçues les allures primitives des langues. Si donc il faut reconnaître une puissante différence entre la langue sainte, concise, énergique, dédaigneuse des inutiles longueurs des artistes et des particuliers, et celle des Grecs, rachetant par les gazouillements d'une prononciation séduisante les combinaisons plus prétentieuses de ses conjugaisons et de ses dialectes, toutes deux n'en obéissent pas moins à la même règle sur la composition de leurs noms propres, sur la théorie de leur signification. Ouvrez Plutarque, Xénophon, Thucydide, Homère, Anacréon, Démosthènes : poètes et

<small>Même symbolisme des noms propres dans la langue grecque.</small>

historiens vous suggéreront à l'envi une foule de rapports entre les appellations de leurs héros et les propriétés qu'elles expriment. Aristobule est l'homme *de bon conseil;* Alexandre, un *puissant secours;* Philippe *aime les chevaux;* Agésilas *marche à la tête du peuple;* Polyphème *apparaît au loin;* et si nous entrons dans la mythologie, que d'allégories s'empresseront autour d'Apollon, *le destructeur* des monstres, de Pandore, *douée de toutes les qualités,* de Polymnie de qui viennent les *lyriques inspirations!* Parcourez la terre et les enfers, vous trouvez qu'Athènes est la *ville de Minerve,* comme l'Anatolie est le *pays du Levant,* l'Olympe est tout *brillant* de sa lumière céleste, et l'Achéron est *le fleuve de la douleur.*

Autre observation relative à la langue latine.

Que si nous interrogeons les étymologistes de Rome, ils s'empressent de confirmer nos observations. Quiconque se nommait Servius portait avec soi l'indice de sa *servitude* originelle; un Tiberius se distinguait des enfants d'une même maison par le *Tibre,* près duquel il était né; Octavius était le *huitième* de ses frères; Lucius était *né au point du jour,* où recevait, avec ce nom que rien ne motivait encore, un présage heureux d'une future *célébrité.* Puis venaient les surnoms, expressions non moins vives des idées du peuple, qui presque toujours les imposait. *Lentulus* devait être *peu adonné à l'empressement* dans la marche ou dans les affaires; *Publicola* avait conquis à la tribune sa réputation *populaire;* l'*Africain* avait humilié Carthage; Cicéron avait reçu de ses pères le souvenir de leur *pois chiche* (1); Ovidius Naso portera à jamais le souvenir *du grand nez* de son premier aïeul. Varron, Columelle et d'autres auteurs latins trouvent l'origine des plus illustres noms de leur temps dans les succès que s'était acquis, en un certain genre, les chefs des familles qui les portaient. C'est pour avoir excellé dans l'art d'élever

---

(1) Plutarque, *in Cicer.,* raconte que l'illustre consul, pendant sa questure en Sicile, fit graver sur un vase d'argent qu'il consacra aux dieux ses deux noms *Marcus Tullius,* à la suite desquels son surnom était marqué par un pois chiche. Les *rebus* ne sont pas d'aujourd'hui!

des troupeaux que des familles conservèrent les surnoms d'Asinius, Porcius, Vitellius, Suilius, et bien d'autres. En est-il autrement dans notre Europe moderne? Interrogez l'Allemand *Wolf*, son compatriote *Schwartz*, son ami ou voisin *Meïer :* l'un vous dira que quelqu'un des siens, sinon lui-même, a dû son nom à certaine ressemblance malheureuse avec un loup; l'autre, à son teint par trop foncé ou à son costume noir; l'autre encore, aux soins agricoles d'une *métairie*, peut-être aussi à la première des dignités municipales. Les Grecs, dont la statuaire était presque exclusivement consacrée aux personnages divins, avaient porté cette pensée dans l'art plastique, et Winckelmann a fait observer quels rapports ils avaient cherché à poser entre la tête de Jupiter et celle du lion, entre la pose et les traits d'Hercule et ceux d'un taureau, etc. (1). Mais, plus judicieux que lui, un de nos plus anciens collègues a remarqué les fausses conséquences que tire de ce fait l'élégant historien de l'art antique (2). A en croire celui-ci, il faudrait voir dans ces rapprochements le résultat d'une application nouvelle à rechercher un beau idéal, inconnu jusqu'alors, et qu'on aurait trouvé dans l'imitation des plus nobles natures de l'espèce animale. M. Mazure ne voit, avec raison, dans cette idée qu'une explication aussi pauvre que la théorie qui l'engendre. Et en effet, pour qui a médité sur la philosophie artistique de l'antiquité, il ne peut être douteux que ces ressemblances copiées avec tant de soin et de persévérance ne résultent des règles qu'on s'était faites sur le symbolisme. D'autres exemples le prouveront de reste; il semble d'ailleurs que cette vérité n'aurait pas dû échapper à l'auteur de l'*Essai sur l'allégorie* (3).

Cet usage s'est perpétué dans les langues modernes.

---

(1) *Histoire de l'art chez les anciens*, liv. IV, ch. II, in-8º, Paris, 1766.
(2) M. Adolphe Mazure, *Philosophie des arts et du dessin*, p. 201, in-8º, Paris, 1838, et *Mém. de la Soc. des antiquaires de l'Ouest*, t. II, p. 289.
(3) *Essai sur l'allégorie, principalement à l'usage des artistes*, par Winckelmann, Paris, in-8º, 1799.

Pour en finir avec les noms propres, remarquons que fort souvent ils deviennent aussi de véritables symboles, puisqu'en s'appliquant à certains points du caractère, ils constituent une allusion sensible à ses qualités ou à ses défauts. La férocité du sanglier, la noirceur d'un mauvais cœur ont servi de prétexte à des licences de la foule, et l'ont vengée à sa façon du *Sanglier* des Ardennes et de Richard *Cœur de Lion*.—Ailleurs, il aura suffi d'une malencontreuse similitude entre le visage d'un homme et celui d'un animal pour donner au premier le nom du second, sans qu'il méritât le moins du monde par son caractère moral une telle agression, aussi injuste à ce point de vue que légèrement adoptée : triste héritage contre lequel les descendants n'ont pu toujours protester, et qui prouve, aussi complétement que toutes les études scientifiques, le crédit que prit toujours et que conserve, avec sa ténacité naturelle sur les masses, le besoin d'allégoriser et de peindre. Plus nous avancerons dans notre carrière, plus cette observation se fortifiera de toutes celles qui nous attendent. Arrêtons-nous maintenant aux conséquences que l'homme a tirées du symbolisme des langues, pour l'appliquer à la démonstration d'autres idées, supérieures à celles de la vie matérielle.

CHAPITRE IV.

DES SCIENCES.

Ce fut donc à l'aide des signes graphiques, les premiers et pendant longtemps les seuls qu'on pût mettre en usage, que nos pères de l'Orient satisfirent au besoin d'exprimer les sensations de leurs âmes chaleureuses et les pensées de leur vive imagination. La parole, avant même d'être un art réduit à des principes et à des règles, fut également empreinte des formes les plus capables de seconder ce besoin. Nous l'avons prouvé par ce qui précède. Mais d'autres ressources furent créées bientôt pour l'écriture et le langage, et, soit qu'on voulût procéder plus commodément par abréviations, soit qu'on ait toujours aimé à voiler de mystère les manifestations de la science, soit enfin qu'on voulût charmer les sens ou persuader les esprits et les cœurs : les signes, aussi anciens que la pensée, se multiplièrent, s'agrandirent et envahirent toutes les proportions de l'existence de l'homme. Telle est la cause multiple qui sema tant de symboles dans le vaste champ de la science et de l'art.

Conséquence de ce qui précède dans les symboles scientifiques.

C'est probablement fort près du berceau du monde qu'il faut remonter pour trouver l'origine d'une certaine écriture non moins admirable que l'alphabet même, de celle qui peut, avec huit ou dix caractères au plus, exprimer tous les nombres et suffire à toutes les combinaisons de la science du calcul. Nés sans aucun doute de l'écriture, quelque simple qu'elle ait pu être au commencement, les chiffres

Symbolisme dans les chiffres arithmétiques et algébriques.

l'auraient avantageusement remplacée, puisqu'ils ont servi et servent encore très-souvent de moyen pour des communications secrètes. On sait d'ailleurs que plusieurs peuples n'ont pas eu d'autres signes de numération que leurs lettres alphabétiques, prises séparément comme unités, ou assemblées dans un ordre qui permettait toutes les opérations du calcul. Ainsi furent les Hébreux, les Grecs, les Romains. Pour eux, ce qui était un signe de la parole devenait donc, à l'occasion, un signe de quantité. Les chiffres modernes, venus de l'Inde, et qu'on n'appelle arabes que parce qu'ils furent adoptés par ces peuples avant d'arriver jusqu'à nous, vers la fin du treizième siècle, sont beaucoup plus simples, par cela plus commodes, et ne rendent pas moins de services. On en a tiré une foule de systèmes cryptographiques, dont l'usage trop répandu a rendu les mystères moins impénétrables. Mais enfin ce sont encore des signes de convention, symboles élémentaires de la pensée, la portant tout entière aussi loin que possible, et l'exprimant avec autant de clarté et d'exactitude que le discours le mieux suivi. Tels furent, du temps de Xénophon, et plus tard à Rome, quelques années avant l'ère chrétienne, les notes ou signes abréviatifs que perfectionna, en les augmentant, le célèbre affranchi de Cicéron, auquel nous devons la tachygraphie.

L'arithmétique et l'algèbre ne se contentent pas de lettres pour exprimer les quantités données et les quantités cherchées ; elles ont encore des signes de convention qui abrégent singulièrement l'expression des opérations écrites. Le moins ($-$), le plus ($+$), l'égalité ($=$), la multiplication ($\times$) se rendent par des figures sur lesquelles on est tombé d'accord, quoique après de nombreuses hésitations, puisque Leibnitz, Descartes, Harriot, Wolff et d'autres les ont apportées successivement à la science, et que plusieurs autres d'abord reçues ne sont plus employées aujourd'hui.—La géométrie et la trigonométrie sont encore plus frappantes dans le symbolisme de leurs chiffres. Comment exprimer mieux leurs

Et dans les signes géométriques.

figures qu'elles ne l'ont fait, et rendre un mot tout entier avec plus de précision par un signe aussi simple que rapidement tracé ? Par ces ingénieux procédés, n'est-il pas vrai que l'esprit voit aussi vite que les yeux mêmes un angle $<$, un triangle $\triangle$, un carré $\square$, un cercle $\bigcirc$, un angle droit $\sqcap$, deux parallèles $\|$, et qu'il serait impossible de seconder le langage par des images plus sensibles ? On remarque chez les peuples les plus anciens l'emploi des signes géométriques dans l'enseignement théologique, soit secret, soit populaire. Le plus généralement connu est le triangle équilatéral, orné du nom sacré Jéhovah, qu'on retrouve dans la plupart des ornements adoptés par le christianisme pour ses édifices, ses meubles et ses vases sacrés. D'après Plutarque, Xénocrate comparait la divinité à un triangle équilatéral : c'était la faire avec raison parfaitement égale en toutes ses perfections, tandis que les génies ne ressemblaient qu'au triangle isocèle, qui n'a que deux de ses côtés égaux, et par conséquent manque de quelque perfection. Enfin, les hommes étaient symbolisés par le triangle scalène, dont tous les côtés sont inégaux : c'était l'idée la plus exacte possible de toutes les inégalités de notre nature. C'est probablement par un motif pris de la puissance créatrice de Dieu qu'on avait indiqué sur des monuments égyptiens les caractères distinctifs de la femme par cette même figure triangulaire (1). Plus tard, le triangle exprima, pour les chrétiens, le mystère de la Trinité. Ils se servirent d'abord, et tout naturellement, du triangle à trois côtés égaux ; dans la suite, on y ajouta quelques lignes dont la combinaison assez variée forma une croix, comme on le voit sur les médailles des Papes données par le P. Buonanni (2).

Les nations orientales virent dans le cercle un symbole

---

(1) Eusèbe, *Præparat. evangel.*, lib. III. — Voir aussi Eustate *in Homer.*, p. 1539, édit. rom.
(2) *Numismata pontificum romanorum quæ a tempore Martini V prodiere*, Rome, 1699, in-f°.

expressif de l'Être divin, comme Lui sans commencement ni fin, égal dans tous les points de sa forme absolue et immuable. Par la même raison, c'était aussi chez les anciens la figure du temps, de l'éternité. On l'a représentée souvent par un serpent arrondi en anneau, et dont la tête se rapproche de l'extrémité de sa queue sans aucune solution de continuité. Addison avait vu à Rome une statue antique du Temps tenant en main une roue, ce qui revient au même (1); c'est cette roue à laquelle Sénèque a fait allusion dans ces vers :

．．．．． *Volucrique die*
Rota præcipitis volvitur anni (2).

On peut voir dans le Recueil de Pierius, que nous analyserons bientôt, beaucoup d'autres attributions du triangle et du cercle (3).

Képler, dont le tombeau, grâce au symbolisme moderne, est surmonté, à Ratisbonne, de sa propre statue levant le voile qui couvrait Uranie (4), trouvait dans le cercle une figure de la Trinité. Il consacra en partie à l'exposition de ce système son fameux livre des proportions des corps célestes, qu'il intitula *Prodrome des dissertations cosmographiques* (5). Si l'on trouve, en effet, dans le cercle un centre, une circonférence et un rayon, on peut très-raisonnablement rapporter ces trois conditions aux propriétés des Personnes divines, savoir : la rotondité, forme première et essentielle; l'indivisibilité, sans laquelle cette forme varierait infailliblement en ne constituant plus que des segments dépourvus d'unité, et enfin l'immutabilité, représentent le Père, première Personne, centre immuable, inengendré et indivisible de la Divinité. Le

---

(1) Addison, *Dialogue sur les médailles*, p. 70.
(2) *Hercules furens*, act. I.
(3) Pierii Valeriani *Hieroglyphicorum*, lib. XXXIX, p. 411 et suiv., in-f°, Lugduni, 1626.
(4) Cf. *Monumentum Keplero dedicatum*, Ratisbonæ, 1808, in-f°.
(5) *Prodromus dissertationum cosmographicarum... de admirabili proportione cœlestium orbium*, in-4°, Tubingæ, 1596.

Verbe, seconde Personne, égale en tout à la première, est, comme la circonférence, dont tous les points concentriques sont à égales distances du centre. Après quoi, on peut voir le Saint-Esprit dans le rayon qui unit le centre à la circonférence.

C'est de la même manière que le point, principe générateur de toute la géométrie, est comparé par les plus grands géomètres à l'Essence divine. Le P. Kircher, Pascal, le cardinal Cusa se sont servis de cette idée symbolique dans leurs démonstrations.

Valeriano Balzoni, plus connu sous le nom de Pierius, rapporte que les Chaldéens avaient pour chiffres des lignes horizontales auxquelles s'ajoutaient quelques appendices dont la forme variée et la position au commencement, à la fin ou au milieu de chaque ligne, déterminaient des nombres différents (1). Chaque unité se multipliait, selon les variantes dont la ligne était chargée, par 10, par 100 et par 1000.

⌞1⌟, ⌞10⌟, ⌞100⌟, ⌞1000⌟, ⌞200⌟, ⌞300⌟, etc.—

Nombres chaldéens.

Rappeler cette méthode nous suffit ici, mais nous devons remarquer, avec l'érudit qui nous guide, qu'elle a pu donner lieu à cette espèce de dactylologie arithmétique connue des anciens, et qui consistait à faire autant de chiffres des doigts de chaque main, inclinés ou étendus de certaines manières. Notre auteur a été parfois un peu trop loin dans son enthousiasme pour les symboles égyptiens, grecs et romains, d'après lesquels on pourrait expliquer, selon lui, toutes les

Dactylologie des anciens venue jusqu'à nous.

---

(1) *Hieroglyphica*, lib. XXXVII, *De Digitis*, cap. 1. — Voir encore Jérôme Cardan, *De la Subtilité et subtiles inventions, ensemble des causes occultes et raisons d'icelles*, in-8°, Paris, 1584, f° 416. — Les chiffres ou figures de numération ne semblent pas avoir abrité aucune idée symbolique sous leurs formes diverses. On peut s'en convaincre dans quelques-uns des livres spéciaux, tels que les livres *De Numeris* de Jean Bronchorst, Colon. Agripp., 1544, in-12. — Bède, *Opuscula complura de temporum ratione*, édité par le précédent, Colon. Ubior., 1537, in-f°. — Il n'en sera pas de même des nombres proprement dits, dont nous traiterons plus convenablement ci-après, ch. VI.

branches des sciences et des arts. Tout système a quelque chose de forcé qu'il faut contenir si l'on ne veut dépasser les bornes de la vérité, en la cherchant où elle n'est pas. Mais il a pour lui, dans l'exposition de celui-là, de graves autorités, comme celles de S. Jérôme, de S. Irénée et, après eux, du vénérable Bède, lesquels rappellent que c'était un principe de cette numération symbolique de signifier par la main gauche depuis 1 jusqu'à 99, et par les mêmes doigts de la droite, depuis 100 jusqu'à 900. — Le reste se rendait par des modifications tout aussi faciles des mouvements élémentaires. Quintilien, qui emploie une portion considérable du livre XI de son *Institution de l'orateur* à exposer le pouvoir et l'éloquence des gestes, parle de certaines inflexions du pouce, comme exprimant le nombre 100. Mais S. Jérôme, non moins explicite sur la valeur des signes dactylologiques comme chiffres, indique clairement qu'on leur faisait signifier autre chose, et que la science symbolique y trouvait un de ses moyens. Il nous apprend que « le nombre 100 figuré par les doigts de la main gauche avait une tout autre expression si l'on employait de la même façon les doigts correspondants de la droite. » Et ces mêmes doigts, qui cessaient au besoin d'être des chiffres, pouvaient exprimer des idées abstraites ; en sorte que « ceux de la main gauche, qui indiquaient une femme mariée et une veuve, pouvaient rendre l'idée de la virginité, si de la main droite ils formaient une espèce de couronne » par la jonction du pouce et de l'auriculaire (1). Ces notions sur ce qui se passait à quinze ou vingt siècles de nous font remonter beaucoup plus haut qu'on ne le pense généralement cet art des signes manuels, dont les sourds-muets ont si admirablement profité, grâce aux ingénieux perfectionnements de Pierre de Ponce, de l'abbé de l'Épée,

---

(1) « Centesimus numerus si de sinistra transfertur ad dexteram, et iisdem quidem digitis, sed non eadem manu, quibus in læva nuptiæ significantur et viduæ, circulum faciens exprimit virginitatis coronam. » (S. Hieronym., *ad Lætam.*)

de l'abbé Sicard, et de feu Mgr d'Astros, archevêque de Toulouse. Ces discours visibles, en effet, à la faveur desquels nos pensées peuvent pénétrer, sans aucun bruit de paroles, en des âmes qui y trouvent le principe de la vie sociale, ne sont en réalité que des significations, des figures et des symboles même, puisqu'ils affectent très-souvent la forme des objets qu'ils doivent faire comprendre.

Ce serait peut-être le lieu de parler des nombres et de leur symbolisme ; mais ce sujet, assez étendu, est tout différent des signes matériels qui s'y rapportent ici. Nous placerons ce qu'ils réclament de nous dans un chapitre spécial, que l'ordre de nos idées appelle naturellement après celui-ci. Poursuivons le rapide examen des autres sciences.

Signes astronomiques.

L'astronomie devait avoir aussi un langage à elle, et ne pouvait décrire les merveilles de la sphère céleste sans nous les représenter par des types qui en abrégeassent l'interminable description. Que cette science nous vienne de l'Orient par l'Égypte ou la Syrie, où un ciel sans nuages favorisa toujours les observations de ses adeptes ; qu'il faille en attribuer l'invention aux Babyloniens ou aux hébreux, nous laisserons aux savants, fort peu d'accord sur cette question, une solution dont ici nous pouvons absolument nous passer. Ce qui paraît certain, c'est que des observations astronomiques avaient été gravées en Égypte sur des colonnes; qu'on a recueilli sur le sol de l'ancienne Chaldée des briques chargées de caractères ayant le même but, et qu'on en regarde assez généralement l'usage comme antérieur à celui de l'écriture. Nous ne verrions à cela rien de trop contestable. Si l'étude des astres a dû être faite d'abord par des peuples bergers dont toute l'attention s'y sera portée comme vers un moyen de diviser le temps, et s'y est maintenue par l'attrait de découvertes toujours nouvelles, des signes seront devenus promptement nécessaires pour en fixer les résultats et en faire une théorie quelconque. Peut-être même serait-ce la véritable origine de l'écriture !... Quoi qu'il en soit, nous savons que les signes graphiques adoptés par les anciens pour décrire la marche des constellations, celle du soleil et de la lune, et plus tard des éclipses, ne sont que des vestiges d'hiéroglyphes curiologiques, c'est-à-dire de ceux dans lesquels on représentait un tout par une de ses parties principales. Ces caractères ont été dans la suite réduits en écriture courante, comme celle des Chinois, et il nous en reste des preuves sensibles dans les signes dont l'astronomie moderne se sert encore pour peindre aux regards les animaux du zodiaque, signes qui, pour n'être pas tous d'une époque aussi reculée, n'en donnent pas moins une image assez expressive. La Balance (♎), le Capricorne (♑), le Bélier (♈), le Taureau (♉), le Sagittaire (♐) ne sont pas méconnaissables ; les Gémaux (♊) présentent l'union de deux lignes perpendiculaires par deux barres transversales ; l'Écrevisse (♋) montre assez sa marche tour à tour naturelle et rétrograde par la simple et ingénieuse rencontre d'un 6 et d'un 9 accolés ; les Poissons que nos almanachs rendent sans intelligence par les deux branches fort insignifiantes d'un X, sont bien, dans l'iconographie officielle, deux sujets de la famille des pantoptères ♓ ; le Lion (♌) ne nous donne que les contours de sa queue ; le Verseau (♒) se distingue par deux lignes ondées ; la Vierge (♍) est une M avec un signe abréviatif qui indique sans doute le nom de Marie. Il n'en est pas autrement pour les planètes. Cérès est une faucille, Vesta un autel antique où brûle le feu sacré, la Terre une boule surmontée d'une petite croix qui la distingue de Vénus, dont la croix est renversée, mais dont la marque principale ressemble à celle de notre planète, à cause de son importance autour du Soleil. Mercure ne diffère de Vénus que par les deux appendices qui le surmontent et rappellent les ailes qui ornaient la tête et le caducée du messager des Dieux. Pallas est une lance, Mars une flèche et un bouclier ; toutes les autres ont ainsi un rapport plus ou moins saisissable, mais reconnu de la science, avec leurs souvenirs mythologiques ou les assimilations qu'on leur a prêtées avec les métaux.

Car les métaux ont eu aussi leur rôle occulte dans la science antique, et naguère on leur donnait, dans le laboratoire des chimistes, une haute importance dont la marche nouvelle de cette science ne les a guère dépouillés que depuis un siècle. Quand la chimie n'aurait, pour se donner droit à une origine fort reculée, que le caractère mystérieux dont elle paraît s'être environnée de tout temps, on serait porté à la lui accorder sans conteste. Comme la médecine, comme l'astrologie, elle a eu son écriture secrète, véritable recueil d'hiéroglyphes dont l'Orient sans doute est la patrie et que la savante Égypte, avec son génie curieux et inventif, aura exploité la première. Réduite d'abord à la recherche des principes naturels qui se rattachaient à la connaissance des météores et des minéraux, elle s'y adonna d'autant plus que ses disciples durent la regarder comme une double source de gloire et de richesses : le fatras scientifique de l'astrologie judiciaire imposait à la foule, et l'étude des substances métalliques entretenait l'amour du *Grand-Œuvre*, de l'œuvre par excellence, qui devait amener à faire de l'or, et dont la réussite a dû flatter l'espérance des chimistes, depuis le plus ancien jusqu'aux derniers dont l'histoire moderne a constaté les chimériques rêveries. Plus cet art était précieux, plus on devait s'envelopper d'obscurité pour en sonder les profondeurs et les ressources : de là cet alphabet impénétrable au vulgaire dont les signes énonçaient non-seulement les éléments des opérations, mais les instruments mêmes et les procédés qui les obtenaient. On pouvait écrire aussi, par leur moyen, les propriétés essentielles de certains corps et leurs rapports génériques et spécifiques; désigner des quantités par des chiffres spéciaux ; quelquefois enfin, par de simples initiales, ou par la réunion de deux majuscules, indiquer les règles à suivre et décrire la marche des expériences. Comme les alchimistes

<small>La métallurgie et la chimie.</small>

comptaient sept métaux, il leur fallut autant de caractères significatifs ; et comme le grand principe de la science était de les diviser en solaires ou colorés, et lunaires ou blancs, il y eut deux éléments primitifs, le soleil, élément de perfection, représenté par un cercle, ☉, et la lune, élément d'imperfection, représentée par un croissant, ☾. De ce double élément furent tirés les sept caractères correspondants des sept métaux : l'or, ☉, fut le cercle, image du soleil, dont il revêt la brillante couleur, élément parfait dans sa forme, et dont les six autres signes ne furent que des modifications. L'argent, demi-perfection, fut attribué à la lune, ☽, dont le disque incomplet rendait bien l'idée de sa valeur secondaire, comme aussi la teinte blanchâtre et douteuse qu'elle répand sur la nature. Le fer était le métal préféré de Mars, car il s'emploie à la guerre ; sa dureté inflexible symbolise le caractère du dieu : on l'écrivait comme la planète des astronomes, ♂. Vénus apparaissait avec le cuivre, dont elle a la mollesse et l'éclat, ♀ ; le plomb se réclamait de Saturne, ♄, à cause de la lenteur de cet astre dans sa course ; l'étain, de Jupiter, ♃, dont les nombreuses métamorphoses mythologiques autorisaient une ressemblance avec un métal susceptible de s'allier à tant d'autres ; et le mercure, qui probablement devait son nom à son extrême mobilité, se retrouvait dans l'attribut ordinaire que nous avons vu au courrier céleste, ☿. Mais ce qu'il n'est pas sans intérêt d'observer, c'est que de telles attributions, bien antérieures au christianisme, étaient appliquées aux mêmes objets, dès le second siècle de notre ère, par un de ses plus fameux antagonistes. Origène, réfutant le *Véritable Discours* de Celse contre la religion, qu'attaquait dès lors le philosophisme rationaliste, accuse celui-ci de comparer nos mystères à ceux que vulgarisaient dans l'empire romain les doctrines mithriaques. Il nous révèle, d'après lui, l'existence d'un haut escalier sur lequel s'échelonnaient huit portes, dont sept étaient faites d'un des sept métaux que les initiés prenaient pour la figure des mêmes astres; la huitième était la porte du soleil, vers lequel tous convergeaient comme à un foyer commun (1). Nous verrons prochainement le développement symbolique de ce principe.

Reconnaissons ici quels frappants rapports les chimistes s'étaient donnés avec les astronomes, et comme chaque signe rendait identiquement les mêmes idées des deux sciences; car on retrouve ce même soin de procéder par des symboles dans le vaste tableau des caractères chimiques, qui n'en contient pas moins de deux cent quatre-vingt-deux, dont un grand nombre sont doubles et dont plusieurs se varient jusqu'à quatre fois. Pour peu qu'on y regarde, on découvre de réelles analogies entre ces figures et la plupart des choses signifiées : ceux mêmes dont le sens ne paraît pas assez clair au premier abord finissent toujours par être compris à l'aide de quelque attention (2). Aujourd'hui tout ce charme est détruit avec l'importance des vieilles idées. La chimie, moins occupée de rechercher la pierre philosophale que de seconder les efforts de la médecine et des arts industriels, n'a perdu les traditions de Raymond Lulle et de Nicolas Flammel que pour marcher dans les voies un peu plus sûres de Lavoisier, de Fourcroy et de Berzelius. L'étalage prétentieux de sa langue savante a disparu avec l'école surannée, et si elle a conservé jusqu'à nos jours quelques restes à peine perceptibles de ses signes de quantité, elle a dû naguère se résigner à les voir disparaître devant l'inexorable niveau de notre système décimal, dont le moindre défaut est de n'avoir qu'un langage incolore, soit dit en passant.

Un autre art dont le symbolisme est peut-être moins ostensible, mais qui n'en est pas moins pourvu, appelle main-

La musique.

(1) Origenis, *Contrà Celsum*, lib. VI.
(2) Voir Olai Borrichii, *Dissertatio de ortu et progressu chemiæ*, Hasniæ, in-4°, 1668, et encore Io. Jacobi Mangeti, M. D., *Bibliotheca chemica curiosa*, t. I, in-f°, Genevæ, 1702, imagine 1ª.

tenant notre attention. Les notes musicales ne sont-elles pas des signes, véritables représentants des tons de la voix et des instruments, de toutes les valeurs des temps et de la mesure? A cette science, à cet art, car il y a là de l'un et de l'autre, il faut aussi ses hiéroglyphes, comme moyen d'imitation pour rendre fidèlement les inflexions, et par elles les sentiments de l'âme. Le P. du Halde rapporte (1) que les Chinois ne pouvaient revenir de leur étonnement quand ils virent les Jésuites noter, lire, répéter les airs du pays qu'on leur dictait en les chantant. Les Grecs et les Romains se servaient dans le même but de leurs lettres alphabétiques, mais pour eux de telles notes manquaient d'une valeur numéraire et ne marquaient pas les intervalles. Réduites, pour parler un langage intelligible, à se faire des positions conventionnelles, on les voyait, selon les genres et les modes de chaque thème, se renverser, s'unir, se priver d'une partie d'elles-mêmes, épuiser toutes les ressources de recherches pénibles et laborieuses pour commander à la voix, à la lyre ou à la flûte les inflexions et les modulations qu'elles devaient produire. On peut juger de ce moyen en consultant le fragment que nous a laissé sur la musique ancienne Alypius, auteur grec de la fin du premier siècle de notre ère (2). Il y a loin de ces informes linéaments à la gamme de Gui l'Arétin avec ses lignes, ses portées et ses clefs si bien perfectionnées depuis son temps jusqu'à nous, à ce contre-point surtout, véritable syntaxe de la musique, devenu aujourd'hui l'écriture harmonique de tous les peuples civilisés.

Et cependant de quel effet n'étaient pas les chœurs de la tragédie grecque! Quelle attention devaient imposer

---

(1) *Description historique de la Chine et de la Tartarie chinoise*, t. I, p. 257, in-f°, 1735.

(2) Voir le recueil de Marc Meibom, *Antiquæ musicæ Autores septem*, Amsterdam, 2 vol. in-4°, 1752. — On y trouve, en tête des fragments d'Alypius, une table de ces notes qui nous paraîtraient aujourd'hui fort bizarres.

les vers chantés d'Hésiode et d'Homère (car ils ne se récitaient qu'avec une sorte de chant), et plus anciennement encore ce sublime cantique de Moïse chanté par lui après le passage de la mer Rouge, et qu'accompagnèrent les mille voix du peuple d'Israël (1)! Diodore et Lucrèce, aussi poètes l'un que l'autre, ont bien pu attribuer l'invention de la musique à quelque amateur frappé, aux bords du Nil, des sons que rendaient les roseaux agités par le murmure des vents (2). Le savant jésuite Kircher, qui tenait tant à tout expliquer, a pu donner dans cette idée, faute de quelques autres (3). Mais au souvenir de ces grandes compositions qui vivent encore dans les plus anciennes pages de l'histoire, il nous semble que pour être créé, l'art musical n'a pas eu besoin de tous ces hasards. Il a commencé le premier jour où un sentiment vif d'amour ou d'enthousiasme, d'affection douce, de sympathie, de reconnaissance ou d'indignation sera venu émouvoir le cœur humain. Cela doit être vrai si on le retrouve encore dans l'accentuation du vulgaire, qui, moins compassé par les règles restrictives qu'on appelle les convenances sociales, s'abandonne plus librement à sa façon vive de sentir et de parler. Nos populations méridionales en donneraient plus d'un exemple par jour à l'observateur. Nous n'oublierons jamais quelle preuve nous rencontrâmes, une fois entre autres, de cette réalité du symbolisme de la musique naturelle. C'était à Bordeaux, où le peuple, si impressionnable dans son humeur gasconne, parle toujours beaucoup moins qu'il ne chante. Au sortir d'une séance du Congrès scientifique de 1861, nous suivions

---

(1) « Cantemus Domino, gloriose enim magnificatus est, etc. » — *Exod.*, cap. XV, v. 1 et suiv.

(2) Diodore de Sicile, *Biblioth. histor.*, lib. 1, *sub fine*.

— Et zephyri cava per calamorum sibila primum
Agrestels docuere cavas inflare cicutas.
(Lucrèce, *De Natura rerum*, lib. II.)

(3) *Musurgia universalis*, lib. 1, Romæ, in-f°, 1650.

seul le pavé d'une longue rue d'un faubourg, tout préoccupé d'une question de poésie débattue naguère. Tout à coup nous en fûmes distrait par le dialogue assez vif de deux ménagères qui, sur le même seuil, se racontaient leurs impressions de la veille. Ralentissant le pas, nous feignîmes de lire une affiche pour mieux saisir *la chanson* de cet air dont les modulations nous avaient surpris. Il s'agissait d'une dispute entre une locataire et son logeur. Un huissier avait dû intervenir. Au dire de l'une des commères, le propriétaire, bien entendu, avait tort; l'autre s'en montrait persuadée, et de ces deux convictions tout à fait fraternelles coulait en notes variées, en exclamations réellement musicales, une sorte de complainte dont chacune semblait prendre sa partie avec une ardeur d'expression qu'augmentait encore une action mimique très-prononcée, et qui nous fit pour un instant de cette humble porte d'une fruitière un théâtre où nous regrettions d'être l'unique spectateur... Depuis cette scène, qui nous avait fort intéressé, et qui dut paraître un argument décisif à un homme déjà tout plein du symbolisme de la musique, nous avons retrouvé la théorie de ce principe dans un opuscule qui nous est d'une grande autorité, parce qu'il rend parfaitement notre pensée sous la plume d'un académicien dont le Poitou honore la mémoire. Son opinion toute récente appuiera celle que nous devions d'avance à nos méditations personnelles :

« Je prendrai pour exemple, dit M. Beaulieu (1), notre langue française, l'idiome peut-être le moins accentué... Si deux personnes parlent, dans cette langue, de choses indifférentes, leur accent sera bien peu prononcé, et n'offrira à l'oreille qu'une sorte de murmure presque monotone. Que leur entretien passe à des objets moins indifférents, cet accent s'animera peu à peu, à mesure que se développera, que grandira l'intérêt du sujet. Si bientôt une contestation,

(1) *Mémoire sur l'origine de la musique*, p. 7, in-8°, Niort, 1859.

une querelle s'élève entre elles, elles arriveront graduellement à employer des intonations presque théâtrales. De là, passant progressivement à la déclamation dramatique la plus véhémente, on touche aux limites de la déclamation notée, au récitatif musical, qui, un pas de plus, nous conduit au chant mesuré. Ceux qui ont entendu l'opéra bouffe italien ont pu remarquer combien, dans ce genre, le récitatif se rapproche de l'accentuation orale, de la simple parole, et combien il est facile de passer de l'un à l'autre d'une manière presque insensible. »

Ainsi est née la musique vocale, de l'harmonie même du langage et des tons divers qu'il lui fallut nécessairement adopter pour rendre les allures de la pensée et les dispositions intimes du cœur.

Le même principe dut présider aux expansions plus doctes, et dès lors plus étudiées, de la musique instrumentale. Quand les instruments s'empressèrent, sous l'inspiration de Jubal (1), d'accompagner la voix humaine, ils ne donnèrent que le produit d'une attention réfléchie : c'est l'origine de tous les arts. Mais remarquons bien que le premier musicien, exhalant en des sons, gouvernés alors par les seules règles naturelles, les pensées qu'il voulut rendre avec plus d'animation, s'aida nécessairement de quelques signes ou gestes pour ajouter à sa voix une expression que les inflexions du chant ne lui eussent pas donnée toutes seules. C'était là une manière de se faire comprendre, de communiquer le sentiment, d'écrire aux yeux pour passer dans le cœur. On peut comprendre la puissance de ce moyen par une plaisanterie de bon aloi, due au crayon d'un de nos plus spirituels contemporains. Granville, l'artiste d'un esprit si fin et d'une philosophie si originale, avait senti cette vie qui respire dans les notes comme dans tous les objets de la création, et, pour la rendre plus sensible, il s'avisa d'ajouter aux notes noires ou

---

(1) « Ipse fuit pater canentium cithara et organo. » (*Gen.*, IV, 21.)

blanches de plusieurs morceaux de sa composition des corps de personnages en action, dont ces notes formèrent les têtes, de sorte que chaque personnage, tout en posant sa tête sur celle des cinq lignes ou des intervalles que la note devait occuper dans la portée, représenta la posture qui convenait le mieux à son action. Dans le spécimen de cette spirituelle invention, on *voit* le chant de l'*Adoremus in æternum*, aussi bien qu'on peut l'exécuter. Voici les enfants de chœur agenouillés; d'autres se prosternent et encensent, le prêtre élève le calice consacré; d'autres prêtres chantent au lutrin, et, quand tout est fini, les deux dernières notes de l'*Amen*, graves et sonores, sont représentées par la tête du sacristain élevant l'éteignoir au-dessus d'un cierge, dont le rayonnement exprime le derniel *sol*. Quant au ton et à la mesure, ils y sont déterminés par des moyens analogues. Le calice représente un point d'orgue; les dièses à la clef sont deux branches de chandeliers, des tables garnies de deux cierges; les soupirs sont des livres négligemment posés sur une des lignes qui devient une marche de l'autel, ou des encensoirs placés par leur balancement à hauteur convenable. Les signes pour lier les notes deviennent des arcades de l'église. Outre ce morceau, quelques autres de même genre rendent des inspirations diverses, toujours servies par des images conformes au fond du sujet. Ainsi, dans une ronde tarentelle, les dièses sont figurés par des araignées ou *tarentules* ; ailleurs les soupirs, par des haches, des ancres de vaisseau, des mouettes rasant la mer; les bémols, par des mouches; les bécarres, par une chaise, avec ses membrures à jour; et tout cela tenant dans l'ensemble de chaque morceau sa place naturelle et son langage figuratif (1). Ces quelques pages ne sont, après tout, que le génie d'une joyeuse caricature; mais étudions les plus nobles inspirations de l'art, et nous verrons comment l'imitation par les sons put

(1) Voir *Magasin pittoresque*, t. VIII, p. 244.

s'élever à des conceptions infiniment supérieures. Que ne fut-ce donc pas quand l'harmonie eut trouvé le secret de parler au sens intime, d'émouvoir les passions, bonnes ou mauvaises, d'entraîner sur le champ de bataille par une excitation irrésistible, ou de rendre le calme à une âme agitée! De nombreux exemples de faits semblables émaillent l'histoire de la musique ancienne, et cependant il y avait loin de cet art, encore réduit à ses forces naturelles, pour ainsi dire, aux accords de la mélodie, qui réussit à faire pleurer au théâtre ou dans un salon! Dès lors la musique aussi eut son symbolisme, son langage à part, capable de traduire à l'oreille tous les sentiments qu'elle voulut rendre : elle eut son harmonie *imitative*.

Néanmoins J.-J. Rousseau nous semble avoir professé un principe faux en distinguant la musique naturelle et la musique imitative; une telle distinction appliquée à l'art, tel que nous l'avons aujourd'hui, serait bonne en spéculation tout au plus, mais deviendrait par cela même une de ces inutiles questions de philosophie raisonneuse qui ne mènent à rien puisqu'elles ne peuvent jamais conduire à la moindre pratique. En effet, qu'on se demande ce que fussent devenues, depuis Rameau jusqu'à Rossini, les magnifiques œuvres de nos grands maîtres, si elles se fussent réduites à n'être écrites qu'en musique naturelle? Loin de là, c'est à l'harmonie que nos habiles compositeurs ont dû les succès qui enlevèrent tant de suffrages, et jamais leur triomphe n'a été plus beau, plus entier, qu'après avoir fait partager à la foule l'inspiration qui respirait dans leurs écrits. Comme la poésie a ses couleurs pour peindre, à l'aide de mots choisis, les choses, les passions, les dispositions de l'âme qui lui semblent mieux rendues par l'emploi et le concours de telles consonnes, de telles voyelles, de tels agencements de longues ou de brèves; comme elle va jusqu'à savoir calculer, dans les grands poètes de tous les âges, la force même d'une césure, d'un hémistiche, d'un enjambement, ainsi le génie musical a des sons pour rendre aussi bien mille accidents qui ne peuvent dépendre que de lui. Pergolèse, dans son pieux et mélancolique *Stabat*, ne fait-il pas frémir aux coups de la flagellation? La puissance de son archet répétant le *flagellis subditum* ne dépasse-t-elle pas de beaucoup celle de la parole écrite ou chantée d'Innocent III? *L'Orage* de Steibelt ne laisse-t-il pas échapper du clavier tantôt les sombres et lointains roulements de la foudre, tantôt les gouttes légères de la pluie succédant aux ébranlements de la nature et se grossissant peu à peu sur le feuillage? Et ne disons pas que ces surprises sont plus dans l'imagination que dans la chose : mille citations se hâteraient de prouver le contraire, et si les compositeurs médiocres ont abusé de l'onomatopée musicale pour abriter de prétentieux caprices, qui le plus souvent ont mal réussi, d'autres, en assez grand nombre, hommes de talent et de méditations sérieuses, ont pu certainement arriver à cette imitation de la nature qui en fait reconnaître au moins les impressions principales. Avouons d'ailleurs que ces imitations plus ou moins heureuses ne peuvent pas être bien comprises sans une sorte d'avertissement qui prépare l'attention de l'auditeur et lui ménage une reconnaissance plus facile du but que le notateur s'est proposé. Comme la musique n'est pas une langue vulgaire, il faut bien que l'oreille inexpérimentée de la foule soit prévenue de rechercher et de comprendre la valeur des accents qui vont s'exhaler d'une symphonie. Mais un esprit même ordinaire, pour peu qu'il n'ait pas été créé en dehors de tout instinct musical, ne pourra s'empêcher d'admettre, s'il y prête une véritable attention, que, dans un morceau destiné à éveiller un sentiment particulier, le compositeur aura groupé en effet des notes dont le résultat est toujours plus ou moins une répercussion de son idée dominante. Que sera-ce donc si vous choisissez un musicien de valeur, entendu par un homme que de grandes aptitudes disposent mieux à le comprendre? Laissez voir celui-ci le seul titre de la composition, que d'avance nous supposons bonne : s'il ne voit pas dans l'exécution les mille nuances que la plume a voulu et cru y mettre, il distinguera cependant un caractère général qui se rattache fort bien à l'idée mère, et souvent aussi une plus grande habitude lui révélera des détails assez vrais pour lui rendre les conceptions de l'auteur.

Prenons un exemple en dehors du cercle où n'ont pénétré que les grandes illustrations; choisissons au hasard une de ces compositions qui foisonnaient naguère encore sur tous les pianos et qui, pour n'être pas toujours l'œuvre d'un génie de premier ordre, n'en portent pas moins parfois le cachet de l'intelligence et du talent. Voici, par exemple, *Le Crépuscule* (1). Écoutez, si vous sentez la musique, les doigts habiles qui vont éparpiller ses gammes merveilleuses, et, pour peu que vous sachiez d'avance, d'après le titre, l'intention fondamentale de l'auteur, vous reconnaissez bientôt le premier réveil de la feuillée sous l'haleine à peine sensible de l'air qui bruit. N'y a-t-il pas là aussi, sous ces notes perlées, des gouttes de rosée roulant sur les pétales et dans le calice des fleurs? Ne distinguez-vous pas, à ces sons qui gazouillent, les premières improvisations de l'alouette, puis, avec ces cadences plus larges et plus abondantes, le grand spectacle de la nature enfin réveillée et faisant répéter à tout ce qui respire l'hymne toujours nouvelle de chaque matin? — Maintenant, c'est au tour du vif et volage *Bengali* (2). Vous allez saisir le battement de ses petites ailes au milieu de sa demeure touffue. Il secoue les pleurs de la nuit qui les ont humectées; il jette autour de lui avec ses mouvements aériens le mélodieux concert de ses chansonnettes printanières. Les variations de son ramage se succèdent, se pressent, se ralentissent... Il cesse : pourquoi l'écoutez-vous

(1) Eugène Moniot, op. 20.
(2) Pascal Gerville, op. 16.

encore? — C'est que votre oreille avait deviné le retour prochain des notes que vous eussiez regrettées. L'oiseau a dû respirer, et soudain l'air revenu à son gosier l'enfle de nouveau, s'en échappe comme un doux et placide ruisseau, au murmure plus varié encore. Tout ce qu'il dit, on le comprend, tout ce qu'il chante, on le goûte : ses notes sont pour lui le signe d'une pensée, le plaisir d'une vie qui se renouvelle, l'insouciance qui ne sait point d'avenir, le bonheur d'un présent que rien ne trouble et que tout embellit.

Comment nier que le symbolisme soit ici communiqué à l'art par la nature? Par lui la musique y reflète à l'ouïe, comme ferait aux yeux un miroir, l'expression parfaitement reconnaissable de ces scènes bocagères. Ainsi, exaltés par ce même charme de l'imitation, d'autres vous rendront les détails paisibles de la vie champêtre, les fanfares bruyantes de la chasse aux retentissements des cors, à la course des chevaux, à la voix des meutes altérées; ici le violon de Paganini, tour à tour emporté ou plein de douceur, déroulera l'inimitable dialogue d'une ardente jalousie et d'une tendresse passionnée, filera des suavités délicieuses ou fera vibrer d'éclatantes colères. Là, dans les concertos de Beethoven, dans ses quatuors, dans ses immortelles symphonies, la joie éclate, la tristesse pénètre, l'harmonie coule comme un fleuve dans votre cœur étonné : vous respirez à peine, suspendu à ces magiques mesures; vous n'y répondez que par le silence de l'admiration, ou par des applaudissements peut-être moins glorieux que le silence....

C'est que toujours, indépendamment de ce que la musique a d'aimable pour le sens qu'elle affecte, elle a un caractère plus élevé encore, une mission plus directe dans les vues de la Providence : c'est de parler au cœur de l'homme pour y anoblir ses passions vertueuses et contribuer au développement de ses facultés spirituelles. Hors de là, elle n'est qu'une séduction de plus, et c'est en se renfermant dans cette voie, dont on l'a trop souvent éloignée, qu'elle devint une des plus belles formes de l'art sous le souffle chrétien du moyen âge. Nous aurons à signaler son rôle symbolique à cette époque.

Les gestes ayant leur langage significatif, on comprendra aisément que la danse ait pu avoir le sien, et quoiqu'elle nous semble assez dénuée des caractères d'une science, elle peut figurer ici, du moins, à cause de ses rapports avec la musique. Laissons parler l'abbé Robin (1), dont un écrit assez court, mais plein de choses, pourrait devenir le canevas d'un ouvrage fort intéressant. « La danse, dit-il, est, comme la musique, l'expression d'un sentiment quelconque. Ainsi elle est bonne ou mauvaise selon que le sentiment qui la détermine est louable ou vicieux. Sur nos théâtres, elle est presque toujours condamnable, parce qu'elle n'exprime ordinairement que la mollesse et la volupté. Mais, chez les premiers hommes, où elle peignait la reconnaissance envers Dieu et la sensibilité honnête, elle devenait un acte vertueux; aussi y faisait-elle partie du culte et des cérémonies les plus augustes. On la retrouve encore chez tous les peuples dont les mœurs ont moins éprouvé de révolutions. » — « En Amérique, dit Robertson (2), c'est une occupation importante qui se mêle à toutes les circonstances de la vie publique et privée. Si une entrevue est nécessaire entre deux bourgades, les ambassadeurs de l'une s'approchent en formant une danse solennelle et présentent le calumet, ou emblème de la paix; les Sachems de l'autre tribu les reçoivent avec les mêmes cérémonies. Si la guerre se déclare contre un ennemi, c'est par une danse qui exprime les sentiments dont ils sont animés et la vengeance qu'ils méditent. S'ils veulent apaiser la colère des dieux ou célébrer leurs bienfaits, s'ils se réjouissent de la naissance d'un fils ou pleurent la mort d'un ami, ils ont

La danse.

---

(1) *Recherches sur les imitations anciennes et modernes*, p. 72 et suiv., in-12, Paris, 1779.
(2) *Histoire de l'Amérique*, t. II, p. 47.

des danses convenables à chacune des situations et appropriées aux sentiments divers dont ils sont pénétrés. Si l'un d'eux est malade, on ordonne une danse, comme le moyen le plus efficace de lui rendre la santé; s'il ne peut supporter la fatigue de cet exercice, le médecin ou sorcier exécute la danse lui-même, comme si la vertu de sa propre activité pouvait se transmettre à son malade. »

Jusqu'ici nous croyons avoir démontré que le symbolisme, aidant l'intelligence par la valeur significative qu'il donne à des objets sensibles, vit dans la parole humaine, soit parlée, soit écrite, de quelque forme qu'elle se revête, dans ses plus simples comme dans ses plus solennelles expressions. — Les signes appliqués aux sciences n'en sont qu'une preuve de plus. — De telles considérations étaient les préliminaires obligés de ce livre. Poursuivons, et voyons maintenant comment elles peuvent s'appliquer aux croyances de tous les peuples et aux usages de toutes les sociétés.

CHAPITRE V.

DES HIÉROGLYPHES ÉGYPTIENS.

De tous les signes destinés à servir de véhicule à la pensée, les hiéroglyphes, véritable écriture, furent certainement les plus employés, comme étant naturellement à la portée d'un plus grand nombre d'intelligence : non ces hiéroglyphes mystérieux qui succédèrent à une écriture plus simple et furent son perfectionnement, mais ces traits primitifs qui ne furent d'abord qu'un alphabet et qui, dans leur assimilation aux formes des choses de première nécessité, étaient véritablement un langage symbolique. Le temps, les théories scientifiques, les prétentions au mysticisme des philosophes égyptiens, développèrent rapidement un système plus large; et bientôt à l'art d'abréger l'expression, de ne dessiner qu'une partie du tout qu'on voulait signifier, on ajouta l'emploi de signes choisis, exprimant les objets par des attributs qui leur étaient propres. Ces deux méthodes furent employées simultanément; mais comme l'une était facile à comprendre et que l'autre exigeait plus de réflexion, le vulgaire, qui d'abord avait facilement compris, finit par se brouiller avec tant de figures, et l'écriture hiéroglyphique devint pour lui d'une obscurité indéchiffrable. On pouvait bien, en effet, voir tout d'abord une image assez intelligible dans les rayons du soleil, dans une ou plusieurs étoiles, dans le demi-cercle de la lune; le crocodile put bien devenir une représentation populaire du

La simplicité primitive des hiéroglyphes se complique forcément de signes plus obscurs.

Nil ou des terres que ce fleuve fertilisait ; mais quand on voulut exposer toute une suite d'idées morales, de sentiments métaphysiques, de conceptions auxquelles la matière n'avait aucune part, il fallut bien prendre, pour ainsi dire, des détours, et chercher des périphrases peintes. Ainsi cette même Égypte qui, pour faire comprendre la chaleur fécondante de son territoire, est représentée par un encensoir allumé et surmonté d'un cœur (1); cette lune changée en un cynocéphale, dont nous verrons bientôt la raison, durent être fort peu intelligibles pour quiconque ne reçut pas l'interprétation de ces étrangetés inattendues. Il ne dut être guère plus facile de deviner, en voyant une femme montée sur une tortue, que c'était là un avertissement aux ménagères de se tenir assidues dans leur maison (2). Il en résulta que les murs des temples, les faces des grands monuments se couvrirent de traits d'histoire, de principes philosophiques, de lois, de maximes que les gens instruits purent lire, mais auxquels le peuple fut obligé de fermer les yeux.

Initiations antiques protégées par ces écritures et justifiées dans leur but primitif.

Au reste, ne blâmons pas ces savants du monde antique d'avoir ainsi dérobé au vulgaire les sujets de leurs veilles secrètes et de leurs mystérieuses études : qui pourrait dire que leurs réunions cachées ne furent pas consacrées d'abord à des entretiens sur les vérités premières ? Il paraît certain, par Plutarque, Porphyre, Clément d'Alexandrie et d'autres encore, qu'on s'occupait surtout, dans les *mystères*, de la connaissance des choses naturelles, et par conséquent de la religion dont elles étaient inséparables. Ce dernier, au cinquième livre de ses *Stromates*, explique par cette méthode ancienne la loi d'une imitation graduelle, qui n'amenait les néophytes chrétiens à la connaissance des mystères qu'à mesure qu'on pouvait se convaincre qu'ils en comprenaient

(1) Hori Apollinis *Hieroglyphica*, nos 13 et 21, p. 24 et 34, à la suite des œuvres de Pierius, déjà citées.
(2) Voir Sanctii Brocensis *Commentaria in Andreæ Alciati Emblemata*, in præfatione, p. 6, inter opera, t. III, Genevæ, in-8°, 1766.

le sens et que leur piété les rendait dignes d'y participer. C'est des prêtres égyptiens qu'Hérodote nous dit avoir appris l'immortalité de l'âme. Orphée était aussi de leurs élèves ; Strabon, Pythagore n'ont fait que répéter leurs enseignements. Rien ne prouve que Moïse, avant sa vocation divine, n'y avait pas été préparé dans un de ces colléges où les fausses idées du paganisme ne pénétrèrent que plus tard. C'était faire acte de prudence de n'échanger ces connaissances précieuses qu'avec des intelligences sûres et droites : destinées pour le vulgaire à un professorat dont elles ne pouvaient plus abuser, elles donnaient à celui-ci des doctrines sûres, précises, absolues, qu'il ne pouvait pas discuter et qu'on gardait d'autant mieux contre le danger des hérésies.

Lorsque, plus tard, cette pureté d'enseignement se trouva altérée par la licence des pensées et des mœurs des maîtres eux-mêmes, la simplicité primitive s'altéra ; on voulut l'environner de plus de précautions contre l'intrusion des profanes : on exigea des garanties de la part des adeptes ; de là les épreuves imposées aux initiés, et dans ces initiations aussi vinrent se ranger une foule d'observances, toutes plus ou moins symboliques, qui se multiplièrent peu à peu et se mêlèrent à l'enseignement des doctrines superstitieuses comme autant de signes qui en rendaient l'expression. Les initiés passèrent tour à tour par les épreuves de l'eau, du feu, de l'air, de la terre ; on retrouve ces usages dans la lecture d'Homère, de Musée et dans les autres poètes de leur époque ou des temps postérieurs. Les récits d'Hérodote, de Diodore de Sicile et des autres Pères de l'histoire inspirèrent Virgile et Silius Italicus. Dans l'opinion de Bartholi, la descente d'Énée aux enfers, que décrit si admirablement le deuxième livre de l'Énéide, est une allusion à Auguste initié à Athènes après la bataille d'Actium. Ce morceau réunit, en effet, sur l'initiation ce qu'on ne retrouverait qu'avec peine dans un grand nombre d'auteurs. Apulée en a répété beaucoup de détails au livre onzième de sa *Métamorphose*. S. Épiphane représente les initiés comme abjurant tout vêtement de laine et de poil, en horreur des animaux impurs, et ne voulant que du linge fait de lin, sans mélange ni couleur. Enfin on peut lire ce qu'ont écrit sur ce même sujet Court de Gébelin, dans son *Monde primitif*, et l'abbé Terrasson, dans son *Sethos :* on y reconnaîtra quelle large place le symbolisme tenait dans cette secrète liturgie des *Loges* antiques.

Pour revenir à l'écriture hiéroglyphique, nous n'en voulons dire ici que ce qui importe à notre sujet ; arrivons donc bien vite aux conséquences que des savants ont voulu tirer de ces étranges peintures en les regardant comme la source de toutes les erreurs mythologiques du monde ancien.

Les idées mythologiques ont une autre source.
D'après eux, le vulgaire, accoutumé à voir tant de figures humaines ou animales sans pouvoir en apprécier la cause et en déterminer la valeur, ne pouvant pas d'ailleurs lire dans sa pensée ces représentations d'êtres animés avec celles des autres objets qui ne l'étaient pas, se serait accoutumé à la longue à y adapter ses conjectures, à se les expliquer par des idées superstitieuses, et aurait fini par adorer ce qu'il ne comprenait pas. De là cette multitude de dieux nés de chaque image près de laquelle se trouvait peint ou gravé un des attributs dont on se serait plu à faire des insignes.

Causes véritables du polythéisme.
Mais il faut reconnaître que cette manière d'expliquer l'origine du paganisme et de l'idolâtrie est aussi peu conforme à la raison qu'à l'histoire. La raison toute seule proclame que le polythéisme ne s'est formé que par l'oubli d'un Dieu unique, seul Être suprême que les hommes aient pu connaître après la création. Et l'histoire, qui nous raconte par Moïse et par Josephe comment ils conservèrent cette notion jusqu'au déluge, avant lequel on ne trouve aucune trace des idoles, indique naturellement la dispersion des enfants de Noé comme le point de départ des superstitions païennes. Jusque-là, en effet, les traditions primitives transmises par

Adam à sa postérité, et devenues un héritage passant d'une génération à une autre par l'enseignement oral et par le culte, n'avaient pu s'altérer. Les patriarches, chefs des familles, y conservaient le feu sacré des vérités révélées, et les mêmes hymnes et les mêmes offrandes étaient chaque jour consacrées à un seul et même Dieu. Toutefois ces pratiques, simples et communes, d'une adoration légitime, durent s'affaiblir après la division de la grande famille des hommes. Les tribus qui s'éloignèrent du centre de l'habitation durent songer à s'établir dans les contrées différentes qu'elles se choisirent. De nouveaux besoins, des intérêts tout matériels, les détournèrent de la pensée de Dieu, contre qui l'on avait d'ailleurs essayé de s'élever encore en construisant l'œuvre inutile de Babel. Ajoutons que la confusion des langues ne contribua pas peu à altérer les notions théologiques ; le culte, réduit à quelques pratiques moins solennelles, s'effaça complétement, et lorsqu'une nouvelle position fut prise, quand les petites peuplades, fixées enfin, se trouvèrent, par le repos dont elles jouirent, ramenées aux idées plus calmes de la religion, les anciens souvenirs, obscurcis par ce trop long oubli du Dieu unique, se réveillèrent nuageux et confus, et ne laissèrent plus, au lieu des pures notions des dogmes primitifs, qu'un vague mélange de vérités et d'erreurs. Ces erreurs ont dû porter d'abord sur des points dogmatiques, qu'elles réduisirent forcément à un fort petit nombre ; ce furent de simples déviations de certains principes de la foi, sous le voile desquelles il fut encore possible d'apercevoir ces principes.

Ainsi la croyance au Créateur de toutes choses se maintint sans doute pure et intacte dans l'esprit de l'homme, quoique les attributs divins y souffrissent en même temps de sérieuses atteintes ; mais la connaissance des anges, qui fut donnée à Adam dès les premiers jours de son existence (1),

<small>La notion des anges confondue avec celle de Dieu.</small>

---

(1) S. Aug., *De Genesi ad litteram*, lib. IX, cap. xiv.

dut se voiler à la mémoire de ses enfants, de façon à n'y laisser que des notions indécises. Au lieu de n'y voir, comme d'abord, que des êtres intelligents, ministres des volontés de Dieu ici-bas, chargés de veiller sur chaque homme, et de protéger par une charitable sollicitude les familles, les cités, et jusqu'aux animaux, en tant qu'ils étaient l'ouvrage des mains du Seigneur, on les regarda comme des dispensateurs immédiats des biens dont l'homme avait la jouissance, et d'un culte secondaire on passa pour eux à une adoration directe et idolâtrique. Un auteur dont l'Église a déploré la chute, et qui l'avait d'abord si éloquemment défendue contre l'impiété du dernier siècle et *l'indifférence* de celui-ci, a consacré une partie de sa polémique à soutenir cette thèse, et l'a prouvée avec la supériorité d'un talent trop tôt profané (1). A la suite de S. Paul et des principaux d'entre les Pères, il voit dans ces dérèglements de l'esprit humain le résultat d'une inspiration satanique, le souffle de cet autre esprit dont toutes les traditions prouvent l'incontestable existence, et qui, par une nouvelle ruse, bien digne de celle qui perdit une fois le monde moral, se fit attribuer des honneurs divins. Nous ne pensons pas qu'il soit possible d'expliquer autrement la venue du polythéisme, et nous nous expliquerons bientôt sur ce point important de la foi catholique. Or, après un tel écart, à quels autres l'imagination ne dut-elle pas se livrer? Que ne durent pas inventer, pour s'autoriser et se grandir, le vice et les passions abandonnés à eux-mêmes? Quelque gradation qu'ait nécessairement suivie cette théologie intéressée, elle n'en arriva pas moins à tout cet ensemble de conceptions mythologiques dont nous la savons pourvue, et il n'y eut pas un règne de la nature qui ne prétendît à fournir ses dieux. Laissons les

<small>Les passions favorables à l'idolâtrie.</small>

---

(1) Lamennais, *Essai sur l'indifférence en matière de religion*, t. III. — Cette opinion a été celle de S. Athanase, *Oratio contra gentes*, nos 8, 9, 10, et de S. Augustin, *De Civitate Dei*, lib. VII, cap. xxxiii et xxxv. — Voir ci-après, ch. x.

historiens et les philosophes conjecturer les causes multiples d'une si absurde et en même temps si ingénieuse théogonie; laissons le patriarche des déistes du dix-huitième siècle renverser le sens naturel des faits historiques en attribuant aux folies mythologiques une antériorité impossible sur les dogmes de Moïse et de Jésus-Christ (1). Ce sont là des rêveries de mauvaise foi que l'esprit d'opposition soutient sans y croire, et qui ne sont plus d'aucune portée sérieuse. Voyons donc comment, sous l'enveloppe des fables devenues autant de symboles, il est facile de découvrir les divines révélations des premiers jours de l'humanité.

Eusèbe (2) se persuade que l'idolâtrie commença en Égypte, peuplée d'abord par Cham, le dernier des fils de Noé, qui eut en partage l'Afrique, et se fixa sur les bords du Nil. Le caractère vicieux que l'Écriture reproche à ce fils dénaturé, qui n'avait pas craint de déshonorer son père, rend cette opinion très-probable, aussi bien que la transmission de ses doctrines aux phéniciens, et par eux aux Grecs et aux autres peuples, selon l'opinion d'Hérodote (3). Déjà les astres, les animaux utiles ou nuisibles n'étaient plus les seuls êtres créés qui reçussent un culte de latrie. Les héros s'étaient fait rendre des honneurs divins, et Cham fut un de ceux qui les reçurent d'abord, soit qu'il les ait exigés lui-même, soit que son fils Mesraïm ait voulut immortaliser ainsi le nom de son père (4). Toujours est-il que ce grand personnage est regardé comme le Jupiter Ammon des mythologues; l'Afrique porte son nom, *Ammonia*, dans les anciens géographes, et ce nom a paru aux commentateurs de l'Écriture le même que celui de Cham privé de son aspiration *Ch-am*, et prenant pour sa finale une terminaison

L'Égypte, berceau des fausses croyances.

Origine de Jupiter et ses symboles.

---

(1) Voltaire, *La Raison par alphabet*, v° Fable.
(2) *Préparation évangélique*, liv. I, ch. VI et IX.
(3) Hérodote, *Historiarum* lib. II, cap. IV.
(4) Dom Calmet, *Comment. sur la Genèse*, ch. X. — Pluche, *Histoire du Ciel*, t. I, p. 31, in-12, 1778.

égyptienne qui se rapproche beaucoup de l'hébraïque (1). Or ce *Jupiter* cache sous son nom latin et sous son génitif *Jovis* deux séries de noms divins, l'une tirée de l'hébreu *Jéhovah*, Celui qui est, l'Éternel; l'autre, du vocatif grec Ζευ Πάτερ, Dieu père, Dieu par excellence, premier des Dieux. On le voit, c'est bien la notion révélée du Dieu unique dont le monde fut l'ouvrage, mais défigurée par les inventions humaines, et pour ainsi dire étouffée sous le voile plus ou moins épais des allégories orientales.

En reconnaissant cette origine du maître des dieux mythologiques, il faut bien croire, avec des auteurs modernes, qui nous semblent avoir creusé fort avant la partie historique de cette question (2), que dans la suite chaque peuple a dû concevoir un Jupiter accommodé à ses traditions, et dans lequel a prédominé une face préférée de son pouvoir suprême; mais bientôt le mélange de ces peuples avec le plus policé d'entre eux a fondu toutes ces figures en un seul type, et le Jupiter des Grecs est devenu celui de tout le monde, comme tant d'autres divinités parvenues insensiblement à l'existence complète que leur donnent les traités de Varron, de Cicéron et de Macrobe.

La Trinité divine obscurcie dans l'histoire du Jupiter païen.

On s'est donc généralement accordé dans l'antiquité fabuleuse à regarder le père des dieux et des hommes sous les mille aspects que semblaient lui prêter l'ordre et le cours des choses physiques auxquels préside réellement la Providence du Dieu véritable. Sous ce rapport, il revêt tous les degrés et toutes les formes de l'Être. A la fois cause et effet,

(1) Voir Dom Calmet, *ubi suprà*; Joannes Funger, *Etymologicum trilingue*, p. 180, Lugduni, in-4°, 1607; Leclerc, *Bibliothèque universelle*, t. III, art. 2. — Voir aussi, pour les preuves et le développement de ce point historique, l'excellente édition du traité de Plutarque: Περὶ ἸΣΙΔΟΣ καὶ ὈΣΙΡΙΔΟΣ, donnée en grec et en anglais par Samuel Squire, archidiacre de Bath, in-8°, Cambridge, 1749; — Trévoux, août 1749, p. 513.

(2) Parisot, *Biographie universelle*, partie mythologique, t. LIV, p. 508 et suiv. — Sabathier, *Dictionnaire des auteurs classiques*, t. XXIV, p. 136 et suiv.

il est en même temps le soleil et la pluie qui fécondent, l'air qui développe et conserve ce qui vit; Minerve et Thémis sont ses filles, il est donc en quelque sorte elles-mêmes, et en effet la sagesse et la justice sont Dieu même et ne peuvent s'en séparer, attributs essentiellement divins. De même, ses métamorphoses signalent toujours quelque mystère applicable aux soins providentiels que Dieu se donne pour le monde; elles portent aussi une empreinte de la doctrine fondamentale du christianisme, la Trinité révélée à Abraham dans la personne des trois anges : car il est serpent et entoure de ses replis la terre qu'environnent les eaux; il est aigle et plane aux cieux, d'où son regard domine la surface du globe; il est taureau, et c'est le sol fécond, source de toute vie, de toute richesse alimentaire. Clémens Romanus, analysant les cosmogonies inventées par Orphée, cite un des systèmes de ce poète comme représentant le principe du monde sous la figure d'un dragon à trois têtes : l'une de taureau, l'autre de lion, symboles du travail, de l'opération par la force; puis la troisième est une face humaine formant le milieu et complétant l'idée trinitaire par celle d'un Dieu, à qui la figure humaine convient mieux que toute autre. Il est vrai que de ces travestissements il en est beaucoup dont la fin n'est pas approuvée d'une saine morale; mais, outre qu'ils sont peut-être plus historiques qu'on ne le pense, et consacrent le souvenir d'aventures également authentiques et scabreuses, il n'eût pas coûté beaucoup à ceux qui fondèrent cette théologie de la rendre aussi commode que possible, en y introduisant des exemples capables d'autoriser les mêmes désordres : c'est sous cette influence intéressée que le monde païen a vécu plus de deux mille ans!... Poursuivons cependant, et reconnaissons d'autres rapprochements non moins frappants.

Le premier homme avait su la chute des anges rebelles et la victoire du Tout-Puissant, qui les précipita dans l'éternel abîme de l'enfer. Quel récit a plus de ressemblance avec ce

<small>Traditions bibliques dénaturées sur la chute des anges</small>

fait biblique et traditionnel que le combat des Géants et des Titans contre Jupiter, qui les accable de sa foudre? Maintenant considérez ce Dieu tel que nous le représentent les monuments anciens et les médailles. C'est un homme dont les traits ont une majesté toute divine, et qui reçoit encore de sa barbe touffue un profond caractère de gravité. Assis sur un trône, siége de la puissance, il tient dans sa droite la foudre qui fait trembler l'impie, ou le sceptre qui gouverne le monde ; la partie supérieure de son corps est nue, car il est visible aux intelligences qui veulent s'élever jusqu'à lui par la contemplation de ses perfections infinies, et les vêtements qui le couvrent de la ceinture aux pieds signifient qu'il ne peut être compris des esprits grossiers et terrestres, semblable en cela à la mystérieuse Isis, toujours représentée avec un voile. De sa main gauche il tient une victoire, son inséparable compagne. Enfin, l'aigle qui repose à ses pieds est l'insigne de la domination, étant le roi des oiseaux, et ayant d'ailleurs, d'après Servius (1), apporté la foudre à Jupiter dans le combat contre les Titans.

Idée du maître des dieux dans l'art du paganisme.

Un seul exemple de ce genre, auquel mille autres pourraient s'ajouter, prouve très-bien quelles idées se cachèrent sous les nuages allégoriques de la mythologie grecque ; et si beaucoup de savants, tels que Samuel Bochard, Huet, Vossius, Leclerc, Lavaur et d'autres se sont jetés un peu trop aisément dans le champ trop peu limité des conjectures, il faut reconnaître aussi que tout n'est pas sans fondement dans la prétention qu'ils ont eue d'expliquer les inventions fabuleuses par les histoires altérées des livres bibliques. Sans tomber dans le ridicule d'Olaüs Rudbek, qui veut trouver tous les faits mythologiques dans l'histoire primitive de la Suède, et dans sa langue les noms obscurcis des divinités grecques et romaines (2) ; sans être obligé d'en croire

Les personnages mythologiques sont presque tous des emprunts faits à la Bible.

---

(1) Cité par Macrobe, *Saturnales*, liv. III, ch. VII.
(2) Voir l'abbé Bannier ; 3ᵉ vol. des *Mélanges d'histoire et de littérature* de Vigneul Marville, p. 5, in-12, 1725.

Le Loyer, s'évertuant à prouver que les Angevins tirent leur origine d'Ésaü, et que tous les noms des villages, hameaux et pièces de terre de sa paroisse natale d'Huilé venaient des Hébreux et des Chaldéens (1), on peut adopter cependant, et beaucoup plus que ne l'ont voulu certains critiques (2) dont le zèle à combattre des opinions hasardées se jette dans un excès contraire, on peut, disons-nous, adopter les intéressants travaux de Bannier, de Tressan, de Pluche, du P. Tournemine et de dom Calmet. Les dieux antiques nous y apparaissent tout empreints des idées dont, en réalité, ils sont l'enveloppe. On y voit leurs rapports naturels avec les saisons, le cours des astres, qui déterminent et règlent celles-ci, les habitudes publiques ou celles du foyer intérieur. On y lit l'histoire métaphysique de l'homme dans l'aventure de Pandore, l'invention des arts plastiques dans le larcin de Prométhée, le déluge de Noé dans celui de Deucalion (3). Tout s'y personnifie, et presque tous les noms y ont une signification qui porte avec elle un souvenir, un enseignement, un symbole. Un dieu, une déesse n'y marchent qu'avec les attributs qui parfois les ont complétement remplacés : tels la lyre d'Apollon, la gerbe et la faucille de

---

(1) Niceron, *Mémoires pour servir à l'histoire des hommes illustres dans la république des lettres*, t. XXVI, p. 324.

(2) L'abbé Dartigny, *Nouveaux Mém. d'histoire, de critique et de littérature*, t. I, p. 81, 1749. — *Mémoires de Trévoux*, octobre 1749, p. 2141.

(3) « C'est une réflexion singulière, dit un critique, que toutes les nations anciennes du monde placent un déluge dans leurs temps fabuleux. Quel est ce déluge, sinon celui de Noé? Pourquoi cet accord de toutes les nations, sinon parce que ce déluge a été universel, et que tout ce qui peuple la terre est sorti des enfants de Noé? C'est ce déluge de Noé que l'Égypte a mis dans ses fastes sous le nom de celui d'Osiris. La Grèce l'a consacré dans la personne de Deucalion. Le temps, les circonstances, la colombe qui annonce à Deucalion quand il doit entrer dans son vaisseau, et quand il doit en sortir, tout nous fait sentir la vérité de cette belle parole de S. Justin : « *O Grecs, votre Deucalion n'est que le Noé de nos saintes Écritures.* » (*Mém. de Trévoux*, mai 1751, p. 1286.)

84 HISTOIRE DU SYMBOLISME.

Singuliers caractères de Mercure.

Cérès, la faux du Temps, le thyrse de Bacchus, sa couronne de pampre ou de lierre. — Mercure est le messager de l'Olympe et se pourvoit d'ailes à la tête et aux pieds; il négocie les traités de paix, et son caducée se forme de deux serpents réunis après un combat autour de sa baguette; il devient le dieu de l'éloquence quand on voit sortir de sa bouche une chaîne d'or, qui se dirige vers les oreilles de ses auditeurs. Mais, chose étonnante, et qui peut servir aussi d'un autre symbole peu favorable à la moralité du paganisme, le nom de ce citoyen des cieux lui vient de ses soins pour le commerce, *mercatura*, auquel il préside, et ce haut patronage ne l'empêche pas de favoriser les voleurs. Il vole lui-même, à en croire l'aventure de Battus, qu'il réussit à corrompre, et auquel il tend peu après un piège très-peu digne d'un personnage céleste (1).

Le Nil et le Gange.

Comme l'Égypte adorait le Nil, qu'elle représentait par un vase percé de toutes parts, idée matérialisée de ses débordements annuels, les Indiens rendaient au Gange les mêmes honneurs. Partout la mer, les fleuves, les fontaines recevaient des libations et des sacrifices. L'eau, en général, était le principe fécond de toutes choses, et donnait seule le mouvement et la vie à tout ce qui respire (2). — On sait que ce système devint le fondement de la philosophie de Thalès (3).

Histoire et description de la table isiaque.

Mais, pour trouver dans un cadre unique et de peu d'étendue les principaux symboles de la mythologie égyptienne, on doit recourir à la table isiaque, antique monument des systèmes religieux de cette mystérieuse contrée. Disons tout d'abord la curieuse histoire que les savants en racontent.

---

(1) Ovide, *Métamorphoses*, liv. II, fable 11. — Voir aussi De Lavaur, *Conférence de la fable avec l'histoire sainte*, in-12, 1730, p. 65.
(2) L'abbé de Tressan, *Mythologie comparée avec l'histoire*, t. I, p. 254; in-12, 1826.
(3) Voir Fénelon, *Vies des anciens philosophes*.

Il ne paraît pas possible de remonter à son origine. Les modernes la trouvent pour la première fois au sac de Rome, en 1527. Un serrurier l'achète d'un soldat qui, sans doute, venait d'en dépouiller un musée, et la vend au cardinal Bembo. Elle passe bientôt au duc de Mantoue, dont les successeurs la gardent jusqu'en 1630; elle disparaît alors de nouveau, quand les impériaux prennent cette ville. En 1719, Montfaucon en parle comme ne laissant plus aucune trace. Mais on la retrouve dans le cabinet du roi de Sardaigne, quand les troupes françaises s'emparent de Turin, en 1798; alors elle est expédiée à Paris avec les autres dépouilles de l'Italie, et y reste jusqu'en 1815, quand le Piémont la revendique et l'obtient.

Cette table est en bronze; elle a un mètre de large sur un mètre soixante-six centimètres de long. Un vernis noir, sorte d'émail dont on n'a pas analysé la nature, recouvre toute sa surface, et les contours des nombreuses figures qu'on y a tracées sont bordés par un léger filet d'argent incrusté. Ce sont ces figures qui ont occupé les antiquaires, sans procurer à leurs recherches aucuns résultats bien positifs. Gravée au seizième siècle, dans toute son étendue, par le célèbre artiste de Parme Enéa Vico, cette planche a été reproduite maintes fois et se voit dans un assez grand nombre d'ouvrages spéciaux. Il ne paraît pas que Vico l'ait décrite, et le premier qui l'ait tentée, du moins parmi les modernes, est Pignoria, savant antiquaire de Padoue. Son livre, imprimé en 1670 (1), ne pénètre pas tant qu'on le croirait, d'après son titre, dans les obscurités du sujet. Il juge, à la pose de certains personnages et à l'ensemble de l'action, qu'il s'agit d'un sacrifice d'après les rites égyptiens, et ne donne qu'en hésitant, sans rien vouloir affirmer, ses idées

Dissentiments des savants sur son interprétation.

---

(1) *Mensa Isiaca qua sacrorum apud Ægyptios ratio et simulacra, subjectis tabulis æneis, simul exhibentur et explicantur.* Amstelodami, in-4°.

sur les circonstances secondaires. Le P. Kircher (1), plus hardi, comme toujours, dépense une prodigieuse quantité de conjectures renforcées d'idées métaphysiques, et fabrique des suppositions que rien n'appuie sur les principes théologiques qu'il y croit renfermés. Montfaucon (2) n'est pas plus heureux, et, tout en se refusant aux explications de ses devanciers, il n'ose hasarder les siennes; il avoue n'y rien comprendre, et loue la sage circonspection de Pignoria. Après eux, Warburton (3), Iablouski (4), le comte de Caylus (5) ont écrit leurs suppositions, qui toutes se réduisent à des données générales, d'où il est impossible de rien tirer. Enfin, profitant de leurs obscurités reconnues pour se diriger plus sûrement vers la lumière, Champollion se persuade plus probablement que les aventures d'Isis et d'Horus sont le sujet de la table isiaque (6). Ce qui est certain, c'est que le jeune savant, qui avait étudié plus profondément qu'aucun autre jusqu'à nous les secrets de la langue hiéroglyphique, doit se rapprocher plus de la vérité, dans ces difficiles recherches; et, en effet, tous se sont accordés, en dépit de leurs incertitudes, à voir, dans les scènes qui se déroulent sur ce bronze énigmatique, des cérémonies religieuses, dans lesquelles les symboles ont la plus grande part. On y reconnaît Osiris tenant un sceptre surmonté d'une tête d'oiseau, emblème de l'immortalité; Isis portant au bout du sien le Lotos, fleur qu'on suppose fille de Neptune et qui figurait la fécondité du Nil (7). Les sphynx,

<small>Opinion plus acceptable de Champollion.</small>

---

(1) *Ædipus Ægyptiacus, hoc est universalis hieroglyphicæ veterum doctrinæ instauratio*, t. II, in-f°, p. 89, Romæ, 1652.
(2) *Antiquité expliquée*, 2ᵉ part., liv. VII, p. 331 et 340, pl. 38.
(3) *Essai sur les hiéroglyphes*, ubi suprà.
(4) *Pantheon Egyptiorum, sive de diis eorum commentarius*, in-8°, Francofurt.
(5) *Recueil d'antiquités*, t. VII, Paris, 1752, in-4°.
(6) *Annales des Lagides*, t. II, sub fine.
(7) Cette plante joue un rôle important dans les monuments égyptiens. Elle y était souvent, dit Plutarque, le symbole du crépuscule, à cause de la couleur incarnate de sa fleur. Le savant archevêque

l'épervier, l'ibis, la cigogne et d'autres oiseaux sacrés y reparaissent souvent; des poissons et des quadrupèdes y jouent des rôles fréquemment répétés et toujours variés, soit dans les compartiments, soit dans les bordures qui les séparent; le petit Horus, fils d'Osiris et d'Isis, y paraît emmailloté de bandelettes; des divinités assises sur des trônes y reçoivent les offrandes d'adorateurs agenouillés. Le Nil s'y voit avec les instruments de la navigation, tels que des ancres, des avirons; puis des mesures, des équerres, des canopes ou vases surmontés d'une tête d'homme ou d'oiseau sacré, et couverts de caractères hiéroglyphiques. Le retour fréquent des trois personnages principaux, partout reconnaissables à des attributs propres; les scènes auxquelles ils se mêlent, telles, par exemple, que le bon génie Osiris armé d'une lance et se disposant à percer l'hippopotame, qui n'est autre que Typhon, Τυφώς, le génie du mal (1), dans Plutarque et Macrobe, dans Diodore de Sicile et Minutius Félix, tout cela a dû aplanir les voies pour arriver à quelque solution du mystère, et rend assez acceptable l'opinion que Champollion s'est faite après des études assidues. Maintenant, que les recherches annoncées de M. Hulmann détruisent ou non le charme de nos persuasions sur la lecture plus ou moins exacte des écritures égyptiennes par notre

d'Ancyre croit l'avoir vue figurer sur une pierre gravée antique au-dessus de la tête d'Isis, où en effet on la représentait souvent. (*Achates Isiacus explicatus*, in-12, 1727.)—Jamblique la décrit dans ses *Mystères des Égyptiens* (ch. II, sect. VII, p. 151, édit. d'Oxford); et l'auteur du *Museo Capitolino*, imprimé à Rome, in-4°, en 1750, décrivant deux grandes statues égyptiennes de cette belle et curieuse collection, figure aussi la fleur du lotos comme décorant la tête de l'une d'elles. La forme de cette fleur, dont les pétales s'épanchent gracieusement, lui donne une certaine ressemblance avec la fleur de lis des armoiries : c'est la cause de l'erreur où sont tombés quelques amateurs en observant au musée égyptien de Paris des statues de sphinx dont la tête est décorée de la fleur sacrée.

(1) Plutarque, *De Iside et Osiride*, cap. XXXIV, XXXIX, LII.— Macrob., Diod. Sic., *ubi suprà*.— Minutius Felix, *Octavius*, inter opp. S. Cypriani, in-f°, 1666.

regrettable orientaliste, il n'en reste pas moins vrai qu'il a découvert dans les monuments de l'Égypte un langage entièrement ignoré avant lui.

On voit assez par là combien le symbolisme est actif dans toutes ces œuvres de l'ancien pays de Cham. Que sera-ce donc si, étudiant à part chacun des dieux qui paraissent dans la table isiaque, on découvre mieux le principe de toute la théogonie de la Grèce? Tout ce que les Grecs ont dit de Jupiter et de Junon est placé, en Égypte, sous la responsabilité d'Isis et d'Osiris, frère et sœur jumeaux qui s'épousent, dieu et déesse qui résument en eux tous les autres, et auxquels se termine toute la foi des peuples. Osiris est auteur de toute civilisation dans son pays; Isis invente l'agriculture, fait connaître aux hommes l'usage du blé et des fruits (1).

La fable d'Isis et d'Orphée, source commune des fables grecques.

Leurs communes aventures et celles d'Horus, qui s'y rattachent, sont une grande légende allégorique sur laquelle on s'est exercé en mille hypothèses. L'opinion qui n'y voit qu'une histoire secrète des diverses castes sacerdotales antérieures à la dynastie des Pharaons ne semble pas être soutenable, malgré l'autorité d'écrivains sérieux (2). L'histoire n'est certainement pour rien dans ce labyrinthe de conceptions si abstraites, et c'est, selon nous, la traduction, ou plutôt le type primitif des fables helléniques qu'il y faut voir, en prenant pour guide l'érudit interprète qui, de nos jours, a le plus avancé dans la nuit de ces temps nuageux. Osiris est considéré, d'après toutes les données anciennes, de quelque caractère qu'elles soient, comme le soleil, dont les vicissitudes périodiques et annuelles sont exprimées par les phases de son histoire légendaire; Isis est donc la lune, dont les rapports avec lui sont si frappants et si connus. L'un est la

---

(1) Voir Plutarque, livre *De Iside et Osiride*, cap. XXXIV, XXXIX, LII. — Champollion jeune, *Système hiéroglyphique*, p. 102. — Voir surtout la préface et la traduction anglaise du docteur Squire, cité plus haut.

(2) Larcher, *Chronologie d'Hérodote*, ch. I, § 10. — De Pastoret, *Histoire de la législation*, t. II, ch. I.

chaleur, l'autre l'humidité; leur rôle réciproque rappelle ici le symbolisme qu'on leur a donné dans la science métallurgique; tous deux ont leurs fonctions à part, mais concomitantes, dans la création et la conservation des êtres. Cette création est désignée par l'œuf, auquel les deux époux avaient eu une égale part, qu'Isis fendit de ses cornes de vache (d'autres traditions attribuent ce dernier fait à Osiris), et duquel sortit l'univers, dont il est resté le symbole dans l'antique théologie des contrées orientales. Dès l'origine des choses, le monde déjà créé n'en garde pas moins pour enveloppe cette coque immense, que la vue d'un horizon complet dut suffire à faire inventer. Osiris y renferme douze pyramides blanches, exprimant les félicités du monde à venir, tandis que son frère Typhon y introduit autant de pyramides noires, jetant ainsi le mal au milieu du bien. N'est-ce pas là encore la notion du péché originel, défaite et recomposée au caprice d'imaginations trop mobiles? Cet œuf mystérieux, résultat d'idées obscurcies par les temps et par les égarements de l'esprit humain, a surnagé au naufrage de toutes les opinions cosmogoniques. Il est resté, au milieu des plus nuageuses conceptions, comme le type consacré du monde physique. On sait en quelle vénération il fut à Sparte, et comment Orphée, initié aux mystères religieux des Égyptiens, en rapporta en Grèce la doctrine et le culte, devenu si célèbre par la suite dans les grandes fêtes d'Éleusis (1).

Néanmoins ces subtilités savantes de la religion égyptienne n'étaient que pour les prêtres et les érudits. Les idées les plus populaires se rattachaient surtout aux révolutions visibles de notre planète et aux effets des saisons sur l'agriculture et les moissons. C'est pourquoi toutes les fêtes d'Isis tendaient à systématiser le cours de l'astre des nuits et ses diverses évolutions. Ce culte, purement allégorique d'abord,

(1) Voir Trémolière, *ubi si prà*; — Parisot, partie mythologique de la Biographie universelle, aux mots *Isis, Osiris, Orphée, Junon*.

passa des plages du Nil à celles de l'Achéloüs et de l'Eurotas. Là, comme bientôt après au bord du Tibre, la simplicité originelle s'altéra aux inspirations du charlatanisme; les prétendus mystères de la déesse devinrent le prétexte et le voile d'impurs libertinages. On sait les scandaleuses anecdotes que les historiens de Rome nous en ont transmises (1). Il n'était guère possible que de telles religions finissent autrement.

Symbolisme de l'histoire d'Horus. Quant à Horus, fils de ces deux principes des choses naturelles, son existence n'est pas moins symbolique que la leur. Sa longue histoire se déroule en phases tragiques et en combats contre Typhon. C'est tout simplement l'Apollon des Grecs et des Latins. Son nom, hébreu d'origine, si nous en croyons Piérius, se dérive du mot *or*, signifiant à la fois brûler, éclairer et échauffer : il convient donc parfaitement au soleil, dont il est le type ; mais on doit préférer, avec les mêmes conséquences, la source égyptienne, que lui reconnaît Champollion (2), et qui revient, au milieu de plusieurs variantes, à ce même mot *hor*, *har* ou *ar*, écrit avec ou sans aspiration. Sous le voile des mille aventures d'Horus, on relit tout ce que les mythographes racontent du fils de Latone et de Jupiter. Comme Osiris, d'après la tradition égyptienne, meurt assassiné par un rival, et personnifie le soleil, qui, expirant au déclin de l'année, abandonne le monde à une sorte de nuit et d'engourdissement, Horus, qui venge sa mort sur Typhon, triomphe de l'esprit de ténèbres, et, radieux après sa victoire, continue le rôle de son père en devenant le soleil du printemps. On sait que Dupuis a fait de ces allégories une interminable suite d'objections contre le christianisme. Il prétend y retrouver ses enseignements, le réduire à une pâle copie des anciens, et ne voir dans son divin chef qu'un personnage emblématique et fictif. Heureusement que cette dépense d'érudition mal-

---

(1) Voir Tacite, Suétone, Pétrone, Ammien Marcellin.
(2) Panthéon égyptien, *Horus*.

saine, aveuglément dédaigneuse des droits de l'histoire, a rencontré un homme d'esprit qui a pu résumer en trente-six petites pages et ce système insensé et sa réfutation, en sorte que les *symboles* inventés par Dupuis n'ont décidément rien changé à celui des apôtres (1).

Un personnage mystérieux, dont on ne sait ni l'époque ni la vie, et dont le nom n'est peut-être qu'un pseudonyme ingénieux, nous a laissé un livre qui doit être cité comme une des clefs les plus anciennes, sinon les plus sûres, de la science hiéroglyphique. Horus Apollon, ou plus simplement Horapollon, tient par son nom de l'égyptien et du grec. Qu'il se soit donné ou qu'il ait reçu avec ce nom la double signification qu'il exprime; que l'inventeur ou le héros véritable ait voulu rendre par cette union des deux fameuses divinités le talent de divination que l'antiquité leur a reconnu, toujours est-il qu'on lui doit une explication des principales figures qui se multipliaient sur les monuments de Thèbes et de Memphis (2); il passait pour l'avoir écrite en

<small>Horapollon et son livre sur les hiéroglyphes égyptiens.</small>

---

(1) Voir le spirituel opuscule de M. Weis, *Comme quoi Napoléon n'a jamais existé*, in-32, Paris, Francisque Borel, 1836. — L'ingénieux *cordonnier* Jean Loiseau a aussi appliqué avec beaucoup de succès ce mode de réfutation aux rêveries de M. Renan sur l'existence et la mission du Rédempteur.

(2) Champollion, dans ses curieuses découvertes sur les écritures de l'Égypte, a pu fixer les incertitudes et les discussions que les érudits subissaient depuis longtemps sur l'authenticité de ce livre. Il y a reconnu des éléments d'interprétation fort divers par leur origine; et les fréquentes comparaisons qu'il a pu faire, à l'aide de ses études entre les symboles publiés par Horapollon et les figures relevées sur les monuments littéraires ou sculptés de l'Égypte, l'ont déterminé à regarder comme plus que suspects beaucoup de ces prétendus hiéroglyphes. L'auteur ancien énumère et désigne par des planches soixante-neuf images, dont trente seulement se rencontrent dans les textes sacrés, et encore, sur ce dernier nombre, il n'en est que treize auxquelles on puisse réellement reconnaître le sens qui leur est attaché par le maître. — Cf. *Précis du système hiéroglyphique*, p. 347. — Au fond, cette observation est d'une haute importance quant à la science d'interprétation. On conçoit que pour nous, cependant, elle n'affaiblit en rien l'universalité que nous soutenons du symbolisme dans l'antiquité, et n'empêche point que le livre d'Horapollon n'en soit une preuve.

92 HISTOIRE DU SYMBOLISME.

Idée de la traduction et du commentaire de cet ouvrage, par Piérius Valérianus.

égyptien. Un certain Philippe, dont on ne sait rien de plus, en avait donné une traduction grecque, et c'est cette dernière qu'a publiée Piérius, à la suite de ses œuvres imprimées à Lyon en 1626. Mais le docte Italien ne s'est pas contenté de nous donner le texte, déjà fort curieux par lui-même ; il y a ajouté des remarques et commentaires aussi remarquables de sagacité que d'érudition. Les soixante-neuf sujets qu'explique Horapollon y sont accompagnés de vignettes sur bois, de sorte que l'éditeur a fait de ce livre un ensemble de patientes recherches où les citations surabondent, avec cette richesse si familière aux seizième et dix-septième siècles ; il y explique avec autant de clarté que de science tout le système symbolique des anciens, et y dépasse de beaucoup l'auteur qu'il commente. Une courte et rapide analyse suffira à faire juger de ce livre et à démontrer de quel vaste usage était le symbolisme chez tous les peuples d'autrefois.

A commencer par Horus Apollon, l'auteur vrai ou supposé du livre, Piérius raconte ce qu'il en faut croire ; il dit les obscurités qui entourent son existence, et, s'attachant au véritable Horus, à celui qui joue le grand rôle que nous venons d'esquisser, il le fait reconnaître pour le soleil lui-même : le soleil est le symbole de l'éternité. Orphée, dans une de ses odes, l'appelle l'Immortel par excellence, Ἀθάνατος ; il est le maître et le distributeur du temps et des saisons ; il éclaire, il échauffe ; il disparaît aux approches de l'hiver, et tout meurt ou s'arrête ; il revient avec le mois du Bélier, et tout se ranime et revit.

Ces principes ressemblent assez à une répétition de ce que nous venons de dire. Cependant c'est à dessein que nous les reproduisons, car ils prouvent une certaine unité de doctrine et une transmission attentive des premiers temps de la théologie égyptienne aux siècles bien plus proches de nous, où écrivaient les mythologues cités plus haut. Que si, au contraire, on veut, avec quelques critiques, et en s'appuyant, comme eux, de la composition mixte du nom d'Horus-

Apollo, attribuer ce livre au quatrième ou cinquième siècle de notre ère, époque où se multiplient de semblables exemples, l'auteur, Égyptien ou non, se rencontre avec des devanciers qui confirment ses témoignages, et aux observations desquels il ajoute des faits nouveaux, tout en y mettant plus de concision et quelquefois de justesse.

Donnons quelques exemples des subtiles inventions de ce livre : <small>Symboles tirés des choses naturelles.</small>

L'éternité se représente par un basilic, sorte de serpent, <small>L'Éternité.</small> ainsi nommé, selon Pline l'Ancien (1), d'une tache blanche qu'il porte sur sa tête et qui figure assez bien un diadème. Les hiérographes l'ont dessiné replié sur lui-même et cachant sa queue du volume de son corps, ingénieuse idée indiquant très-convenablement qu'on ne peut voir la fin de l'éternité. Horapollon prétend encore que, de tous les animaux, le basilic est le seul immortel, et que son souffle, comme celui du temps, suffit à tuer tous les autres.

L'épervier est le symbole de l'Être divin pris absolument; <small>L'Épervier.</small> mais sous cette forme c'est réellement Apollon, et toujours le soleil, qu'on adore, parce que l'épervier passe pour être le seul oiseau que l'astre du jour n'éblouit pas. Nous verrons cependant ce même avantage attribué à l'aigle.

Les corneilles sont la fidélité conjugale; on les figure toujours par couple, et l'Égypte leur a attribué ce que les peuples <small>La Corneille.</small> occidentaux ont dit de la colombe, dont le veuvage ne se console pas.

L'escarbot ou scarabée, qui revient si souvent dans les <small>L'Escarbot.</small> inscriptions, a une signification multiple. C'est un fils unique, car une opinion populaire lui accorde une naissance spontanée, et par conséquent il ne se reproduit pas : c'est le monde physique, sa naissance étant ménagée par le soin qu'a un scarabée de même espèce de rouler sous ses pattes un peu de terre et de fumier, globe mystérieux d'où

---

(1) Plinii *Histor. natur.*, lib. VIII, cap. XXI.

il sort plein de vie après vingt-huit nuits d'incubation par la lune. La même raison en a fait l'image de la paternité. Il est aussi celle de l'homme, parce qu'il n'a pas de femelle; c'est Plutarque qui le témoigne, et Horapollon ajoute qu'à ce dernier titre les soldats égyptiens portaient au doigt un anneau orné d'un scarabée en pierre bleue, comme hyacinthe, saphir ou autre, symbole du serment de fidélité prêté au chef de l'armée. Mais cet insecte ne se borne pas à ces significations passives; il est au rang des dieux égyptiens; il est même le soleil, et cet honneur lui vient de cette même opération qui fait sortir son semblable d'un corps à qui sa rotondité factice a donné au moins un certain rapport avec cet astre.

Le Vautour. — Les vautours, au contraire, naissant tous du genre féminin, sont le symbole de la maternité. La science de nos hiérographes leur a trouvé une foule d'autres relations avec un assez grand nombre d'objets naturels.

Le Cynocéphale. — Le cynocéphale, espèce de singe dont la tête ressemble à celle d'un chien, est aussi fort employé dans l'écriture symbolique. S. Augustin et Tertullien ont vu en lui le dieu Anubis. Il représente la lune, parce qu'il est triste pendant les éclipses, et alors son image le montre marchant péniblement, la tête courbée vers la terre. Quand l'astre reprend sa lumière, il semble le féliciter par des gestes de joie, et porte une couronne. Enfin, pendant les équinoxes, il fait entendre régulièrement douze fois par jour, et à chaque heure, des aboiements inaccoutumés. Cette faculté de prédire les conjonctions apparentes des deux astres lui valait l'avantage d'être nourri et entretenu dans des temples, où les prêtres observaient ses habitudes, afin de savoir et de prédire ces grands événements astronomiques. — On voit ici combien le même objet pouvait se multiplier et recevoir d'interprétations diverses. Que serait-ce si nous énumérions les autres significations, dont quelques-unes fort mystiques et assez peu claires ?... D'autres animaux furent soumis à de semblables variantes, qui, toutes, s'exprimèrent dans les modifications de leur image : par exemple, le lion, peint assis et tout entier, est le courage ; par la tête et le poitrail, il est la force ; par la tête seulement et les yeux ouverts, il est la vigilance ; marchant et fier, c'est la crainte et la terreur. En certaines autres rencontres, c'est l'épanchement du Nil qui se fait au mois de juillet, lorsque le soleil entre dans le Lion du zodiaque. Par la même raison, le phénix, dont la vie passe pour être plus longue que celle des autres oiseaux, s'élève du milieu des flammes et symbolise la longévité. Entouré de toutes parts de ces mêmes flammes, au milieu desquelles il vient mourir, c'est le signe d'un voyageur attardé qui revient vers les siens après une longue absence. *Le Lion.* *Le Phénix.*

Ainsi furent multipliées, d'après une foule d'applications plus ou moins précises, les attributions faites au chien, au rat, au serpent, au crocodile, aux étoiles, etc.

L'ignorance et la rudesse d'un caractère sans éducation s'expose par une tête d'âne ou par la partie antérieure d'une grenouille. Le premier de ces animaux semble incapable d'apprendre ; l'autre, pour atteindre à son existence complète, subit une métamorphose, avant laquelle elle semble n'être qu'un embryon informe. *L'Ane et la Grenouille.*

Enfin, les idées morales et abstraites avaient aussi dans cette langue spéculative des analogues faits pour les yeux. On y représentait le goût par une langue séparée de la bouche ; l'éducation, par une rosée tombant sur la terre, qu'elle féconde ; la pureté, par l'eau et le feu, qui purifient tout ; la voracité, par un poisson, plusieurs de l'espèce mangeant leurs semblables. Le taureau travaille beaucoup et mange sobrement : on en faisait la force unie à la tempérance ; une mouche, toujours chassée et toujours importune, était l'impudence ; la fourmi était la prévoyance, préparant ses vivres pour l'hiver (1). *Représentation des idées abstraites ou morales par divers autres animaux.*

(1) Les citations seraient ici trop longues ; mais je ne dis rien qui ne soit autorisé par le livre d'Horapollon. Il est d'ailleurs accompagné, dans

Telle est l'idée générale qu'on doit se faire du livre de Piérius Valérianus ; on le consultera avec profit pour l'étude du symbolisme. A son occasion, nous ne pouvons guère oublier les deux ouvrages qu'un Poitevin publia à Paris vers la fin du seizième siècle : ce sont les *Discours des hiéroglyphes* (1) et les *Tableaux hiéroglyphiques* (2) de Langlois, né à Loudun, et qui fut médecin du duc d'Anjou, devenu plus tard Henri III. Cet auteur reconnaît avoir beaucoup emprunté à Piérius. Au milieu de redites et d'inutilités telles qu'on en chargeait assez volontiers les livres de ce temps-là, il y a une véritable érudition dans ces recherches, dont les gravures offrent une suite intéressante d'ingénieuses allégories. Dreux du Radier cite ces deux livres, qu'il a analysés brièvement, mais avec l'exactitude d'un homme qui les avait lus (3).

Nous dirons, en parlant des usages symboliques particuliers à divers peuples, quelques-uns de ceux qui furent en honneur chez les Égyptiens. Étudions maintenant cette même docilité au symbolisme dans l'une de ses plus curieuses manifestations.

---

l'édition que je cite, de plusieurs tables qui feront trouver aisément les pages et les numéros auxquels j'ai emprunté mes preuves.

(1) *Discours des hiéroglyphes des Égyptiens, emblèmes, devises et armoiries*, par le sieur Pierre Langlois, escuyer, sieur de Belestat, in-4°, Paris, Abel Langlier, 1583.

(2) *Tableaux hiéroglyphiques pour exprimer toutes conceptions à la façon des Égyptiens*, par figures et images des choses, au lieu de lettres, avec plusieurs interprétations des songes et prodiges, in-4°, Paris, 1583.

(3) *Bibliothèque littéraire du Poitou*, t. II, p. 385.

CHAPITRE VI.

DES NOMBRES.

Dans l'avant-dernier chapitre, nous avons parlé des chiffres; il fallait y borner nos observations à leurs formes matérielles. Il s'agit maintenant des résultats produits par les combinaisons variées de ces signes, c'est-à-dire des nombres et des rapports que la philosophie a pu leur donner avec les phénomènes du monde physique et de l'intelligence.

Aucune lumière ne nous reste sur l'époque précise où la numération fut inventée. Tout fait croire qu'elle est aussi ancienne que l'état social : Josèphe assure qu'Abraham porta l'arithmétique d'Asie en Égypte (1). Ce serait donc dès l'an du monde 2085 ; mais elle avait dû être en usage dès la réunion même des deux premières familles, puisque les moindres relations d'intimité, les plus minces transactions commerciales, les échanges les plus simples, supposent une certaine connaissance d'un art de compter. Cet art dut être appliqué de bonne heure, chez les premières nations policées, aux sciences exactes, quoique encore élémentaires. Il est probable que les peuples, forcés par l'exercice de la navigation ou les développements du commerce aux recherches de l'astronomie, se seront fait, pour en fixer les résultats, une écriture significative dont les chiffres ou les lettres furent

Origine des nombres.

(1) *Antiquités judaïques*, liv. I, trad. d'Arnaud d'Andilly.

les plus faciles éléments (1). Bianchini (2) croit que parmi les figures hiéroglyphiques, plusieurs étaient des chiffres. Au rapport de quelques autres (3), on en avait découvert sur les pyramides et sur les obélisques. Ces faits laissent bien loin les assertions contraires des savants antérieurs au dix-septième siècle, qui, depuis Bède et Trithème jusqu'à Jean de Nimègue et Jérôme Cardan, s'accordaient à établir le silence absolu des chiffres symboliques sur les monuments de l'antiquité (4).

Leur histoire remonte aux peuples primitifs.

Mais ici la question est moins dans les signes que dans la chose même, et nous avons à déterminer quelle importance les anciens ont ajoutée aux significations données par les nombres. Ceci, au premier abord, ressemble à une superstition. Nous verrons, par l'histoire et le simple

---

(1) « Propriæ naturâ ipsâ numerorum omnis astrorum cursus omnisque astronomiæ ratio constituta est. Sic enim ortus occasusque colligimus, velocitatesque errantium siderum custodimus; sic defectus et multiplices lunæ variationes agnoscimus. » (Boèce, dans son livre *De Arithmetica*, cité par le vénérable Bède, *De computo Dialogus*, t. I de ses œuvres, col. 85, in-f°, Colon. Agripp., 1612.

(2) *Historia universale provata con monumenti e figurata con simboli degli antichi*, Romæ, 1697, in-4°.

(3) *Histoire de l'homme considéré dans ses lois, dans ses arts, dans ses mœurs, dans ses usages et dans sa vie privée*, t. II, p. 306-311, in-12, Yverdun, 1771.

(4) Cf. *V. Bedæ præsbyteri opuscula complura de temporum ratione*, Colon. Agripp., 1537, in-f°.—Tritemii *Polygraphia*, Argentorati, in-8°.—Joannis Bronchorst, *De Numeris*, Colon. Agripp., 1544, in-12, 1613.—Jérôme Cardan, *De la Subtilité et subtiles inventions, ensemble des causes occultes et raisons d'icelles*, Paris, in-8°, 1584.—Ces quatre écrivains, dont l'érudition, surtout celle des trois premiers, est plus qu'ordinaire, sont du même avis sur ce point. Peu d'années après Cardan, Del Rio, dont la science était en même temps plus vaste et mieux digérée, publia à Louvain son bel et curieux ouvrage *Disquisitionum magicarum libri IV*, in-4°, 1599. Il démontre, au contraire, que les Chaldéens, en répétant huit des vingt-deux lettres de leur alphabet, en formaient une suite de trente caractères, divisaient ce total en trois dizaines; puis, donnant à ces lettres la valeur de chiffres, qu'elles représentaient aussi, ils appliquaient le nombre produit par une ou plusieurs de ces lettres à quelqu'une des planètes, et en tiraient des augures. Ce fut l'origine de l'arithmomancie ou divination par les nombres.

énoncé de ce qu'ont fait à cet égard les anciens, le moyen âge, l'époque moderne, notre siècle enfin, qui ne s'en doute guère, si ces observances ont été vaines et mal fondées.

Pour arriver donc à des conclusions, suivons la chaîne des temps historiques; remontons aux époques primitives où fut le berceau des croyances et des mœurs; puis redescendons jusqu'à nous, qui gardons peut-être encore les vestiges non avoués de ces singularités méconnues. Aussi bien, ce voyage à travers les annales philosophiques des sages de l'ancien monde et des saints du nouveau ne sera pas sans quelque intérêt.

En abordant les plus anciennes annales, on reconnaît dans quelques usages des peuples primordiaux, comme dans leurs livres sacrés, la croyance à une action réelle des nombres sur la marche de la vie humaine. Dès le temps de la vocation d'Abraham, l'Égypte avait eu ses études mystérieuses sur les lettres numérales qui composaient le nom du *Nil*, et y trouvait, en prenant chacune d'elles pour le nombre qu'elle exprimait, les trois cent soixante-cinq jours de l'année solaire. — La Perse opérait de même sous le nom de son *Mithras*. Quand d'autres nations, réputées aussi savantes, vinrent joindre à ces découvertes leur assentiment et le poids de leurs doctes réflexions, il fallut bien se persuader qu'en effet des vérités de quelque prix couvaient sous ces apparences séduisantes; mais comme la révélation manquait à ces peuples tombés dans l'idolâtrie, ou que du moins ils en avaient confondu le souvenir obscurci avec les superstitions du paganisme, déjà vieux de quatre ou cinq siècles, ils durent errer sur ces vagues appréciations, et n'arrivèrent qu'à des rêveries sans résultats sérieux. Il en fut autrement des Juifs. Le symbolisme des nombres acquiert chez eux une réalité qui vient de Dieu même, et c'est à quoi n'ont pas assez songé des écrivains qui, sans vouloir se séparer du catholicisme, ont attaqué la valeur

Les anciens attachent une importance réelle à leur signification.

que les Pères lui ont donnée d'après l'Écriture (1). Entre ceux de ces grands hommes qui ont le mieux raisonné de ce symbolisme, il faut compter S. Isidore de Séville, qui a fait un traité spécial des nombres dont il est parlé dans l'Écriture (2). Son but est d'y découvrir le sens mystique, et d'établir les règles d'après lesquelles les écrivains sacrés ont été inspirés. Nous aurons à citer maintes fois ce livre, qui résume très-nettement cette partie intéressante de nos études.

Chiffres et nombres des Hébreux.

Tous les monuments écrits nous attestent que du temps de Moïse les Hébreux étaient déjà fort avancés dans l'art de compter : ils l'avaient cultivé en Égypte, avec beaucoup d'autres connaissances dont ils firent preuve dans le désert. Les dates précises de la naissance et de la mort des patriarches depuis Adam, la suite des généalogies, le dénombrement de chaque tribu; puis les dimensions de l'arche, du tabernacle; l'usage enfin et la valeur des poids et monnaies, sont autant de témoignages qui constatent l'existence des nombres et des opérations dont ils assurent l'exactitude. Dès lors, sans doute, ils eurent cette manière de chiffrer, la plus simple de toutes, qu'imitèrent ensuite les Grecs et les autres peuples, laquelle consista à prendre les dix premières lettres de leur alphabet, puis à les modifier par quelques points ou accents, pour varier leur valeur au delà de dix, de cent et de mille (3). Toutes leurs lettres ayant, nous l'avons vu, un sens tiré de leur configuration, ces lettres, en devenant des chiffres, n'en gardaient pas moins leur signification, et la

---

(1) Voir Sabbathier, *Dictionnaire des auteurs classiques*, t. XXX, p. 467 et 469. — M. Ferdinand Denis, *Des Sciences occultes*, dans *la France littéraire*, t. III, p. 262-263. — Fra Paolo s'est aussi évertué sur le nombre 7 dans sa prétendue *Histoire du Concile de Trente*; mais on sait quelle autorité peut avoir la bonne foi d'un tel historien.

(2) *Liber Numerorum qui in sanctis Scripturis occurrunt*, inter opera a cl. v. Migne edita, t. V, col. 179.

(3) Bellarmin, *Institutiones linguæ hebraicæ*, cap. I, p. 1, 16 et 19, Parisiis, in-12, 1622.

DES NOMBRES. 101

preuve, c'est qu'au lieu du *HE*, par exemple, qui répond au chiffre 5, ils employaient le *Teth*, qui équivaut à 9, parce que, le *HE* étant un des noms incommunicables de Dieu, ils en éludaient l'usage interdit en ajoutant à ce chiffre de convention, équivalant à 9, un signe grammatical qui le réduisait au sens voulu de 5.

La géométrie prit dès lors son extension : le partage des terres devait être représenté par des lignes; le besoin des irrigations ou des digues fit trouver l'art des nivellements.

La connaissance et l'usage des nombres apparaissent donc, dès ces premiers temps, comme fort répandus; ils s'immiscent dans le Pentateuque à la doctrine théologique et aux notions des choses usuelles : tout le monde est censé en comprendre nécessairement la portée. Il est évident que la plus ancienne idée de la Trinité divine, de cette triple et mystérieuse unité qui réunit, par un secret surnaturel, en une même idée deux nombres essentiellement distincts par leur caractère propre; cette notion de deux nombres qui ne se réunissent ordinairement que pour se multiplier l'un par l'autre, et qui, dans ce mystère seulement, s'associent sans changer l'essence de l'unité : une telle idée, révélée à l'homme dès le premier instant de son existence, lui apporta, selon nous, le germe de la numération; il fut pour lui un premier aperçu de la science des nombres. Adam, à qui dut être enseigné tout ce qui tenait à l'action du Créateur sur son origine, ne put ignorer que *trois* personnes avaient coopéré à sa naissance d'après *une* seule image (1). Abraham, qui, en recevant les *trois* anges que l'Écriture appelle formellement *le Seigneur*, n'en adora qu'*un*, et leur parla en même temps au pluriel et au singulier, renfermait ainsi très-distinctement les trois personnes en une seule (2), ce

<small>L'idée de la Trinité révélée au premier homme implique sa connaissance des nombres.</small>

(1) « *Faciamus* hominem ad imaginem et similitudinem *nostram*. » (*Gen.*, I, 26.)
(2) « Apparuit ei *Dominus*..., et apparuerunt et *tres viri* stantes prope eum... Et adoravit in terram, et dixit : *Domine*, ne *transeas*...; sed

qui a fait dire à S. Ambroise : *Tres vidit, unum adoravit* (1).

Elle devient le germe de leur symbolisme,

Ce dogme, une fois connu et transmis, cru et adoré malgré les obscurités qu'il présente à la raison humaine, surtout depuis la chute originelle, fut le point de départ d'où s'élancèrent aussitôt les recherches de l'intelligence. Mille autres nombres en mille endroits des livres sacrés portèrent avec eux une pensée mystérieuse. Aux chiffres 3, 7, 40, qu'on peut citer comme étant des plus célèbres,

et se répand dans les livres saints.

furent attachés des sens figurés. Les nombres de tant de jours ou d'années précisés si souvent dans les prophètes, les évangélistes, et surtout dans l'Apocalypse, sont, au jugement de tous les interprètes et dans le sentiment commun de l'Église, autant de preuves que le symbolisme tiré des opérations mathématiques, ou du simple énoncé de certains chiffres, n'est pas sans valeur réelle dans l'herméneutique sacrée. En dehors même du symbolisme, il y avait dans la langue hébraïque certains idiotismes auxquels bien d'autres langues ont participé depuis, et qui, pour n'être que des locutions plus vivement expressives, ne témoignaient pas moins, en certains cas, de quelque propension à faire des nombres autant de tropes véritables. C'est ainsi qu'on employait souvent le pluriel pour le singulier, et réciproquement : Jacob, gémissant encore du meurtre des Sichimites longtemps après la sanglante violence de ses fils, refuse de bénir Siméon et Lévi parce qu'ils ont tué *un homme*, quoiqu'ils eussent massacré tous les habitants de Salem (2). Fréquemment la Bible cite un tel nombre d'année qui la mettrait en opposition avec la chronologie si l'on voulait en prendre le chiffre à la rigueur. Dans la Genèse,

---

lavate pedes *vestros*, et *requiescite* sub arbores, etc... » — Il faut lire tout ce chapitre XIII de la Genèse.
(1) Lib. *De Fide resurrectionis*, ad fin.
(2) « In cœtu eorum non sit gloria mea, quia in furore suo occiderunt *virum.* » (Cf. *Genèse*, ch. XXXIV, 24, 25 et 26; XLIX, 6.) — Pontas, *Sacra Scriptura ubique sibi constans*, quæst. 85, p. 200.

Dieu prédit à Abraham que ses descendants seront captifs en Égypte pendant quatre cents ans (1). Aux Actes des Apôtres (2), S. Étienne rappelle aux Juifs cette même date ; et cependant l'Exode (3) indique formellement quatre cent trente ans, ce que S. Paul répète au chapitre III de son Épître aux Galates (4). Qui ne voit que ce sont là bien moins des contradictions de la part des deux premiers textes, qu'une manière de parler encore fort suivie, en faisant un compte *rond*, comme l'explique S. Augustin (5), parlant en orateur plus qu'en historien ? — Ainsi encore les *dix* vierges de l'évangile de S. Matthieu (6) sont prises dans un sens figuré pour *toutes* les âmes invitées aux noces de l'Époux spirituel. C'est encore l'*universalité* des saints qui est représentée par les *vingt-quatre* vieillards de l'Apocalypse : c'étaient les *douze* patriarches et les *douze* apôtres, l'Ancien et le Nouveau Testament (7). On trouverait par milliers des exemples semblables.

On comprend que ces manières de parler, aussi anciennes que le peuple, parce qu'elles viennent de la nature, durent le disposer à trouver dans les nombres des sens de plus en plus mystérieux. Dieu lui-même, d'ailleurs, les autorisait, et c'est un point à ne jamais perdre de vue en suivant le développement de cette question. C'est ce

Le symbolisme des nombres vient donc de Dieu.

---

(1) « Scito prænoscens quod peregrinum futurum sit semen tuum in terra non sua, et subjicient eos servituti, et affligent quadringentis annis. » (*Gen.*, XV, 13.)
(2) « Et male tractabunt eos annis quadringentis. » (*Act.*, VII, 6.)
(3) « Habitatio autem filiorum Israel quâ fuerunt in Egypto fuit quadringentorum triginta annorum. » (*Exod.*, XII, 40.)
(4) « Post quadringentos et triginta annos facta est Lex. » (*Gal.*, III, 17.)
(5) « Quadringenti sane dicuntur anni propter numeri plenitudinem, quamvis aliquanto amplius sint. » (S. Aug., *De Civitate Dei*, lib. XVI, cap. XXIII.)
(6) « Simile est regnum cœlorum *decem* virginibus. » (*Matth.*, XXV, 1.)
— Voir sur ce passage S. Jean Chrysostome, *in hunc loc.*, et S. Augustin, *Serm.* XXIII *de verbis Domini*.
(7) « Super thronos viginti quatuor seniores sedentes. » (*Apocal.*, IV, 4.)
— Voir ci-après, 2ᵉ partie, ch. VII.

Interprétations dans ce sens de faits bibliques, et leur valeur acceptée de l'Eglise. — Les nombres 6 et 7.

Dieu, Science sans bornes, Principe de toute sagesse, qui le premier emploie cette méthode d'enseignement. S'Il ordonne en six jours la magnifique économie de l'univers et se repose le septième, c'est pour faire considérer la semaine comme l'image du travail de toute la vie, après laquelle viendra le repos éternel (1). S. Augustin, cité par Hugues de Saint-Victor, va plus loin, et prétend que le nombre 6 n'est pas devenu parfait depuis que Dieu l'a consacré par son œuvre, mais qu'il n'a borné son œuvre à ce nombre que parce qu'en lui-même ce nombre avait antérieurement sa perfection (2). Ceci ressemble bien à ce que nous lirons bientôt du Vénérable Bède; et S. Paul comprend bien ce mystère quand il nous appelle, en souvenir de cette action divine, à marcher de toute la vitesse d'une volonté ferme vers cette fin de nos travaux (3). — S. Isidore fait à ce sujet un rapprochement qui donne à ce nombre 7 un sens que nous lui verrons maintes fois encore. Le Psalmiste, dit-il, chante *sept fois* par jour les louanges du Seigneur; il dit encore, sans cesser d'être d'accord avec lui-même, que « la louange divine est toujours dans sa bouche. » C'est que ce nombre signifie un temps indéterminé, non interrompu; c'est l'éternité, dont le repos sans fin nous a été promis (4).

Une foule d'autres faits semblables renferment d'autres mystères. Pourquoi l'enfant ressuscité par Élie bâille-t-il jusqu'à *sept fois?* pourquoi Naaman ne peut-il guérir de sa

---

(1) « *Sex* diebus operaberis; *septimo* autem die requiesces, quia sabbatum Domini Dei tui est. » (*Exod.*, xx, 9.)

(2) « Non quia Deus *sex* diebus cuncta opera sua condidit, perfectus senarius, sed potius quia perfectus est, illam Deus ad operandum præelegit. » (Hug. à Sancto-Victore, *Exegetica in Script. sacr.*, cap. xiv; mihi, t. I, cap. xxi.)

(3) « Festinemus ergo ingredi in illam requiem. » (*Hebr.*, iv, 2.)

(4) « Iste numerus pro universo ponitur : *Septies in die laudem dixi Tibi* (ps. cxviii, 164), id est... *semper laus Ejus in ore meo* (ps. xxxiii, 1). Item æterna requies *septenario* numero significatur, cum dies *septimus* in requiem Domini sanctificatus vocatur, etc... » (S. Isidori Hispal., *Liber Numerorum qui in sanctis Scripturis occurrunt*, cap. viii, n° 36.)

lèpre qu'en se lavant *sept fois* dans le Jourdain ? S. Augustin explique le premier de ces faits par les *sept* dons du Saint-Esprit, sans lesquels on ne ressuscite pas à la grâce (1) ; S. Bernard et Tertullien voient dans le second une prophétie du baptême, guérissant les *sept* plaies capitales faites à l'âme par la lèpre du péché (2).

Nous verrons, dans l'exposition du symbolisme de l'Apocalypse, le nombre *sept* employé plus d'une fois mystérieusement, et les Pères se trouver d'accord à lui donner dans ces passages un sens prophétique. Un vénérable prêtre allemand, mort au milieu du seizième siècle, Barthélemy Holzauzer, dans un commentaire qu'il a fait de ce livre, applique à toute la durée de l'Église les avertissements donnés par Jésus-Christ, dans les trois premiers chapitres, aux sept évêques de l'Asie. Chacune des Églises de cette contrée représente une des sept époques historiques reconnues par lui dans les sept phases principales de la marche du christianisme depuis son berceau jusqu'à la fin des temps. Les sept dons de l'Esprit-Saint, les sept jours de la première semaine, les sept époques du monde ancien se rattachent, dans son plan, aux sept périodes susdites de l'histoire ecclésiastique, et les opinions du pieux auteur, il faut le dire, lui appartiennent

---

(1) « Oscitavit puer *septies* aperuitque oculos. » (IVe *Reg.*, IV.) « Quod autem puer oscitavit *septies*, *septiformis* gratia Sancti Spiritus ostenditur, quæ humano generi, ut ressuscitetur, in adventu Christi tribuitur. » (S. Aug., *Sermo* CVI, alias CVII, *de tempore*, sub fine, et encore *Contrà Faustum* lib. XII, cap. XXXV.)

(2) » *Septempliciter* occupavit nos lepra...; mundamur si immergimur in Jordane, id est in descensu Christi... Cum ab his *septem* mundatus fuerit æger, quærat septem Spiritus Sancti dona. » (S. Bernardi *Serm.* III *de temp. paschali*). Et Tertullien avant lui : « Naaman, id est *pulcher* vel *decorus* (encore un nom syriaque nanti de sa signification symbolique), mundatus a lepra, significat pulchritudinem animæ baptizatæ et decoratæ *septiformi* gratia Spiritus Sancti : nam et *septies* lavit in Jordane. » (*Contra Marcion.* lib. IV, cap. IX.) — Origène, S. Jean Chrysostome, S. Ambroise ont eu les mêmes pensées; nous en pourrions citer beaucoup d'autres. Que conclure de cette unanimité, sinon un enseignement qui se perpétue et se généralise ?

moins qu'à un certain nombre de Pères de l'Église dont les commentaires reproduisent souvent cette pensée (1).

Dirait-on que ces interprétations, par cela même qu'elles varient dans l'intelligence et sous la plume des interprètes, ont quelque chose de trop arbitraire et ne satisfont pas les raisonneurs ?... Nous avouerons l'arbitraire, c'est-à-dire la liberté laissée par l'Église à ses Docteurs et à ses Saints de développer selon la tendance de leur génie propre et de leurs études personnelles le sens spirituel attaché à ces actions singulières. Il n'en faudra pas moins reconnaître que de tous ces textes mystérieux, et autrement inexplicables, naissent d'utiles leçons pour les âmes, dont ils doivent être la nourriture. Comment le nier quand nous voyons avec quelle avidité les peuples du christianisme ont toujours recherché et rechercheront encore, et avec quelle intime satisfaction ils reçoivent comme autant de lumières ces éclaircissements d'une parole qu'ils respectent et qu'ils ne comprenaient pas ? La variété même des commentaires leur sourit d'autant plus qu'elle satisfait à de plus nombreuses exigences de l'esprit, qui a besoin de comprendre, du cœur, qui a besoin d'aimer. Nous verrons plus tard l'absolue nécessité d'en agir ainsi. Poursuivons notre marche ; l'essentiel n'est pas tant de prouver encore la légitimité de ce symbolisme que de constater son existence par ses nombreuses apparitions.

Les nombres mystiques dans les sacrifices du peuple de Dieu.

Et, en effet, le symbolisme scripturaire n'était pas seulement, dans les théories purement spéculatives de la science exégétique, livré uniquement aux prêtres et aux savants de la nation juive ; il vivait encore dans certains rites de la religion auxquels le moindre Israélite devait participer, et qu'on ne pouvait accomplir que selon la loi de quelque nombre spécial. On voit au chapitre XXIX des Nombres que le premier,

---

(1) Voir *Interprétation de l'Apocalypse*, à la suite de la biographie d'Holzauzer, in-12, 1799 ; et ci-après, t. II, ch. I et suiv.

le dixième et le quinzième jour du septième mois seront consacrés par des sacrifices d'un veau, d'un bélier, de sept agneaux, puis de deux veaux, de deux béliers et de quatorze agneaux. Ce nombre d'animaux différents subissait donc pendant chacun de ces quinze jours des variantes précisées par la Loi, et l'on ne pouvait en rien s'en affranchir (1). Que signifiaient ces pratiques, si peu explicables en elles-mêmes ? Les écrivains ecclésiastiques paraissent s'être moins exercés, en général, à en exposer le sens mystique ; mais il n'y a pas à douter, d'après quelques-uns, que, puisque Dieu voulait bien s'abaisser jusqu'à marquer aux hommes l'objet et la manière de leurs sacrifices, il n'eût dessein de constater par ces moindres circonstances quelque chose de divin. C'est dans le même sens, et par souvenir de ces anciens rites, que l'Église chrétienne a indiqué aux troisième, septième et trentième jours après le décès certaines formes de la Messe des défunts. C'est que l'antiquité ecclésiastique avait, dès ses premiers jours, adopté ce mysticisme sacré. « Qu'on se garde bien, dit Tertullien à ce propos, de blâmer comme inutiles ces détails imposés par la souveraine Sagesse (2). » Origène ne veut pas que nous tenions par trop à expliquer ces sortes d'obscurités, toujours respectables, et qu'on ne pénétrerait, dit-il, qu'avec les lumières d'un S. Paul (3). Toujours est-il que, si mystérieux qu'ils puissent être, les nombres ici prescrits ne le sont pas sans raison. On peut fort bien juger de leur symbolisme par analogie, et nous remarquerons maintes fois encore combien d'autres symboles se présenteront à nous sans que nous en puissions dire la pensée génératrice, et qui n'en auront pas moins leur réalité.

<small>toujours respectables, quoique parfois inexpliqués.</small>

(1) « Mensis septimi prima dies venerabilis et sancta erit vobis, offeretisque holocaustum... vitulum de armento unum...; decima quoque mensis, quinta-decima vero..., vitulos de armento tredecim, arietes duos, etc... » (Voir tout ce chapitre XXIX.)
(2) *Adversus Marcion* lib. II, cap. VI, n° 18.
(3) *In lib. Numerorum* homil. XXIV.

Système des Pythagoriciens : ce qu'il a d'outré ou de raisonnable.

Les Grecs reçurent plus tard que les nations plus orientales des notions précises en mathématiques. Chez eux, point de chiffres proprement dits avant la guerre de Troie, 2800 ans après la création, et à peu près 1200 ans avant l'ère chrétienne (1184 ans d'après les marbres d'Arundel). 600 ans après, quand Pythagore a formé son école, la science des chiffres a marché jusqu'à s'emparer dans l'imagination de ses disciples d'une influence décisive sur les questions les plus élevées et les plus difficiles de la philosophie. Nicomaque, un des forts de la secte, et ami de Cicéron, qui le cite avec éloge (1), ne craignait pas d'appeler ces abstractions une théologie arithmétique. Cette prétention, que des critiques ont accusée de folie, parce qu'ils ne l'avaient pas suffisamment étudiée, est loin d'être aussi vaine qu'ils le pensent. Elle a trouvé des adeptes dans les plus grands esprits du christianisme, et nous remarquerons bientôt avec quelle hauteur de raison les Pères de l'Église l'ont admise et soutenue. Il est vrai qu'ils épurèrent la doctrine en bornant son application aux choses de la foi ; ils rejetèrent les vaines rêveries des païens et les conséquences systématiques dont elles se targuaient. Mais, au fond de ces excentricités scientifiques, ils discernèrent assez bien pour se l'approprier tout ce qui fut d'accord avec les notions primitives consacrées par la religion des Hébreux. Quant aux idées que s'en était faites le paganisme, elles devaient ressembler aux nôtres, avec plus ou moins d'exactitude. Un savant jésuite, dont nous invoquerons plus d'une fois la grave autorité dans ces études, a recueilli en quelques lignes, avec autant de netteté que de justesse, les principes élémentaires à ce sujet. « Il faudrait, dit-il, n'avoir guère étudié les civili-

---

(1) Cicer., *Fragmenta*, edit. Panckoucke, t. XXXVI, *in fine*. — Bède constate l'influence pythagoricienne sur cette science : « Numeri disciplinam apud Græcos primum Pythagoram perhibent conscripsisse, ac deinde a Nicomacho diffusius esse dispositam. » (*De arithmeticis Numeris liber*, sub initio. Ven. Bedæ oper., t. 1, col. 72.)

sations antiques pour avoir besoin d'apprendre quelle importance on y attachait à certains nombres. Quelles qu'aient été les déviations abusives de ce respect singulier, souvent exploité par la charlatanerie et la politique, ou par un mysticisme trop confiant, un esprit grave aperçoit aisément, sous ces variétés d'un sentiment général, une base imposante et bien fondée en raison. Un caractère frappant du nombre, c'est qu'il est la manifestation d'une pensée dans la matière inerte ; et l'on sait que la considération des nombres dans la disposition des corps célestes avait suffi à Kepler pour lui faire pressentir l'existence de planètes encore inconnues de son temps, mais que des moyens modernes ont réellement constatées. Si donc l'intelligence peut resplendir dans les êtres les plus bruts au moyen du nombre, cette volonté qui s'y manifeste devra le rendre respectable quand elle paraît faire choix d'une formule déterminée avec une sorte d'affection. Le motif d'une telle préférence, pour être ignoré, n'enlève rien au charme, qui s'accroît bien plutôt par le mystère. L'homme ne saurait se soustraire à l'empire qu'exerce irrésistiblement sur son esprit la vue d'une intention supérieure, dont il est forcé de reconnaître la réalité, sans réussir à en bien percer le secret. Les anciennes institutions avaient largement usé de ce moyen d'influence, et l'Écriture sainte ne nous permet pas de douter que ce ne soit souvent un langage du ciel. Mais comme l'esprit d'erreur aime à singer les caractères du vrai, il est arrivé que des prescriptions, qui n'étaient rien moins que divines, ont exploité ce fond de notre nature pour y puiser un moyen de fascination puissante (1). »

Donc, tout en admettant certains principes de la philosophie grecque sur ce point, convenons qu'il faut descendre de beaucoup dans l'estime qu'ils ont voulu en donner. Dans

---

(1) Le P. Cahier, *Monographie de la cathédrale de Bourges* (vitraux), p. 187, note 1.

le système de la secte italique, les nombres étaient le principe de toute harmonie musicale : celle-ci se reflétait avec eux dans l'ordre des choses naturelles; de là l'influence des nombres sur l'économie générale de la création, et même sur la morale. Il n'était rien qui ne fût soumis à certaines règles de proportions et d'harmonie physique; les données de la philosophie et de l'intelligence se pliaient à la même nécessité, en sorte que, comme la nature avait irrévocablement déterminé la valeur et les intervalles des tons dans toute phrase musicale, elle avait également, et par une juste répartition, imposé des lois semblables à la marche régulière du monde visible. C'était dépasser les bornes raisonnables, transporter une vérité découverte dans un ordre de choses vrai et lumineux à un ordre tout différent, d'autant plus obscur, et sur lequel cette vérité n'avait aucune action nécessaire. Il n'en est pas moins vrai que de très-belles intelligences se laissèrent prendre à ces graves subtilités, et les portèrent si loin qu'elles abandonnèrent les idées reçues juqu'alors sur l'économie de l'univers matériel, afin de le soumettre à cette réforme aveuglément enthousiaste. Ainsi, regardant le nombre dix comme parfait, puisqu'il est égal à la somme de ses parties aliquotes, ils voulurent dans le ciel une réunion de dix sphères concentriques, au lieu des neuf qu'on y avait antérieurement supposées (1). Ce nombre 10 n'était, au reste, qu'un produit du nombre 4 multiplié et combiné dans quelques-uns de ses rapports avec le nombre 2; et de là encore les quatre premiers chiffres de la numération devinrent un quaternaire sacré, auquel Empédocle subordonna le nombre des éléments, ajoutant à l'eau, à l'air et au feu, qu'on reconnaissait seuls avant lui, la terre, devenue par son autorité la quatrième partie constituante des substances naturelles. En morale, les quatre vertus principales : la force, la tempérance, la prudence et

---

(1) Aristote, *Problemata*, sect. xv. — *Metaphysica*, lib. 1, cap. v.

la justice, devinrent les sources de tout bien (1). Les corps célestes n'échappèrent même pas à ces lois nouvelles ; ils ne roulèrent plus dans leurs limites que d'après d'inévitables relations établies entre eux et un certain nombre de diamètres et de distances qui constituèrent leur harmonie (2). Le tort consistait évidemment ici non pas à ranger le système général de l'astronomie sous des lois d'harmonie et de proportions, auxquelles il est réellement soumis, mais d'en faire, par respect pour les nombres, une règle absolue, sans égard aux nombreuses déviations calculées que certaines périodes du temps apportent à cette régularité providentielle. Aristote, en beaucoup de ses écrits, expose et réfute ce système, qui expliquait les phénomènes naturels par des combinaisons géométriques, et faisait des nombres le principe de toutes choses. Cicéron et Diogène Laërce goûtent fort, sur beaucoup de points, l'opposition d'Aristote, et se rangent de son côté. Et cependant Aristote et Cicéron, Diogène Laërce et leurs partisans ne soutiendraient pas victorieusement sur tous les points une thèse aussi absolue. Pour quiconque a pu apprécier les progrès imprimés depuis eux aux sciences mathématiques, il s'en faut de beaucoup qu'on n'y puisse trouver d'heureuses applications à la métaphysique, ni conclure résolûment d'un ordre de choses à l'autre sur les plus imposantes vérités. Quand le Prophète disait au Seigneur : *Ma propre substance n'est rien devant Vous* (3), il posait d'avance cette formule des géomètres et des algébristes, aujourd'hui incontestée : « Une quantité, si grande qu'elle soit, ajoutée à l'infini, n'ajoute rien. » — Une autre formule, non moins sûre, est celle-ci : « Une quantité, si grande qu'elle soit, comparée à l'infini, est nulle ; » et S. Augustin disait, en termes équivalents : « Dieu

---

(1) Plutarque, *Des Opinions des philosophes*, trad. d'Amyot, t. II, in-f°, 1618.
(2) Porphyre, et Jamblique, *Vie de Pythagore*.
(3) « Substantia mea tanquam nihilum ante Te » (ps. XXXVIII, 6).

est de telle manière que, comparé à lui, ce qui a été fait n'est pas (1). »

Enfin, il est certain qu'on ne conçoit guère, au premier abord, que Dieu ait pu faire toutes choses de rien. La raison pure, réduite à ses propres lumières, n'admet pas une telle contradiction dans les termes que, cependant, la foi lui impose comme un fait de notre histoire primordiale; mais le métaphysicien voit dans cette proposition une vérité rigoureuse, et, en mathématiques, on la voit clairement, puisque, de l'aveu de tous, l'infini multiplié par zéro produit toute grandeur finie, comme il est résulté de cette démonstration :

$$\infty + A = \infty. \quad \frac{A}{\infty} = 0. \quad 0 \times \infty = X. \quad (2).$$

L'unité et le nombre 2.

Mais, quoi qu'il soit des idées anciennes plus ou moins rectifiées depuis longtemps sur cette matière importante, le symbolisme voyait tourner à son profit tant de conceptions plus ou moins bizares. Grâce à la part qu'il y dut prendre, chaque nombre eut bientôt, outre sa valeur propre, une valeur secondaire ou figurée, en vertu de quelque similitude qu'on lui trouva avec tel ou tel être spirituel ou physique. En cela, on s'égara moins que dans l'application des principes généraux de la *théologie arithmétique*. Ainsi l'unité est considérée par les pythagoriciens comme le principe générateur des nombres; elle représente Dieu comme étant la grande Cause première, l'Unité par excellence; c'est le Bien par essence, l'âme et la vie de toute chose; c'est la parole de S. Paul devinée et prévue (3); c'est celle qui inspirait Pascal quand il disait que, Dieu ayant tout disposé dans la mesure, dans le nombre et dans

---

(1) Serm. nov. ex opp. Sirmundi, inter opp., in-f°, Lugduni, 1644, t. X, p. 588.

(2) Cf. Gratry, *De la Connaissance de Dieu*, t. 1, p. 248, in-8°, 1854.

(3) « In ipso vivimus, movemus et sumus. » (*Act.*, XVII.)

le poids (1), on ne peut imaginer de mouvement sans quelque chose qui se meuve, et, cette chose étant une, cette unité est l'origine de tous les nombres (2). Le nombre 2, sortant de cette unité vénérable, représente le mal et toutes ses conséquences dans la vie humaine ou dans la sphère des choses morales. La répulsion qu'il inspirait n'était pas moindre pour tous les autres qui dérivaient de lui et commençaient par la figure des deux unités : 20, 22, 200, 202, 2000, etc. Nous avons de M. de Gérando, auquel il nous faut renvoyer pour n'être pas trop long, une explication très-claire de ces nombres dans l'opinion de la philosophie antique (3).

On voit très-bien ici qu'il serait injuste de confondre le philosophe avec l'école qui prétendit marcher à sa suite. Si les disciples s'écartèrent trop de la pensée du maître, celui-ci n'avait pas trop mal raisonné; il avait même fait preuve d'une grande élévation d'esprit en formant sa belle et imposante conception d'un univers considéré comme une vaste harmonie, magnifique ensemble dont toutes les parties, en tant qu'unités non moins admirables, ne formaient un tout que par leur rapprochement et leurs combinaisons. Reconnaissant deux espèces de vérités générales, les lois physiques et les lois mathématiques, il crut voir dans ces dernières une évidence intrinsèque dont les autres restaient dépourvues, et il en conclut qu'elles étaient l'élément générateur de celles-ci. Quelque forcé que fût un tel corollaire, dont les mathématiciens se sont rendus plus d'une fois coupables après lui, il était impossible qu'une fois posé, il ne devînt pas pour l'auteur du système une source d'autres conséquences : elles vinrent. On leur fit confondre, parfois avec raison, plus souvent à tort, les

Pythagore dépassé par ses disciples; conséquences forcées d'un principe admissible.

---

(1) « Omnia in mensura, in numero et pondere disposuisti. » (*Sap.*, XI, 21.)
(2) Pascal, *Pensées* : considérations sur la géométrie.
(3) Voir *Biographie universelle*, t. XXXVI, p. 368.

choses physiques avec les notions infiniment supérieures de l'ordre moral, et, par exemple, appliquer à Dieu, Être unique de sa nature, monade universelle et invisible, le nombre 1, devenu le symbole de la perfection et de l'unité surnaturelle. Ils firent de la diade l'emblème de la matière, s'assouplissant à toutes les formes; du triangle, l'image de la nature animée, représentée par les trois parties du monde connu. Le carré devint une autre forme de Dieu, perfection absolue, égale à elle-même dans tous ses attributs. Ainsi il fut aisé à chacun de poser sa théorie, et les savants n'y manquèrent pas. Leurs principes furent d'autant plus dissemblables, que leur point de départ était tout arbitraire et n'avait de fondement que le caprice de l'inventeur. De là une diversité remarquable dans les opinions que chacun se fit sur le même nombre; elles dépendaient presque toujours d'un fait scientifique dont on était plus frappé. Les cinq sens faisaient regarder à Hippocrate le nombre 5 comme celui de la santé. Que tout cela ressemblait peu à la parole divine dont s'éclairait Jérusalem, lorsque la Grèce n'écoutait encore que la sagesse bégayée de Sunium et de Samos (1)!

On alla plus loin, et l'arithmomancie eut une certaine vogue chez les Grecs. Le P. Del Rio, que nous avons déjà cité, nous apprend qu'entre deux combattants ou adversaires on examinait lequel avait un nom composé de plus de lettres, et c'était celui-là qui devait vaincre. C'était uniquement par cette raison qu'Achille avait triomphé d'Hector; on voit que ce n'était pas de beaucoup... On ne savait donc

---

(1) Ceci ne resta pas enfoui dans les manuscrits des anciens. Nos lettrés du moyen âge se servirent souvent, comme nous le verrons, de ces observations qui saisissaient leur esprit scrutateur. C'est ainsi que Raoul Glabert, chroniqueur français du onzième siècle, se complaît, au commencement de son Histoire, à exposer les relations que Dieu semble avoir établies entre le nombre 4 et les détails les plus remarquables soit de la constitution humaine, soit de la nature physique. — Cf. Glabri Radulphi *Historia Francorum*, lib. 1.; cap. 1, apud Pithou, *Hist. franc. Scriptores veteres*, in-fº, 1596, p. 2.

pas qu'*Énée* avait tué *Turnus*? Les songes creux de la cabale moderne qu'ont-ils eu de plus excentrique? Et cependant on trouve parfois dans les ouvrages des disciples de Pythagore et de Platon des traces non équivoques de cette science prétendue (1).

Héritière des opinions et des préjugés d'Athènes, Rome vit ses grands hommes sacrifier à ces idées reçues plus largement encore qu'à d'autres usages plus raisonnables. Elle suivit la doctrine de ses maîtres sur les nombres, moins comme une théorie qu'on embrasse avec connaissance de cause que comme une routine adoptée par entraînement et une superstition irréfléchie. Tel est du moins le sentiment que nous inspire le peu de philosophie mise par les auteurs latins dans ce qu'ils ont écrit sur cette matière. Comme d'autres peuples adonnés aux fables antiques, ils attribuaient à Minerve l'invention des nombres, et c'était en vertu d'une loi que le premier préteur devait afficher près de la statue de cette déesse le chiffre de la nouvelle année (2). Numa, réglant le cours de l'année sur celui de la lune, qui est de 354 jours, y en ajouta un de plus, par amour du nombre impair, qui devint systématiquement dans son calendrier celui des jours de chaque mois, excepté de février, qui, peut-être par cette raison, était regardé comme funeste (3).

Varron traite fort au long, dans son livre de *La Semaine*, dont Aulu-Gelle nous a conservé des fragments (4), du nombre 7, qui a formé, dit-il, dans le ciel, les deux Ourses et les Pléiades, et a fait les planètes et les cercles qui entou-

---

(1) Voir les livres *De la Divination*, de Cicéron.
(2) Thom. Dempster., *Antiq. Roman. Corpus*, p. 112, in-f°, Parisiis, 1613.
(3) Nieupoort, *Rituum qui olim apud Romanos obtinuerunt succincta Explicatio*, p. 231, in-8°, Trajecti, 1723.
(4) *Hebdomades, vel de Imaginibus.* — Aulu-Gelle, *Noct. Atticarum* lib. II, cap. xv et xvi du Supplément, trad. de l'abbé de Verteuil, in-12.

rent l'axe du monde. Il influe sur le zodiaque, le solstice d'été n'arrivant qu'au moment où le soleil entre dans le septième signe. Les alcyons ne mettent que sept jours à bâtir leurs nids sur les flots en hiver, et pendant tout ce temps la mer est calme (1). Toutes ces remarques se rapportent à des choses d'heureux augures et appellent la confiance sur le nombre 7. En suivant notre savant, on en ferait bien d'autres. N'est-ce pas encore quand l'homme est conçu depuis sept semaines qu'il commence à vivre? n'est-ce pas un malheur s'il naît avant le septième mois? Notons même (c'est toujours le même oracle qui parle) que la 70ᵉ année est fatale aux vieillards; enfin, dans une maladie sérieuse, ce sont les 7ᵉ, 14ᵉ et 27ᵉ jours qui sont appelés *critiques* par les gens de l'art... Mais voyez l'importance de ce nombre : la Grèce n'a-t-elle pas eu ses sept sages, le monde ses sept merveilles? ne compte-t-on pas sept courses publiques aux jeux du cirque, sept grands capitaines réunis devant Thèbes?—En vérité, le pauvre Varron, que pouvait-il conclure de toutes ces belles choses?... C'est « qu'il avait parcouru bientôt sept fois douze années, qu'il avait écrit sept fois soixante-douze livres, dont la plupart ont péri depuis que sa tête a été mise à prix... » S'il n'y eût jamais trouvé que des raisons de cette force, il est probable qu'on ne l'eût pas payée bien cher...

Il n'en est pas moins vrai que les fortes têtes de cette époque regardaient, d'après une opinion déjà fort ancienne, comme très-malheureuse l'année climatérique, la 7ᵉ multipliée par 3 selon les uns (**21**), multipliée par 9 selon d'autres (**63**), ce qui revenait au même, 3 fois 7 faisant **21**, et 3 fois 21 **63**. Aulu-Gelle cite une lettre d'Auguste à son petit-fils Caïus, dans laquelle il se félicite d'avoir échappé à la 63ᵉ année de son âge (2).

---

(1)   Perque dies placidos, hiberno tempore, septem
        Incubat Halcyone pendentibus æquore nidis.
        Tum via tuta maris.....

(2) Aulu-Gelle, liv. II, ch. xv.

Le nombre impair conserva donc sa bonne réputation jusqu'à la fin; on sait l'hémistiche d'un poète: *numero Deus impare gaudet* (1). C'est la cause sans doute de la prédilection que lui témoignèrent dans leurs fêtes bachiques les beaux esprits du Latium. Horace veut qu'un ami des neuf Muses nourrisse son délire de neuf libations en leur honneur (2). Ausone, au quatrième siècle, compose sur le nombre 3 un petit poème de quatre-vingt-dix vers, nombre qu'il ne veut pas dépasser, dit-il, car il est formé de 3 fois 3 dizaines, et, s'il s'étendait au delà, il serait peut-être forcé de finir malheureusement à un nombre sans signification aucune (3). Le poète s'évertue, dans ce petit tour de force, à énumérer tous les objets remarquables, tous les personnages illustres en rapport avec le nombre 3. Il commence en répétant le conseil épicurien d'Horace (4):

Ter bibe, vel toties ternos, sic mystica lex est,

et poursuit avec une rare faconde ses observations, dont les

---

(1) Voir les notes de La Rue sur ce passage, expliqué par le savant Jésuite d'après beaucoup d'auteurs anciens qui confirment nos idées.
Virgile dans sa 8ᵉ églogue (vers 75) fait dire à Alphésibée:

Terna tibi hæc primum triplici diversa colore
Licia circumdo, terque hæc altaria circum
Effigiem duco: *numero Deus impare gaudet.*

— Et le chevalier de Langeac:

D'abord de trois rubans trois fois environnée,
Son image dans l'ombre est trois fois promenée:
Ainsi du nombre impair les dieux sont réjouis.

(2)
Qui Musas amat impares,
Ternos ter cyathos attonitus petet
Vates.
(Lib. III, od. xiv.)

(3)
...Ne ludus numero transcurrat inerti,
Ter decies ternos habeat.

—Auson. opera, *Gryphus ternarii numeri*, t. III, p. 86, in-18; Paris 1779.

(4) « Id est, » ajoute Manuce (*Adagia*, p. 524, Florentiæ, in-f°, 1575), « aut tres cyathos ad numerum Gratiarum, aut novem ad numerum Musarum. »

conséquences sont à peu près aussi importantes que celles de Varron.

Le nombre 5; emprunt que les chrétiens des premiers temps en font au paganisme.

Un fait se présente ici comme pour servir de transition entre l'époque des superstitions mythologiques et celle des pures croyances du christianisme : il mérite notre attention, car c'est la première des preuves que nous donnerons du peu de difficulté que mirent les chrétiens à s'approprier, dans un but uniquement symbolique, les signes et les usages du culte grossier qui s'effaçait. Le nombre 5 passait pour heureux par excellence. Composé de 2, premier nombre pair, et de 3, premier nombre impair, on en avait fait pour cela l'emblème du mariage, et Pythagore le disait consacré à Junon (1). Or on avait peint dans les catacombes, au-dessus d'un tombeau qu'a signalé Raoul-Rochette, une décoration funéraire sur l'encadrement demi-circulaire de laquelle se trouvait un dé avec le nombre 5 répété quatre fois. On aurait pu croire par d'autres faits analogues que l'intention du peintre aurait été de désigner ainsi l'âge de vingt ans donné au défunt ; mais le savant académicien découvrit qu'il fallait abandonner cette conjecture, en remarquant que l'image de celui-ci était de toutes parts entourée des attributs d'une vie heureuse ; le nombre reproduit avec tant de complaisance devait compléter cette pensée d'un bonheur d'autant plus remarquable qu'il est plus rare. D'autres monuments souterrains, accompagnés d'inscriptions qui ne permettent aucun doute, sont d'ailleurs cités en ce même sens dans les recueils de Fabretti et de Maffei (2).

(1) Plutarque, *Vie de Pythagore*, trad. d'Amyot, t. l.
(2) Raoul-Rochette, *Tableau des Catacombes*, p. 130, Paris, 1837, in-12. — Fabretti, *Inscriptionum antiquarum Explicatio*, cap. VIII, n° 59, p. 574, Romæ, in-f°, 1699. — Maffei, *Musæum Veronense*, pl. 279, Veronæ, in-f°, 1729. — Ici, cependant, observons nous-même, en dépit des doctes anciens dont nous énonçons les systèmes, que leur philosophie n'est pas toujours assez d'accord avec ses principes. Nous avons vu tout à l'heure que le nombre 2 était un signe de malheur : comment

Quand les premiers interprètes de l'Évangile n'auraient eu que ces exemples pour employer le même mode d'exposition et utiliser dans leurs catéchèses les nombres si souvent répandus dans l'Écriture sainte, c'eût été s'emparer, au profit de la vérité, d'un moyen qui n'avait d'autre tort que de s'être obscurci avant eux sous tant d'erreurs. Mais un motif plus élevé, des études plus sérieuses, et en présence desquelles on ne peut plus répéter les phrases trop souvent redites sur le prétendu platonisme des Pères, autorisèrent de tels maîtres dans l'application des nombres à l'exégèse catholique. Le fond de notre sujet nous fait nécessairement aborder dès à présent quelques considérations sur ces grands dispensateurs de la parole divine ; mais nous y bornerons l'appréciation de leurs idées au seul objet qui appartient à ce chapitre, réservant pour la seconde partie de cet ouvrage les vues d'ensemble et les détails qui se rattachent à la méthode de leur symbolisme général.

Comment les Pères de l'Église adoptèrent ce moyen d'exégèse.

On conçoit que des hommes, sortis des rangs du paganisme par conviction des dogmes nouveaux, épris des mystiques beautés de la Bible, et trouvant dans le Nouveau Testament la plus évidente réalisation des prophéties de l'Ancien, n'avaient pas besoin de se rappeler les spéculations embrouillées de la philosophie grecque pour découvrir des rapports réels entre les nombres et des faits moraux qu'il était fort possible d'en rapprocher. Quelques-uns, sans doute, et nous le remarquerons dans S. Augustin, purent bien se livrer à des réminiscences de leurs études profanes, faites quelquefois avant leur conversion, mais ce fut toujours avec une grande retenue, qu'inspirait la différence de leurs

pouvait-il, en composant avec le nombre 3 le total 5, signifier « un bonheur par excellence ? » Cette contradiction et beaucoup d'autres ne s'expliquaient souvent que par des raisonnements plus obscurs que le principe lui-même. Aussi ne sommes-nous qu'historien, non apologiste. Encore une fois, le numérisme des Pères l'emporte de beaucoup sur ces rêveries. Nous le verrons.

idées nouvelles; et d'ailleurs ces pages mêmes, en ce qu'elles ont d'un peu hasardé, portent l'empreinte d'hésitations très-significatives : le seul nom des sources antiques où elles furent puisées laisse voir clairement quelle valeur il faut leur accorder. Mais ce qu'il est bon d'observer surtout, c'est que tous les Pères marchent dans cette voie, une fois ouverte, avec une égale assurance ; c'est que les plus graves, les plus distingués par la dignité de la pensée ne dédai-

Leur unanimité sur ce point inspirée par l'exemple du Sauveur.

gnèrent pas ces considérations. La Sagesse Incarnée en avait d'ailleurs renouvelé l'exemple. Elle ne comptait pas apparemment déchoir de la sublimité habituelle de ses conceptions, quand Elle rapprochait les 3 jours et les 3 nuits passés par Jonas dans le ventre du poisson, des 3 autres que le Fils de Dieu devait passer dans le tombeau (1). Ouvrons au hasard quelques Pères de l'Église empruntés aux époques primitives ou intermédiaires, descendons même jusqu'à notre âge, et nous verrons ces belles intelligences, séparées par les lieux et les temps sans avoir pu se concerter jamais, persuadées tout au plus par des devanciers dignes au plus haut degré de leur confiance, suivre cette trace lumineuse et s'adonner au symbolisme avec un abandon qui rend témoignage de sa valeur et de leur bonne foi.

Tertullien.

Tertullien regarde le jour du sabbat, le septième de la semaine, comme un jour heureux : c'est celui du repos éternel, du règne sans fin, de la résurrection de toute créature. Il fait remarquer que la naissance de l'homme est plus facile au septième mois : mais il se plaint de quelques-uns qui raisonnent sur les nombres, et s'obstinent à voir dans le dixième mois une garantie de plus d'une heureuse naissance. C'est là, selon lui, une idée païenne ; il préfère qu'on attache à ce nombre une espérance plus digne du

---

(1) « Sicut enim fuit Jonas in ventre ceti tribus diebus et tribus noctibus, sic erit Filius hominis in corde terræ tribus diebus et tribus noctibus. » (*Matth.*, XII, 40.)

christianisme : c'est le Décalogue qui devient la loi du nouveau-né et l'introduit dans la véritable vie (1).

S. Jérôme, qui vivait de 331 à 420, parle des nombres en maints endroits de ses écrits, et en tire des conséquences identiques pour l'explication des mystères catholiques. Jovinien le lui reproche. Le saint prêtre se défend en citant les écrivains ecclésiastiques dont il a pris cet exemple. Il s'appuie de la doctrine des païens : *numero Deus impare gaudet*, soutient qu'il n'a rien conclu que d'après l'Écriture, et ne craint pas d'ajouter que dans son estime ce principe reste au niveau des plus hautes questions de morale et d'exégèse biblique (2).

<small>S. Jérôme.</small>

S. Hilaire expose le sens de ce verset du psaume 118 : *Septies in die laudem dixi Tibi*. « Pourquoi, dit-il, ces louanges divines répétées sept fois ? point d'hésitation sur le sens à leur donner. Le nombre 7 est sanctifié par une foule de relations avec des mystères divins. Il règle la marche des jours de la création ; il exprime la plénitude des puissances et des grâces spirituelles (3). » — Ailleurs, entre autres explications symbolistiques données par lui sur un grand nombre de passages scripturaires, il fait remarquer le désordre apparent laissé par les auteurs sacrés chargés de rassembler la collection des psaumes, dans l'arrangement et la suite qu'ils leur ont donnés, disant que cela n'a pas été permis de Dieu sans un mystère instructif. « Dans l'ordre historique, ajoute-t-il, le psaume 3 n'a pu être composé qu'après le 50e, et celui-ci devrait être le 51e par une raison semblable. Mais la force et la perfection du nombre 50 exigeait ce dérangement. La rémission des péchés implorée dans ce dernier cantique devait se rattacher à ce nombre, car il rappelle la 50e année jubilaire où se remettaient les

<small>S. Hilaire de Poitiers.</small>

---

(1) Tertull., *De Anima*, cap. XXXVII.
(2) Voir Œuvres de S. Jérôme, trad. du *Panthéon littéraire*, p. 358, in-8°.
(3) *Tractatus in Ps.*, CXVIII, littera XXI, n° 5.

dettes. On sait d'ailleurs que le Psautier se compose de trois cinquantaines : c'est encore par la même raison, et il nous rappelle de la sorte à nos espérances du rachat éternel. Parcourez attentivement l'une après l'autre ces trois cinquantaines : la première vous montre l'homme régénéré par la pénitence; la seconde vous entretient du royaume sans fin qui vous attend; la troisième vous transporte dans la gloire du Père, que le Fils nous a méritée, séjour d'éternelles louanges où tout esprit bénit le Seigneur. Il faut donc reconnaître dans cette disposition une inspiration providentielle qui seconde très-bien le soin de notre salut (1). »

Disons en passant que S. Ambroise, sur lequel nous reviendrons, est du même avis, et, en parlant de David, à qui il semble attribuer cet arrangement, que d'autres prêtent aux Septante, il fait observer que le saint Roi s'attacha moins à garder l'ordre rationnel de ses compositions sacrées qu'à y révéler ce que les faits dont il parle contenaient de mystérieux (2). Origène se range également avec S. Hilaire et S. Ambroise (3).

S. Augustin.

Un des hommes les plus remarquables de l'Église, celui que nous oserions élever, après S. Paul, au-dessus de ses plus beaux génies, tant pour la sublimité de sa philosophie que pour le mérite littéraire de ses écrits, S. Augustin, est sans contredit celui de tous à qui la multitude et l'étendue de ses ouvrages devaient ouvrir un plus vaste champ dans la question qui nous occupe. L'ardeur de son esprit, la pénétration de son intelligence, le genre de ses études sérieuses, même antérieurement à sa conversion ; son aptitude à exprimer avec netteté les plus hautes questions de métaphysique, à résoudre les plus ardues difficultés de la théologie et des Écritures, tout devait lui faire trouver dans

---

(1) S. Hilarii Pictaviensis *in Psalmorum explanationem Prologus*, p. 435 et seq., Basileæ, in-f°, 1535.
(2) *Apologia Davidis*, cap. VIII, n° 42.
(3) *In Epistolam ad Romanos*, lib. III, cap. III.

son immense érudition une ample matière aux subtilités de l'arithmologie. Aussi nous semble-t-il, de tous les docteurs catholiques, celui qui, proportion gardée entre ses ouvrages et les leurs, s'est plu davantage à faire valoir ce mode d'interprétation. Il mérite donc une attention particulière dans nos études, et son autorité doit être d'un grand poids en faveur de ceux qui l'ont précédé ou suivi : car il n'a pas parlé des nombres seulement par occasion, comme la plupart des autres; il en a composé un savant traité, dont beaucoup, trompés par le titre, ont parlé sans l'avoir jamais lu : ce qui a donné lieu à de certaines dissertations assez bizarres, comme il arrivera forcément à quiconque aura eu le malheur de prendre un port pour un nom d'homme.

Ce traité est celui *De la Musique :* ce mot n'y est pas compris dans le sens que lui donne notre langue; il ne l'a à peine que dans quelques pages nécessairement liées au sujet. La seule définition qu'il en donne eut dû suffire à désabuser les amateurs outrés de voix humaines et d'instruments : « La musique, dit-il, est l'art de bien moduler (1); » puis il explique la valeur de ce dernier mot, qu'il tire de *modus*, lequel s'applique aussi bien à la danse qu'au chant, et signifie par conséquent non l'art de chanter comme font les artistes d'un théâtre, mais bien l'art de prononcer, de donner à sa voix les inflexions commandées par la prononciation longue ou brève des syllabes, et c'est en observant le *nombre*, la *mesure*, la *quantité* enfin résultant de l'observance des règles, qu'on arrive à parler, à lire, à déclamer avec harmonie la phrase oratoire ou poétique (2). Telle est *la musique* de S. Augustin; et le but qu'il se propose dans ce livre, écrit entre sa conversion et son sacerdoce, à la prière d'un

_{Son traité *De la Musique*.}

---

(1) « Musica est scientia bene modulandi. » (*De Musica*, lib. I, cap. I.)
(2) « Non tibi novum esse omnipotentiam quamdam canendi Musis solere concedi; hæc est, nisi fallor, illa quæ musica nominatur. » (*Ubi suprà*, lib. I, cap. 1 et 2.)

ami qui ignorait en apparence les principes de la quantité latine (1), est de montrer, dans une étude toute de grammaire, comment, par une philosophie chrétienne, on peut conclure de l'harmonie qu'on aime dans le langage humain à celle beaucoup plus élevée qu'il faut mettre dans tous les détails de sa conduite morale (2). Voilà l'objet des cinq premiers livres de cet ouvrage, qui en a six. Le saint Docteur y parle en rhéteur habile, parfaitement instruit des doctrines littéraires et philosophiques d'Aristote, de Cicéron et d'Hortensius, sur la poésie et les secrets de l'harmonie du langage. Ce n'est donc, à peu d'exceptions près, que dans le sens de mesure, de rhythme que le *nombre* y est entendu. Après ces préliminaires et arrivé au 6° livre, la pensée change de caractère. Elle passe en s'élevant des amusements de la littérature élégante aux graves inductions de la théologie naturelle; l'auteur prétend démontrer comment, par le moyen de ce *nombre*, qui *se module* dans la parole ou dans les mouvements du corps, on peut arriver à la connaissance de cette harmonie immuable qui n'est que dans l'Immuable Vérité, et connaître les merveilles invisibles de Dieu par ses ouvrages visibles.

Que cette thèse soit au-dessus de beaucoup d'intelligences; qu'elle paraisse mêlée de certains développements qu'une connaissance insuffisante du langage technique et de la matière elle-même rend plus ou moins obscurs à quelques-uns, c'est ce que nous comprenons parfaitement, après une étude sérieuse de ces savantes et abstraites considérations.

(1) Liv. III, ch. V.
(2) C'est aussi dans ce sens que les auteurs des premiers siècles du moyen âge ont pris le mot *musica*, comme le fait observer notre savant confrère de Valence, M. le chanoine Jouve, et comme nous l'avons fait observer nous-même à un artiste musicien qui croyait avoir trouvé dans S. Augustin un de ses confrères des quatrième et cinquième siècles. (Voir *Essai sur le chant ecclésiastique*, par M. l'abbé Jouve, 2ᵉ série, in-4°, 1850; et nos *Mélanges d'archéologie, d'histoire, de poésie et de littérature*, t. III, p. 123, in-8°.

Mais ce n'est pas une raison de méconnaître ce que le génie du grand évêque a pu établir de concluant dans l'espèce. Il avait bien prévu, au reste, ces oppositions possibles des esprits superficiels, qui traiteront son travail de jeux d'enfant; il s'en console d'avance en se persuadant que d'autres applaudiront à son dessein et comprendront qu'il n'a voulu, par une étude aussi frivole en apparence, que détacher peu à peu l'esprit des sens et des choses terrestres, en l'élevant jusqu'à Dieu par l'amour et la recherche de la vérité (1). On voit bien que le Rhéteur chrétien se rapproche des principes de Pythagore; il les adopte même entièrement quand il s'efforce de faire comprendre à son disciple les relations mutuelles des nombres arithmétiques, les progressions du calcul partant toutes de l'unité, allant d'abord jusqu'à dix, puis procédant par dizaines jusqu'à mille et montant par la pensée jusqu'à l'infini, de la même manière que l'âme, à l'aide de termes et de comparaisons élémentaires, s'élève progressivement jusqu'à Dieu et découvre autant que possible ses adorables perfections en concluant de l'une à l'autre. C'est de la sorte qu'il trouve des *nombres* en Dieu, c'est-à-dire des harmonies mystérieuses et surnaturelles parfaitement d'accord avec Sa nature incréée (2).

Mais ce livre, l'un des premiers écrits de S. Augustin, et ce qu'il y expose des nombres, considérés comme signes du calcul, se reproduit avec beaucoup de développements dans ses ouvrages théologiques. Il applique cette méthode à l'enseignement du dogme, et il en use souvent comme d'une source féconde d'où jaillissent des témoignages en faveur de la doctrine évangélique. Toutes les fois que son sujet le ramène à l'explication de textes bibliques où quelque nombre est mentionné, il ne manque pas d'en faire ressortir le sens mystique. Un passage de sa *Doctrine chrétienne* suffit

<small>Son opinion sur l'importance des nombres.</small>

---

(1) *Ubi suprà*, lib. VI, cap. I.
(2) Cf. *Uti suprà*, lib. II, cap. XII.

Il explique les quarante jours du jeûne de Notre-Seigneur.

à donner toute sa pensée à cet égard. « Méconnaître le sens des nombres, dit-il, c'est s'exposer à ne pas comprendre une infinité de choses consignées figurativement dans l'Écriture. Un esprit élevé ne consentira pas facilement à ne pas saisir la raison des quarante jours du jeûne de Moïse, d'Élie et de Notre-Seigneur lui-même. La solution que réclame ce mystère ne s'obtiendra qu'en réfléchissant sur le nombre exprimé. Ce nombre, en effet, renfermant quatre dizaines, devient l'emblème des principales divisions du temps..... L'espace diurne se divise en heures du matin et du midi, du soir et de la nuit. L'année a ses mois de printemps et d'été, d'automne et d'hiver. Or, pendant que s'écoule cette vie du temps, nous devons nous abstenir des joies périssables, en songeant à l'éternité qui nous attend. Il nous faut jeûner pour nous mieux tourner vers le ciel.

Le nombre 10.

» Voyez encore le nombre 10. Il signifie la connaissance de Dieu et de la création, car le nombre 3 s'applique au Créateur, Dieu unique en trois Personnes, et le nombre 7 indique la création tant par le corps que par la vie. La vie se compose en effet du corps, de l'âme et de l'esprit, tandis que le corps se complète des quatre éléments que nous lui connaissons. Nous trouvons dans ce chiffre 40, où le nombre 10 se répète quatre fois, un encouragement au jeûne de quarante jours. C'est la Loi personnifiée dans Moïse, ce sont les Prophètes dans Élie ; c'est une leçon du Seigneur lui-même, qui, appuyé sur ces deux témoins, se transfigura au milieu d'eux en présence des trois disciples qui l'accompagnaient. Ainsi donc, dans les Livres saints, les nombres deviennent souvent la forme sensible de similitudes dont le sens échappera à qui n'en aura pas conçu la portée (1). »

Avant S. Augustin, un exemple de cette théorie du nombre 40 avait été donné par les illustres martyrs de Sé-

---

(1) *De Doctrina christiana*, lib. II, cap. XVI.

baste, et voici comment le raconte l'auteur de leurs *Actes*, qui, sans doute, furent écrits comme tant d'autres, en face même de l'événement : « Les saints martyrs n'avaient tous ensemble qu'une même prière : « Nous sommes entrés » quarante dans la lice, disaient-ils; faites, Seigneur, qu'il y » ait aussi pour nous quarante couronnes, et que personne » ne perde la sienne. C'est un nombre honorable, que vous » avez glorifié par votre jeûne de quarante jours; par lui » la Loi divine fut préparée pour la terre (*Exod.*, XXIV, 18); » Élie, par un jeûne de quarante jours, mérita la possession » et les entretiens de son Dieu (1). »

On voit bien que S. Augustin connaissait ce trait et l'avait compris; mais il en a d'autres qu'il n'emprunte à personne, et, par exemple, il revient encore sur ces mêmes raisons du même nombre dans sa *Dix-septième Exposition sur l'Évangile de S. Jean*. Il y a plus : dans ce même traité, exposant comment la divinité du Sauveur s'était clairement manifestée par la guérison du paralytique de trente-huit ans (*S. Jean*, ch. V), « Il faut bien, dit-il à son peuple, que je m'arrête ici à vous faire remarquer avec soin comment ce nombre de 38 est employé de préférence pour exprimer la maladie, et non la santé. Soyez donc attentifs; Dieu, je l'espère, m'aidera à bien parler, comme il vous aidera à me comprendre. Pourquoi donc est-ce un homme malade à qui s'applique ce nombre 38, plutôt qu'à un homme bien portant ? le voici : le nombre 40 signifie l'entier accomplissement de toutes les œuvres de la Loi. Or nous savons que par la vertu de charité nous sommes portés en même temps à la pratique de deux vertus : l'amour de

Les trente-huit années du Paralytique.

---

(1) « Una autem erat omnibus oratio : quadraginta in stadium ingressi sumus; quadraginta item, Domine, corona donemur, ne una quidem huic numero desit. Est in honore hic numerus, quem Tu quadraginta dierum jejunio decorasti, per quem divina Lex ingressa est in orbem terrarum. Elias quadraginta dierum Deum quærens, ejus visionem consecutus est. » (*Breviar. Roman.*, 10 martii, lect. IV.)

Dieu et celui du prochain. Nous voyons la pauvre veuve de l'Évangile jeter dans le trésor de Dieu tout ce qu'elle a, *deux* petites pièces de monnaie ; ailleurs, l'hôtelier reçoit *deux* nummes pour soigner le malade maltraité sur le chemin de Jéricho. Jésus a une raison pour rester *deux* jours chez les Samaritaines, qu'il voulait éclairer dans la foi. Le nombre 2 exprime donc quelque chose de bon ; il répond très-bien aux *deux* préceptes de la charité (1). Si donc le nombre 40 idéalise la perfection de la Loi divine, qui ne s'accomplit que par le double exercice de la charité, comment s'étonner que cet homme fût malade à qui le nombre 40 ne manquait que faute du nombre 2 ? »

Quelque subtil que paraisse un tel raisonnement, il n'en déduit pas moins sa conséquence rigoureuse de prémisses fort justes et avouées de tous. Mais il faut surtout observer comme il y tient, de quelle façon il veut, à diverses fois, s'attacher l'attention et l'assentiment de son auditoire, comme il fait valoir d'avance ce qu'il va dire, quelle grande chose il va révéler, et par quelles insistances il indique le mystère enfermé dans ses deux nombres, qu'il explique avec autant de clarté que de précision (2). N'est-ce pas le langage d'un homme pénétré, dont la doctrine est sûre, qui n'agit ni ne parle d'après des systèmes, mais selon les lumières acquises d'une science toute de raison ? Le P. Le-

---

(1) Nous avons vu plus haut que le nombre 2 passait au contraire pour néfaste, par opposition avec l'unité, qui symbolisait le bien suprême, l'Être divin. Ce que S. Augustin dit ici semblerait donc une contradiction à ce principe ; cependant il faut en juger autrement. Ceci tient à une règle de la science symbolistique, qui autorise parfois ce genre d'*opposition* et en fait même une loi précise : cette règle trouve sa raison dans les idées opposées que peut faire naître un même objet, selon les circonstances qui l'entourent. Nous renvoyons, pour l'explication de cette règle et les nombreux exemples qu'elle comporte, au chapitre XII, ci-après, où nous traitons du *Symbolisme des Couleurs*.

(2) « Hic numerus paulo *diligentius* exponendus est... *Intentos vos*, *volo*... *Aderit Dominus ut congrue loquar et sufficienter audiatur*... *Intuemini, obsecro*, et *figite memoriæ*. » (S. Aug., *loc. cit.*)

brun a donc grand tort de confondre S. Augustin, et les autres Pères qui ont ainsi expliqué ce passage de l'évangéliste, avec Platon voulant tout expliquer par ses triangles, et les péripatéticiens, par les qualités des corps (1). Il y avait loin des rêveries de ceux-ci aux belles inspirations des autres, puisées aux sources les plus vénérables; et si d'autres grands esprits, comme S. Cyrille de Jérusalem et S. Jean Chrysostome, ont suivi la même idée dans leurs explications du même passage, ne peut-on pas taxer de quelque témérité le dédain d'un auteur qui ose condamner de tels hommes?

Cette tendance à trouver un sens mystique aux nombres cités dans les livres historiques ou prophétiques de la Bible est si grande dans S. Augustin, ce genre d'explication plaît tant à son esprit philosophique et méditatif, qu'il perd rarement l'occasion d'en faire un moyen d'enseignement. Et il est certain qu'en lisant avec attention ces recherches, qui semblent d'abord empreintes d'une surabondance d'imagination, on y reconnaît une singulière aptitude à trouver le fond des choses métaphysiques, et des aperçus qui élucident vivement les mystères de la religion. Ce n'est point à lui qu'il faut reprocher les prétendues obscurités de cette méthode, non plus qu'aux autres Pères qui l'ont suivie avec lui. Elles viennent toujours de ce qu'on l'aborde sans égard aux préliminaires qu'il a posés et qu'on doit bien connaître pour le comprendre. Nous conseillerons donc à tout esprit grave, qui voudra étudier sérieusement cette question sous sa conduite, d'en chercher les éléments dans ses six livres *De la Musique*, particulièrement dans le dernier. On verra bien alors qu'on se hasarde peu en jurant sur la parole du Maître.

Prédilection de ce Père pour cette méthode d'interprétation.

S. Ambroise, le guide de S. Augustin dans la vie spiri- S. Ambroise.

---

(1) Lebrun, *Histoire critique des pratiques superstitieuses*, p. 166, in-12, Rouen, 1701.

tuelle, mais d'un caractère si différent, ne tient pas moins que lui à démontrer dans les nombres les règles de notre conduite morale. Il a les mêmes pensées sur 7, sur 10, sur 40 et les autres. Selon lui, les quarante jours du carême étaient figurés dans ceux du déluge, qui fut moins un supplice pour l'univers qu'un baptême régénérateur (1). Il ne veut pas qu'on oublie ce qu'il y a de sacré dans les nombres 100 et 1000, ni le sens renfermé dans ces *sept mille* hommes que Dieu a préservés contre l'idolâtrie de Baal (2). S'il parle des *vingt-quatre* vieillards de l'Apocalypse, il remarque que ce nombre revient souvent dans ce livre, et il prétend instruire du sens mystérieux qu'il renferme. Ce nombre se partage donc par un, deux, trois, quatre, six, huit, douze. Le nombre 1, qui commence, signifie l'unité de Dieu; 2 représente les deux Testaments; 3 regarde la Trinité; puis vient le 4, qui se rapporte aux quatre Évangiles, et après lui 6, nombre parfait indiquant qu'on n'arrive à la perfection que par la loi évangélique (3). 8 figure les vertus qui combattent en nous contre les vices, la perfection étant impossible sans elles. Enfin, c'est par la vertu des *douze* Apôtres que la foi, une de ces vertus, a été donnée au monde. Et voilà comment les vingt-quatre vieillards sont les pères de la nouvelle Loi, portant en eux l'image des perfections spirituelles qui font sa vie surnaturelle (4).

Voudrait-on se récrier encore contre cette espèce d'exagération et de recherche? N'oublions pas que ce genre a néanmoins prévalu ; qu'il n'est point le fait d'une école spé-

---

(1) *Serm.* XXXI *de ratione Quadragesimæ.*
(2) III *Reg.*, 1, 19.
(3) « Nihil enim ad perfectum adduxit Lex. » (*Hebr.*, VII.)
(4) S. Ambrosii *Commentar. in cap.* V *Apocalypsis.* — Afin de nous borner, il ne faut citer que le moins possible et nous en tenir à quelques passages décisifs. Mais on peut voir encore dans S. Ambroise le commencement de son livre *De quadraginta duabus filiorum Israel mansionibus*, in evang. Lucæ, cap. XIII.

ciale; que les plus éloquents ascétiques, les docteurs les plus savants, ont suivi cette route tracée devant eux par leurs prédécesseurs. Le moyen âge, qui posséda si éminemment le sens des choses mystiques, y a marché dans toute sa durée et jusqu'à ses derniers jours. Ne nous arrêtons qu'à deux ou trois des plus fécondes intelligences de cette époque.

Au sixième siècle, la règle de S. Benoît, acceptée bientôt comme base de toutes les règles monastiques, consacre, en parlant de l'obligation de la prière et de la manière dont les moines devront s'en acquitter, le partage de la journée en sept *heures*, comme l'indique le roi des Psaumes, et il en donne pour motif que ce nombre de 7 est sacré (1). Le décret de Gratien adopte cette explication (2); un concile de Nantes s'en est servi pour autoriser le devoir de la prière publique, telle que l'Église l'avait imposée depuis S. Benoît, et un savant canoniste moderne établit sur ces précédents, en suivant les mêmes raisons, le devoir, contracté par tous les Chapitres, de chanter en entier l'office du jour et de la nuit (3).

<small>La règle de S. Benoît.</small>

<small>Le droit canonique.</small>

Taïon, évêque de Saragosse, cité par Fleury comme le plus fameux des cinquante-deux évêques qui souscrivirent, en 655, au huitième concile de Tolède, a fait un recueil de *Sentences* tirées des *Morales* de S. Grégoire. On sait que ce grand pape écrivait au commencement du même siècle : ce sont donc deux témoins attestant à la fois la pensée d'une même époque. Écoutons l'un et l'autre. « Il y a, disent-ils, à tirer des sens extérieurs de notre corps, des enseigne-

<small>Taïon, évêque de Saragosse, et le Pape S. Grégoire le Grand.</small>

---

(1) « Qui septenarius sacratus numerus a nobis sic impletur, si matutinæ, tertiæ, sextæ, nonæ, primæ vesperæ, completorii tempore nostræ servitutis officia persolvamus, quia de his dixit Propheta : « Septies in die laudem dixi Tibi » (ps. CXVIII). — Voir explication de la règle de S. Benoît, ch. XVI, p. 307 et suiv., in-12, Paris, 1738.

(2) Distinctio XCI, canon *Præsbyter manc*.

(3) Bouix, *Institutiones canonicæ*; Tractatus de Capitulis, p. 311, Parisiis, in-8°, 1852.

ments intérieurs et spirituels. C'est un moyen de faire servir au profit de notre âme et de ses facultés cachées les avantages sensibles dont la nature nous a pourvus. Ainsi les cinq talents du serviteur laborieux de l'Évangile (1) nous représentent les cinq sens de l'homme mis en action pour son salut. Les deux talents du second signifient l'union de l'intelligence et du travail, et le talent unique dont le serviteur paresseux ne sut point se servir, c'est l'intelligence restée inactive. Celui des trois qui a doublé le nombre de ses cinq talents s'en est fait dix nombre parfait, qui se prend pour une quantité indéfinie), et c'est la même raison qui a fait comparer l'Église, en un autre endroit, aux dix vierges, devenues l'image de la multitude des fidèles (2). » C'est également d'accord sur la même idée qu'ils établissent un rapport mystique entre les quatre vertus cardinales, qu'ils considèrent comme les solides fondements de l'édifice de notre âme, et les quatre fleuves du Paradis terrestre. Ceux-ci jetaient de quatre côtés la fraîcheur à la terre sainte; de même, par celles-là le cœur est comme arrosé et raffraîchi, car elles tempèrent toutes les ardeurs des désirs charnels (3).

Sur la parabole des cinq talents.

Ce même S. Grégoire le Grand, et le nombre 1000,

Le même S. Grégoire fait observer que, dans l'Écriture sainte, le nombre 1000 se prend ordinairement pour l'universalité des choses. « Le Psalmiste, dit-il, assure que Dieu se souviendra de la promesse qu'il a faite à mille générations, quoiqu'il n'y en ait que soixante-dix-sept de la création au Rédempteur. Le psaume ne parle donc ici que de toutes les nations connues, et leur attribue par ces termes une marque d'universalité. C'est ainsi que S. Jean, parlant des Saints, qui régneront avec Dieu l'espace de mille ans,

---

(1) Evang. S. Matth., xxv, 15.
(2) Taionis, Cæsaraugustani episcopi, *Sententiarum*, lib. IV, cap. v. — S. Greg., *Moralium* lib. XI, cap. vi, n° 8.
(3) *Moral.* lib. XI, cap. xlix, n° 76. — Taion., *Sentent.* lib. III, cap. xx.

entend bien que le règne de l'Église se perpétuera au delà de ces étroites limites... 1000 est un nombre parfait; il est produit par la centaine dix fois répétée; celle-ci n'est autre chose que 10 multiplié par lui-même. Quand donc le saint homme Job dit que si nous osions discuter avec le Seigneur, nous ne trouverions pas une de nos actions sur mille qui lui pût être offerte, il prétend que la vie de l'homme dans ses innombrables actes ne peut rien avoir qui soit digne de la grandeur infinie de Dieu. C'est toute la perfection possible à l'homme jugée incapable de lutter avec la seule pensée des divines perfections (1). De son côté, S. Augustin fait remarquer qu'il est de la nature de ce nombre d'être pris dans un sens indéterminé, et pour signifier des quantités infinies, parce que tous ceux qui le dépassent n'en sont que des multiplications (2).

Voilà pour Rome et pour l'Espagne.

Dans le même temps, S. Adhelme, évêque de Sherborne, en Angleterre, écrivait son traité *Du Septenaire*, dans lequel il ramène aux *sept* dons du Saint-Esprit tout ce qui lui paraît se rattacher à ce nombre dans la Bible et dans la morale des philosophes. Ce nombre, dans sa pensée, remonte à l'origine du monde par les sept jours de la semaine (3); et, partant de cette première époque historique, il recense jusqu'à la fin du peuple juif tous les faits dans lesquels ce nombre figure par lui-même ou par ses composés. Il passe de là à des observations analogues tirées de l'histoire des peuples anciens et modernes; il consulte les poètes; il cite les mythologues et les astronomes, et, au milieu de ces matériaux, ordinairement assez confus dans les écrivains de cette époque, qui les relient à un même sujet, celui-là ne

Le Septenaire de S. Adhelme.

---

(1) *Moral.*, liv. IX, ch. II.
(2) Voir *De Civitate Dei*, lib. X, cap. VII.
(3) « Hic septiformis laterculorum numerus ab ipso nascentis mundi primordio sacer oriundus exstitit. » (S. Adhelmi, episc. Shireburnensis, *De Septenario*.— (Edit. Migne, t. LXXXIX, col. 162.)

manque ni d'ordre ni de méthode. On le trouve moins ingénieux quand il renferme toutes les sciences humaines dans les limites du *Septenaire*, en y énumérant, ni plus ni moins, les matières générales de l'enseignement de son siècle : l'arithmétique, la géométrie, la musique, l'astronomie, l'astrologie, la mécanique et la médecine (1). Nous avouons volontiers qu'on pourrait, en y regardant de plus près, nouer l'une à l'autre certaines de ces sciences, par exemple l'arithmétique et la géométrie; l'astronomie et l'astrologie pourraient bien aussi n'être pas assez étrangères entre elles qu'on n'en fît pas facilement un tout assez convenable, même en élaguant de la dernière ce qu'on n'y trouve plus aujourd'hui ; mais ce n'est là qu'une surabondance dont l'inopportunité n'ôte rien au fond du raisonnement, et d'ailleurs on ne peut accuser un auteur d'écrire d'après les idées reçues par ses contemporains.

Le Vénérable Bède.

Vers la fin du même siècle, et dans le même pays, vivait le Vénérable Bède, qui, fort versé dans l'étude des Écritures, ne pouvait, en les commentant, se dispenser d'y voir, à l'occasion, le mystère si remarquable des nombres et de leur application symbolique. Dans ses huit in-folio, encyclopédie où se trouvent d'estimables dissertations sur toutes les sciences connues au septième siècle, figurent des traités spéciaux, qu'il faut lire comme introduction à ce qu'il dira des nombres dans son exposition des auteurs sacrés : tels son livre *sur l'arithmétique*, où il fait d'une façon attachante et fort érudite l'histoire de la science (2); son *Rational des temps*, exposé clair et exact des calculs divers usités par les chronologues (3), et sa *Dactylologie*, qui enseigne à se servir des

---

(1) « Seculares quoque et forastinæ philosophorum disciplinæ totidem supputationum partibus calculari cernuntur, arithmetica scilicet, geometrica, musica, astronomia, astrologia, mecanica, medicina. » (*Ibid.*, col. 167 et 168.)

(2) *De arithmeticis numeris Liber.* — Venerabilis Bedæ, presbyteri Anglo-Saxonis, opera omnia, t. I, col. 72, Colon. Agripp., 1612, in-f°.

(3) *De temporum Ratione*, t. II, col. 43.

doigts comme de chiffres, genre d'écriture symbolique dont nous avons eu déjà occasion de parler (1).

<small>Ce qu'il dit des nombres 7, 50, 40 et 3,</small>

Le docte prêtre se trouve ainsi d'autant plus ferme sur ses interprétations bibliques, qu'il a développé au préalable le principe dont il s'autorise. Raisonnant la science que lui indiquèrent S. Augustin, S. Hilaire de Poitiers et les autres, il s'attache au sens qu'ils ont professé avant lui, et tous les nombres qu'il rencontre dans ses pieuses lectures, dans ses discours au peuple, deviennent le sujet d'observations toujours d'accord avec celles de ces grandes lumières de l'Église. Comme eux, il applique au nombre 7 le repos du septième jour et le sens figuré de l'éternelle paix (2). 50 est pour lui l'emblème de la Pentecôte, rachat des esclaves, avénement de la loi nouvelle, de grâce et de liberté; 40 lui rappelle, comme à S. Augustin et à S. Ambroise, les trois jeûnes de Moïse, d'Élie et de Notre-Seigneur (3). Il ne donne pas moins d'importance au nombre 3; il fait remarquer qu'il est fort communément employé pour figurer quelque mystère, et, après avoir cité plusieurs faits de l'ancienne Loi en faveur de cette pensée : « C'est, dit-il, dans le troisième âge du monde que le Seigneur nous a apporté la grâce évangélique, donnée avant la Loi par les Patriarches; sous la Loi, par les Prophètes. C'est le troisième jour que Jésus est ressuscité, etc. (4).

<small>Puis des nombres 20,</small>

Voici son raisonnement sur le nombre 20. Il signifie l'union des deux Testaments : de l'Ancien, dont la loi exprimée par le Décalogue est développée dans les cinq livres mosaïques; et du Nouveau, qui comprend les *quatre Évangiles* et les six autres livres qui s'y rattachent : c'est la perfection de cette loi primaire. C'est à vingt ans aussi que l'Israélite fait

---

(1) *Liber de loquela per gestum digitorum*, t. I, col. 127. — Voir ci-dessus, ch. IV.
(2) *Homil. festivales de tempore* : in festiv. Pentecostes; in Johann. evangel., cap. XIV, t. VII, col. 42
(3) *Quæstiones super Exodum*, ch. XIII, t. VIII, col. 210.
(4) *In Ezram*, lib. III, cap. XIII, t. IV, col. 402.

partie du peuple de Dieu (1), parce qu'on n'est digne d'être associé aux élus qu'après l'accomplissement de la loi spirituelle, et par l'espérance des biens du ciel (2).

Et 6,

Ce n'est pas sans raison, dit-il encore, que Dieu est loué d'avoir fait tout avec poids, nombre et mesure (3), car le nombre 6, qui est parfait dans toutes ses parties, indique la perfection du monde sorti en six jours des mains divines. C'est à cause de cette perfection même que Dieu a repris son œuvre jusqu'à six fois (4). Aussi il répète souvent, avec Isidore de Séville, qu'il ne faut pas dédaigner la raison des nombres, laquelle sert, en beaucoup d'endroits de l'Écriture, à expliquer ce qu'ils ont de mystérieux. Il donne à ce sujet un exemple fondamental dans son Commentaire sur l'Évangile de S. Luc. Il y a quarante-deux générations depuis Abraham jusqu'à Notre-Seigneur Jésus-Christ, depuis le temps où le saint patriarche crut à la parole de Dieu jusqu'à celui où le Sauveur nous initia, par le baptême, à la vie du chrétien. C'est aussi par ce nombre mystérieux que nous arrivons à la possession des biens éternels. Car, par un autre mystère non moins expressif, le Seigneur est baptisé en sa trentième année, effaçant par là les taches de nos péchés et nous ouvrant les portes du ciel. Or, si vous divisez le nombre 30 en ses différentes parties égales, le total donnera en sus 12, nombre des Patriarches et des Apôtres, ce qui produira 42 (5). Ainsi dans ce nombre se révèle

Et 42.

---

(1) « Qui habeutur in numero a viginti annis. » (*Exod.*, XXX, 14.)
(2) *De Tabernaculo et vasis ejus*, cap. XIII, t. V, col. 914, *in Exod.*
(3) « Omnia in mensura, et numero, et pondere disposuisti. » (*Sap.*, XI, 21.)
(4) *Questiones super Genesim*, t. VIII, col. 89.—Nous avons vu ci-dessus cette raison attribuée à S. Augustin par Hugues de Saint-Victor.
(5) Par exemple, dans 30, on trouve :

trente	1 fois,
deux	15 fois,
trois	10 fois,
cinq	6 fois,
six	5 fois,
dix	3 fois,
quinze	2 fois,	toutes sommes qui, additionnées, produisent exactement 42.

toute la perfection de l'Église, c'est-à-dire la foi et la grâce : la première, symbolisée par les Patriarches; la seconde, par les Apôtres. Et comme il n'y a qu'au nom de Jésus-Christ qu'on peut être sauvé, comme en 42 il n'est aucune fraction qui ne soit contenue dans les parties égales de 30, de même le Sauveur entretient la vie laborieuse de son Église par le mystère du baptême, et la guide, après l'accomplissement de ses travaux, vers le repos qui ne doit plus finir (1).

Nous arrivons à l'époque la plus brillante du moyen âge. Dès le commencement du douzième siècle, brille en France, avec toute l'autorité de son talent encyclopédique, Hugues, le docte abbé de Saint-Victor de Paris. C'est à propos de l'Écriture sainte, et dans son Exégétique du texte sacré, qu'il démontre ce que la lecture assidue de la Bible lui avait fait recueillir de concluant sur le mysticisme des nombres. Il réduit à neuf les différentes manières de les expliquer, et résume habilement en autant de courtes observations les théories de ses devanciers. Nous les connaissons donc en plus grande partie; mais ce simple chapitre est à citer comme pouvant donner une idée exacte de ce que pensait à ce sujet une autorité si justement célèbre (2). *Hugues de Saint-Victor.*

Dans le même temps fleurit le célèbre abbé de Clervaux, S. Bernard. Son nom a retenti plus d'une fois dans les disputes archéologiques sur le symbolisme; on l'a accusé de n'y avoir pas cru, et le temps viendra de le venger dans cet ouvrage de cette singulière idée. Toujours est-il qu'il apporte aussi son autorité au système de la signification des nombres. Ingénieux à se faire des moyens d'interprétation, comment aurait-il pu renoncer à celui-ci? Ne va-t-il pas bien loin au delà des autres dans l'emploi qu'il en fait? S'il donne *S. Bernard.*

---

(1) *In Lucæ Evangel.*, lib. 1, cap. III.
(2) Hug. à Sancto-Vict., opp., t. 1, col. 22. *Exegetica in sacra Script.*, cap. XV. (Migne.)

moins dans la théorie, s'il ne s'arrête pas autant à distinguer la valeur de tel ou tel nombre et ses combinaisons scientifiques, à la manière de Bède et de S. Augustin il use toujours de la voie frayée pour arriver au même résultat moral. Il n'est rien, selon lui, qui n'ait été fait d'après un nombre, soit que l'on considère les choses dans la composition de leurs parties, comme sont les objets corporels, soit qu'on observe leur variété et leur mutabilité, comme sont les êtres purement spirituels. Dieu seul fait exception à cette règle. En lui ne se trouvent ni poids, ni nombre, ni mesure (1).

Ouvrons le 3e *Sermon du temps de Pâques*. C'est une époque de renouvellement : le vieux levain du pharisaïsme mondain doit faire place aux bonnes inspirations d'une conscience retrempée dans le sang de l'Agneau. Le saint docteur va trouver un point de contact entre Naaman guéri de la lèpre par *sept* immersions dans le Jourdain, et les *sept* apparitions de Jésus-Christ ressuscité, dans lesquelles il voit les sept dons du Saint-Esprit (2). — C'est ce même esprit

---

(1) « In numero facta sunt omnia vel secundum partium compositionem, ut sunt corporea, vel secundum varietatem et mutabilitatem, ut sunt etiam incorporea. Solus Deus est in quo nec pondus, nec mensura cadit omnino, nec numerus... » (S. Bernardi opera, *Serm. de diversis* LXXXVI, t. II, p. 248, Lugduni, 1679, in-f°.

(2) « Septempliciter occupavit nos lepra superbiæ in proprietate possessionum, in gloria vestium, in voluptate corporum, in ore quoque dupliciter, similiter et in corde..., murmuratio et jactantia..., propria voluntas... et proprium consilium... Porro, sicut in vita Domini ante passionem septem purgationes invenimus, sic et in apparitionibus septem quæ post resurrectionem factæ leguntur, septem illa dona Spiritus Sancti possumus invenire : spiritum *timoris* accipe quando mulieribus sanctis terræ motus factus est, ita ut ipsas perterritas oportuerit ab Angelo consolari; in spiritu *pietatis* apparuit Simoni..., quem præ cæteris de negatione ejus conscientia confundebat; in spiritu *scientiæ* duobus pergentibus in Emaüs Scripturas exposuit; in spiritu *fortitudinis* clausis januis intravit ostendens manus et latus, sicut solent in signum virtutis clypeorum foramina demonstrari; in spiritu *consilii* mittere in dexteram rete consuluit; in spiritu *intellectus* aperuit illis sensum, ut intelligerent Scripturas; in spiritu *sapientiæ* die quadragesimo apparuit eis, quando videntibus illis elavatus est. » (*De temp. paschali Serm.* III, t. II, p. 86, 87 et 88, *passim*.)

d'application qui lui fait voir dans les *six* vases remplis, à Cana, du vin miraculeux *six* observances, qu'il propose à ses religieux, et dans lesquelles ils doivent chercher une continuelle purification : le silence, la psalmodie, les saintes veilles, le jeûne, le travail des mains, la pureté des sens (1).

Au commencement du quinzième siècle, florissait parmi les ermites de S. Augustin le B. Thomas de Kempis, l'un des pieux auteurs à qui les savants ont attribué le beau livre de l'*Imitation*. Auteur de plusieurs autres opuscules ascétiques, il en a un qu'il intitula *Les Trois Tentes*, par allusion aux paroles de S. Pierre assistant à la gloire de la transfiguration. Il représente la pauvreté, l'humilité et la patience, comme les trois tentes qui doivent abriter le chrétien pendant sa vie militante dans le repos de la vie religieuse (2). Que l'*Imitation* soit ou ne soit pas de lui, elle est certainement de la même époque, et on en a conservé un exemplaire écrit et signé de sa main. Qui n'a lu souvent la comparaison qui y est faite, dans le chapitre où l'Écriture sainte et le Pain Eucharistique sont considérés comme indispensables à la vie du fidèle, entre les deux Testaments et les deux Tables où se plaçaient dans l'ancien temple les pains de proposition (3)? — Là se trouve encore la trace de ce symbolisme que tant d'autres avaient traité plus hardiment, mais qui disparaissait et n'était presque plus qu'imperceptible devant le souffle glacé qui ternit l'éclat de l'art chré-

Le B. Thomas de Kempis.

---

(1) « Intelligamus has sex hydrias esse sex observantias servis Dei propositas in quibus tanquam Judæi purificari debeant. » (*Serm. de diversis* LV, n° 1.)

(2) *De Tribus Tabernaculis*, Thomæ a Kempis opera omnia, t. II, p. 136, in-4°, Autuerpie, 1607.

(3) « Hæc possunt etiam dici mensæ duæ hinc et inde in gazophylacio sanctæ Ecclesiæ positæ. Una mensa est sacri altaris habens Panem sanctum, id est corpus Christi pretiosum; altera est divinæ Legis, continens doctrinam sanctam, crudiens fidem rectam et ferentem usque ad interiora velaminis, ubi sunt Sancta Sanctorum perducens. (*De Imit Christi*, lib. IV, cap. XI.)

tien après le quatorzième siècle. Il est vrai que le B. Thomas n'a point commenté l'Écriture, ni rencontré par conséquent les sujets traités par les Pères : les nombres ne sont donc pas venus exciter ses souvenirs de l'antiquité ecclésiastique et en réveiller pour lui les idées symboliques. Il les en eût tirées aussi bien que d'autres à qui elles ne sont pas restées étrangères, et qui, plus près de nous et se livrant à cette étude, n'ont eu garde de les oublier. Bossuet est un de ces derniers exemples.

Bossuet.

L'aigle de Meaux a fait un commentaire de l'Apocalypse sur lequel nous reviendrons, et où il s'est proposé d'établir les principes plus propres à en faire découvrir le sens historique et spirituel. A la suite d'autres interprètes, il regarde les vingt-quatre vieillards occupant des trônes autour de Dieu comme figurant l'universalité des Saints de l'Ancien et du Nouveau Testament. Ce sont les douze Patriarches et les douze Apôtres conducteurs du peuple de Dieu à l'une et à l'autre époque de l'histoire sacrée : ainsi des douze portes de la cité céleste et des douze noms des tribus d'Israël. C'est la pensée de tous les Pères, et l'Église, par eux, l'a toujours entendu ainsi. Bossuet parle, d'après les mêmes guides, des sept sceaux du livre mystérieux des sept Anges des Églises de l'Asie, des quatre animaux attribués comme symboles aux Évangélistes, et de bien d'autres choses que nous ne pouvons qu'indiquer ici (1). Nous aurons, dans la suite de notre travail, à développer au long le vaste cadre offert par l'Apocalypse à l'histoire du symbolisme et aux arts qui doivent s'en inspirer.

L'Église et sa liturgie.

Comme résumé de ce qui précède sur les nombres et leur application générale dans les choses du catholicisme, il faut jeter maintenant un rapide regard sur les ressources que l'Église y a trouvées et le fréquent emploi qu'elle

---

(1) Bossuet, *Comment. sur l'Apocalypse*, t. VI des œuvres complètes, p. 522 et suiv., in-18, Besançon, 1836. — Nous en parlerons dans notre t. II, en exposant la symbolistique du livre de S. Jean.

en sait faire. Non-seulement Elle ne dédaigne pas ces pratiques, si souvent recommandées dans ses docteurs les plus justement respectés, Elle les autorise encore formellement, Elle les admet dans ses cérémonies, et les liturgistes se sont appliqués à dire les raisons de tant de détails presque toujours imcompris de la foule ignorante ou distraite. Ignorance ou distraction, plaignons ceux qui restent inattentifs à ces enseignements, puisqu'on y trouve le véritable esprit vivifiant d'une lettre qui tue dès qu'elle est réduite à elle seule. Les missels, les rituels, les bréviaires sont pleins de ces règles obligatoires ou libres, qui rappellent aux fidèles des mystères moins extérieurs, pour ainsi dire, que ceux dont leurs sens peuvent être frappés. L'Église a ses offices funèbres du troisième, du septième et du trentième jour après le décès de ses enfants. En cela le cœur humain se trouve toujours d'accord avec Elle, avec la pensée divine qu'il ne comprend peut-être pas dans toutes ces manifestations, mais qui l'entraîne par une sorte d'attraction irrésistible à prier sous la loi évangélique d'après des inspirations aussi anciennes que le monde. Ainsi, dans ces prescriptions des jours consacrés à la mémoire des personnes qui nous furent chères, on voit encore que tout dérive de nombres consacrés dans l'Ancien Testament. Le trentième jour est le nombre 3 répété dix fois, ou le nombre 10, nombre parfait, multiplié par le nombre 3, si respectable aux chrétiens par la Trinité des Personnes divines : ainsi le *Trisagion* ou *Sanctus* de la liturgie grecque et latine, puisé dans les Prophètes ; le triple *Kyrie eleïson* de la messe ; les signes de croix qui, réunis par trois à la fois, reviennent ainsi jusqu'à trois fois dans les prières du canon ; la triple immersion ou infusion du baptême, les trois portions de nous-mêmes indiquées par le signe de la croix, sur le front, la poitrine et le cœur ; la triple invocation de l'*Agnus Dei ;* la triple protestation d'indignité que prononcent avant la communion le prêtre et le fidèle qui y participe. De là aussi la pieuse coutume des *neuvaines*, qui multiplient le nombre 3 par lui-même et l'appliquent à l'Auguste Trinité, source universelle de tous biens et objet direct et principal auquel se rapportent toutes nos prières ; de là les trois jours des supplications solennelles appelées rogations, les jubilés et autres invocations publiques.

<small>Différence entre ses prescriptions et les observances superstitieuses.</small>

C'est un des torts du protestantisme, qui a tenté de tout détruire sans rien édifier, d'avoir voulu reléguer toutes ces pratiques au rang des vaines observances. Quel emploi abusif trouverait-on en elles de moyens disproportionnés à la fin qu'on se propose ? Avouées par l'Église, qui s'en explique fort clairement, autorisées par des grâces fréquentes et de nombreux et incontestables prodiges, elles ne ressemblent en rien aux superstitions dont le résultat grossit tout au plus la liste des dupes et des menteurs. En un mot, ce n'est pas, comme le dit S. Augustin, à tel ou tel jour, à telle ou telle mesure du temps qu'on s'attache, mais à ce qui est signifié par ces formes extérieures de la prière (1). Il y a loin de là aux terreurs irréfléchies qu'éveille le nombre 13 dans quelques esprits superstitieux, et à ces autres nombres néfastes que certains jours, au dire de quelques autres, portent avec eux comme autant d'ineffaçables caractères de réprobation et de malheur (2).

<small>Vaines idées à cet égard condamnées par les Pères.</small>

Et cependant faut-il reconnaître que le symbolisme ancien nous a transmis ces vieilles données avec cette mystérieuse terreur qu'inspirent les nombres 13 ou 4, et d'autres encore ? Ce *treize*, qu'on attribue volontiers à la présence de Judas à la table où il trahit Jésus, était reconnu pour un emblème de la mort bien avant le christianisme. 12 étant un nombre parfait, qui se complétait par lui-même, comme tous les nombres pairs, celui qui le suivait commençait une nouvelle série de choses, un ordre nou-

---

(1) « Non tempora observamus, sed quæ illis significantur temporibus. » (S. Aug., *Lib. contra Adimant.*, cap XVI.)

(2) Cf. Thiers, *Traité des superstitions*, p. 262, Paris, in-12, 1672.

veau, comme est la mort, qui introduit à une nouvelle vie (1). D'ailleurs, le nombre 4, d'après Hugues de Saint-Victor, qui énumère les significations diverses de tous les chiffres jusqu'à 10 et des différentes combinaisons auxquelles ils peuvent se prêter, le nombre 4 ne signifie en réalité rien de funeste, au contraire. « *Quaternarius propter quatuor tempora, temporalia designat, quoniam annus et mundus quatuor partibus distinguuntur* (2). » Nous ne disons pas que dans ces rapprochements il n'y ait pas une certaine violence faite au sens naturel, mais on peut nous répondre que dans le principe, de pareilles convenances sont toutes de convention et que la postérité les accepte sans trop s'en rendre compte. Il paraît, d'après un passage de S. Ambroise, que, par une autre réminiscence du paganisme, quelques personnes regardaient de son temps que 4 pouvait être malheureux et qu'il ne fallait rien entreprendre le quatrième jour de la semaine, si la lune y était sereine; car alors elle promettait du beau temps pendant toute sa course mensuelle, et c'était s'exposer que d'essayer contre elle une espèce de concurrence. Le saint Évêque de Milan réfute ces vaines assertions en demandant « pourquoi ce quatrième jour paraîtrait si redoutable, où le Seigneur créa la lumière, où le soleil, image vivante du Fils de Dieu, appelé *le Soleil de Justice*, devint une annonce de la Rédemption. Pourquoi en vouloir à ce nombre, qui rappelle de si magnifiques mystères? Les démons seuls, qui y perdirent tant, peuvent le détester; c'est d'eux seuls qu'a pu venir cette fâcheuse pensée (3). »

Aujourd'hui le peuple ne raisonne plus ces puériles appréhensions, qui ressemblent trop aux superstitions du polythéisme; on ne peut le convaincre du ridicule inséparable

---

(1) Frédéric Portal, *Des Couleurs symboliques dans l'antiquité, le moyen âge et les temps modernes*, p. 224, in-8°, Paris, 1837. — Voir ci-après les chap. XII et XIII, où ce livre est analysé.
(2) Hugo à Sancto-Vict., *Exeget. in sacra Script.*, cap. XVI.
(3) *Exameron*, lib. IV, cap. IX, t. I, p. 57 et 58, in-f°, Parisiis, 1632.

de telles petitesses d'esprit, dont il ne sait ni ne pourrait comprendre l'origine. Sur ce point, le symbolisme n'est pas absolument mort toutefois, puisque, rarement appuyée de raisons, même spécieuses, la fausse croyance prétend toujours en avoir de bonnes pour respecter les plus absurdes traditions.

Récapitulation des idées symboliques sur quelques nombres en particulier.

Avant de finir cette dissertation, et pour compléter, autant que le comporte notre plan, les notions qu'elle indique parmi les nombres les plus célèbres, cherchons encore d'autres exemples du sens qu'y ont attaché des auteurs de toutes les opinions et de tous les temps.

Nombres 1, 2 et suivants, jusqu'à 8.

1. Nous avons vu ce qu'en disait Pythagore. Observons seulement ici qu'il n'en parlait probablement pas de lui-même. Lorsque naquit sa belle théorie des nombres, Moïse vivait depuis 1000 ans dans le livre où il avait écrit sous la dictée de Dieu : « Écoute, Israël, et sache que ton Dieu est UN (1). » S. Augustin a donné une raison plus spéciale et mieux déduite de ce principe. Selon lui, l'unité, comme principe, ne peut se trouver dans les êtres matériels, qui sont composés de parties, divisibles par conséquent, et multiples par cela même dans leur essence. Cette raison fait comprendre comment Dieu est la seule unité véritable. C'est de lui, Être unique de sa nature, que découle le principe de l'unité (2).

2. La philosophie grecque le regarde comme l'emblème du mauvais principe, du génie du mal ; les Latins, comme le plus fatal de tous les nombres. Ils le comparent, d'après Platon, à Diane, que sa stérilité laisse dépourvue le plus souvent des adorations du vulgaire (3). **2** n'est pas un nombre parfait, n'ayant pas un terme intermédiaire entre les portions dont il se compose, et se trouvant, dans le rang des

---

(1) « Audi, Israel: Dominus Deus noster Deus *unus* est. » (*Deuteron.*, VI, 4.)
(2) S. Aug., *De Musica*, lib. I, cap. XI.
(3) Sabbathier, *Dict. des antiq. classiques*, v° Diane.

chiffres arithmétiques, le premier après celui qui désigne la plus haute idée possible; on lui a peut-être imprimé sa note d'infamie par la même raison qu'après **12**, nombre favorable, **13** est un signe de malheur. Quelques anciens, et non pas des plus superstitieux, voyant dans l'unité, par une ingénieuse analogie, l'image de l'incorruptibilité virginale, firent du nombre **2**, qui s'en éloignait, le symbole de l'impureté charnelle : ce qui a fait croire à quelques-uns que celui-ci était le nombre impur (*immundus numerus*), assez fréquemment indiqué dans les auteurs, et sur lequel on n'a cependant pas de notions précises. S. Jérôme fait remarquer que le prophète Aggée commence à prédire la venue de la seconde Loi, plus pure que la première, à laquelle elle devait s'allier, dès la seconde année de Darius, et que ce n'était pas sans raison que ce nombre **2** concourait à l'événement (1). Il paraîtrait cependant que les auteurs sacrés l'ont pris dans un sens entièrement opposé. Au xie chapitre de l'Apocalypse, le Seigneur montrant à l'Apôtre la future persécution de Dioclétien et la punition du tyran, promet d'envoyer, pour consoler les afflictions de l'Église, deux témoins qu'il compare à deux oliviers et à deux flambeaux pour les fruits d'onction et de lumière que portera leur parole (2). — Ainsi Zacharie n'avait annoncé également que deux oints du Seigneur, Jésus et Zorobabel, qui devaient soutenir le peuple pauvre et affligé au retour de Babylone (3). Ce sont aussi deux envoyés, Élie et Énoch, qui doivent, selon la tradition, venir pendant la persécution de l'Antechrist, et, selon le plus grand nombre des Pères, avant cette dernière époque, pour affermir les âmes contre la violence des persécuteurs (4) :

---

(1) « In secundo anno visio populo cernitur, in immundo numero, et post unionem virginitatis. » (*S. Hieronymi opera* in Aggæum, cap. I.)

(2) « Dabo duobus testibus meis, et prophetabunt... Hi sunt duæ olivæ et duo candelabra. » (*Apocal.*, XI, 3 et 4.)

(3) « Duæ spicæ olivarum..., duo filii olei, qui assistunt Dominatori universæ terræ. ». (*Zachar.*, IV, 12-13.)

(4) Cf. Bossuet, *Préface sur l'Apocalypse*, ubi suprà.

ainsi le nombre **2** est ici certainement un nombre mystique, et il signifie des grâces et des consolations. Il l'est encore, au jugement de S. Augustin, quand le divin Maître envoie ses Apôtres par deux à la conversion des villes et des campagnes de la Judée : c'est une leçon de charité (1). S. Grégoire le Grand y voit aussi le double enseignement de l'amour de Dieu et du prochain (2).

3, se trouve symbolisé et a une grande importance dans toutes les cosmogonies antiques. Non pas que Platon l'ait trouvé en Dieu aussi clairement qu'on le croit d'ordinaire. Il était facile d'arriver par quelque méditation à voir dans le Créateur, aussi bien que dans l'âme humaine, les trois facultés dont celle-ci fut dotée par lui, et c'est tout ce que Platon a vu en Dieu, comme on peut s'en convaincre par *le Timée* et la seconde lettre à Denys, et quoi qu'en ait dit M. Cousin (3). Mais la valeur symbolique de ce nombre ne lui vient pas moins de la croyance, d'abord universelle, en la Trinité des Personnes divines, de quelque façon que le dogme en ait été défiguré. Rupert, abbé de Deutz ou Thuy (en Belgique), l'une des lumières du douzième siècle, donne cette raison, et en ajoute d'autres tirées du voyage d'Isaac vers la montagne où il devait être immolé, voyage qui dura *trois jours*; puis de cet autre 3e jour qui fut celui de la résurrection du Christ, et il rapproche des trois jours passés par Lui dans le tombeau les trois époques auxquelles se rattachent les sollicitudes du Sauveur en faveur de l'humanité déchue (4).

---

(1) « Misit illos binos ante faciem suam. » (*Luc.*, x, 1.) — « Quod binos misit sacramentum est caritatis. » (S. Aug., *Quæstiones in Evang.*, lib. II, cap. xiv.)

(2) « Ecce enim binos in prædicationem discipulos mittit, quia duo sunt præcepta caritatis, Dei videlicet amor et proximi; et minus quam inter duos caritas haberi non potest. » (*Homil.* xvii *in Evang.*)

(3) Voir la 5e de ses *Leçons de philosophie*, p. 15 et 16, in-8°.

(4) « Ternarius numerus apud sæculares philosophos insignis... Apud nos longe præclari nominis, tam propter ipsam essentiam sanctæ Trinitatis, quam pro eo quod Salvator noster tertia die resurrexit. Cujus in

Des observateurs ont même découvert une certaine théorie de l'art qui établit dans l'homme une trinité toute de convention, il est vrai, mais dont les notions répondent très-bien néanmoins à l'idée que doit s'en former un artiste. Les anciens, au rapport de Winckelmann, voyaient empreinte sur la forme humaine une trinité matérielle : trois portions principales divisent le corps; elles sont égales entre elles quand le corps est bien formé. Ce sont : le buste, les cuisses et les jambes.—L'âme a aussi son intelligence, sa volonté et sa mémoire. Ce nombre fait donc de nous un ensemble, soit spirituel, soit matériel, qui laisse croire, de la part du Créateur, à une pensée de prédilection qui aura présidé à la formation de l'homme. Il a appliqué, en effet, à ce chef-d'œuvre, par la réunion de toutes ces beautés visibles et de ces facultés intérieures, le nombre le plus parfait dans son essence, puisque par sa nature l'une de ses parties relie et unit indispensablement les deux autres. Cette triade n'est pas moins remarquable dans l'art quand il remplit consciencieusement sa mission providentielle : le vrai, le beau et le bon sont tout lui-même (1).

4. Mercure, né le quatrième jour du mois, avait ce jour sous sa protection. La philosophie grecque y vit la puissance infinie de Dieu disposant l'univers d'après les quatre points cardinaux. Les sages en faisaient l'expression de leur ser-

---

typum Isaac quoque ad immolandum ternario dierum numero ductus est... Mira velocitas, ut in triduo trium temporum sæculi peccata deleret, omnes qui ante Legem fuerunt, omnes qui sub Lege erant, cunctos qui sub gratia venturi erant, una Christi morte pariter salvaret; pro singulis temporibus singulos dies ejusdem mortis appendens. » (Ruperti, abb. Tuitiensis, *De Sapientia*, inter opp., Paris,. 1638, t. I, in-f°.)

(1) Nous résumons ici les idées formulées d'après Platon et Winckelmann, par M. Cyprien Robert, naguère professeur au Collége de France, dans son *Essai d'une philosophie de l'art*, p. 1, 8 et 10, in-8°, Paris, 1836. — Dans ce livre toutes les tendances sont catholiques; l'auteur paraît avoir modifié ensuite ses idées, d'après celles de Lamennais. Nous ne voyons guère ce qu'il y aura gagné.

ment (1), sans doute parce que ce nombre leur servait à désigner le nom de Dieu, composé de quatre lettres, comme chez les Juifs, comme dans presque toutes les langues (2). Ce chiffre, au reste, est le symbole du carré, qui lui-même l'est de la constance, de la fermeté d'esprit; il fait encore allusion aux vertus cardinales et fut employé dans ce sens, pendant le moyen âge, comme le prouve une intéressante lettre du pape Innocent III à Jean Sans-Terre, roi d'Angleterre, au commencement du douzième siècle (3). — La statue que vit en songe Nabuchodonosor se composait de quatre métaux, et Daniel les expliqua par la succession des quatre grands empires des Babyloniens, des Perses et des Mèdes, des Grecs sous Alexandre et des Romains. Une autre prophétie a les mêmes caractères et le même sens, dans un songe envoyé à Daniel sous la figure de quatre bêtes terribles, dont la dernière dévora les trois autres. Elle révèle la fin de ces mêmes royaumes et le triomphe de l'Église (4). On ne peut nier qu'en un tel livre les nombres aient une valeur symbolique incontestable.

5 multiplié par lui-même donne **25**. C'était le nombre des années du dieu Apis; celui des lettres de l'alphabet égyptien, dont chaque caractère était un hiéroglyphe sacré (5). Dans l'écriture hiéroglyphique, les sages du Nil représentaient ce nombre par une étoile à cinq branches, signifiant les cinq planètes alors connues : Mars, Mercure, Jupiter, Vénus et Saturne, lesquelles se distinguent mieux

---

(1) » Pythagorici in honore habent quaternarium numerum, per quem etiam jurare consueverunt. » (S. Greg. Nazianz., *Oratio in sanctam Pentecosten*.)

(2) Cf. Aloysii Novarini *Schediasmata sacroprofana*, lib. 1, n° 27, p. 7, in-f°, Lugduni, 1635.

(3) Cf. Didron, *Annales archéologiques*, t. V, p. 220. Nous citerons cette lettre un peu plus tard.

(4) Voir les chap. II et VII de *Daniel*.

(5) Voir Robin, *Recherches sur les initiations anciennes et modernes*, p. 84, Paris, 1779, in-12.

au milieu des innombrables soleils de la nuit (1). — On attribuait ce nombre à Minerve parce que cette déesse était stérile, comme Diane, ce qui faisait renoncer à rien entreprendre le 5ᵉ jour de la lune (2). Comme le nombre **13**, il indiquait le commencement d'un nouvel état, la mort par conséquent. Hécate a quelquefois, chez les Romains, la tête ceinte de roses à cinq feuilles (3). — Nous l'avons vu dans les catacombes s'allier à l'image de la mort, mais de la mort chrétienne, et partant heureuse. Ainsi, selon le plus ou moins d'élévation de ses habitudes et de ses pensées, l'homme se fait des objets qui l'entourent une source de haute philosophie ou de vaines terreurs. Mais cela vient souvent aussi de la règle déjà citée des oppositions.

6, nombre parfait, **3** reproduit par lui-même, Dieu parfait représenté par la première moitié du **6** et par la création de toutes ses œuvres, qu'il trouva parfaites : *vidit Deus cuncta quæ fecerat, et erant valde bona* (4). S. Ambroise, dans son *Exameron*, ou Traité sur l'œuvre des six jours, a développé au long cette belle spéculation, et le B. Odon, évêque de Cambrai, au douzième siècle, a dit, dans son poème sur le même sujet :

> Ergo die sexta mundus formatus, et omnis
> Illius ornatus......
> Perfecto numero facta est perfectio mundi (5).

Mais, en remontant à l'origine de ces idées, Vitruve paraît avoir reconnu qu'on doit les attribuer à l'usage pratiqué par

---

(1) *Hori Apollinis Hieroglypha*, per Valerianum Pierium, p. 24, ad calcem operum, Lugduni, 1626.
(2) Servius *in lib. I Georgic.*
(3) Noël, *Dictionn. de la fable*, vº Hécate. — Parisot, *Biographie universelle*, ibid.
(4) *Genèse*, 1, 31. — Voir le *Comment. de S. Ambroise sur l'Évangile de S. Luc*, liv. V, ch. v.
(5) Odonis, Cameracensis episcopi, *Versus de origine rerum.* — Cf. *Histoire littéraire de la France*, t. IX, 1750, in-4º.

les anciens géomètres de diviser en six portions égales toutes leurs figures, qu'elles fussent terminées par des lignes droites ou qu'elles le fussent par des lignes courbes (1). On sait quel goût Pythagore professa pour la géométrie : il vit donc dans ce nombre le caractère emblématique de la justice, dont la marche toujours égale, étrangère à toute influence corruptrice, garde contre les faux jugements. — Et cependant une vieille prophétie, répandue de tout temps à Rome, attribuait à ce nombre une pression funeste sur les événements de la vie humaine. Sannazar avait fait de cette opinion populaire un distique auquel on pourrait ajouter bien d'autres détails historiques :

> Sextus Tarquinius, sextus Nero, sextus et ipse;
> Semper sub sextis perdita Roma fuit.

7. Les tons de la musique, les pléiades, les planètes et beaucoup d'autres choses utiles ou agréables, qui toutes se groupaient par **7**, purent mériter à ce nombre les honneurs dont il paraît assez généralement entouré. Pris dans sa simplicité unitaire ou multiplié par lui-même, l'Écriture le ramène souvent dans ses calculs, les Prophètes en retentissent, les usages mêmes de la vie civile chez les Juifs témoignent en lui de quelque pouvoir mystérieux. Nous en avons déjà vu de nombreux exemples. La Loi était pleine de prescriptions où il se retrouve; beaucoup de faits miraculeux se produisent par lui. S. Jérôme trouve la raison de ce respect dans celui qu'on dut avoir dès le principe pour le jour du Sabbat, qui fut le septième de la première semaine, et dans l'ordre formel donné par Dieu de l'observer religieusement (2).

---

(1) Vitruvii *De Architectura*, lib. VII, cap. II.
(2) « Septenarius propter sabbatum... Judæis familiaris est, et ideo hoc frequenter abutuntur. » (S. Hieron. *in cap.* IV *Isaiæ.* — C'est aussi le sentiment de Vivès dans son *Commentaire* sur le ch. XXXI du liv. XI de *La Cité de Dieu.*

C'est aussi le repos mystique du Sabbat que les Juifs voyaient dans le chandelier à sept branches, comme représentant le 7ᵉ des jours où tout avait été fait de rien (1). S. Augustin remarque, en expliquant le ps. LXXVIII, qu'il y a un mystère dans cette réunion de **3**, nombre divin, et de **4**, nombre terrestre, qui renferme dans les vertus cardinales toutes celles que l'homme doit pratiquer (2). C'est d'ailleurs, d'après le même Père, un nombre parfait, étant composé du premier nombre impair (l'unité n'étant point considérée comme un nombre) et du premier des nombres pairs (3). Cette excellence, universellement acceptée, l'a fait prendre souvent pour un nombre indéfini, et alors, comme *cent*, comme *mille* ou *million*, il a une signification indéterminée. C'est ainsi que l'auteur des *Proverbes* dit que « le juste tombe sept fois et se relève; » il indique par là que les épreuves, même nombreuses, n'amèneront pas sa perte, dont Dieu le gardera en vue de l'innocence habituelle de son cœur (4). C'est dans ce même sens qu'une vieille légende rapporte la prophétie de S. Valéry, qui, pour récompenser Hugues le Grand, duc de France, de la piété qu'il avait montrée envers ses reliques, l'assura dans un songe que « ses descendants régneraient en France jusqu'à la septième génération, que l'on interprète en siècles infinis, le nombre septénaire étant le symbole de

---

(1) « Hebræi per candelabrum quod septenis lucernis constabat, requiem symbolice denuntiare asserebant, quæ septima videlicet rerum omnium ex nihilo conditarum die olim præfigurabatur. » (Aringhi, *Roma subterranea*, lib. VI, cap. XLVI, n° 5; mihi, t. II, p. 652, in-f°, Romæ, 1651.)

(2) « Septenario numero plenitudo significari solet, etc. » (In ps. LXXVIII.)

(3) « Quod ex ternario numero, primo impari toto constat, et ex quaternario, primo pari toto. » (*Quæst.* XLII *in Deuteron.*)

(4) « Pro universo sæpe ponitur, sicuti est: *Septies cadet justus, et resurget* » (*Prov.*, XXIV, 16); « id est quotiescumque ceciderit, non peribit. Quod non de iniquitatibus, sed de tribulationibus ad humilitatem perducentibus intelligi voluit. » (S. Aug., *De Civit. Dei*, lib. XI, cap. XXXI.)

l'infinité (1). » Il n'est pas un écrivain des premiers temps de l'Église qui n'ait eu à s'exprimer sur ce nombre, et, pour suppléer à ce que nous ne pouvons ajouter ici, nous nous contenterons de signaler à l'attention studieuse des critiques ce qu'en ont dit S. Basile, S. Jérôme, Macrobe, Chalcidius, Cælius Rodiginus et Aulu-Gelle, que nous avons déjà cité (2). Le moyen âge n'en a fait faute, et Odon de Cambrai, que nous connaissons déjà, dit, en parlant du 7ᵉ jour, qui fut celui du repos de Dieu après la création :

> Complevitque suum septena luce Creator
> Quod patrarat opus.....
> Et bene cuncta Deus numero complevit in isto,
> Per quem circuitus tempora semper habent (3).

Ce dernier vers fait allusion à chaque septième année de la vie humaine, qui détermine, dans une opinion fort goûtée des anciens et de plusieurs savants modernes, des changements profonds dans la nature et le tempérament de l'homme.

L'Église a adopté ce nombre avec ce qu'il a de mystérieux; elle n'a suivi en cela que la pensée de son divin Fondateur. Le Prophète avait prédit de Lui que sa sainte humanité recevrait la plénitude des sept dons de l'Esprit-Saint (4). Il a institué lui-même les sept sacrements; les Apôtres élisent sept diacres; les plus célèbres églises de l'Asie sont tout d'abord au nombre de sept, représentées par les sept anges

---

(1) Stᵉ Marthe, *Histoire généalogique de la Maison de France*, t. I, p. 32, in-4°, 1619.

(2) S. Basilii *Homil.* XI *in Exameron*. — S. Hieron. *in Æsaiam et in Amos*, cap. V. — Macrob. *in somnium Scipionis*, lib. I, cap. VI. — Cælius Rodig., *Lectionum antiquarum* lib. XXII, cap. XII.—Aulu-Gelii *Noctes Atticæ*, lib. II, cap. XV et XVI.

(3) Odonis, Cameracensis episc., *ubi suprà*.

(4) « Requiescet super eum Spiritus Domini, Spiritus sapientiæ et intellectus, Spiritus consilii et fortitudinis, Spiritus scientiæ et pietatis; et replebit eum Spiritus timoris Domini. » (*Isaïe*, XI, 2.)

et les sept chandeliers de la révélation apocalyptique; on reconnaît sept péchés capitaux, sept vertus qui leur sont opposées, sept heures canoniales, sept psaumes de la pénitence; Jésus proféra du haut de la croix sept paroles, et sa pieuse Mère, dont on compte les sept douleurs pendant sa passion, fut consolée, après sa résurrection, par sept allégresses. L'Église vénère toutes ces choses, et l'Église ne fait rien qu'avec une haute raison. Nous en aurions de fort anciennes preuves en recueillant ce que les Pères ont dit à ce sujet, et nous ne pouvons mieux ramener tout ce qui précède au principe général qu'en citant S. Grégoire, qui, à propos de Ste Madeleine délivrée par Notre-Seigneur de *sept* démons, dit formellement que ce nombre exprime tous les vices dont la pauvre pécheresse était assaillie, et ajoute que cette note d'universalité repose sur le laps mystérieux des sept jours de la création, pendant lesquels *tout* fut créé successivement (1).

8. Le temple de Paphos, dédié à Vénus, portait sur la plus haute partie de la façade un croissant et une étoile à huit rayons représentant l'étoile du soir et du matin. Ce monument est gravé sur une médaille de Julia Domna frappée dans l'île de Chypre, et l'on y remarque ce symbole (2). Dans les catacombes, on a trouvé cette même étoile servant de guide aux Mages, sur des bas-reliefs qui rendent avec une expression naïve l'arrivée des illustres voyageurs près de l'Enfant-Dieu (3). Huit personnes sauvées dans l'Arche des eaux du déluge sont une allégorie de la résurrection, au sentiment

---

(1) « Peccatricem... illam esse Mariam credimus, de qua Marcus septem dæmonia ejecta fuisse testatur. Et quid per septem dæmonia nisi universa vitia designantur? Quia enim septem diebus omne tempus comprehenditur, recte septenario numero universitas figuratur. Septem ergo dæmonia Maria habuit, quæ universis vitiis plena fuit. » (S. Gregor. Papæ *Homil.* XXXIII *in Evang.*)

(2) Batissier, *Hist. de l'art monumental*, p. 74, in-8°, Paris, Furne, 1845.

(3) Bottari, *Roma sotteranea*, pl. 86.

de S. Augustin (1). C'est la reproduction de **4** dont nous avons vu le sens mystérieux.

Toutefois n'omettons pas une remarque qu'a faite avant nous et avec beaucoup de fondement un symboliste moderne. « Entre tous les nombres adoptés par les prescriptions propres à la loi de Moïse, dit-il (2), soit d'après le Lévitique, soit dans la structure du temple de Jérusalem, nulle part le nombre **8** n'apparaît avec un caractère sacré, tandis que l'Évangile, au contraire, semble le mettre en honneur, soit par les huit béatitudes, qui ont si fort attiré l'attention des saints Pères, soit par la résurrection de Notre-Seigneur, qui a fait substituer le 8e jour (dimanche) au 7e (sabbat) pour célébrer le repos de Dieu (3).

Conclusion de ce chapitre.

Bornons ici cette énumération des propriétés philosophiques des nombres. Aussi bien un livre entier (et la science attend l'apparition de quelques-uns comme l'accomplissement de promesses faites au public) ne suffirait qu'à peine à développer cette question. Si nous avons été lu avec attention, on aura pu se convaincre qu'il y a de réels enseignements dans l'usage universel qu'en ont fait tous les peuples, toutes les religions. On voit comment ces doctrines se rattachent à nos études du symbolisme, combien l'idée antique germe, s'épanouit et se maintient dans cette hiératique si peu connue. Et si l'on veut plus de détails sur l'examen qu'elle appelle, et sans lequel nous pouvons dire avec tous les sages du catholicisme qu'on ne peut rien comprendre à la science sacrée, nous conseillons de recourir soit au xiie cha-

---

(1) *Epist.* 55 *ad Januar.*, lib. II, cap. xiii et xviii.

(2) Le P. Cahier, *Monographie de la cathéd. de Bourges* (vitaux), p. 187.

(3) « Judæi dederunt *partem septem*, credentes sabbato, sed non dederunt octo, resurrectionem diei dominicæ denegantes. E contrario hæretici, Marcion et Manichæus, et omnes qui veterem Legem rabido ore dilaniant, dant *partem octo*, suscipientes evangelium; sed eadem septenario numero non tribuunt, Legem veterem respuentes. » (S. Hieron. *in Ezech.*, XL, cap. xxvi, xxxi.

pitre de *La Clef* de Méliton (1), soit à l'*Iconographie chrétienne* de M. l'abbé Crosnier, qui lui a consacré d'intéressantes pages (2), soit au livre encore et trop longtemps attendu de Mme d'Ayzac, qui paraît devoir en traiter plus complétement (3). Qu'il nous suffise d'avoir démontré avec eux, dans les limites ici voulues, la haute différence des principes hasardés, irrésolus et souvent obscurs des écoles philosophiques, et de l'école plus exacte des Pères, toujours d'accord entre eux sur le fond, assouplissant la forme à leur génie propre, n'ayant d'autres sources que l'Écriture et les traditions dès longtemps chrétiennes qu'elle consacre. C'est un pas de plus sur notre route. Continuons d'y marcher à la découverte du monde que nous cherchons, et réservons pour nos réflexions sur l'architecture et la statuaire du moyen âge l'application que sut leur faire des traditions numériques cette époque si féconde en grandes pensées sur l'esthétique de l'art.

(1) S. Melitonis, Sardensis episcopi, lib. qui dicitur *Clavis*, cap. XII; apud *Spicileg. Solesm.*, t. III, p. 282-289.
(2) *Iconographie chrétienne, ou Étude des sculptures, peintures, etc., qui se rencontrent sur les monuments religieux du moyen âge*, in-8°, Paris, Derache. 1848, ou *Bulletin monumental*, t. XIV, p. 44 et suiv.
(3) *Des Nombres dans l'archéologie chrétienne*. Ce livre, annoncé dès 1846 par M. Didron dans les *Annales archéologiques*, t. V, p. 233, a retardé jusqu'à présent son apparition, au détriment des lecteurs accoutumés à ces publications de Mme d'Ayzac, pleines de science et de perspicacité.

CHAPITRE VII.

LES PEUPLES DE L'ORIENT.

<small>Les croyances du bouddhisme prises dans la révélation originelle.</small>

Plus on examine les peuples anciens et les religions qu'ils s'étaient faites, plus on reconnaît évidemment les analogies qui les rattachent dès les premiers jours du monde à une croyance unique, dénaturée dans la suite par les divers motifs que nous avons indiqués. L'Inde et toute la grande portion de l'Asie comprise sous cette dénomination a laissé dans ses vieilles superstitions l'empreinte d'une foi plus vieille encore, et nous y lisons de frappantes ressemblances avec les principes théologiques des nations civilisées qui les entourèrent jadis. — Au Dieu créateur des sept sphères étoilées, à ce Brahm si célèbre dans la littérature orientale, lequel avec Brahma et Vichnou forme la trinité des Védas, qui ne reconnaît la vérité fondamentale de la Bible, dont la sublime simplicité s'amplifie ici de toutes les rêveries péniblement élaborées au foyer de trop fécondes imaginations ? Nulle part la promesse d'un Rédempteur à venir ne brille plus vivement, quoique sous de grossières images, que dans les livres sacrés des Hindous. Tous nos dogmes primitifs, tous nos mystères les plus respectés du christianisme s'y déroulent sous les transparentes allégories de cosmogonies et d'incarnations entièrement calquées sur les premières

<small>Trinité indoue.</small>

révélations du vrai Dieu. Cette trinité, dérivation fantastique de Celle que le chrétien adore, a, comme celle-ci, son unité essentielle. L'histoire de sa formation, de ses permutations,

se résume dans ce principe, qu'il est un seul être suprême, éternel, illimité ; il est le grand tout à qui tout se reporte, en qui tout est nécessairement, de qui tout émane et vers qui tout doit revenir. Jusque-là rien que d'admissible, et c'est la seule idée qu'on puisse se faire d'un Dieu qui l'est sérieusement. Mais cette sublime notion, à quelles extravagances n'est-elle pas mêlée ? Mais encore quels enseignements sous les symboles qui naissent de ces aberrations et nous réconcilient en quelque sorte avec elles ! Alexandre Dow, dans son *Explication du Véda* (1), introduit un néophyte demandant comment on pourrait se représenter une ressemblance de Brahm ou de Dieu. A quoi Brahma, le second membre de la trinité hindoue, fait cette réponse : « Il n'a point de res-
» semblance ; mais pour en imprimer quelque idée dans
» l'esprit des hommes, qui ne peuvent croire à un être im-
» matériel, on le représente sous diverses formes symbo-
» liques. Si donc votre pensée ne peut s'élever à la dévotion
» sans vous en former une image, figurez-vous que ses
» yeux sont semblables au lotos, que la couleur de son
» visage est celle d'un nuage, que ses vêtements sont com-
» posés des éclairs du ciel, et qu'il a quatre mains... On
» compare ses yeux au lotos pour faire entendre qu'ils sont
» toujours ouverts, parce que cette fleur n'est jamais sur-
» montée par l'eau, quelle qu'en soit la profondeur. Sa
» couleur, semblable à celle d'un nuage, est un emblème
» de cette obscurité dans laquelle il se dérobe aux yeux des
» mortels. Les éclairs qui forment son habillement expri-
» ment la majesté redoutable qui l'environne, et ses quatre

Dieu, d'après le Véda.

(1) Voir *Dissertations sur les mœurs, les usages, la religion et la philosophie des Hindous*, trad. de l'anglais par Bergier, p. 83, in-12, Paris, 1769. — *History of Hindoostan*, by Alex. Dow, t. I, in-4°, London, 1770. — *Mercure de France*, septembre 1769, p. 109. — *Ezour Vedam*, ou *Ancien Commentaire du Védam, contenant l'exposition des opinions religieuses et philosophiques des Indiens*, t. II, p. 25, in-12, Iverdun, 1778.— Parisot, *Biographie universelle*, partie mythologique, aux mots *Brahma, Vichnou*, etc.

« mains sont le symbole de sa force et de sa toute-puissance ». Ici une observation est importante, parce qu'elle s'appliquera maintes fois au symbolisme du moyen âge. Qui a pu inventer ces termes de comparaison jugés si propres, dans le livre sacré, à donner une juste idée du Créateur? Évidemment un seul homme, à l'esprit juste, au coup d'œil philosophique, dont la pensée n'est pas moins empreinte de clarté que de mysticisme. Et cette pensée a fait loi ; et elle a été comprise et appliquée de manière à planter avec elle dans les intelligences une notion raisonnable de l'Être suprême. Ainsi nous verrons souvent des données nouvelles s'évertuer à symboliser des dogmes obscurs, parvenir à en répandre de justes notions, et se populariser plus ou moins en passant des pages d'un livre aux formes plus ou moins variées des œuvres du peintre ou du sculpteur. Combien de symboles plastiques ont une semblable origine dans mille autres pages qu'on ne connaît pas ! En fait de symbolisme, ne nous hâtons donc jamais de nier ; cherchons, avançons, ou du moins abstenons-nous de prononcer jusqu'à ce que le jour ou la nuit se soient faits.

Cette idée et d'autres semblables, germes de beaucoup d'autres symboles inexpliqués.

Le lotos ou lotus, dont nous venons de parler, tient une place éminente dans la flore symbolique des Égyptiens, et plus encore chez les Romains et les Grecs, où Montfaucon (1) prétend qu'il était plus généralement connu. Naturalisée sur les bords du Nil, cette plante, à qui les naturalistes modernes donnent communément le nom de nénuphar et de nymphéa, ne devait pas être moins familière, en effet, aux rives du Tibre ou de l'Alphée. Quoi qu'il en soit, on s'était autorisé de ses mœurs aquatiques pour la consacrer au soleil, dont le lever était le signal du sien sur la surface des eaux, où elle semblait dormir depuis le coucher de cet astre. C'est pourquoi on en couronnait Osiris et Isis, qui, dans plusieurs

Le lotos des Égyptiens.

---

(1) *Antiq. expliq.*, t. II, 2ᵉ part., p. 277.

monuments égyptiens, ont la tête parée de sa feuille ou de sa fleur. Sa vertu réfrigérante en avait fait la plante de la chasteté. A Rome, on déposait devant elle la chevelure récemment coupée des nouvelles prêtresses de Vesta (1), et l'art chrétien s'en est maintes fois emparé dans l'ornementation de nos églises pour rappeler cette même vertu (2). Les rois de Memphis s'en faisaient des couronnes, par une sorte d'apothéose anticipée ; les prêtres du soleil s'en tressaient pour eux-mêmes un diadème respecté, et l'empereur Adrien, qui renouvela à Rome le culte déchu des deux divinités de l'Égypte, voulut aussi que les fonctionnaires de leurs autels en fussent parés aux jours des grandes solennités (3).

La forme circulaire de la fleur et du fruit du nymphéa le faisait regarder comme l'image de la Divinité, car ils se rapprochaient du cercle hiéroglyphique par lequel les sages voulaient rendre l'action incessante de Dieu sur la création, qu'il conserve en revenant toujours au même point, dont il repart pour y revenir encore. C'est pourquoi aussi, pour représenter la reproduction de toutes choses, on montrait le Dieu créateur assis sur un lotus. S. Denis l'Aréopagite avait reproduit cette idée en disant que l'amour de Dieu pour les hommes, moteur et principe de ses œuvres, émane du souverain bien, qu'il s'y meut et y revient sans cesse, tournant en quelque sorte sur lui-même, sans jamais quitter les bornes immenses de son incommensurable circonférence (4).

Les prêtres bouddhistes regardent le lotus comme l'emblème d'un monde sorti des eaux. Les peintures qui nous viennent de l'Inde et de la Chine le reproduisent souvent ; on le voit sur les médailles antiques des Ptolémées ; et ce qui semblera assez remarquable, c'est que ce beau nym-

---

(1) Pierii Valer. *Hierogl.*, lib. LII ; mihi, p. 558.
(2) Voir *Histoire de la cathédrale de Poitiers*, t. I, p. 264, pl. 8, n° 49.
(3) Le chevalier de Jaucourt, *Encyclopédie*, v° Lotus.
(4) *De Divinis Nominibus*, cap. IV, *inter opera*. Parisiis, 1644.

phéacé, jadis si célèbre et si honorablement cultivé sur les rivages du Nil, en a disparu (1). La Commission d'Égypte en a vainement cherché les traces dans les lacs et les canaux, où, du temps d'Hérodote, elle passait pour un signe d'abondance aux yeux d'un peuple qui mangeait ses graines et ses racines. Avec elle se sont évanouis ses prestiges, et personne ne se souvient plus, ni au pied des pyramides, ni au bord des fleuves qu'elles dominent, de la fleur qui faisait la gloire des grands et la nourriture des petits.

<small>Personnifications diverses de nature.</small> Les Hindous n'ont pas manqué non plus de personnifier la nature. Pour eux, c'est la déesse *Bhavani* ou *Parvati*. Tantôt guerrière et tantôt pacifique, elle est tour à tour bienfaisante ou funeste, selon qu'elle préside aux volcans qui brûlent, aux torrents qui dévastent, aux pluies légères qui rafraîchissent et fertilisent, à la chaleur qui développe les germes. Elle est tantôt la lune, tantôt le Gange. Un croissant, une fleur de lotos, le cours d'un fleuve, sont alors ses emblèmes. Les deux principes qui la distinguent et inspirent successivement la vénération et la peur ont donné lieu nécessairement, pour des intelligences peu élevées, à des confusions bizarres, à des obscurités mythologiques peu faciles à <small>Rôle de l'astronomie.</small> débrouiller. — L'astronomie, qui se plie si docilement aux exigences de l'allégorie, ne manque pas à son rôle dans ce système religieux : le soleil, la lune, les autres planètes occupent des cieux divers et des sphères plus ou moins élevées. Les douze mois sont autant de soleils qui se succèdent sur la route de l'année. Comme le ciel a donc ses habitants favorables à l'espèce humaine, ou occupés des fonctions les plus relevées du gouvernement du monde, il y a aussi des dieux subalternes et mauvais, habitant le centre de la terre, sorte de Titans cherchant le mal et le versant partout sous les formes hideuses de reptiles qui empoisonnent et dévorent.

---

(1) M. Decaisne, de l'Académie des sciences, *Mag. pittor.*, t. XX, p. 186.

Chez l'Hindou, l'Univers est symbolisé par un serpent interminable, replié sur lui-même en orbe bleuâtre, semé de taches qui représentent les astres. On reconnaît ici l'hémisphère céleste entourant l'horizon et diapré d'étoiles sur un fond d'azur qui ne finit nulle part : c'est le principe animal. Le règne végétal n'a pas moins ses droits dans cet ensemble à riches images. Un arbre de vie y est planté à la cime d'un mont sacré, comme il le fut dans le paradis terrestre; le lotos, si cher à l'Égypte, est le germe d'où le monde est sorti (1). De nombreux rapprochements existent d'ailleurs entre les dieux emblématiques de l'Inde et ceux du mystérieux pays des Pharaons. Si les uns ont leur Typhon, cruel et meurtrier, les autres ont leur Chib, mauvais génie représenté par un buffle aux instincts grossiers, comme l'hippopotame personnalise ceux de l'antagoniste d'Osiris. Isis était la terre, et en cette qualité, la vache, comme symbole de la nutrition donnée à tous les êtres; c'est pourquoi on surmonte sa tête

Rapports entre la théologie de l'Inde et celle de l'Egypte.

(1) Parisot, *ubi suprà*, passim. — On sait aussi quelle importance a prise dans les traditions orientales l'arbre sacré nommé *hom*, représenté sur les étoffes princières des Sassanides, et dont les fleurs ne manquent pas toujours de rapports avec celles du lotus. Des variations nombreuses ont dénaturé cette image, selon les caprices des artistes; mais le fond de l'idée est resté partout, et l'on y reconnaît une réminiscence obscurcie de l'arbre si fatal, dans la Genèse, à nos premiers parents. A son tour l'art chrétien s'est approprié ce végétal mystérieux; il en a fait la représentation du fait génésiaque, ou le symbole de l'entraînement au mal, et c'est dans ce but évident qu'il fut placé aux tympans des églises, comme à Marigny et à Colleville, en Normandie, où des monstres de nature démoniaque semblent se délecter avidement à ses branches. Ainsi doivent s'expliquer, à notre avis, ces nombreux entrelacs si répandus sur nos chapiteaux romans, et dont une portion est absorbée par la gueule de lions, de dragons ou d'autres bêtes dont le rôle est bien connu pour être celui du mal. On voit bien en ces formes diverses, et dont quelques-unes s'éloignent beaucoup, nous l'avouons, du tronc et des branches de l'arbre primitif, que, si le ciseau du sculpteur s'est joué en des variantes qui lui appartiennent, il n'en a pas moins obéi à une idée génératrice qui n'avait rien d'obscur pour ses contemporains. — Voir les PP. Martin et Cahier, *Mélanges d'archéologie*, t. I, pl. 20; *Bulletin monumental*, t. XIV, p. 421, 424, et t. XVIII, p. 491 et suiv.; et ci-après, 3ᵉ part., ch. XIII.

des cornes de cet animal (1). Dans l'Inde, la Terre passe pour avoir été métamorphosée en vache, et avoir demandé aux dieux vengeance des ravages commis sur elle par les Géants : idée empruntée manifestement à l'Égypte, qui, dans ses hiéroglyphes, exprimait la vengeance par des cornes, signe équivalent aux terribles fureurs du taureau couronné. Les bergers d'Égypte, au rapport de Bernier (2), traversent le Nil à la suite d'une vache dont ils tiennent la queue et qui les entraîne, et les Indiens s'imaginent qu'au sortir de cette vie ils seront obligés de passer un fleuve en usant du même moyen.

Spiritualisme symbolique de l'art hindou.

On voit par là jusqu'à quel point ces peuples ont porté l'amour du langage énigmatique. Mais rien ne donne une juste idée de leur hardiesse à symboliser et de la multiplicité de leurs ressources en ce genre comme les arts de ce pays si intéressant. Privés de la perspective, qui supposerait plus d'étude et de réflexion qu'ils n'en ont reçu d'une nature mobile et si peu cultivée, ils s'en dédommagent par des ornements significatifs dont ils chargent à profusion les images de leur Vichnou et de leur Brahma ; et ce goût équivoque dans de tels détails ne les empêche pas de donner à leurs statues un caractère religieux de calme et de puissance céleste que l'art chrétien de l'Europe pourrait, à trop juste raison, leur envier aujourd'hui. Ce symbolisme, vraiment spiritualiste, se reproduit par d'autres idées dans l'architecture de leurs temples. Ces demeures sacrées ne furent d'abord que des grottes souterraines, puis elles se creusèrent à fleur de sol et dans les flancs des montagnes ; enfin sont venus les édifices véritables, les pagodes, où souvent le grandiose du tout n'est comparable qu'à la magnificence des parties. Le temple de Chalembron, dans l'ancien royaume de Tanjaour, sur la côte de Coromandel, offre une grande

Le temple de Chalembron.

(1) *Ezour Vedam*, introduction, p. 25, 31 et suiv.
(2) *Voyages dans le Mogol, l'Hindoustan et le royaume de Cachemire*, t. II, p. 74, in-12, Amsterdam, 1699.

enceinte quadrilatère dont chaque face est exactement orientée vers les quatre points cardinaux. Une de ses chapelles a sa porte décorée de cinq piliers de bois de santal, désignant soit, selon quelques interprètes, les cinq éléments, soit, selon d'autres, les cinq classes de prêtres de Brahm. A l'intérieur, quatre piliers représentent les quatre Védas ou livres de la loi; six autres sont les emblèmes des six livres de la science divine et humaine. Le dallage s'y forme de cinq grandes pierres qui rappellent les cinq voyelles ou les cinq syllabes sacrées. Neuf boules dorées surmontent le faîte pour indiquer les neuf incarnations de Vichnou. Le toit, composé de soixante-quatre chevrons, nombre égal à celui des arts et métiers, forme sa surface totale de vingt et un mille six cents tuiles, qui reviennent au nombre de fois que l'homme peut respirer dans un temps marqué. Enfin la grille de la chapelle consiste en quatre-vingt-seize barreaux, par allusion aux quatre-vingt-seize manières philosophiques de dépeindre l'homme (1). Tout cela, aussi bien que les autres parties intérieures et extérieures du monument, est accompagné de statues, de bas-reliefs, d'ouvrages de sculpture, tels que des lions, des paons, des vaches, des serpents, des bœufs parfois fort petits, parfois de taille colossale. Là encore la vache est considérée comme le symbole du monde ou du principe femelle, l'éléphant comme celui de la sagesse et de la vertu. Qu'est-il besoin de faire observer ici, avec un judicieux archéologue (2), à quel point les Hindous poussent l'amour du symbolisme dans leurs conceptions architecturales. Appliquons cette remarque à ce qui regarde leurs conceptions religieuses, et nous aurons moins à nous étonner des mille allusions de même genre auxquelles s'est arrêté le moyen âge, et nous comprendrons, en dépit de

Inductions en faveur du symbolisme du moyen âge.

(1) Langlès, *Monuments de l'Hindoustan*, t. II, p. 92, in-f°, Paris, 1812-1821.
(2) Bâtissier, *Histoire de l'art monumental*, p. 11 et 13, in-8°, Paris, 1845.

certains maîtres de notre époque, qu'il a bien pu se créer en faveur de l'enseignement chrétien des moyens non moins singuliers en apparence et tout aussi raisonnables au fond.

Les échecs. — Quel que soit le sentiment auquel on adhère sur la contrée de l'Orient où le jeu des échecs fut inventé, la question controversée entre l'Hindoustan et la Perse n'ôte rien à ce qu'on doit généralement reconnaître de symbolique dans cette petite guerre dont les pacifiques batailles se livrent sur un champ si étroit, et qui, sous les habiles et sérieuses combinaisons des plus grands capitaines, se sont parfois prolongées au delà de plusieurs mois. Les noms significatifs de toutes ces petites pièces, ces éléphants, ces chevaux, ces chars et ces fantassins, ces rois et ces reines, ces bateaux et ces tours, en un mot ces armées de terre et de mer où chaque personnage a son rôle, où le roi, qui n'est jamais pris qu'à la dernière extrémité, a, comme certains autres, ses priviléges et ses droits à part, tout cela s'applique fort clairement à l'art de gouverner un royaume et de le défendre (1). On sait que ce fut une ingénieuse leçon donnée, au commencement du cinquième siècle, par un brahmine à un jeune monarque trop peu soucieux de l'amour de ses sujets et de la vigilance dont il devait faire l'appui de son trône. Les fonctions de toutes ces pièces reviennent, en effet, à cette idée fondamentale, et l'Europe, que les douzième et treizième siècles ont vue si adonnée aux conceptions allégoriques, n'a pas manqué d'en tirer des moralités, comme on en voit dans le roman de *La Rose*. Autrefois on donnait à chaque pièce, dont la forme est réduite aujourd'hui à sa plus grande simplicité, la figure même que son nom exprimait, et D. Félibien a décrit le jeu de l'abbé Suger, conservé dans le trésor de l'abbaye de Saint-Denis. Les pièces en étaient travaillées d'après ce

(1) Cf. Williams Jones, *An Inquiry into the ancien greek game*, p. 208 et suiv., in-4°, London, 1800.

système, qui favorisait l'illusion et se prêtait d'autant plus au sens figuré de la partie (1).

Les Perses, non moins superstitieux, durent avoir aussi leurs symboles, et, en dénaturant l'idée originelle d'un Dieu unique, ils parvinrent à multiplier les objets de leur adoration. Zoroastre y avait pourvu vers l'an du monde 2350, et 400 ans à peu près avant l'ère chrétienne, lorsque déjà la religion primitive était disparue d'intelligences oublieuses. Fondateur et chef de la secte des mages adorateurs du feu, il précéda les Manichéens dans l'invention des deux principes qui se disputaient le monde moral : la lumière et les ténèbres étaient l'expression de ces dieux toujours opposés l'un à l'autre, et une variante de ces pyramides blanches et noires renfermées dans l'œuf génésiaque par les dieux égyptiens du bien et du mal. De là l'antagonisme d'Oromaze et d'Ahrimane, leurs efforts pour créer des génies empreints de leurs tendances contraires, cherchant comme eux le bien ou le mal absolu, et cet œuf symbolique peu différent de celui d'Osiris, puisqu'ici, réceptacle primordial du bien, il est brisé par l'ennemi d'Oromaze, et mêle ce bien qu'il contenait au mal, qui désormais deviendra son rival nécessaire et inséparable (2). — Dans ce système religieux (où l'on voit trop combien l'homme a peu réussi à refaire les dogmes divins), l'eau et le feu, les deux éléments les plus actifs et les plus employés, mais ce dernier surtout, devinrent les symboles de la nature. Le soleil, fécondateur de ce qui vit et respire, fut le point central en qui se résuma tout culte de latrie. Ce fut Mithra, le *chef*, le *maître* et le *seigneur* de toutes choses, dont les qualités principales furent la pureté, la vigilance, la force, la vérité et l'amour. M. de Hammer, dans de savantes recherches sur ces vieilles doctrines (3),

Théologie de la Perse.

(1) *Histoire de l'abbaye de Saint-Denis*, in-f°, 1706, p. 317.
(2) Plinii *Hist. natur.*, lib. VII, cap. X.— Suidas, *Lexicon*, v° Zoroastre, edit. Hieronymi Wolf, Basileæ, 1564, in-f°.
(3) *Les Mithriaques*, ou *Traité du culte primitif du génie solaire, selon le système de Zoroastre*, mémoire sur le culte de Mithra, cou-

modifiées ensuite par le mahométisme, établit que Mithra n'est autre que la Vénus céleste ou l'amour physique, et s'appuie à cet égard du sentiment d'Hérodote. Ce serait toujours du symbolisme; mais nous ne pouvons admettre avec l'érudit orientaliste que les éléments dont nous parlons ne fussent que de purs symboles; ils étaient certainement aussi de véritables dieux dans la pensée des sectateurs de Mithra. Les plus anciens livres en font foi, et celui de Job, très-fort orientaliste aussi, s'exprime en termes qui ne permettent pas d'en douter. Le saint patriarche, en attestant la pureté de sa vie, qui répond toute seule aux reproches inconsidérés de ses amis, énumère parmi les crimes qu'il voit commettre de toutes parts, et auxquels il s'est gardé de participer, cette espèce de superstition qui consistait, de son temps, à se réjouir du lever du soleil et de la lune, et à leur rendre des hommages qui ne sont dus qu'au Très-Haut. — Il regarde cette coutume comme une idolâtrie, la qualifie d'iniquité au premier chef, et l'assimile à une profession d'athéisme (1). Cette même impiété se retrouve reprise avec la même force dans Ézéchiel; c'est une des causes pour lesquelles le Seigneur abandonnera le peuple qu'il s'était choisi (2), double preuve puisée aux sources les plus sûres et les plus contemporaines que les adorateurs de Mithra étaient de véritables idolâtres.

Preuves de l'idolâtrie des doctrines mithriaques.

Le paganisme, symbole et réalité tout à la fois.

Au reste, reconnaissons ici, pour demeurer dans le vrai,

---

ronné par l'Académie des inscriptions et belles-lettres, in-8°, Caen, 1833.

(1) « Si vidi solem cum fulgeret et lunam incedentem clare, et lætatum est in abscondito cor meum, et osculatus sum manum meam in ore meo : quæ est iniquitas maxima, et negatio contra Deum altissimum. » (*Job*, XXXI, 28.)

(2) « Viginti quinque viri, dorsa habentes contra templum Domini et facies ad orientem, et adorabant ad ortum solis; et dixit (Dominus) ad me : ... Numquid leve est hoc domui Juda ut facerent abominationes istas?... Repletes terram iniquitate conversi sunt ad irritandum me... Ergo et ego faciam in furore, nec miserebor... » (*Ezech.*, VIII, 17 et seq.)

qu'entre M. Hammer et nous un rapprochement est possible; il ne s'agit que d'une distinction très-acceptable. La plupart de ces dieux inventés par l'humanité, déchue de sa fidélité aux premières croyances, furent en même temps des réalités et des symboles : réalités pour la populace grossière, qui se laissa prendre aux apparences et attacha l'importance d'un fait à ce qui n'était qu'une idée et une figure ; symboles pour les hommes instruits, dont la raison savait pénétrer le voile plus ou moins épais des allégories. C'est un des torts de Voltaire (1), dont le système philosophique, toujours contradictoire au christianisme, s'efforçait sans cesse de disculper ce que celui-ci condamne, d'avoir voulu prouver que dans l'antiquité païenne personne n'avait foi dans les idoles. Nous voyons ici comment les plus irrécusables autorités répondent à ces assertions, qu'il serait temps de ne plus répéter sur la parole du Maître.

Mithra était appelé par les Grecs, qui s'approprièrent ce mythe, Τριπλάσιος (triple), nom d'accord avec les trois phases de la course journalière du soleil. Un bas-relief découvert près de la petite ville de Mesa, dans les Marais-Pontins, non loin d'un temple consacré au soleil par l'empereur Hadrien, offre un curieux symbole du même dieu, que les Romains avaient adopté comme tant d'autres. Là il est représenté sous la forme d'un griffon, animal fantastique qui tient du lion et de l'aigle, et qui s'entoure de sa longue queue. Cette double idée convenait parfaitement à ce mystérieux et si illustre personnage. Le soleil ne s'élance-t-il pas d'abord, avec l'impétuosité du noble quadrupède, des portes ouvertes de l'Orient ? n'atteint-il pas bientôt, comme un aigle, au plus haut point de l'empyrée, et, après y avoir plané quelque temps, ne redescend-il pas vers l'horizon opposé pour s'y coucher dans les flots cintrés de sa propre lumière, comme

Le culte de Mithra.

(1) *Diction. philosophique;* — et *Encyclop. du dix-huitième siècle*, au mot *idole*.

168   HISTOIRE DU SYMBOLISME.

le roi des forêts s'entoure de sa queue pendant son repos ? — Et ce même griffon n'était-il pas pour l'Égypte l'emblème d'Osiris, qui est encore le soleil (1) ? Une foule d'autres monuments anciens développent cette personnification principale ; on l'y entourait d'autres symboles secondaires, et le recueil de Montfaucon donne à cet égard tous les renseignements désirables. Si les explications du docte bénédictin présentent quelques variantes avec d'autres auteurs qui se sont livrés à la même étude, les planches sont d'une exactitude irréprochable, et donnent à chacun le droit d'en analyser les commentaires. De ces planches, dessinées avec soin d'après les sculptures antiques des plus célèbres cabinets de l'Italie et de la France, il en est une surtout qui mérite plus d'attention, parce qu'elle réunit à elle seule les éléments si divers que d'autres ne donnent que séparément. Tirée du bel ouvrage de l'antiquaire italien Maffei, et copiée d'après une pierre gravée, elle offre l'image de Mithra monté sur un taureau abattu qu'il presse de son genou, et dont il tient une corne de la main gauche, pendant que de la droite il plonge une épée dans sa gorge, d'où le sang rejaillit. Le dieu, coiffé du bonnet phrygien que portaient les Perses et revêtu d'une tunique flottante, a toutes les apparences

Description d'une pierre gravée des mystères mithriaques.

(1) Voir l'analyse du *Mithriaka* de M. de Hammer, par M. Denne-Baron, dans *La France littéraire*, t. IX, p. 11, 1833. — Nous citons ce littérateur comme ayant résumé dans cet article les doctrines antiques et les opinions particulières de l'auteur ; mais nous sommes loin de partager quelques-unes de celles que le critique n'emprunte qu'à lui-même. Nous en dirons autant de M. Auguste Duvivier, de Mézières, qui, reprenant l'examen des mêmes livres dans le même recueil, t. XIV, p. 193 et suiv., se persuade, p. 201, que le culte de Mithra (importé dans l'empire romain pendant la guerre des pirates, défaits par Pompée) était « le précurseur et le préparateur nécessaire du christianisme, né, comme lui et après lui, en Asie. » — Cela est tout aussi fort que la prétention émise au bas de la même page d'abriter ce sentiment bizarre de l'autorité de S. Augustin. Peut-être M. Duvivier, mieux instruit par quarante ans d'études, ne traiterait-il de la sorte aujourd'hui ni l'histoire du christianisme ni les plus beaux génies dont l'Église catholique a pu s'honorer.

d'une virile jeunesse. Sa pose exprime la force du corps et l'énergie de la volonté. Cette main qui saisit la corne de l'animal vaincu par lui indique l'influence toute-puissante qu'il exerce sur la lune, car c'est elle que trahit ici l'appendice recourbé. Une autre idée remplace celle-là dans certaines autres images. L'animal y est saisi par les naseaux, et n'a point de cornes apparentes. Alors il serait l'image de la terre, sur laquelle l'astre du jour agit avec une vertu irrésistible, et dans l'arme sanglante on verrait la figure des rayons dont le dieu la pénètre pour la féconder. Cette idée se fortifie de cette circonstance que, sur certains marbres, la queue du taureau se termine par des épis de blé. Quoi qu'il en soit, dans toutes ses images le dieu vainqueur est précédé et suivi d'un jeune homme vêtu en tout comme lui. Ce sont d'autres Mithras, dont l'un, debout par derrière, tient un flambeau allumé, à la flamme vive et élancée; l'autre, devant lui, baisse le sien pour l'éteindre. Ainsi s'expriment le lever et le coucher du soleil, pendant que le personnage intermédiaire représente le midi, c'est-à-dire l'astre dans sa plus grande force. Mais de combien d'autres signes s'environne cette trinité mystérieuse! Au-dessus d'elle sont placées comme un cortége la tête d'Apollon radiée, accompagnée du fouet avec lequel il presse les chevaux de son char; puis celle de Diane, au front paré du croissant, et enfin sept étoiles se dispersant çà et là, planètes errantes autour de leur roi, et que semblent révéler des objets significatifs appliqués à chacune d'elles. Ainsi on voit, outre les deux plus importantes, caractérisées par ces deux têtes symboliques, une flèche pour Mars, un caducée pour Mercure, la foudre et l'aigle pour Jupiter, une espèce de faux pour Saturne, et une colombe pour Vénus. Quelques signes du zodiaque, tels que le Lion et le Cancer, certaines constellations, comme le Dauphin et le Chien-Sirius, sont là comme des représentants des autres signes de la grande catégorie. Le serpent même y figure, et tient la place de celui dont les soixante-quatorze étoiles occupent une si grande partie du ciel. Dans cet ensemble se rencontre jusqu'au corbeau, qui, sans jouer un rôle dans l'astronomie, était consacré à Apollon, depuis l'aventure de ce dieu avec Coronis, ce qui faisait appeler *coraces* les prêtres de Mithra par les Grecs et les Romains. La tortue même n'en est pas exclue. Aucun de nos savants commentateurs ne signale la cause de cette admission; nous croirions volontiers que c'est encore une allusion au maître de la lyre, laquelle, on le sait, avait été faite d'abord avec l'écaille de ce singulier ovipare (1). Une preuve de l'authenticité de ce type mithriaque nous est donnée par la découverte faite, en 1749, à York, d'une pierre confondue avec les fondations d'une maison, et que le docteur Stukeley décrivit à la Société royale de Londres. La description qu'il en donne reproduit, à ne pas s'y tromper, les traits principaux de la nôtre; il attribue les mêmes intentions symboliques aux divers personnages qui y figurent, et constate que ce monument remonte à l'époque où les Romains avaient le siège de leur empire en Angleterre, dans la ville même d'York (2). Ainsi les maîtres du monde promenaient de toutes parts leurs dieux et leurs habitudes religieuses.

Mais une autre particularité de notre antique serait la représentation d'une action obscène que certain exemplaire de la copie prêterait à celui des trois Mithras qui tient partout ailleurs le flambeau de l'Occident. D'après la planche dix-septième de Dupuis, l'artiste l'aurait occupé à une de ces infâmies dont les mystères mithriaques autorisaient l'impudeur, et qui se répétaient dans le culte de Priape. Or rien de semblable n'existe dans le dessin emprunté par Montfaucon à Maffei, rien non plus dans le sujet décrit par

---

(1) Montfaucon tendrait, sans l'affirmer cependant, à regarder cette tortue comme ayant quelque rapport à Mercure. Mais celui-ci a déjà son symbole dans le caducée, et l'on ne devine pas ce qu'il ferait là représenté par un double attribut, dont l'un surtout serait en opposition formelle avec la vitesse symbolique de ses talonnières.

(2) *Transactions philosophiques*, année 1749, n° 493.

le docteur Stukeley. L'homme qui personnifie l'Orient n'a pas non plus de flambeau ; seulement il présente au personnage principal deux objets de forme incertaine, mais qui pourraient bien avoir de l'analogie avec ce qui précède. Cependant tout cela est-il, sur un monument d'aussi étroites dimensions, aussi visible qu'on nous l'a fait? C'est une question à laquelle pourrait seule répondre une inspection attentive de l'objet lui-même. Ce qui est certain, c'est que l'habile évêque d'Hadria, Mgr de Torre, qui en jugeait d'après une empreinte à lui communiquée, n'y voyait rien de semblable, et assure que le personnage suspect ne fait que renverser son flambeau, comme dans toutes les autres images. Mais si celle de Dupuis est fidèle, d'où viendrait que le premier des trois manque également de la torche consacrée, et que l'autre, dont il s'agit surtout, a les mains vides et inactives? Ajoutons que sa pose, ses gestes, sa nudité presque complète, ne semblent que trop témoigner contre lui. S'il fallait donc émettre un sentiment à ce sujet, nous pencherions pour la réalité que n'y a pas découverte le savant évêque d'Hadria, lequel, d'ailleurs, ne pouvait juger que sur une cire imprimée, et l'on sait à combien d'imperfections peut se prêter un moyen presque toujours si insuffisant pour les petits détails. Nous admettrions volontiers que cette variante du symbole le plus ordinaire de Mithra offre ici l'idée de cette génération universelle dont le soleil, principe de chaleur souveraine, avait aussi le patronage. Ces sortes de sujets ne sont pas rares dans les monuments anciens, et, quoi qu'ils puissent laisser penser contre eux, nous croyons consciencieusement qu'ils n'y expliquent pas tant la dissolution des mœurs publiques que des pensées philosophiques prises comme expression des plus importantes opérations de la nature reproductive. Le paganisme, avec ses tendances sensuelles, a pu en abuser en faveur des plus indignes passions ; mais le fond n'en était pas moins sérieux, comme nous le verrons sous d'autres formes au moyen âge. Toujours est-il qu'en face des incertitudes que nous venons d'exposer sur ce monument de la Perse antique, nous devons trouver, dans ce millième exemple de telles obscurités, une nouvelle leçon de lecture archéologique. N'oublions pas qu'avant de se prononcer sur la valeur d'un monument et d'en produire l'interprétation, il faut le regarder de près, s'en approcher libre de toute conviction préconçue, comparer les copies s'il en existe, ne rien hasarder, quelquefois même lire et consulter beaucoup. La science véritable, ses découvertes, ses progrès, sont à ce prix ; à ces conditions seulement, elle s'entourera de la confiance qu'elle mérite.

Voilà bien des fantaisies sur Mithra et sa mythologie. Que serait-ce si nous voulions suivre les historiens de son culte, le dédale de ses métamorphoses et de ses fonctions ! Et tant de systèmes, nés peu à peu de tant d'imaginations orientales, s'échafauderaient sur l'humble base de cette pensée vulgaire, que le prétendu dieu était né d'une pierre, parce que l'étincelle sort du caillou !

Symbolisme du Coran.

L'islamisme n'a pas manqué non plus d'avoir ses fables. Tard venu, mais profitant de l'expérience donnée par toutes les superstitions de l'ancien monde, envieux surtout d'opposer aux célestes promesses du christianisme des mythes et des espérances propres à dédommager ses transfuges, le *Coran* n'eut garde de négliger les fantaisies capables de les surprendre et de les entraîner. Au milieu des contradictions les plus ineptes et des plus grossiers anachronismes, le Prophète renchérit encore sur ses plus étranges prétentions, en affirmant qu'il lui est donné de parcourir les sept régions célestes ouvertes par lui à ses adeptes, monté toujours sur une jument à tête de femme : c'est la rapidité unie à la grâce et à la délicatesse (1). Les théologiens musulmans n'ont

---

(1) Ferdinand Denis, *Le Monde enchanté*, ch. 1, p. 15, in-32, Paris, 1843. — Ce pourrait bien être aussi quelque allusion aux licences de mœurs promises par le Prophète à ses adeptes.

pas manqué de faire de volumineux commentaires sur l'œuvre du Maître, et beaucoup ont pu inspirer les fantastiques rêveries des *Mille et une Nuits*. Afin d'abréger, nous renverrons à leurs livres. Que l'on consulte en particulier le *Leilet el Mirage* (*la Nuit de l'Ascension*), écrit au septième siècle de l'Égire (notre treizième). C'est là qu'on verra Mahomet chevauchant sur sa fantasque monture, des paladins se livrant à des guerres sanglantes et mortelles contre des bœufs à tête de poisson ou des crocodiles à tête d'homme (1). De charmantes miniatures, vives encore et pleines de finesse, y semblent préluder à celles de nos manuscrits des quinzième et seizième siècles. Dire le sens de tant de capricieuses figures, interpréter ces arabesques gracieuses, parmi lesquelles se remarque l'absence absolue et légale de toute figure humaine, serait d'une difficulté d'autant plus réelle, que dans la plupart il ne faut chercher peut-être aucune intention. Cependant quelques-unes ont trop de rapport avec le texte pour n'être pas symboliques, et là encore ce symbolisme enveloppe une pensée religieuse.

Ces têtes ardentes, échauffées au soleil de l'Arabie, de l'Asie occidentale et de l'Afrique, contrées que le mahométisme opprime de ses barbares instincts, n'ont eu de rivales en inventions bizarres que celles des Juifs appliqués, depuis l'apparition du christianisme, au développement de leurs traditions théologiques. Leur *Talmud* est plein de ces conceptions à perte de vue, par lesquelles, sous prétexte d'exposer le sens des Livres saints, ils ont successivement ajouté au texte des commentaires non moins risibles que ceux du *Coran*, et surtout inventé sciemment des traditions fabuleuses contre le Messie (2). Il est vrai qu'on doit distinguer, de ce fatras d'imaginations peu sérieuses, certains livres élaborés par les docteurs de la nation avant la venue du

Du Talmud juif.

(1) Bibliothèque impériale, n° 73, Supplément turc.
(2) Voir à quelle occasion et à quelle époque il faut attribuer l'origine véritable du Talmud, ci-après, t. II, ch. vi.

Sauveur; ce sont assez souvent des paraphrases orthodoxes et vraiment instructives des livres de Moïse et des autres écrivains inspirés : ainsi les *Talmud* de Jérusalem et de Babylone, tous deux conservés par les traditions orales, au dire des Juifs, depuis Moïse jusqu'au règne d'Hadrien, et que, vers cette dernière époque et jusqu'à la fin du cinquième siècle, rédigèrent les rabbins de la nation dispersée. Mais ces docteurs ne parvinrent qu'à jeter dans ces élucubrations savantes et assez prétentieuses une parfaite obscurité, qui les a fait négliger beaucoup parmi les Juifs. Ce défaut est dû principalement à l'abus des allégories, car on en a chargé les fameux Commentaires de la *Mischna*, qui est le texte, par la *Gémare*, qui en est le complément et l'explication (1). Ces prétendus livres saints n'ont pas moins souffert, dans l'esprit de tout lecteur raisonnable, des contes puérils et souvent contradictoires qu'on y rencontre à chaque page, et qui les mettent, sous ce rapport, au niveau du fameux recueil de Mahomet. Néanmoins nous trouvons, jusque dans ces prétentions inqualifiables, aussi bien que dans l'expression des dogmes les plus avérés, l'emploi fréquent des symboles et des interprétations mystérieuses. « Le tentateur était rusé, dit le rabbin Yocé, sur les paroles de la *Genèse*, et on le qualifie de serpent à cause de sa marche tortueuse, parce qu'il cherche à surprendre l'homme par une voie mauvaise et par des détours (2). » — Selon d'autres, l'ange instigateur de tout mal ne serait pas tellement rusé, car, afin de prouver qu'on peut échapper à ses piéges, ils débitent volontiers une parabole qui représente un rabbin obtenant du diable d'être au moins porté par lui à la porte du ciel, afin de mourir tranquille après avoir entrevu le bonheur des Saints. Ce que Satan lui accordant, et la porte demeurant entr'ouverte, notre Juif s'y précipite avec violence en jurant de n'en plus sortir, et

---

(1) Cf. Bergier, *Dictionnaire de théologie*, v° Talmud.
(2) Voir l'excellent livre de M. Nicolas, *Études philosophiques sur le christianisme*, liv. II, ch. IV, § 1.

Dieu, qui ne veut pas être cause d'un parjure, est obligé de le laisser là, pendant que le mauvais ange se retire honteux et confus (1). C'est à ce degré de ridicule que descend la pauvre raison humaine quand elle veut opposer ou seulement ajouter ses propres pensées à celles de l'éternelle Sagesse.

Mais que ne fut-ce pas quand la philosophie cabalistique vint ajouter ses visions à tant de chimères? Déjà vieille chez les Hébreux, quand leur loi se vit éclipsée par la lumière évangélique, on la regardait comme une doctrine merveilleuse, dévoilant les secrets de la religion et même ceux de la nature. Avec elle on pouvait connaître et exprimer l'essence et les opérations divines, celles des puissances spirituelles, s'affranchir des erreurs de l'humanité, posséder le don des langues, l'esprit de prophétie et le pouvoir de faire des prodiges. Cette science déterminait l'action des puissances surnaturelles par des figures symboliques, par l'arrangement de l'alphabet, le renversement des lettres dans les mots, et le sens caché qu'on prétendait y découvrir (2).

De la cabale.

Malgré la lointaine antiquité que les cabalistes attribuent à leur système, laquelle ne remonterait pas moins haut qu'à Abraham, dont on aurait un livre sur les principes de la prétendue science, il est indubitable qu'il y faut voir une invention assez moderne, puisque l'alphabet hébraïque y est employé tel que nous l'avons maintenant, et que certains de ces caractères, ayant succédé à d'autres, n'ont guère plus de 400 ans d'existence (3). En dépit de cette défaite, les

---

(1) Philon regarde les anges comme des colonnes sur lesquelles notre univers est appuyé; Maimonides professe qu'ils sont une même chose avec les sphères innombrables qui roulent au-dessus de nos têtes !
(2) Basnage, *Histoire des Juifs*, t. III, p. 270; — Pluquet, *Mémoires pour servir à l'histoire des égarements de l'esprit humain*, t. I, p. 633 et suiv., in-8°, Besançon, 1817.
(3) *Essais historiques et critiques sur les Juifs*, 2e part., p. 98, in-12, Lyon, 1771.

cabalistes n'en soutiennent pas moins la certitude effective de leur science et l'infaillibilité de leurs combinaisons; ils les prétendent fondées sur la nature des choses et sur la révélation divine. Dieu, disent-ils, a établi différents degrés d'analogie et de subordination entre lui et les anges, entre les anges et les astres, entre les astres et les corps sublunaires; il a imprimé les caractères de ce rapport sur les lettres, sur les nombres et sur les symboles; il a enfin révélé la manière de consulter ces symboles pour y trouver le rapport de tous les êtres réels. De ce principe fondamental surgissent les opinions cabalistiques sur les lettres et les nombres, sur la diversité des sens des Livres sacrés, sur l'influence des astres, le commerce des esprits, en un mot sur toutes les vertus secrètes des êtres réels et symboliques. Voilà les rêveries auxquelles se confièrent de bonne foi quelques-unes des plus belles intelligences du seizième siècle, tels que Reuchlin, Pic de la Mirandole, Théséa Ambrogio, et Trithème, le curieux et savant abbé de Spanheim (1).

Mais sur quels monuments s'appuie l'authenticité de telles données? Comment prouve-t-on qu'elles mènent à quelques résultats? on n'en connaît aucun; tout y est si mystérieux, d'ailleurs, dans la théorie et dans l'application, que personne n'y comprend rien, pas plus les initiateurs que les adeptes. Contrairement aux autres sages de l'antiquité orientale, ils se servent de symboles pour obscurcir et dérober au vulgaire les connaissances prétendues surnaturelles qu'ils professent, et quand tous les peuples, toutes les sciences symbolisent leurs principes religieux ou législatifs pour les rendre plus clairs et en quelque façon plus palpables, la cabale prend le parti opposé et se fait autant de voiles épais de ses absurdes fictions. Mais, si elle abuse du symbolisme, c'est une preuve de plus que le symbolisme s'empare de toute science, vraie ou fausse; et, quoique celle-ci ne re-

(1) Voir Audin, *Histoire de Léon X*, t. II, p. 243, in-8°.

monte guère, par quelques-unes de ses plus anciennes rêveries, qu'au dixième siècle de l'ère chrétienne, époque où la ruine des philosophies grecque et latine ne fit plus qu'une énigme des notions consignées dans les écrits de Pythagore et de Platon, on conserva le souvenir des allégories, on s'abandonna au goût de l'esprit humain pour les symboles : seulement on y mêla des superstitions et des folies; on donna de l'importance à des pauvretés méprisables; on revêtit l'erreur de certaines apparences de la vérité, sauf à se voir réduit, après beaucoup de déclamations et de fourberies, à reconnaître l'impossibilité de rien tirer d'un tel chaos (1).

Les sectes des premiers temps du christianisme formulèrent parfois, nous le verrons, des extravagances qui, par une ressemblance anticipée, se rapprochèrent des principes cabalistiques. Telles furent les hérésies des gnostiques, des valentiniens, des basilidiens, dont S. Irénée nous a laissé de curieuses notions. Plus tard, les symboles employés par ces sectaires leur survécurent, dépouillés du sens qu'ils y avaient attaché, et n'ayant plus qu'une signification modifiée dans un sens chrétien. — Telle est la cause de beaucoup de figures, dispersées au fronton ou à l'intérieur de nos églises du moyen âge, jusqu'à la fin du quatorzième siècle. L'ignorance de cette transmission a fait nier fort souvent que de pareils sujets eussent quelque importance dans l'idée créatrice du temple, et des critiques d'une valeur reconnue mais incomplète ont nié fermement qu'il fallût rien y voir, parce qu'eux-mêmes n'y voyaient rien (2). Nous avons à prouver

<small>Des sectes chrétiennes.</small>

---

(1) Voir Sabbathier, *Dict. des ant. class.*, v° Cabale, t. VIII, p. 8 et suiv.

(2) C'est un des grands reproches que feu M. Charles Lenormand infligeait, en 1850, à notre *Histoire de la cathédrale de Poitiers*, dont l'analyse fut évidemment faite à la hâte, comme tant d'autres, pour le concours de l'Institut. Notre savant, et quelques autres après lui qui ne se hasardent jamais à dire autrement que les maîtres, ne pouvaient concevoir que le christianisme se fût servi, comme symboles de l'erreur

qu'ils se sont trompés, et que le symbolisme de l'art catholique a su plier à tous ses besoins les sujets les moins capables en apparence d'aider la pensée morale et d'éclairer la foi par la raison.

<small>Des peuples septentrionaux.</small>
Il en sera ainsi des traditions de l'Europe septentrionale, qui eut aussi sa mythologie à part, dont les singularités laissent percer cependant les traces des anciens mythes de l'Orient. La fable et l'histoire poétique de ces climats austères se reflètent certainement sur un grand nombre de nos sculptures chrétiennes. En attendant que nous en disions la cause, arrêtons-nous encore à montrer de quel symbolisme s'est entourée la religion des Scandinaves. Là, comme partout, s'aperçoivent les éléments primordiaux de la théologie israélite et chrétienne. C'est toujours le combat du bon et du mauvais génie qui en forme la base. Odin y est le génie de la lumière et du bien ; Ymer y préside à la nuit, et aux méfaits qu'elle abrite et favorise. Tous les autres dieux et déesses gravitent autour de ces deux principes. Les belles qualités des uns, le caractère féroce et déloyal des autres établissent les deux oppositions de ce tableau animé. Ymer est tué par Odin ; mais des flots de ce sang impur naît une race de géants, dont le plus illustre, le farouche Loke, représente à la fois le mal moral, l'inconstance, la faiblesse, la malignité humaine et la décadence physique du monde moral. Pour coadjuteur dans ses intrigues méchantes, il a reçu le loup *Fenris*, qui doit dévorer le soleil ; le serpent *Iormangandur*, aux immenses replis, dont la terre est en-

---

et des mœurs dépravées, de ces images encore visibles parmi les sculptures de tant d'églises, dont le *rictus* infernal s'allie avec un caractère et des traits qui indiquent si nettement les mauvaises passions de l'intelligence et des sens. L'occasion se présentera de dire que notre Aristarque n'en resta point là et se permit, entre nous et un auteur justement blâmé pour ses imaginations peu honnêtes, des rapprochements que nous ne pûmes accepter et dont il voulut bien, sur notre plainte immédiate, nous adresser des excuses, dont nous gardons l'autographe.

tourée, symbole du cercle de misères qui circonscrit la marche de l'humanité. Comme compensation, l'amour honnête, la chasteté conjugale, la justice, la poésie avaient leurs représentants, et, comme sanction des commandements, une vie éternelle admettait les hommes vertueux et les héros morts en combattant, à la table des dieux, que charmaient les harpes de Braga, le dieu de la poésie. Ou bien un monde de ténèbres, des vallées obscures, inondées de fleuves de venin, héritage éternel des assassins, des adultères et des calomniateurs. — L'arc-en-ciel est le pont magnifique qui joint la terre aux cieux, et dont les sept couleurs viennent de temps à autre renouveler aux mortels la promesse d'immortelles jouissances (1). A la fin du monde, *Surtur*, dont le nom est symbolique, puisqu'en islandais moderne il désigne toujours le feu volcanique, le feu central, s'élancera plein de fureur de ses fournaises souterraines, détruira la nature et anéantira les dieux eux-mêmes. Mais un Dieu supérieur, père de l'univers, Être suprême, ressuscitera tous ces morts, créera une nature nouvelle, et rassemblera dans une éternelle paix la famille à jamais heureuse des hommes qui auront aimé la vertu (2). — On voit donc ce Dieu méconnu survivre toujours et partout à toutes les aberrations de l'esprit humain !

Au milieu de ces conceptions hardies constituant un corps de principes religieux, où se mêlent les charmes d'une poésie infiniment plus philosophique que celle des Grecs, on découvre une grande allégorie physique et morale. C'est le sujet de la *Volu-Spa*, poème antérieur au sixième siècle, chanté par les scaldes ou *trouvères* des anciens Scandinaves, mais dont la doctrine remonte aux époques les plus reculées des peuples du Nord. Au reste, ces hautes sphères de

---

(1) Malte-Brun, *Mélanges de littérature, d'histoire et de géographie*, t. III, p. 270 et suiv.
(2) Voir Gråberg, *Essai sur les scaldes*, cité par Malte-Brun, *ubi suprà*, p. 104, 267 et suiv.

l'imagination n'étaient pas, chez eux, les seules accessibles au symbolisme : il intervenait jusque dans les habitudes du foyer. On y voyait, par exemple, la jeune fiancée couverte d'un voile au premier jour de ses promesses : c'était encore la pudeur virginale abritée de la réserve qui la protége; devenue épouse, un trousseau de clefs attaché à sa ceinture lui était une marque de son autorité domestique (1). Les monuments funéraires ou autres, connus sous le nom de pierres runiques, sont chargés de grossières représentations de serpents, de chevaux et d'autres bêtes mystérieuses; on reconnaît ailleurs, par des signes analogues, les saisons, les jours de fêtes et tout ce qui constitue un calendrier; le bâton runique n'est pas autre chose dans certaines contrées reculées de la Suède, où son rôle s'est prolongé jusqu'à notre temps.

Les Scandinaves. Les drakers, ou navires des Scandinaves, portaient aussi à la poupe et à la proue une figure de dragon, dont ils affectaient de représenter la forme entière dans celle de ces vaisseaux (2). Le dragon, qui figure si honorablement dans les scènes sacrées de la Chine, n'est pas moins célèbre dans les chroniques religieuses et historiques du Nord; on l'y voit figurer sur un grand nombre de sculptures antiques, et les légendes dont il fait le sujet héroïque se sont reproduites jusqu'au moyen âge sur les chapiteaux des plus célèbres basiliques des provinces rhénanes (3).

Les Celtes et les Calédoniens dans les poésies d'Ossian, Les bardes, chantres sacrés des héros et des dieux chez les Celtes de la Gaule et de la Calédonie, eurent avec les nations scandinaves des rapports qu'il est intéressant d'étudier

---

(1) Ingelstofft, *Tableau de l'état des femmes dans l'ancienne Scandinavie,* p. 119, in-8°, Copenhague, 1813. — On voit ici les clefs devenir le symbole de la puissance.

(2) Voir plusieurs articles du *Magasin pittoresque,* t. VIII, p. 159. — Voir aussi les travaux de MM. Pierre et Victor Ampère sur ce sujet.

(3) Voir *Détails historiques et architectoniques sur la cathédrale de Spire,* par Mgr Geissel, évêque de ce Siége, dans le *Bulletin monumental,* t. III, p. 460.

au point de vue qui nous occupe. Ossian, le plus célèbre d'entre eux, celui dont les poésies furent découvertes vers la fin du dernier siècle, en dépit d'objections qui ne semblent plus d'aucune valeur (1), a orné ses chants d'images vives et brillantes, toutes empruntées aux scènes de la nature ou aux habitudes fières et naïves des clans guerriers de l'ancienne Écosse. L'invasion des Scandinaves chez les Calédoniens et la victoire de ceux-ci sont le sujet de son plus beau poème, dont Fingal est le héros, et que suivent un grand nombre d'autres dans les recueils publiés par Macpherson et John Smith. Il résulte de la lecture de ces pages si colorées, et des dissertations qu'elles ont fait naître, que chez ces peuples, dont elles nous montrent les mœurs et les combats au deuxième ou troisième siècle de l'ère chrétienne, les noms d'hommes et de lieux sont tous composés, comme chez les peuples primitifs, de mots ou d'idées ayant une signification propre et expressive comme une peinture. Les Belges établis alors en Irlande sont des *fir-bolgs*, des *hommes au carquois*. Les chefs des tribus sont des *carbonnes*, parce que seuls ils sont *portés sur un char* pendant le combat. Leur astronomie, dont la nomenclature s'épuise aux fréquentes évocations de tous les astres, aime à parer les étoiles d'apellations qui les distinguent. Chacune d'elles a son nom poétique : c'est le *guide-nocturne*, le *rayon-perçant*, l'*éclat-du-soleil*, le *doux-rayon-des-flots*. — Les hommes n'échappent pas à cette loi de l'imagination hyperboréenne. Tous guerriers par nature, c'est dans les combats qu'ils doivent conquérir un nom, avec les dépouilles de l'ennemi, par la défaite d'une tribu vaincue. L'un est la *main-sanglante*, la *grande-force;* l'autre, l'*homme-grand*, le *grand-combattant;* celui-ci, les *beaux-yeux;* celui-là, le *noir-intrépide;* quelque autre réunissant la force, le cou-

Dans la vie guerrière ou sociale.

---

(1) Voir *Biogr. univ.*, aux mots *Macpherson* (t. XXVI, p. 70) et *Ossian* (t. XXXII, p. 208).

rage, l'habileté, on lui donne un nom qui renferme l'idée de ces qualités éminentes; il est le *plusieurs*. Veut-on se jeter dans la mêlée, on append à un arbre un bouclier qui, à plusieurs reprises frappé de la lance, exprime par ses sons métalliques un appel que d'autres bardes vont répéter de loin en loin dans chaque tribu. Alors un courrier traverse les hameaux, en portant de l'un à l'autre un morceau de bois noirci de sang et de feu, comme pour menacer d'une double vengeance quiconque ne se lèvera pas avec le chef. Une victoire signalée se perpétue dans les souvenirs nationaux par un monolithe, sous lequel une branche d'arbre brûlée est placée, aux chants des bardes, près d'une arme de l'un des vainqueurs. Un prisonnier devait-il être immolé au dieu de la guerre, sa mort prochaine se symbolisait dans un dernier repas où lui était servie une tête de taureau, victime lui-même offerte souvent dans les sacrifices. Pour implorer le secours d'un chef de clan, un envoyé allait vers lui, tenant d'une main un bouclier teint de sang, pour figurer la mort de ses amis et alliés; de l'autre, une lance rompue, emblème de la défaite et de la faiblesse actuelle de la tribu vaincue. La lance, tenue haute et en avant par un hérault, équivalait à une déclaration de guerre; baissée et retirée en arrière, c'était un gage de paix et d'amitié (1).

<small>Résumé et conséquences des notions acquises dans les chapitres précédents et dans celui-ci.</small>

Telles furent les expressions du symbolisme chez les peuples les plus anciens, comme chez les nations que séparent à peine de nous les siècles éclairés au soleil du christianisme. Nées de l'oubli du vrai Dieu, les fausses religions adoptèrent d'autant plus ces émouvantes allégories, qu'en multipliant les divinités on trouva sous les mille formes qui les matérialisèrent autant d'aliments ou de prétextes aux plus mauvaises passions du cœur et des sens. Les réflexions qu'inspire nécessairement cette étude des croyances hu-

---

(1) Letourneur, *Introduction aux poésies d'Ossian*, passim, t. I, in-8°, Paris, 1777.

maines autorisent cette conclusion inévitable, que partout et toujours l'homme, avide de mysticisme, a fait pour son culte un large emploi de ces images parlantes qui envahirent dès le commencement ses liturgies et ses autels. Ce que nous avons dit jusqu'à présent n'est donc qu'un résumé fort restreint des innombrables variantes de cette pratique universelle. Quoiqu'il pût suffire à notre dessein d'avoir ainsi préparé son développement, nous ne quitterons point ces préliminaires sans les compléter par d'autres observations, lesquelles, pour être tirées parfois d'un ordre de choses moins élevé, n'en sont que plus frappantes, puisqu'elles constatent que le symbolisme n'est descendu ainsi des plus hautes régions de la pensée humaine que pour se plier aux usages les plus répandus de toutes les conditions sociales. Ici d'autres âges, d'autres civilisations vont nous apparaître; ils nous apportent une surabondance de preuves que l'histoire seule nous fournira, et au milieu desquelles la plupart des hommes ont vécu sans soupçonner les conséquences philosophiques de telles données.

CHAPITRE VIII.

USAGES NATIONAUX, ANCIENS ET MODERNES.

Puissance des signes d'après J.-J. Rousseau.

Si l'ordre universel, résultant des immuables lois qui gouvernent le monde physique, est, au jugement de Bacon, la la première règle des choses créées, la variété en est une autre non moins générale, non moins reconnue. Mais cette variété dans les points de détail n'en réalise pas moins un ensemble dont l'unité reste la base inévitable : une idée fondamentale est toujours, sur quoi que ce soit, au fond de la nature humaine, et s'y reproduit, à quelques nuances près, d'une façon presque partout identique. C'est pourquoi le besoin et la puissance des signes ont été les mêmes à toutes les époques et chez toutes les sociétés, de quelque nom qu'elles soient appelées dans l'histoire. Un philosophe, dont l'esprit paradoxal ne s'est guère évertué qu'au service des mauvaises passions, et qu'une raison supérieure guidait merveilleusement quand il raisonnait de choses qui leur restent indifférentes, l'auteur d'*Émile*, a très-bien compris et parfaitement exposé ce principe, qu'il applique dans son fameux traité aux exigences de l'enseignement et de l'éducation. Nous ne pouvons mieux faire que de le laisser parler ici :

« Ce que les anciens ont fait avec l'éloquence est prodigieux, dit-il ; mais cette éloquence ne consiste pas seulement en beaux discours bien arrangés, et jamais elle n'eut plus d'effet que quand l'orateur parlait le moins. Ce qu'on disait le plus vivement ne s'exprimait pas par des mots, mais par des signes : on ne le disait pas, on le montrait. L'objet qu'on expose aux yeux ébranle l'imagination, excite la curiosité, tient l'esprit dans l'attente de ce qu'on va dire, et souvent cet objet seul a tout dit. Trasybule et Tarquin coupant des têtes de pavots, Alexandre appliquant son sceau sur la bouche de son favori, Diogène marchant devant Zénon, ne parlaient-ils pas mieux que s'ils avaient fait de longs discours ? Quel circuit de paroles eût aussi bien rendu les mêmes idées ? Darius, engagé dans la Scythie avec son armée, reçoit de la part du roi des Scythes un oiseau, une grenouille, une souris et cinq flèches. L'ambassadeur remet son présent et s'en retourne sans rien dire. De nos jours, cet homme eût passé pour un fou. Cette terrible harangue fut entendue, et Darius n'eut plus grande hâte que de regagner son pays comme il put. Substituez une lettre à ces signes, plus elle sera menaçante, et moins elle effrayera ; ce ne sera qu'une fanfaronnade dont Darius n'eût fait que rire (1). »

Les Scythes et les Perses.

Il faut bien avouer ici que le roi de Perse était assez embarrassé de sa position dans un désert inculte et aride pour n'avoir pas besoin d'un long commentaire aux symboles de l'ennemi ; mais il faut remarquer aussi que l'envoyé, interrogé sur la signification de ces présents, laissa au prince le soin de la pénétrer, refusant de s'expliquer par un seul mot. Cette éloquence muette excita d'autant plus l'attention, qu'elle sembla plus mystérieuse ; et Darius ne manqua pas de l'interpréter d'abord à son avantage en regardant chacun de ces objets comme l'indice d'un abandon entier du pays entre ses mains. Que pouvaient, selon lui, représenter la souris et la grenouille, sinon la terre et l'eau qu'elles habitent ? L'oiseau, c'était la cavalerie, qui en avait la légèreté ; les flèches, c'était toute l'armée se rendant au vainqueur. Quelque forcé que paraisse le sens de ces deux derniers

(1) *Émile*, liv. IV.

termes, il paraît bien qu'on aurait pu s'y tromper; car, après tout, il ne pouvait y avoir là aucune interprétation absolue. Mais combien semble plus naturel et plus juste le sens donné par Gobryas, apparemment plus accoutumé que son maître à cette sorte de langage, et probablement moins intéressé que lui à s'en faire accroire! N'est-ce pas encore une preuve qu'un tel genre de conversation, qui suppléait si énergiquement à l'écriture, était généralement reçu, et que les sages surtout ne s'y trompaient point (1)? Cela ressemble beaucoup à la menace tacite, mais fort intelligible, du chef des Assassins à S. Louis. En faisant demander à ce prince l'exemption du tribut que le Vieux de la Montagne payait aux chevaliers protecteurs de la Terre Sainte, l'envoyé devait présenter, en cas de refus, trois poignards et un linceul (2).

Le Vieux de la Montagne.

Les énigmes des rois d'Asie.

Les fastes de l'Asie ancienne nous offrent encore de nombreux exemples de ce langage puissant dans l'usage où étaient les rois de cette contrée de s'adresser des énigmes à deviner. La plupart de ces subtilités littéraires étaient de simples allégories dont s'amusaient les loisirs de ces esprits ingénieux, comme on le voit dans la *Vie d'Ésope*, écrite par Planude et suivie par La Fontaine. C'était encore l'Égypte qui envoyait ses champions à ces joutes célèbres. Necténabo, ou tout autre prince plus rapproché de l'époque du fabuliste phrygien, « fit venir d'Héliopolis certains personnages d'esprit subtil et savant en questions énigmatiques... Ils proposèrent à Ésope diverses choses, celle-ci entre autres : il y a un grand temple appuyé sur une colonne entourée de douze villes, chacune desquelles a trente arcs-boutants, et autour de ces arcs-boutants se promènent l'une après l'autre deux femmes, l'une blanche, l'autre noire. — Il faut renvoyer,

---

(1) Voir *Hérodote*, liv. IV, ch. CXXVIII.
(2) Joinville, *Mémoires*, in-8°, t. II, p. 57, et la note 30 de Ducange, p. 198.

dit Ésope, cette question aux petits enfants de notre pays. Le temple est le monde ; la colonne, l'an ; les villes, ce sont les mois, et les arcs-boutants, les jours, autour desquels se promènent alternativement la lumière et la nuit (1). »

On retrouve cette manière d'exercer l'intelligence dans les livres bibliques des Proverbes et de l'Ecclésiastique (2). Le Sage par excellence y donne d'abord la définition de son sujet, et il la développe ensuite en l'appliquant à la chose qu'il a en vue. Mais l'avantage moral reste évidemment à la parole divine, comme il devait être ; elle ne revêt de ces voiles, d'ailleurs aussi transparents que possible, que des maximes morales ; et nos rois de l'Orient ne s'occupent, au contraire, qu'à des conceptions dépourvues, pour la plupart, de toute portée philosophique. Quelquefois, cependant, les superstitions les plus invétérées trouvaient leur aliment dans ce besoin de rapprochements emblématiques. De ce qu'il était résulté en plusieurs rencontres mentionnées dans la Bible que certains hommes privilégiés de Dieu avaient expliqué, par un véritable esprit de prophétie, quelques songes ménagés d'En-Haut en faveur d'événements providentiels, on conclut qu'il y avait un art d'arriver à des résultats identiques ; on observa, on réfléchit, on combina les règles prétendues d'un système de divination, et bientôt on posa les conditions de la science *onéirocritique,* ou de *l'art d'interpréter les songes.* On peut voir dans Artémidore (3) et dans Macrobe (4) comment les savants de l'espèce divisaient les rêves d'autrui (auxquels ils eussent pu ajouter les leurs), en simples et directs, les uns spéculatifs et représentant des

Le livre de l'Ecclésiastique.

Les songes.

---

(1) La Fontaine, *loc. cit.*
(2) Voir au livre des *Proverbes,* ch. XXX, et dans l'*Ecclésiastique,* ch. XXV.
(3) Artemidori Ephesini *Oneirocriticon, sive de somniorum interpretatione,* lib. II, édit. grecque-latine de Rigaud, Paris, 1603, in-4°.
(4) Aurelii Macrobii *in somnium Scipionis Expositio,* dans ses œuvres *cum not. varior.,* Leyde, 1597, in-8°.

objets dont le sens s'expliquait de lui-même, comme une bataille ou toute autre action de la vie sociale; les autres allégoriques, n'offrant que la vue d'une chose dont on jugeait, par analogie, qu'elle devait présager tel ou tel événement : par exemple, le basilic ou dragon signifiait la royauté; le serpent indiquait la maladie; la vue d'un chat voulait qu'on se méfiât d'un adultère, etc., etc. Il fallait sans doute que les sorciers consultés sur des questions de ce genre eussent l'art d'embarrasser leurs réponses jusqu'à préparer pour un avenir prochain d'heureuses obscurités qui les sauvassent de l'accusation de fourberie. Tous n'étaient pas aussi sûrs de leur science que Joseph devant Pharaon, que Daniel devant Nabuchodonosor et Balthazar. C'étaient souvent, en un mot, des décisions à la manière des oracles. Mais, dans l'un et l'autre genre, il y a trop de faits pour qu'on puisse les infirmer tous, et le génie du mal, qui tirait toujours parti de ces habitudes païennes, interdites aux chrétiens dans plusieurs conciles (1), pouvait bien s'y prêter également, comme l'a solidement établi le P. Baltus contre Fontenelle, et tout récemment M. de Mirville dans son docte et intéressant ouvrage sur les *Esprits fluidiques*, en parlant des scènes jansénistes du cimetière de Saint-Médard (2).

Les usages civils respirent dans toute l'antiquité ce même génie du symbolisme. Costumes, cérémonies, législation, sciences occultes, superstitions populaires sont empreints de cet inévitable cachet. Nous parlerons plus au long de nos Livres saints, source première de fécondes richesses en ce genre; mais nous n'empiéterons pas sur l'ordre de nos idées si nous en citons dès à présent les faits qui démontrent l'influence du symbolisme judaïque dans les habitudes de

(1) Conciles d'Ancyre, en 314 ; de Constantinople, en 692; de Rome, en 721.

(2) *Des Esprits et de leurs manifestations fluidiques*, par M. de Mirville, in-8°, Paris, 1852.

la vie sociale ; c'est l'application partout reproduite des principes dont il nous faudra exposer la théorie.

A cet égard on peut lire avec fruit des livres qui ne sont pas assez consultés et dans lesquels se groupent, sur une foule de faits simplement énoncés par le texte saint, des éclaircissements aussi utiles que curieux. Je veux parler des écrits du juif Philon sur les usages sacrés ou profanes de sa nation et sur quelques-uns des grands personnages qui l'illustrèrent. Dans sa *Vie de Moïse* (1), expliquant ce que le célèbre patriarche dit, en divers endroits de l'Exode, de l'autel des parfums dressé par lui dans le tabernacle, il nous apprend qu'on y brûlait chaque jour une pâte de senteur où entraient à poids égal la myrrhe, qui représente l'élément de l'eau ; l'onyx, qui signifie la terre ; le galbanum, qui marque l'air, et l'encens qui indique le feu, pour nous enseigner, ajoute-t-il, que l'homme, temple vivant de Dieu, doit avoir en soi un autel sur lequel il fasse journellement brûler, en action de grâces des biens dont Dieu le comble sur la terre, l'offrande de tout ce qui a été fait pour lui. Ce commentaire n'a rien que de fort naturel, si on le rapproche de tout ce qu'on rencontre de semblable dans les scoliastes et dans le texte de la Bible elle-même, et l'usage fréquent qu'a fait le savant israélite de cette méthode d'enseignement ne semble pas mériter le reproche d'exagération qu'on lui a fait sur ce point (2). Nous verrons que les Pères de l'Église ne se sont pas fait faute d'écrire et de penser comme Philon. Ils y étaient encouragés par les auteurs sacrés, dont ils ne faisaient que suivre l'exemple : S. Paul et les autres apôtres semblent être d'assez bons modèles pour qu'on n'ait pas à se plaindre de les avoir suivis ; et si l'abus qu'a pu faire de la gnose et du figurisme la savante école d'Alexandrie a ouvert

Usage des Juifs.

L'enseignement des docteurs de cette nation conforme à celui des Pères de l'Eglise.

---

(1) *De Vita Mosis*, lib. III, en latin, Paris, 1554, in-8°.
(2) Voir l'article *Philon*, par M. Laboulerie, *Biographie universelle*, t. XXXIV, p. 197.

la porte aux hérésies qui affligèrent l'Église pendant les premiers siècles, on n'en doit pas moins reconnaître que ce mauvais goût est bien différent des études sérieuses qu'autorisèrent les plus graves raisons et que la suite des siècles s'est chargée de justifier.

<small>Tendance des Grecs au symbolisme.</small>

Les Grecs, en raffinant sur toutes les idées philosophiques, implantèrent dans l'art, dans la littérature et surtout dans la poésie, puis de là répandirent dans leur vie extérieure ces idées de convention qui allégorisèrent tout et donnèrent aux moindres conceptions métaphysiques *un corps, une âme, un esprit, un visage*. Comprendre ces applications fines et spirituelles était chez eux une partie de l'éducation de l'enfance, qui s'y adonnait comme à l'étude de la religion, et on ne peut lire un seul auteur appartenant aux peuples helléniques dont les pages ne soient colorées de ces attrayantes imaginations. Les deux chefs-d'œuvre des lettres grecques, l'Iliade et l'Odyssée, ne sont qu'une longue suite de telles inventions, l'un plus riche de beautés réelles sans doute et l'emportant de toute l'élévation d'un magnifique génie sur les puérilités par trop nombreuses de l'autre, mais tous deux réservant, sous des apparences plus ou moins fantastiques, des vérités de premier ordre et une vaste leçon à laquelle se rapportent tous les détails. Pour ne parler encore que du premier de ces poèmes, un de ses traducteurs français en a parfaitement saisi la portée quand il n'y a vu qu'un moyen de civilisation trouvé par le génie d'Homère, afin d'unir entre elles ces mille peuplades de la Grèce, insulaires nées, il est vrai, d'une même tige, mais dissemblables par des mœurs et des intérêts divers, dont les luttes continuelles affaiblissaient la vie sociale, et qu'il fallait essayer d'unir en une confédération plus capable de résister par la masse aux invasions de l'étranger. L'ingénieux dialogue où Mélésigène expose la valeur des personnages mythologiques et ce qu'un sage doit penser de leur intervention dans la guerre entre les Grecs et les Troyens, ou pour mieux dire

<small>L'Iliade, poème allégorique.</small>

dans les choses humaines, ce dialogue est sans contredit un des meilleurs commentaires généraux de l'Iliade; on démontre fort bien que « tout l'ensemble du poëme tend à l'instruction des hommes, que tout y a pour objet de les rendre meilleurs, plus justes et plus sages : » le chantre de tant de héros et de dieux sait bien que ces milliers de divinités qui remplissent l'Olympe ne sont rien moins que des êtres réels; seulement il croit pouvoir employer des fictions reçues dans l'opinion publique, en manifestant lui-même quelle idée il s'en était faite; et l'on sait que les rapsodes ne se bornaient pas à chanter les beaux vers d'Homère, ils en développaient encore le sens et s'attachaient, dit Lebrun d'après Platon, à en faire ressortir les enseignements (1).

Cette intention, qu'on prête au chantre d'Achille, de faire *passer la morale avec le conte*, ne semble-t-elle pas favoriser l'opinion des interprètes qui ont voulu découvrir sur le bouclier du fils de Pélée une suite de pensées symboliques, naturellement liées aux usages du temps et du pays ? Si tout le poëme est fondé sur une fiction allégorique, on ne voit guère en effet comment l'un de ses plus beaux fragments aurait pu manquer de ce caractère. Eustate l'a cru cependant (2), et avec plus de fondement que Bitaubé ne peut le dire (3). N'est-il pas à observer en effet que le vieil Homère, dont le sens profond n'exprime rien sans une raison, n'a rien mis dans cette description qui eût en apparence le moindre rapport à son héros ? Virgile se plaît à prédire les événements qui signaleront les annales des descendants d'Énée (4); Silius Italicus l'imite, quoique de loin, en écri-

Le bouclier d'Achille.

---

(1) Voir le Dialogue qui sert de préface à la traduction de l'*Iliade*, par Lebrun.
(2) *Comment. sur Homère*, liv. VII, ch. XIII, t. IV, in-f°, 1542.
(3) *OEuvres d'Homère*, t. II, p. 239, in-12, Paris, 1819. — *Iliade*, liv. XVIII, p. 469 et suiv. — Voir aussi le *Commentaire* de Dacier *sur la poétique d'Aristote*.
(4) *Énéide*, liv. VIII, v. 610 et suiv.

vant les destinées de Carthage(1); tout cela se rapporte à Énée ou à Annibal. Comment Homère paraît-il rester indifférent, au contraire, dans le modèle qui défie tous ses imitateurs, au sort de son principal personnage, à sa gloire, à sa renommée à venir? Je ne puis prétendre qu'il ait voulu symboliser au point que le veulent et les scoliastes déjà nommés et Damo, la prétendue fille de Pythagore (2), et Court de Gébelin, dans son *Monde primitif*. Je pense plus volontiers que le poète de Smyrne et de Chio a voulu, par le contraste des scènes champêtres et des travaux de la guerre, plaire au jeune héros qui doit s'armer de ce bouclier, tout en donnant une haute idée des ressources et des richesses de l'art à son époque. Mais le zèle qu'ont mis certains autres à découvrir une poétique série d'allusions symboliques dans le chef-d'œuvre de Vulcain ne prouve-t-il point qu'on aime à les contempler même où elles ne peuvent être? Que serait-ce si nous disions, avec Guérin du Rocher (3), que l'Iliade est tout simplement, sous des termes grecs, une longue allégorie de la prise de Gabaa par les onze tribus d'Israël liguées contre celle de Benjamin pour venger le crime commis sur la femme d'un lévite (4)? J'omets à dessein beaucoup d'inductions, en indiquant ici, comme résumé de la discussion, des notes que Bitaubé a réunies sur ce point dans ses remarques sur le XVIII° chant de l'Iliade.

Le fonds en est-il emprunté à la Bible?

Faits réellement symboliques, malgré l'obscurité de leur origine.

Il est vrai que certains usages suivis à Athènes paraissaient aux Athéniens eux-mêmes plutôt obscurs que symboliques. Au rapport d'Athénée (5), les ministres des temples, inter-

(1) *De Bello Punico*, lib. IV.
(2) Voir les *notes* de Pope sur ce passage.
(3) *Histoire véritable des temps fabuleux*.
(4) Voir *Genèse*, XXXIV, 2. — Feller, *Biographie universelle*, v° Homère. — Voir enfin l'explication et les planches des boucliers d'Achille, d'Hercule et d'Énée, par le comte de Caylus, *Mémoires de l'Académie des inscriptions et belles-lettres*, t. XXVII, in-4°, 1761.
(5) *Discours des sophistes*, dans le *Voyage d'Anacharsis*, liv. VII, ch. XIII.

rogés touchant les raisons qui faisaient poser sur la tête de la victime un gâteau pétri avec la farine d'orge et du sel, pourquoi on lui arrachait le poil du front pour le jeter au feu, pourquoi brûler ses cuisses avec du bois fendu, n'y pouvaient répondre. De même, un prêtre de Thèbes n'expliquait pas d'où venait que les Béotiens offraient des anguilles aux dieux; il se flattait seulement d'observer les coutumes traditionnelles, sans se croire obligé de les justifier (1). Mais on ne pourrait conclure de cette ignorance que tous ces rites n'avaient pas eu une cause primitive; il ne leur a manqué sans doute que des commentateurs; car ceux qui se sont occupés de la Bible ont expliqué d'innombrables observances de ce genre, qui toutes avaient leur principe dans quelques raisons allégoriques. Il n'est pas croyable d'ailleurs que tant de prescriptions liturgiques auxquelles les sacrifices étaient soumis, non-seulement à Jérusalem sous l'obéissance du vrai Dieu, mais chez les païens sous l'empire des cultes idolâtriques, n'eussent pas un sens mystérieux plus ou moins compris.—A Athènes c'était tantôt de l'eau, tantôt du miel qu'on répandait sur la tête de la victime; on ne sacrifiait aux dieux que certains animaux, dont chacun avait quelque rapport avec les attributions de la divinité qui l'acceptait ou avait figuré dans son histoire. Des prescriptions semblables sont répandues en fort grand nombre dans le Lévitique de Moïse, et l'on pourrait certainement expliquer les autres par leur analogie avec celles-ci.

Les Romains, Grecs d'origine, furent naturellement entraînés à ce même penchant. « Que d'attention chez eux au langage des signes! dit encore J.-J. Rousseau. Des vêtements

Puissance des signes chez les Romains.

(1) Voir Barthélemy, *Voyage d'Anacharsis*, ch. XIII et XXI.—Ces prêtres-là avaient négligé de comprendre le sens de leurs traditions liturgiques, dont l'origine n'avait pas moins quelque chose de sacré et remontait peut-être aux époques patriarcales, où se retrouvent de semblables prescriptions.

divers selon les âges, selon les conditions : des toges, des saies, des prétextes, des bulles, des laticlaves ; des chaises, des licteurs, des faisceaux, des haches ; des couronnes d'or, d'herbes, de feuilles ; des ovations, des triomphes ; tout chez eux était appareil, représentation, cérémonie, et tout faisait impression sur le cœur des citoyens. Il importait à l'État que le peuple s'assemblât en tel lieu plutôt qu'en tel autre ; qu'il vît ou ne vît pas le Capitole, qu'il fût ou ne fût pas tourné du côté du sénat ; qu'il délibérât tel ou tel jour par préférence. Les accusés changeaient d'habit, les candidats en changeaient ; les guerriers ne vantaient pas leurs exploits : ils montraient leurs blessures. A la mort de César, j'imagine un de nos orateurs, voulant émouvoir le peuple, épuiser tous les lieux communs de l'art pour faire une pathétique description de ses plaies, de son sang, de son cadavre ; Antoine, quoique éloquent, ne dit point tout cela : il fait apporter le corps. Quelle rhétorique (1) ! »

Le monde de Romulus.

Et n'oublions pas que ces coutumes et tant d'autres n'étaient pas seulement de convenance, ni une *moutonnière* imitation de ce que quelques-uns voyaient faire aux autres. Elles étaient autant d'obligations civiles prescrites par des lois et sanctionnées par des amendes et autres peines, que ne manquaient pas d'infliger des magistrats spéciaux. Longtemps après Romulus, qui l'avait ordonné, chaque particulier fut obligé de jeter dans une vaste fosse, creusée au centre de la ville, les prémices de toutes les choses dont on se servait dans la vie civile ou privée. Il devait ajouter à tout cet amas de choses perdues une poignée de la terre où il avait pris naissance et d'où il était venu s'établir à Rome, afin de marquer, par ce mélange confus et inextricable, l'indissoluble union qui devait régner pour toujours entre ces hommes étrangers d'abord les uns aux autres et devenus pour jamais concitoyens ; et la fosse s'appelait le *monde*

(1) *Émile*, ubi suprà.

(*mundus*), afin qu'on n'ignorât point du dessein qu'avait eu le législateur (1).

La loi qui punissait les parricides en les jetant à la mer cousus dans un sac enduit de poix, où le bourreau enfermait avec eux un singe, un chien, un coq et une vipère, prétendait assimiler à chacun de ces animaux le caractère du coupable, et si des interprètes de la législation romaine ont attribué ce raffinement de cruauté légale à l'intention qu'avait eue le législateur de punir le plus grand des crimes par un des supplices les plus formidables, d'autres y voient encore un langage symbolique exprimant la méchanceté, la bassesse, l'audace et la perfidie, qui faisaient d'un parricide un détestable assemblage de toutes les monstruosités (2). — Au reste, Diodore de Sicile (3) fait du serpent l'emblème d'une mort prompte causée par sa morsure; beaucoup d'autres en font celui de l'astuce et de la trahison, d'après les Livres saints; le coq n'est pas moins la hardiesse brutale dans ses combats acharnés, que la vigilance qui l'a fait consacrer au lever d'Apollon (4); le chien figurait dans le bagage des cyniques, dont il représentait la mordante méchanceté (5); enfin, d'après Piérius (6), l'impudence haineuse et traîtresse est la nature du singe, dont la laideur physique n'exprime pas mal ces détestables qualités. Les anciens naturalistes, plus explicites encore, ont fourni au P. de Saint-Jure une explication qui diffère peu de celle-ci et la confirme complétement. « Le singe, dit le pieux jésuite, montre que ces malheureux n'avaient de l'homme que l'extérieur; la vipère déchirant les entrailles de sa mère et la faisant

Le supplice des parricides.

---

(1) Cf. Plutarque, *Vie de Romulus*. — Thomas Dempster, *Antiquitatum Romanarum Corpus*, lib. I, cap. III, in-f°, Lutet. (Paris.), 1743.
(2) *Ibid.*, lib. VIII, *Paralipomena*, ad cap. XXXIV, p. 684.
(3) Liv. III, *Histor*.
(4) Tous les mythologues.
(5) Winckelmann, *Essai sur l'allégorie*, p. 222, in-8°, Paris, an VII.
(6) *Hieroglyphicorum* lib. VI, cap. XVII, XVIII, XIX et XX.

mourir (1); le coq, parce que c'est un symbole de superbe et d'audace; et le chien, d'impudence (2). »

<small>Les *mains croisées* de la ville de Langres.</small>

Tacite rapporte que la ville de Langres envoya en présent aux légions de la Germanie deux mains droites entrelacées, symbole de l'hospitalité à contracter entre elles, et ce fut en habits de deuil que les députés d'un peuple menacé apportèrent au camp des Germains l'offrande dont ils s'étaient chargés. — Ce même signe servit encore quelque temps après d'un témoignage d'alliance entre l'armée de Syrie et les prétoriens des troupes romaines, quand ceux-ci le reçurent du centurion Sisenna (3).

<small>Les signes de deuil des anciens et des modernes.</small>

Ces habits de deuil, l'un des symboles les plus usités et par cela même le moins frappant peut-être, étaient fort souvent, dans la cérémonie des sépultures, accompagnés de maintes formalités aussi expressives que possible. Outre la couleur noire, choisie pour les habits dès le temps d'Alexandre-le-Grand et probablement avant lui, les tentures et autres décorations des pompes funèbres étaient de cette même couleur, comme on le voit par Diodore et par Athénée (4). Dans l'Attique, on donnait aux personnes riches un cercueil en bois de cyprès, arbre dont la verdure continuelle est une image de l'immortalité de l'âme, et qui n'a rien perdu de son rôle dans les mœurs modernes, non plus que l'if, le spicéa et autres arbustes dont la végétation se ralentit

<small>Le cyprès.</small>

---

(1) Aristote, *De Historia animalium*, lib. V, cap. XXXIV. — *Pline*, liv. X, ch. LXII. — *Élien*, liv. I, ch. XXIV.
(2) *Traité de la connaissance et de l'amour de Jésus-Christ*, liv. II, ch. VII, sect. 2.— Ce livre, outre qu'il est un fort bon traité ascétique, est encore fort curieux par le grand nombre de rapprochements allégoriques qu'il emploie à l'appui de ses enseignements. C'est souvent, pour la naïveté des pensées, sinon pour le style, qui ne lui est pas comparable, le charme simple et touchant de S. François de Sales.
(3) Tacite, *Historiarum* lib. I, cap. LIV; lib. II, cap. VIII.
(4) Diodor. Sicul., *Histor. univ.* lib. XVIII.— Athan. *Deipnosophistæ*, lib. VII, trad. de l'abbé de Marolles, Paris, 1680, in-4°. — On sait qu'en France les reines veuves portèrent le deuil en blanc jusqu'à la reine Anne de Bretagne, qui porta en noir celui de Charles VIII.

moins pendant l'hiver (1). Des branches de ces arbres les parents se faisaient des couronnes, qu'ils portaient pendant les funérailles. Les lois de Cécrops ordonnaient que les corps fussent enterrés et non brûlés, usages qui furent repris et abandonnés successivement après lui ; il voulait par là que ces dépouilles mortelles revinssent à la mère commune des hommes. C'était un reste de la pensée primitive de l'homme formé de terre, et l'exécution providentielle de l'arrêt divin : *Pulvis es, et in pulverem reverteris* (2). — En cela la cendre des bûchers n'était pas moins expressive.

Les inhumations.

Le dogme de l'immortalité humaine se retrouve dans beaucoup d'autres observances des peuples anciens et modernes pratiquées aux cérémonies funèbres. A la mort des empereurs romains, les images et statues qui avaient décoré leur appartement conservaient la même destination près du maître, et ornaient la chambre funéraire qui entourait leur tombeau. Naguère encore on en faisait de même pour les enfants du czar de Russie. Des images bénites qui les représentaient au naturel étaient faites le jour de leur naissance, dédiées aux saints dont ils portaient le nom, et conservées jusqu'à leur décès dans la partie du palais où ils habitaient ; à la mort, on en parait leur sépulture. Là ils semblaient vivre encore, toujours visibles à la douleur paternelle et aux amis qui étaient censés les regretter (3).

Les images et statues ornant les chambres funéraires chez les Romains et en Russie.

La barbe, qui fut de tout temps une partie si importante du costume des hommes, comme la chevelure chez les femmes, devenait un signe de douleur publique, soit qu'on la laissât pousser outre mesure, soit qu'on la rasât entièrement, selon l'usage opposé de quelques pays. A Athènes, c'était la tête rasée que les assistants suivaient un convoi funè-

La barbe et les cheveux à Athènes et dans la Chine.

---

(1) Thucydide, *Histoire*, liv. II, ch. XXXIV.
(2) *Genèse*, III, 19.
(3) M. Snéguireff, *Lettres sur l'iconographie sacrée en Russie*, lettre première (dans les Mémoires de la Société d'archéologie et de numismatique de Saint-Pétersbourg, t. III, p. 316 et suiv., in-8°, 1849).

bre (1). Aujourd'hui, et c'est dire qu'il en fut toujours ainsi chez un peuple essentiellement immobile, les Chinois, ayant habituellement la tête rasée, laissent croître leurs cheveux en signe de douleur ; ils passent ainsi cent jours à la mort de chaque empereur (2). — Pendant toute cette période, ils se revêtent de blanc, et, de chaque côté des portes de la maison mortuaire, des écriteaux de même couleur annoncent au public la mort de leurs parents. — Les tombeaux n'étaient pas moins l'objet des soins symboliques que les vivants prenaient des morts. Si les Perses y jetaient les objets précieux, et jusqu'aux animaux, jusqu'aux esclaves même ou dignitaires des grandes maisons dont s'était entouré le défunt pendant sa vie (3) ; si partout, avant l'ère chrétienne, on se

Les esclaves et les ministres jetés dans la tombe des princes chez les Perses.

(1) Thucydide, *ubi suprà*.
(2) John Davis, *Voyage aux Indes*, dans le 3ᵉ volume du recueil d'Harris, et *Magasin pittoresque*, t. X, p. 338.
(3) Rollin, *Histoire ancienne*, liv. II, vers la fin. — Voir aussi un intéressant *Mémoire* de M. l'abbé Cochet *sur des sépultures romaines et mérovingiennes*, dans le tome XIX du *Bulletin monumental*, p. 462, et son livre de la *Normandie souterraine*. — On pourrait peut-être attribuer cet usage des Perses au besoin que pouvait avoir les souverains d'assurer la prolongation de leur vie contre l'assassinat ou la révolte : il n'en reste pas moins admis qu'un motif symbolique y apparaissait, en dehors de tout autre, aux yeux de la foule. Quoi qu'il en soit, cette coutume était répandue en Europe non moins que dans l'Orient, et paraît s'être généralisée chez tous les peuples de l'ancien monde. La science en a recueilli tout récemment de nombreux témoignages dans les puits funéraires fouillés successivement sur la colline de Troussepoil, en Vendée, par M. l'abbé Baudry, curé du Bernard. Là se sont rencontrés en couches séparées des ossements d'hommes et d'animaux, des armes, des instruments de la vie civilisée, et jusqu'à des moules en terre destinés à reproduire des monnaies de moyen bronze. Ces sortes de sépultures, attribuables à l'ère gallo-romaine, et où il paraît qu'un seul cadavre humain avait été déposé, indiquaient évidemment des intentions symboliques; mais elles différaient par ce dernier caractère de celles attribuées aux Perses, dont les mœurs étaient encore, même à cette époque, fort grossières, et ne reculaient pas devant ces sacrifices humains qui confondaient des vivants avec un mort. On sait aussi très-positivement aujourd'hui que les dolmens furent employés comme tombeaux dans toutes les parties du monde connu. Cf., sur les fouilles de Troussepoil, l'*Annuaire statistique de la Vendée*, années 1864 et suiv.

plut à donner ainsi aux mânes plus ou moins illustres de plus ou moins riches témoignages des espérances d'une vie où elles pouvaient encore aimer et agir, la science archéologique nous a mille fois offert à cet égard des rapprochements qui associent ces vieilles coutumes aux époques chrétiennes.

En 1834, on découvrit, à la Mongie-Saint-Martin (1), un tombeau en pierre, orné du monogramme du Christ, de pampres et de colombes, et dans lequel on recueillit des graines encore parfaitement conservées, qui germèrent bientôt par les soins qu'on en prit. Ces graines produisirent des fleurs d'*héliotrope*, de *bluet* et de *trèfle* : c'était évidemment la triple pensée de la *ferveur chrétienne*, — *aspirant au ciel* — et possédant éternellement *le Dieu en trois personnes*, comme nous l'expliquerons plus tard dans l'examen de la flore monumentale. On sait encore combien la piété catholique a mis d'importance à placer dans les cercueils de petits vases d'eau sainte et d'encens, des formules d'absolution, des croix, des rosaires et autres objets qu'avaient portés ceux pour qui ils devenaient comme autant de souhaits du repos éternel. Cet usage, dont l'origine remonte à la plus haute antiquité, et qu'on observe dès le treizième siècle en de nombreux écrits authentiques, n'a pas été abandonné depuis aussi longtemps qu'on pourrait le croire. M. l'abbé Cochet mentionne dans un de ses savants mémoires (2) une découverte de ce genre faite dans l'ancien cimetière des carmélites de Pontoise : on y a trouvé des vases garnis de charbons dans un certain nombre de sépultures qui ne remontaient qu'à l'an 1648. Il est vrai que dans les communautés, les us et coutumes ne vieillissent pas. Prescrits par une règle invariable qui traverse les siècles sans subir de modification,

L'encens et l'eau bénite des chrétiens.

(1) Près Bergerac (Gironde). — Voir *Bulletin monumental*, t. I, p. 138.
(2) *Ubi suprà*, p. 171.

ils doivent à cette immutabilité une persistance qui explique comment ils survivent à l'abandon de ces mêmes habitudes dans la vie extérieure d'un monde qui n'est plus le leur. Toutefois deux testaments, datés en 1610 et 1617, de Guise, en Picardie, ordonnent qu'aux funérailles de Claude Lescarbotte, testateur, treize jeunes garçons porteront chacun, outre une torche allumée de trois quarterons de cire, un pot avec du feu et de l'encens : ces pots étaient jetés dans la fosse, avant de la recouvrir, par ceux qui les avaient ainsi portés en cérémonie. Ces treize enfants étaient sans doute aussi un nombre symbolique (1). On multiplierait ces exemples à l'infini.

La faux, les sabliers, etc.— Inintelligence des artistes modernes.

Quant aux attributs et ornements, ils figurent encore sur les cercueils, et fort souvent à l'intérieur de ces étroites demeures de la mort. En 1856, on a recueilli, des fouilles faites à Ostie, plusieurs sarcophages fort curieux, sur lesquels une ingénieuse allusion au voyage des âmes avait fait sculpter des nymphes portées sur une mer tranquille par des tritons ou autres monstres marins (2). Ce n'est pas seulement pour nos ancêtres du vieux monde que furent sculptés les sabliers aux ailes étendues, la faux, autre symbole du temps destructeur, les torches renversées dont la flamme s'éteint... Chez nous, nations chrétiennes, ces étranges insignes qui ne parlent que de la destruction, sans aucune espérance d'un retour à la vie ; cette flamme qui expire pour toujours, et qui, au lieu d'être renversée, devrait s'élever plus belle et plus vive, puisque l'âme s'est dégagée de l'enveloppe charnelle pour la région des esprits et de la liberté ; cette faux, qui a bien pu trancher des jours passagers, mais qui reste impuissante sur les âmes créées au souffle de Dieu ; ce sable enfin qui s'arrête si vite après avoir suivi la pente qui ne l'entraîne que pour une heure, rien de tout cela qui ne sente

---

(1) Voir *Annales archéologiques*, ch. XIX, p. 279.
(2) *Revue franco-italienne*, mars 1856.

beaucoup trop son paganisme. Ce sont vraiment des motifs sans éloquence, dont la sculpture moderne ne serait que sage de nous délivrer; car aussi bien ils contrastent un peu trop avec les consolantes promesses de la croix, qu'on y mêle presque toujours sans difficulté, mais aussi sans assez de discernement. Consacrons, nous le voulons bien, sur nos catafalques splendides, comme sur la tombe plus modeste des morts plus petits, les souvenirs sensibles de leurs vertus ou de leur position sociale; qu'on y voie une dernière fois au jour des funérailles, qu'on y attache par les arts du dessin, pour y demeurer *à perpétuité* (fiction amère autant que ridicule), l'épée du guerrier et l'étoile qui récompensa ses belles actions, la toge du magistrat, l'étole du prêtre, les simples instruments de l'artisan laborieux; laissez à la vierge sa couronne de roses blanches, à la jeune épouse sa branche de fleur d'oranger : rien là que de plausible et de juste. Mais ce n'est là qu'une portion de ce que sollicite notre philosophie religieuse. Mettez-y encore quelques emblèmes qui parlent au chrétien du monde à venir qui s'avance pour lui, et qu'à l'éloge sans doute mérité de celui qui l'y précéda, vienne s'unir une pensée morale qui nous engage à l'imiter et nous guide vers la même patrie. Voyez comme, chez ce grand peuple de l'Asie dont nous rions maintes fois, et qui pourrait bien se rire de nous à plus d'un égard, on comprend ce langage mystérieux et réellement humanitaire. Les chrétiens du diocèse de Nankin invitèrent un jour le P. Faivre, missionnaire lazariste nouvellement arrivé parmi eux, à visiter le tombeau du fameux Paul Hu, ministre de l'empereur sous la dernière dynastie chinoise, et qui, le premier, embrassa l'Évangile à la voix du P. Ricci. « Autour du sépulcre, écrivait le P. Faivre en décembre 1842, on voit sculptés sur la pierre les différents insignes de la dignité du grand mandarin. D'abord ce sont deux lions terribles qui figurent la grandeur de sa puissance; ils sont tournés l'un contre l'autre et semblent près de se dévorer. Viennent ensuite

Symboles encore usités chez les modernes.

Tombeau du chrétien Paul Hu en Chine.

deux chevaux richement harnachés, qui, d'après les idées symboliques des Chinois, représentent la majesté du ministre impérial; enfin, en se rapprochant du mausolée, et toujours sur la même ligne que les lions et les chevaux, deux brebis, également placées en regard, sont l'emblème du peuple, que les gouvernants doivent paître en bons pasteurs (1). »

Usages du Congo.

Certaines peuplades conservent, en Afrique, des coutumes fort analogues à celles-là. Douville, dans son voyage au Congo, cite une tribu des bords du fleuve Logé, chez laquelle « chacun peut placer sur la tombe d'un mort un emblème quelconque, pourvu qu'il en explique le sens. Une figure de serpent en bois marque la fourberie; une tête de lion, la force et le courage; de panthère, la férocité; de singe, la méchanceté; la trompe de l'éléphant, un homme spirituel; la fourmi, un voleur; l'abeille, un homme industrieux; un chien, un homme disposé à l'adultère. » — Ces emblèmes, ajoute l'auteur, ne sont-ils pas de vrais hiéroglyphes matériels (2)?

Le mariage chez les nations septentrionales de l'Europe.

Que si nous passons de ces lugubres détails à des observations moins sévères, nous retrouvons, déjà fort anciennement consacrés et ponctuellement suivis jusqu'à notre temps, les rits du mariage grec et romain. Les voyageurs les ont signalés en Samogitie, en Courlande, en Lithuanie et chez les anciens Prussiens. La future épouse y est en apparence enlevée par force de la maison paternelle, qu'elle n'est censée abandonner qu'à regret, et cet enlèvement se fait non par le fiancé, mais par deux de ses amis qui en prennent la responsabilité et sauvegardent toutes les convenances. Au jour des noces, la nouvelle épousée est conduite trois fois autour du foyer de la maison de son époux : c'est une prise de pos-

---

(1) *Annales de la propagation de la foi*, t. XVI, p. 308 et suiv.
(2) *Voyage au Congo et dans l'Afrique équinoxiale*, analysé par le capitaine Dumont-d'Urville dans la *France littéraire*, t. II, p. 595.

session du territoire ; on lui lave les pieds, en signe de la pureté qu'elle apporte dans le ménage ; puis, de cette eau, on asperge les meubles, le lit nuptial et tous les conviés, choses et personnes participant de la sorte aux louables dispositions de la jeune femme. Bientôt on la mène, les yeux couverts du voile nuptial, car son obéissance devra être aveugle, près de chaque porte de la maison, qu'elle frappe du pied droit, en signe de l'autorité qui désormais les lui fera ouvrir toutes, et au même instant on figure autour d'elle l'abondance qu'on lui souhaite et la paix qui doit l'accompagner en y répandant des céréales et des pavots. « Suis la religion, lui dit-on alors, et prends soin de ton ménage, et il ne te manquera rien. » Ces paroles dites, on lui ôte le voile ; elle s'assied au festin, avant lequel on frotte ses lèvres de miel, indice de la douceur qu'elle devra mettre dans toutes ses paroles. Le soir, pendant qu'elle danse, les jeunes filles lui coupent adroitement la chevelure, parure devenue inutile, puisqu'elle ne peut plus attirer les regards des hommes ; enfin ces mêmes compagnes la conduisent au lit nuptial en la battant (1). On ne dit pas si ce dernier symbole est un présage ou un avertissement...; mais il est probable qu'exclue par là de la société des vierges, celles-ci prouvent qu'elles ne la regardent plus comme leur compagne...

De tout temps, chaque idée sociale a eu son expression dans quelque signe appréciable. Le pouvoir et la subordination, la captivité et le triomphe, la paix et la guerre ont eu leur sceptre et leur couronne, leur joug et leur collier de fer, leurs chaînes et leur palme, leur glaive et leur branche d'olivier. De tout temps des actes formidables ont fait éclater, chez certains peuples, les sentiments nationaux, comme chez certains individus les grandes manifestations de la sympathie ou de la haine. Le fécial romain, qui déclarait la

Déclaration de guerre chez les Romains.

---

(1) Malte-Brun, *Précis de géographie universelle*, t. VI, p. 643, Paris, 1826, in-8°.

guerre au nom du sénat et du peuple, lançait sur le territoire ennemi un javelot ensanglanté (1).

La paix négociée par l'huile d'olive, et promise par le pain et le sel.

Parmi quelques nations modernes, on retrouve des usages certainement transmis par les anciens peuples dont elles sont formées. Au rapport de S. Cyrille d'Alexandrie, une armée qui voulait la paix après une bataille la faisait demander par un héraut chargé de présenter au camp ennemi un vase rempli d'huile d'olive (2). Le pain et le sel étaient offerts dans le même but; et tout récemment, lorsque les Russes vinrent prendre la ville de Matchin, après avoir passé le Danube, les magistrats apportèrent au général, qui s'avançait vers eux, du pain et du sel, comme témoignage de leur soumission et de leur bonne hospitalité. — En 1284,

Les flèches d'argent.

les Persans, venus jusqu'à Gênes pour forcer à combattre les enfants de cette noble république, lancèrent dans le port des flèches d'argent (3). De nos jours, en Corse, où le sentiment

La chemise sanglante en Corse.

de la vengeance vit si profondément dans les familles, la chemise sanglante d'un homme assassiné est gardée au foyer de ses enfants; on la montre aux parents pour les exciter à punir les meurtriers. Quelquefois, au lieu de la chemise, on distribue des morceaux de papier trempé dans le sang du mort, et on les remet à ses fils quand ils sont en âge de le venger (4).

Nous voyons donc ces mœurs éloquentes, si simples ou si tragiques qu'elles soient, passer comme un legs d'une génération à une autre, et l'histoire les consacre, dans ses différentes étapes sur le sol de l'humanité, comme autant de témoignages irrésistibles d'une propension générale, ou

---

(1) Tite-Live, *Histoire*, 1re déc., liv. I, ch. xxxii, *edit. varior.*, p. 64. — Aulu-Gelle, *Nuits attiques*, ch. lxiv, t. I, p. 224, Paris, 1776, 3 vol. in-12.
(2) S. Cyrilli Alex. in *Leviticum* lib. XIII.
(3) Villani *Istorie fiorentine*, ad ann. 1284. — *Inter scriptores rerum Italicar.*, de Muratori.
(4) Mérimée, *Notes d'un voyage en Corse*.

plutôt d'un besoin inné de symboliser tous les sentiments.

Pour nous acheminer jusqu'à notre époque, arrêtons-nous quelque peu au moyen âge, en ne le considérant ici que dans ses habitudes civiles. Clovis, qui n'en est pas encore, mais qui s'en rapproche de si près, met sur la couronne royale une fleur de lis, symbole de la pureté recouvrée au baptême, emblème de la Trinité, que méconnaissaient les Ariens, et qu'il professait (1). Ce même symbole paraît dans la suite tellement inséparable de la monarchie française, qu'il en devient comme l'appellation, et que les rois d'Angleterre le mêlent à leur propre écusson lorsqu'ils veulent consacrer leurs prétentions à la couronne de France. Les difficultés soulevées à ce sujet entre les deux royaumes durent, en grande partie, leur solution à une allusion ingénieuse tirée de cette idée populaire. Jean de Marigny, évêque de Beauvais et pair de France, en 1312, ayant eu à défendre les droits de Philippe de Valois contre l'usurpation d'Édouard III, qui se prétendait apte à succéder au royaume de Clovis par sa descendance des femmes, acheva d'entraîner son auditoire par l'application qu'il sut faire à la circonstance d'un passage de l'évangile de S. Matthieu : « Considérez, avait dit le Sauveur, les lis des champs ; voyez comme ils croissent, et cependant ils ne travaillent ni ne filent (2). » Or, ajoutait le prélat, les femmes travaillent et filent ; elles ne doivent donc avoir rien de commun avec les lis. — Et la cause fut emportée (3). L'argument, péchât-il un peu contre la logique, n'en parut pas moins bon et passa pour acceptable jusqu'au grand siècle même de Louis XIV, où plusieurs médailles furent frappées à la gloire du grand roi, avec l'exergue : « *Lilia non laborant neque nent.* »

La fleur de lis de Clovis,

Et de Philippe de Valois.

---

(1) De Peyronnet, *Histoire des Francs*, t. I, p. 75. — Montfaucon, *Monuments de la monarchie française*, t. I, pl. 2.
(2) « Considerate lilia agri, quomodo crescunt : non laborant neque nent. » (*Matth.*, VI, 28.)
(3) Cf. *Annales archéologiques*, t. XIII, p. 69.

Ce sont là choses d'imagination, sans doute. On doit l'avouer, sans leur donner plus de portée qu'elles n'en ont; cependant ne prouvent-elles pas jusqu'à quel point le symbolisme s'est emparé de l'esprit humain? Il le saisit tellement parfois, qu'il n'est pas rare de voir le caprice chercher de nouvelles combinaisons, se faire un symbolisme à soi, et ne laisser deviner sa pensée que par l'interprétation qu'il faut lui demander, car lui seul en a le secret. Ainsi, Pierre de Beaumont, comte de Savoie de 1263 à 1268, pour faire hommage lige à l'empereur Othon, s'habilla du côté droit en drap d'or et du gauche s'arma de toutes les dagues et épées qui complétaient l'armure offensive d'un chevalier. L'empereur ne comprenait rien à ce singulier accoutrement mi-partie, et lui en demanda la cause : « Le parement du côté droit, répondit le comte, est pour honorer Votre Majesté impériale durant la paix, et celui de gauche pour l'assister en ses guerres et combattre pour elle jusqu'au dernier soupir. » — C'était, en effet, le double devoir du vassal envers le suzerain (1).

L'habit mi-partie de Pierre de Savoie.

Ali, le quatrième successeur de Mahomet, qui occupa de 656 à 661 le trône des khalifes, possédait un sabre fameux qui l'aida singulièrement dans maintes batailles à fonder la puissance musulmane. Après la mort de l'indomptable guerrier, cette arme fut religieusement conservée dans sa famille, qui le posséda pendant plus d'un siècle. Un prince de la dynastie des Abassides s'en empara dans une conquête et le brisa, croyant détruire le prestige dont les Turcs environnaient cette arme. Elle n'en demeura pas moins chez les Musulmans comme un emblème, et, à défaut de l'objet, c'est son effigie qu'on révère encore comme le type du courage militaire (2).

Le sabre d'Ali.

Ce goût s'est-il perdu en Europe même, où l'imagination

Le symbolisme dans le monde actuel.

(1) Philippi Camerarii *Historicæ meditationes*, lib. I, cap. VI; Londres, in-8°, 1621.
(2) *Magasin pittoresque*, t. III, p. 387.

est moins vive et moins impérieuse qu'aux rivages du Bosphore et du Nil? Le monde, imbu de la civilisation moderne, n'a-t-il pas reçu avec tant d'autres legs des générations disparues cette inévitable obligation de se parler par des signes, et, si nous n'avons plus les éperons de la chevalerie, les couleurs mi-partie des varlets ou des seigneurs, les cordelières de la chasteté irréprochable et les ceintures dorées des Phrynés de bas étage, le symbolisme y a-t-il rien perdu, et, tout en fermant les yeux sur son action toute-puissante, en sacrifions-nous moins à ses exigences par les galons et les épaulettes? Nos meubles se couvrent-ils moins d'incrustations ou de sculptures qui affectent des formes pleines d'idées, et nos artistes négligent-ils de s'évertuer, pour peu qu'une occasion en vaille la peine, à faire sortir de leurs crayons et de leur burin des chefs-d'œuvre où l'invention symbolique rivalise avec le fini de l'exécution? Les exemples ne nous manquent pas ; rappelons quelques-uns des plus célèbres tant par les noms illustres qui s'y inscrivent que par les mains habiles dont le souvenir y restera gravé.

Lorsqu'en 1844, O'Connell, le célèbre *agitateur* de l'Irlande, sortit de la prison que lui avait méritée son patriotique dévoûment, il reçut en cadeau des *repealers* de Linenhall-Word un bureau magnifiquement sculpté, qu'ils accompagnèrent d'une lettre expliquant le symbolisme que ces braves gens y avaient mis. Le bois en était de chêne d'Irlande, emblème de la force et de la persistance que le libérateur imprimait à son œuvre chérie de délivrance et de régénération nationale. Le milieu du meuble représentait une tour, image du ferme rempart élevé entre l'Irlande et ses persécuteurs ; le tout portait sur une base formée d'un groupe de deux beaux chiens de montagne, disant avec quelle fidélité, quelle vigilance l'orateur populaire avait protégé et maintenu depuis quarante ans la liberté religieuse de son peuple (1).

Le bureau d'O'Connell.

1. Voir *Univers*. 11 septembre 1844.

HISTOIRE DU SYMBOLISME.

Le prie-Dieu de Pie IX.

En 1852, le clergé de la province de Tours voulut offrir au Souverain Pontife un prie-Dieu monumental qu'exécuta un simple ouvrier menuisier du Mans, et dont le plan, fait par lui, ne coûta pas moins de six ans de travail. Cette œuvre, de deux mètres de hauteur sur des largeurs proportionnées, affecte le style de la première partie du dix-huitième siècle, qui permet une grande richesse d'ornementation. Sur les panneaux de ce beau meuble, dont l'ordonnance générale est aussi irréprochable que les lignes en sont pures et régulières, les armoiries de Pie IX se trouvent entourées des figures en haut-relief des trois vertus théologales; chacune d'elles est encadrée d'une guirlande de fleurs et de feuillages symboliques. La passiflore ou fleur de la Passion encadre la Foi; autour de l'Espérance, l'aubépine en fleur, suaves prémices du printemps; la mauve, avec ses feuilles et ses fleurs onctueuses, environne la Charité; puis, sur le reste des surfaces et sur les contre-forts élancés qui décorent les angles, l'Église est répandue par les statuettes en ivoire des douze apôtres; la France, d'où vient le chef-d'œuvre, c'est S. Louis en prières devant la couronne d'épines..., que le grand pape a portée aussi; enfin, d'autres saints personnages dont la présence forme autant d'allusions et de souvenirs historiques. Le tout est surmonté, comme couronnement, d'une crucifixion qu'accompagnent la Vierge et le disciple préféré, et l'écusson qui lui sert de socle est chargé d'un mélange habilement composé d'épis de blé et de branches de vigne: mystère devenu par la bonté d'un Dieu le principe générateur de tous les autres; pensée sans l'exécution divine de laquelle tout ce qu'on admire ici n'existerait pas (1).

Éloquence de ce langage figuré.

Ces œuvres, du moins, donnent à penser; l'art n'y est pas le simple travail d'un manœuvre plus ou moins adroit de ses mains; l'intelligence s'y découvre aux regards curieux et charmés de l'observateur, et un peuple chez lequel de

(1) L'*Univers*, 15 octobre 1852 (feuilleton).

pareils travaux se multiplient devrait finir par attacher plus d'importance aux conceptions de l'esprit qu'aux matérielles et dangereuses recherches d'un sensualisme désordonné.

Dans un ordre d'idées tout différent, l'art a produit aussi d'autres chefs-d'œuvre non moins appréciables; la guerre n'est pas restée au-dessous du génie de la paix. En 1841, la ville de Paris offrit au jeune prince qui portait son nom une épée dont tous les détails prouvent combien il y avait dans l'artiste qui la dessina de variété et d'élégance. Toutes les parties de la lame, toutes les surfaces du fourreau se signalent par des sujets emblématiques; la *Prudence* et la *Force*, le chêne et le laurier symbolisent la poignée, sur la coquille de laquelle sont représentées, près d'un navire, au milieu duquel est couché le prince enfant, la *Ville de Paris*, couronnée de créneaux, et la *Fortune propice*, que distinguent sa corne d'abondance et sa guirlande de fleurs; autour de la garde s'enroule un serpent, qui se rapporte encore à l'idée de prudence; la vigilance respire dans le coq aux ailes éployées que l'artiste a posé un peu au-dessus du reptile, dont il est séparé par un groupe de trois pierres précieuses, rubis, saphir et brillant, offrant les trois couleurs du drapeau national. Au-dessus du médaillon, un lion est couché: c'est encore la force, que la prudence doit toujours accompagner. Ces deux mêmes vertus sont reproduites par deux statuettes appliquées de chaque côté de la poignée, que surmonte, en manière de pommeau, une couronne de prince royal. Pour la lame, elle symbolise la *Guerre :* un bas-relief taillé dans l'acier offre une Bellone montée sur un quadrige lancé à grande course. Une foule de détails analogues suivent et précèdent ce motif, et toutes ces scènes sont dominées par un énorme lion qui, de l'extrémité opposée de ce champ d'acier, semble se précipiter sur la déesse de la guerre avec toute l'ardeur d'un combattant résolu. — Le fourreau porte sur sa partie supérieure deux figures, qui sont la *Victoire* et la *Paix*, accompagnées de leurs attributs : pour l'une, les

L'épée d'un prince français.

arts, les sciences, l'industrie ; pour l'autre, des armes en trophées, des clairons, des lauriers (1). — Ainsi rien n'a échappé dans cet objet, d'un travail remarquable, à l'idée symbolique dont il est l'expression. Nous ne disons pas que l'auteur, M. Jules Klagmann, n'aurait pas pu choisir un thème tout aussi symbolique et moins banal que Bellone, et un peu plus clair que la Fortune propice ; mais il a voulu faire du symbolisme, et il en a fait : ce qui prouve qu'on y pense encore, en dépit de ceux qui nous reprochent d'en voir partout.

La pensée publique familiarisée avec beaucoup de signes populaires.

Au reste, ce sont là des œuvres exceptionnelles, et c'est surtout par les images populaires qu'il faut voir le symbolisme implanté dans nos mœurs. Qui ne sait la place occupée dans tous les gouvernements par les insignes publics de la royauté ou de l'empire, de la république ou de la monarchie ? Que de fois notre seule nation n'a-t-elle pas changé ces signes de ralliement depuis le 17 juillet 1789 ? — Les trois couleurs, le drapeau blanc fleurdelisé, l'aigle, le coq gaulois, n'ont-ils pas remplacé l'oriflamme, et la bannière de Jeanne d'Arc, et le panache qui flottait à Ivry ? Tout le monde comprend ces idiomes, aussi simples qu'éloquents. Mais ce qui est bien mieux, tout le monde en fait, au besoin, pour exprimer sa nationalité ou mainte autre particularité qui l'intéresse : un homme perdu dans un voyage lointain recourra, pour se faire entendre d'étrangers qui ne comprennent pas sa langue, à des expédients naturels, curieuse réminiscence des hiéroglyphes, improvisation originale de l'art du dessin...

Les naufragés de Stène.

Un journal norwégien racontait naguère que quatre marins français étaient arrivés à Stène, venant de la petite île de Roest. Personne n'entendait leur langage, et ils n'entendaient pas mieux celui du pays où ils abordaient. Les gestes et les signes leur furent bien d'abord de quelque secours ; mais des difficultés ne laissèrent pas de

(1) Voir la planche dans le *Magasin pittoresque*, t. VIII.

se présenter, et l'un d'eux imagina de les surmonter en dessinant les aventures de ses compagnons et les siennes. Ses rébus firent parfaitement l'effet voulu. Le naufrage et la perte d'un navire, la nature de la cargaison, la latitude où la tempête avait jeté l'équipage sur un écueil, les titres des officiers et matelots qui avaient pu s'arracher à la mer, les moyens dont ils avaient usé pour se procurer un bateau et gagner l'île de Roest, tout cela fut exposé sinon très-rapidement, au moins avec assez de clarté pour que les autorités locales prissent des mesures convenables ; et grâce à de tels renseignements, nos quatre compatriotes purent être dirigés sur un de nos ports, sans trop se douter, probablement, qu'ils figureraient un jour dans une histoire du symbolisme (1).

Enfin, qu'une gracieuse image termine cette longue suite de preuves. De nos jours, quand l'été ramène la verdure des champs, les splendeurs d'un soleil radieux et la sérénité des longs crépuscules du soir, allons, le 8 juin, au petit village de Salency, non loin de cette ville de Noyon, autrefois si fière du siége épiscopal immortalisé par S. Médard ; et après le chapeau de roses donné, dans la chapelle du saint, à la plus vertueuse des jeunes villageoises, nous lui verrons encore recevoir une flèche, en signe du droit qu'on lui accorde d'ouvrir ce jour-là le jeu de l'arc ; deux paumes, qui signifient le même droit à l'égard du jeu qu'elle va inaugurer, et un sifflet, qui l'autorise à donner le signal de tous ces divertissements. Une simple collation lui sera offerte, composée uniquement d'un fromage, de noix et de deux pains : c'est la sobriété, compagne nécessaire de la vertu, qui gardera la sienne comme elle a dû l'inspirer et la soutenir (2). N'est-ce pas là du symbolisme populaire ?

La rosière de Salency.

---

(1) *Morgenbladet* (feuille du matin), journal de Berghen, 16 mars 1854.
(2) *Écho de l'Oise*, 14 juin 1854.

est-il personne dans cette heureuse assemblée qui demande l'explication de ces signes d'une innocente et paisible royauté d'un jour?

Entrons maintenant dans un ordre d'idées plus philosophique et plus élevé.

CHAPITRE IX.

LES ARTS CHEZ LES ANCIENS.

L'art est l'expression la plus complète de la vie sociale; il en est la forme extérieure; il y réalise toute la pensée humaine, qui tend continuellement à s'épancher vers un centre de vie et d'activité. Mécanique ou libéral, appliqué à dompter la matière aux besoins physiques de l'homme ou à l'embellir sous des formes variées au service de son imagination et de ses sens, on le rencontre partout se liant nécessairement aux travaux manuels ou aux conceptions de l'esprit. Mais quelle différence de valeur entre ces inspirations si diverses! Comparez l'architecte, qui verse le génie de ses inventions grandioses sur les plans d'un édifice qu'il va rendre immortel, à l'inintelligent manœuvre qui diminuera de sa main grossière les masses pesantes et informes d'un roc dont il ne soupçonne même pas l'organisation; rapprochez le peintre qui tache de rouge et de vert l'enseigne de la taverne voisine, et celui qui fit des paysages ou des marines sous le nom de Poussin ou de Vernet, et vous comprendrez quelle distance infinie sépare l'artiste de l'ouvrier. Dans celui-ci, que faut-il sinon de l'exactitude pour les mesures, de la précision dans la réunion des parties, de l'adresse à polir et à perfectionner son tout? Ce n'est là, en réalité, que l'application de certains moyens fondés sur une vieille routine, qui fera demain ce qu'elle a fait hier, ce qu'elle fait aujourd'hui. L'autre, au contraire, s'élève par sa pensée au-dessus de toute application matérielle; il crée

<small>Dignité et spiritualisme de l'art.</small>

dans son intelligence le petit monde qu'il va lancer dans le grand; il lui donne une vie dont il a le principe dans son cœur. Sans doute, ce sujet qu'il médite se manifestera par des formes sensibles; mais à travers cette enveloppe diaphane éclatera une lumière toute spirituelle, communiquant à l'âme des vérités philosophiques et les enseignements d'une doctrine surnaturelle. Dénué de ce langage mystérieux et tout-puissant, noble et sainte éloquence qui émeut et qui entraîne, l'art proprement dit n'existerait point; l'antiquité aurait eu beaucoup de Pigalle et de Fabius, mais pas un Phidias ni un Apelle; le monde moderne se serait dédommagé de Raphaël et de Michel-Ange par une foule trop connue d'entrepreneurs et de peintres en bâtiments.

<small>Le symbolisme en est la vie.</small> L'art digne de ce nom est donc aussi une parole inspirée; mais il ne l'est, entendons-le bien, qu'à l'aide d'une fécondité qui lui fait multiplier les images et tirer de la pierre ou du bronze le symbolisme dont il est plein. Nous avons à prouver maintenant que, sous quelques formes qu'il ait prises, il n'a rempli qu'à cette condition sa mission véritable, celle de réaliser autant que possible l'idéal du beau, et de revêtir la vérité de toute sa splendeur visible. Comment en serait-il autrement? Incapable de représenter autre chose que des objets individuels, de peindre des événements qui sortent d'un moment donné et d'un fait unique choisi de préférence par l'artiste, dans quelles étroites limites ne serait-il pas enfermé s'il n'avait pour auxiliaire une poésie à lui, une âme cachée apparaissant au besoin dans ses œuvres et n'y jetant, sous la direction du goût et du sentiment, qu'une juste mesure d'ombres et de clartés, appréciables à quiconque sait goûter et sentir? Ceci fut de tous les temps et de toutes les contrées; qu'on l'appelle symbole ou allégorie, emblème ou devise, rébus ou figure, il y faudra reconnaître un langage spirituel disant beaucoup plus qu'il ne montre et parlant bien plus vivement aux regards de l'esprit que la plus riche matière aux yeux du

corps. C'est ainsi que le symbolisme élargit le domaine de l'art en suppléant par le travail de l'intelligence à l'insuffisance de la forme.

L'art, considéré quant au développement et pour ainsi dire à la filiation de ses idées principales, a dû se manifester d'abord par la poésie, imitation plus ou moins forcée, mais toujours séduisante, de ce que la nature a de plus sublime ou de plus beau. Bientôt l'architecture trouva dans la nature même ses principes primordiaux et les types variés de ses plus gracieuses inventions. La peinture la suivit de près, et décora les monuments de ses guirlandes capricieuses, de ses figures timidement ébauchées de dieux, d'hommes et d'animaux. De ces dessins coloriés naquit la statuaire, plus difficile et plus durable, et de là sans doute la fonte des métaux, la ciselure et la confection des monnaies, dont les types, d'abord grossiers et barbares, arrivèrent peu à peu, comme tout le reste, à une perfection relative, dont les spécimens venus jusqu'à nous ne donnent souvent qu'une idée fort incomplète. Arrêtons-nous à chacune de ces grandes divisions, et voyons quelle part le symbolisme a dû prendre à tous les phénomènes enfantés par elles.

<small>Enchaînement et filiation des arts libéraux.</small>

Quelque idée qu'on se fasse des formes de la poésie, qu'on regarde ou non comme inséparable de son langage le rhythme et la mesure qu'elle a chez les nations modernes comme chez les peuples les plus civilisés des temps anciens, ce n'est pas une question qui nous importe, et dans quelque sens qu'elle ait pu être traitée ou résolue (si tant est qu'elle le soit), par les écrivains de tous les âges, personne au moins n'a pensé à nier qu'elle vécût d'images, et que, par conséquent, l'action du symbolisme sur elle pût être l'objet de la moindre contestation. Il ne semble pas douteux non plus que les premiers chants, ceux qui remontent au berceau de l'humanité, aient été des cantiques religieux, expression spontanée, et par conséquent libre de toutes règles étudiées, de l'enthousiasme de l'homme au lever d'un beau jour, au

<small>Symbolisme de la Poésie.</small>

magnifique tableau d'une nuit sereine, à la vue des moissons et des fruits dont le Créateur venait de le favoriser.

Le cantique de Moïse après le passage de la mer Rouge.

Rien ne nous est resté de ces poèmes sacrés des premières familles; mais quoi qu'on nous dise de tant d'autres que le paganisme a pu inspirer, aucun d'eux, transmis jusqu'à nous sous les noms vénérés d'Orphée, d'Homère ou d'Hésiode, ne peut le disputer, ni pour l'authenticité ni pour l'âge, au cantique chanté par Moïse après le passage de la mer Rouge. Presque à chaque verset ou strophe de cet hymne, est une peinture saisissante dont le dessin ferait une suite de tableaux aussi élevés que dramatiques, et, en observant un grand nombre de sculptures appliquées à l'ornementation de nos églises, on n'hésite pas à y retrouver des motifs puisés, comme autant d'enseignements, au quinzième chapitre de l'Exode. Là, c'est le *cavalier précipité dans la mer* avec le coursier qui le portait; c'est le Seigneur *se montrant comme un guerrier*, et lançant dans l'abîme les chariots de Pharaon et de son armée; c'est *sa main* frappant l'ennemi par sa toute-puissance, et *le feu de sa colère dévorant* comme une meule de paille cette horde insensée qui résistait à sa voix; — ici l'ennemi *tire l'épée* et voit déjà les dépouilles qu'il va conquérir, puis aussitôt le voilà submergé dans *les grandes eaux*. C'est encore le Seigneur qui, dans sa force irrésistible, *porte son peuple* à l'autre bord; ce sont les guerriers de la Palestine, Édom, Moab, Chanaan, *pétrifiés* et *immobiles* en présence du miracle, et Israël *planté* sur la montagne qui devient son héritage; et Dieu enfin régnant au delà de l'éternité dans la gloire qui lui est propre, et que ses enfants ont pu entrevoir dans les prodiges de sa toute-puissante protection.

A ne voir ici que le sens littéral, on remarque dans ce style figuré des termes pleins de vivacité et autant d'actions que de phrases. Tous ces actes, tous ces moyens visibles: la main qui frappe, le feu de la colère qui dévore, l'épée du guerrier divin qui sort du fourreau, la force surnaturelle qui porte douze cent mille voyageurs au delà du fleuve, ce monde nouveau échappé de la servitude et *planté* sur le sol qu'il va soumettre et habiter, ce sont bien autant de symboles de l'opération providentielle. Il y a plus encore, et, par une application toute spéciale, l'action divine se manifeste ici dans une suite de prophéties, et ce grand événement historique est, aux yeux de l'Église catholique, une prédiction formelle d'autres miracles qui signaleront sur la terre la venue du Rédempteur. Alors aussi un Sauveur arrachera le peuple de Dieu à la persécution de l'ennemi infernal ; les eaux mystérieuses du baptême, la mer rouge du Sang divin versé au prétoire et sur la croix réaliseront ces figures bibliques. C'est ainsi que S. Augustin (1) et beaucoup d'autres Pères développeront le sens de ce grand prodige. Toutefois n'anticipons point sur cette matière si élevée au-dessus de celle qui réclame encore de nous quelques pages ; restons dans le paganisme, et recourons aux seules traditions qu'il nous offre.

En fait de poésie païenne, qui ne donne à Homère la palme des grandes pensées et des beaux vers? Nous avons parlé de son Iliade, poétique leçon d'unité dans le gouvernement. L'Odyssée n'est-elle pas aussi une leçon pour les rois de s'appliquer aux affaires que leur absence laisse péricliter ? Ulysse n'y est-il pas le symbole de la prudence royale, Pénélope celui des épouses fidèles, Télémaque le modèle de l'adolescence vertueuse aux prises avec les difficultés d'une position entourée d'écueils? Si Aristarque, parmi les anciens, refusa seul à Homère l'honneur d'avoir enseigné la sagesse sous le voile des plus attachantes allégories, mille autres l'ont vengé de cette injustice, et Winckelmann l'a prouvé de reste après Eustate (2). On sait d'ailleurs que les rap-

L'Odyssée.

---

(1) S. Aug., in *Exodum*, quæst. 54-55. — On peut lire aussi dans Isaïe le beau cantique du chapitre v : « Cantabo canticum patruelis mei vineæ meæ. »

(2) Winckelmann, *Essai sur l'allégorie*, p. 33, in-8°, 1799. — Eustate, in *Iliad.*, A, p. 40, lib. XXVIII; E, p. 614, lib. V.

sodes, pour réciter les chants de l'Iliade, s'habillaient de rouge, par allusion aux combats et au sang qui fut répandu à la guerre de Troye, et que ceux qui chantaient les aventures d'Ulysse étaient vêtus d'un habillement bleu de mer, pour indiquer les longs voyages du héros sur cet élément (1). Et les prétentions allaient si loin à ce sujet que des admirateurs de bon goût crurent donner aux deux poèmes leur seule enveloppe convenable en couvrant l'un d'une étoffe rouge et l'autre d'une étoffe bleue (2).

Les Travaux et les Jours, d'Hésiode.

Contemporain, ou à peu près, du chantre d'Achille, Hésiode fait son beau poème *Des Travaux et des Jours*, et sous les ravissantes imaginations de sa mythologie il émet les plus belles pages de la philosophie ancienne, soit en créant l'ingénieuse fable de Pandore, qu'on ne trouve dans aucun livre avant lui, mais qui n'est encore qu'un emprunt fait aux croyances du monde primitif, soit en racontant la naissance des Muses, qu'il fait le premier filles de Mnémosine et de Jupiter, c'est-à-dire de la mémoire et de l'intelligence. — Il faudrait parcourir tous les poètes pour épuiser les preuves de leur prédilection pour les symboles. Que faire, en effet, d'une poésie qui répudierait les images ? La simple prose vaudrait mieux, puisqu'elle ne les exclut pas, si modérément qu'elle les emploie.

Symbolisme de l'Architecture.

Ce don d'une pensée élevée, départi aux premières générations humaines, et qui poétisa toutes leurs sensations, ne devait pas se borner aux choses purement métaphysiques, aux affections de la reconnaissance ou de l'amour, aux mille autres passions de l'esprit ou du cœur ; il passa promptement jusqu'à la matière, et se chargea de l'ennoblir : de là les premiers monuments, non ceux qui servirent au logement de l'homme et succédèrent, pour l'abriter, aux

---

(1) Cuper, *Apotheosis seu consecratio Homeris*, p. 51, Amstelod., 1683, in-4°.
(2) C. Robert, *Essai d'une philosophie de l'art*, p. 29, in-8°, Paris, 1836.

frêles cabanes de chaume et de branchages, mais ceux qu'une impression religieuse fit dresser avant tous les autres à la gloire de Dieu comme symboles les plus expressifs du culte intérieur. Oui, depuis la première pierre, le premier tronc d'arbre peut-être, où le juste Abel offrit les prémices de ses troupeaux, jusqu'au temple édifié par Salomon et classé parmi les merveilles du monde, ce que la pensée a de plus sublime et de plus saint imprima son poétique cachet sur ces pierres sacrées, et les plus magnifiques monuments devinrent la plus harmonieuse poésie des grandes nations.

On peut donc dire de l'architecte ce qu'un homme parfaitement compétent a dit du statuaire, ce qu'on pourrait dire tout aussi bien du poète lui-même, les conditions du génie n'étant pas autres dans ceux qui le possèdent, quel que soit l'objet auquel ils en appliquent l'essor : « Cet homme privilégié a reçu de la nature les éléments de sa future grandeur; doué d'une imagination vive et brillante, d'un cœur susceptible de toutes les impressions du beau, et surtout de la plus délicate sensibilité, tout en lui contribue à préparer le goût et à l'affermir. A-t-il reçu un tempérament sanguin, il marche vers le beau, poussé par une force irrésistible; mélancolique, il ira jusqu'au sublime. S'il n'avait que des qualités, il ne serait que médiocre; il a le génie, et il compose des chefs-d'œuvre. A cette sublime faculté il doit la préférence marquée qui l'attache à tel genre qui fait sa gloire; c'est elle qui l'introduit et le pousse dans la carrière où l'attendent le triomphe et l'illustration (1). » Voulez-vous voir ce principe ressortir de toutes les belles œuvres de l'art antique, observez comme chez tous les peuples le génie national s'immortalise dans leur architec-

L'architecte et son génie.

Spiritualisme de l'art antique dans l'Egypte et l'Asie.

---

(1) Voir Junker, *De la Manière de représenter le Père Éternel, d'après les idées des Grecs*, dans le recueil de Jansen, in-8°, Paris, 1797.— Kant, *Observations sur le sentiment du beau.* — Marsi, poème *De la Peinture*.

220 HISTOIRE DU SYMBOLISME.

ture, et comme ce génie sait communiquer aux choses de sa création un caractère qui symbolise celui de l'ouvrier, même à travers les imperfections de l'ouvrage. Nous sommes choqués des formes heurtées des sphinx, des lions et des canopes de Memphis et de Thèbes ; mais dans ces masses puissantes, où la figure humaine conserve une expression si digne et si calme, n'apercevons-nous pas les auteurs des immenses pyramides ? Volney, nous le savons, y voit moins ce caractère spiritualiste que le témoignage d'une oppression tyrannique exercée envers une nation par le caprice de ses maîtres (1). Cette affectation au philosophisme, qui n'empêche pas d'avoir fait un livre remarquable, ne pouvait venir qu'à un esprit révolutionnaire, trop heureux d'oser calomnier les rois sous une monarchie déjà ébranlée par ses calculs de sectaire autant que par ses préjugés antisociaux. Mais qui partage aujourd'hui ces convictions factices, capables tout au plus de dénaturer l'histoire de l'univers ? qui peut avoir sérieusement étudié l'art ancien sans y lire ce qu'on nierait désormais inutilement ? Ainsi les gigantesques et immortelles constructions couchées dans les ruines de Babylone et de Ninive, de Palmyre et de Baalbek, ne parlent-elles pas éloquemment des immenses conceptions des possesseurs de la Syrie et de l'Asie Mineure ? — Dans l'ovale du

<small>Erreur de Volney à ce sujet.</small>

<small>L'art spiritualisé dans la Grèce,</small>

---

(1) *Voyage en Égypte et en Syrie de 1783 à 1787.* — C'était bien là une de ces idées propres aux hommes qui veulent, comme Volney et Raynal, voir partout des symboles de tyrannie. On sait mieux que jamais que, tout en consacrant les Pyramides à des sépultures, les rois d'Égypte ne voulurent pas moins les opposer aux envahissements des sables qui menaçaient leurs villes capitales. Cette première idée dut très-bien s'allier, dans leur intention, à celle des sépultures somptueuses, et donnent un caractère de plus à ces imposantes masses du désert. — Volney devait savoir que ses amis de l'*Encyclopédie* avaient professé cette même opinion.

Combien de problèmes historiques dont le rationalisme s'est emparé contre la religion, que ce même auteur ne créa que sur de frivoles conjectures, et que renversent les découvertes récentes ! Les adversaires systématiques de la foi ne devraient-ils pas s'avancer plus sagement sur un terrain qui finit toujours par s'effondrer sous leurs pas ?

visage grec, dans la pureté des lignes architecturales des monuments helléniques, ne devine-t-on pas une civilisation élégante et sensuelle? Au contraire, on voit bien dans les Pélasges de l'époque cyclopéenne, jetant pêle-mêle des quartiers de rocs entre eux et l'ennemi, une nature rude et sans art, forcée à se défendre et ne s'ingéniant qu'au soin unique de la conservation, sans nul souci des prétentions artistiques.

Les dolmens et menhirs, les tombelles et les cromlechs de nos ancêtres ne témoignent-ils pas de peuplades aussi dédaigneuses qu'ignorantes des premières lois de l'architecture, par conséquent guerrières, nomades; ou bien de la puissance druidique élevant autour d'elle, en signe de son action irrésistible et sur tous les points du globe, des sépultures ou des autels que soixante générations auront vu passer sans les détruire (1)? Sans doute, rien ne force de croire qu'on ait couvert plus volontiers de ces étonnantes masses un sol aride et improductif, parce qu'un tel emplacement offrait mieux l'image de la mort, dont les dolmens étaient l'emblème (2); mais on peut certainement reconnaître entre les monuments eux-mêmes et l'esprit qui les fit élever

La Gaule,

(1) Les monuments druidiques, emblèmes encore obscurs d'un principe religieux, se retrouvent dans tous les pays et jusque dans le Nouveau-Monde. Aux États-Unis, dans ceux de New-York et de Massachussets, comme dans l'intérieur du Mexique, les voyageurs s'ébahissent devant des pierres branlantes et des cromlechs qui défient toute négation sur l'existence fort ancienne d'une civilisation dont ces monuments sont les seules et dernières traces. On peut lire le *Voyage* du capitaine Dupaix *dans l'intérieur du Mexique, de 1803 à 1807*, où sont consignées sur ces curieuses découvertes des observations pleines d'intérêt.

(2) C'est l'opinion du colonel Saint-Hippolyte (*Mém. de la Soc. des antiq. de l'Ouest*, t. IX, p. 57); mais cette conjecture nous semble un peu hasardée. La stérilité prétendue de la plupart des terrains recouverts par les cromlechs surtout, comme ceux de Château-Larcher, vient du respect que leur ont voué pendant longtemps les populations environnantes; la preuve s'en trouve dans la nature du sol, que des mains moins craintives commencent à savoir fertiliser. Et puis, reste-t-il bien prouvé que les cromlechs aient été sûrement l'emblème de la mort?

des rapports qui rentrent dans notre sujet, ne fût-ce qu'à cause de leur destination religieuse, sur laquelle on s'accorde généralement. Ceci, d'ailleurs, est comme un article de foi en fait d'histoire, et rien n'empêcherait d'ajouter aux exemples déjà cités celui des Arabes, dont le style architectural, peu connu avant leurs conquêtes en Perse et en Égypte, vers le milieu du septième siècle, respire toute la richesse et tout le sensualisme de leur nature, se produit aussi fantastique, aussi capricieux que leurs rêves mobiles, et, destitué de gravité et de noblesse, semble préluder par ses prétentieuses dentelures, ses contours maniérés et son ornementation excentrique, à l'âge malheureux décoré chez nous du nom fastueux de Renaissance, véritable décadence (on n'en est plus à le nier) de l'art chrétien et de beaucoup d'autres choses, hélas!....

Et l'Arabie.

Premiers temples : ce qu'ils eurent de symbolique.

Si après ces considérations générales nous entrons dans l'examen des monuments particuliers, que de détails viendront jeter autour d'eux les plus précises notions du symbolisme artistique! Le plus ancien temple païen que mentionne l'Écriture est celui de Dagon, idole des Philistins, vers l'an du monde 2850 ; mais il n'y est nullement question des formes, des dimensions ni des autres caractères qui en particularisaient l'architecture (1). On peut seulement conjecturer que ces Philistins, sortis de l'île de Crète, auront eu dans leurs monuments quelque affinité avec les premières colonies grecques, dont les ouvrages pélasgiques se ressentaient d'une civilisation grossière. Chez eux donc, peu ou point de symbolisme sans doute ; et pour découvrir, en dehors du peuple de Dieu, dont nous parlerons plus tard, les premières traces de ce système esthétique, il faut remonter, d'après Hérodote et Lucien, aux habitants de l'Égypte et de l'Assyrie : nous savons comment ils entendirent le leur.

La forme de

Les auteurs anciens qui ont décrit les plus célèbres tem-

(1) Cf. 1 *Reg.*, v, 2.

ples visités par eux, Hérodote, Strabon, Ovide, Diodore de Sicile, en exaltent la magnificence; ils en énumèrent fidèlement les diverses parties, mais ils se taisent sur l'influence qu'elles peuvent avoir subie d'une pensée mystérieuse qui en eût pu dicter la distribution et les détails. C'est toujours dans la décoration arbitraire de ces demeures vénérées que se rencontrent des intentions mystiques dont ils ne parlent pas toujours, il est vrai, mais qu'on devine aisément, pour peu qu'on se soit livré à l'étude du symbolisme. C'est aussi dans la figure donnée aux idoles et dans leurs attributs. L'architecture sacrée n'a donc pas encore de règles canoniques. On lui voit, il est vrai, de vastes proportions, des formes générales toutes réduites au quadrilatère plus ou moins régulier; considérée en elle-même, ce serait tout ce qu'elle peut offrir de typique et de consacré, si l'on pouvait oublier que, dès les temps les plus reculés, l'Orient bâtissait beaucoup de ses temples en forme de croix. Ce type avait-il une autre signification que pour les chrétiens? faut-il y voir une de ces prophéties en action que la Providence a plus d'une fois permises pour répandre sur l'avenir une aurore surabondante des saintes vérités de la Rédemption? Ce qui est certain, c'est que les Chinois expriment dans leur écriture mystérieuse le nom de la Palestine par un signe dont les diverses figures signifient *adoration du bois de la croix céleste;* que les Égyptiens plaçaient une croix auprès des images de leurs dieux; que partout où la croix forme une lettre ou partie d'une lettre primitive, cette lettre a un caractère philosophique analogue à l'idée de divinité ou du culte qu'on lui rend. Ces observations, et beaucoup d'autres qu'on peut lire dans les *Mémoires de la Société archéologique du midi de la France* (1), suffisent apparem-

croix donnée aux temples des idoles en Orient.

Symbolisme de la croix dans l'écriture chinoise.

(1) T. III, 4ᵉ livraison, *Mémoire* de M. le marquis de Saint-Félix *sur la croix considérée comme signe hiéroglyphique d'adoration et de salut.* — Voir aussi *Bulletin des antiquaires de l'Ouest*, t. II, p. 34, et C. Robert, *Essai d'une philosophie de l'art*, p. 28, in-8°, Paris, 1836.

ment pour rendre fort intéressante la forme de croix donnée à des temples de l'idolâtrie. L'esprit du mal qui s'y faisait adorer pouvait y lire à chaque instant l'arrêt prophétique de sa défaite future.

Les ordres dans l'architecture à Rome et en Grèce. Mais laissons toutes ces nationalités secondaires qui s'agitent entre les premières sociétés nées de la dispersion des fils de Noé et les grands peuples qui occupent les plus vastes pages de l'histoire : les Grecs et les Romains nous apparaissent ensemble ou tour à tour avec toute la magnificence de leurs arts, relevée de tout l'intérêt d'un symbolisme positif. Et d'abord, les divers ordres d'architecture doivent répondre, par les détails de leurs formes générales, à l'objet que se propose l'architecte, et Vitruve ne laisse pas douter du sens

—Un fait curieux révélé par l'apparition d'un livre intéressant, récemment publié à New-York, modifie d'une manière aussi précise qu'inattendue la portée des observations dues à M. le marquis de Saint-Félix, et sur lesquelles nous nous étions arrêté nous-même avec intérêt dans le *Bulletin*, cité ici, *des antiquaires de l'Ouest*. L'auteur de l'article que nous y analysions y parlait d'une croix trouvée par les Espagnols dans les ruines mexicaines de Palenké, et placée dans un sanctuaire, comme objet d'adoration, par les naturels du pays. Il concluait de la présence d'un tel signe, en un lieu qui n'avait jamais appartenu au christianisme, d'une pensée favorable à la croix, répandue, on ne saurait comment, chez les peuplades américaines encore sauvages. Mais on connaît aujourd'hui la cause de ce fait si digne d'attention : M. Shea, de New-York, dans une *Histoire des Missions catholiques chez les Indiens des Etats-Unis*, constate, d'après les renseignements puisés par lui dans les *Mémoires de la Société royale d'archéologie de Norwége*, que l'Amérique septentrionale était habitée, dès le dixième siècle, par un peuple déjà instruit du christianisme. La découverte de Colomb était donc faite cinq cents ans avant qu'il abordât ces terres, alors depuis longtemps oubliées, et qu'avaient dépeuplées probablement quelqu'un des fléaux si communs sur ces plages brûlantes et voisines d'ailleurs de peuples moins avancés dans la civilisation. La guerre, la fièvre jaune, les ouragans, en détruisant tout, n'y auront laissé que les monuments en ruines de cités florissantes : telle aura été l'origine de cette croix, restée debout comme un symbole historique, entre un passé disparu à tous les regards et un avenir promis aux nouvelles conquêtes du christianisme.— Voir *Catholic Missions among the Indian tribes of the United States*, 1529-1854, by John Shea, New-York, 1855.

mystique qu'il y attache. Il demande (1) qu'on emploie le dorique, le plus ancien et le plus grave des styles, aux temples de Jupiter, de Minerve, de Mars, d'Hercule et d'autres semblables divinités d'attributions sérieuses et importantes : la vertu, la valeur, le soin des affaires ne s'accommodent point de la recherche et de la délicatesse d'ornements superflus. Ainsi les Parthénons d'Athènes et de Syracuse, le temple de la Concorde à Agrigente, et beaucoup d'autres édifices élevés au nom de ces divinités; puis les arcs de triomphe, les portes des grandes villes, affectaient de préférence, et plus convenablement, le style dorique (2). — Par la raison contraire, on consacra l'ordre corinthien, si gracieux par la mollesse de son acanthe recourbée, par les élégantes cannelures de ses colonnes et la beauté finie de son entablement, à Vénus, à Flore, à Proserpine, aux Naïades et aux autres nymphes des plaines et des forêts. Entre la sévérité du dorique et la délicatesse du corinthien, l'ionique semble tenir le milieu : il conviendra à Junon, à Diane, à Bacchus, personnages que leur histoire mêle également à des occupations tantôt riantes et sensuelles, tantôt sévères et imposantes. Tels furent les trois ordres qui se partagèrent, sous le ciel de la Grèce, le domaine de l'architecture civile ou religieuse. Les Latins s'en firent un de plus, qui, inventé dans l'Étrurie, ou plutôt copié du dorique avec des modifications qui l'abâtardirent, fut désigné comme toscan, et, rachetant par sa solidité son dénûment de sculpture, se trouva naturellement destiné à ceux des travaux d'art qui ne comportaient nécessairement aucun genre d'ornementation et de richesse. Les ponts, les arsenaux, les prisons, furent assez généralement de ce style.

---

(1) *De Architectura*, lib. II, cap. II; lib. IV, cap. I. — Pier. Valer. *Hierogl.*, lib. XLIX, cap. xxv et seq., p. 529.

(2) Le chevalier de Jaucourt, *Encyclopédie*, v° Ordres. — Bâtissier, *Histoire de l'art monumental*, p. 160 et suiv. — Montfaucon, *Antiquité expliquée*, liv. II, p. 151 et suiv.

Un temple de Jupiter, sur le mont Albano, fut même construit d'après ces principes, aussi bien qu'un certain nombre de monuments funéraires. — Outre la pensée allégorique qui présidait de la sorte au choix de ces ordres, une intention plus subtile encore paraît en avoir déterminé la composition. Aussi, comme on avait, selon Vitruve (1), proportionnés d'après le corps de l'homme, le diamètre et la hauteur des colonnes toscanes, et que leur majestueuse simplicité rendait bien la noblesse de ce chef-d'œuvre du Créateur, on avait voulu, dans les huit diamètres de la colonne ionique, personnifier le corps d'une femme, et l'on poussa les rapprochements jusqu'à copier les boucles de cheveux dans les volutes du chapiteau, comme les plis des vêtements dans les cannelures du fût (2).

Temples hypèthres. Il y avait aussi des temples hypèthres (ὕπαιθρον), c'est-à-dire découverts par le milieu et exclusivement destinés aux divinités qui régnaient sur l'air. Jupiter, la foudre, le ciel, le soleil, la lune avaient seuls droit à cette distinction (3). Mais les deux grandes nations dont ces dieux étaient les idoles n'avaient pas inventé cette allégorie ; elles la tenaient de plusieurs peuples orientaux, souvent mentionnés dans le Lévitique de Moïse, dans les Paralipomènes et dans plusieurs Prophètes, surtout des Perses, qui, au témoignage de Strabon, entretenaient du feu, en l'honneur du soleil, dans des enclos sans toiture. Il fallait apparemment de l'atmosphère à ces dieux, qui, plus resserrés, auraient craint d'étouffer, faute de leur élément nourricier.

Autres convenances symboliques dans le choix des lieux consacrés pour des temples. Il y avait une autre théorie que nous apprenons encore du grand architecte de Vérone. Il veut que la position des temples soit d'accord avec l'idée qu'on se forme du dieu. Les dieux tutélaires, par exemple Jupiter, Junon, Minerve,

---

(1) *Ubi suprà.*
(2) Vitruve, liv. IV, ch. I.
(3) Quatremère de Quincy, *Mémoires de l'Institut*, histoire, t. III.

doivent habiter les points culminants d'une ville, d'où ils puissent en voir les murs. On place Mercure au forum, comme Isis et Sérapis en Égypte ; et à Rome même, quand on y eut accueilli leur culte intéressé, Apollon et Bacchus logèrent près du théâtre ; Mars, hors de l'enceinte murale, dans le champ consacré à ses exercices, afin de veiller sur les remparts ; Cérès, dans les campagnes ; Vulcain, assez loin pour éviter les incendies à la cité ; Hercule doit être près du gymnase, auquel il préside ; Vénus sera à l'une des portes, dans la crainte de ses influences sur les jeunes gens et les mères de famille. Les livres des aruspices étrusques expliquaient par ces motifs cette séquestration parfois, on le voit, fort peu honorable. Il en était bien autrement des idées qu'avait eues l'ancienne Rome sur l'étroite union à ménager entre l'Honneur et la Vertu : elle avait placé les temples de l'un et de l'autre de façon qu'on ne pût entrer dans le premier qu'en traversant le second (1) ; heureuse et philosophique pensée, qui devrait partout se réaliser, et dont une civilisation plus avancée fit voir un jour toute l'ironie !... — Enfin, on avait distingué l'emplacement à donner aux temples d'après l'ordre hiérarchique des dieux : à ceux du ciel, on bâtissait une demeure sur les hauteurs de la terre ; à ceux des enfers, dans les cryptes souterraines ; à ceux de la mer, sur les bords de l'Océan ou des rivières ; tandis que les dieux de la terre se mêlaient aux lieux divers que leur assignaient leurs fonctions : Pan, au milieu des pâturages et des forêts ; Priape et Pomone, dans les jardins, et ainsi des autres (2).

On voit dans Montfaucon des plans fort nombreux de temples anciens levés dans la campagne de Rome par l'architecte italien Foria, au commencement du dix-septième siècle (3). Leurs formes, variées jusqu'à l'originalité, ont pu faire croire que ces ouvrages n'étaient pas moins le résultat

<small>Les plans généraux des anciens vides de toute théorie normale à l'égard du symbolisme.</small>

---

(1) Pausanias, liv. I.
(2) Thomæ Dempster *Antiq. Roman.*, lib. II, cap. II ; mihi, p. 89.
(3) *Antiquité expliquée*. 2ᵉ part., p. 123, pl. 34 à 48.

de l'imagination que des recherches consciencieuses du dessinateur; mais, avec le zèle du symbolisme que nous avons reconnu aux anciens, n'aurait-il pu attacher à ces formes si nombreuses quelques idées analogues à la destination de ces monuments, dont les uns étaient quadrilatères, d'autres ronds, ou polygones, ou en hémicycle, et tous entourés ou précédés d'un nombre différent de colonnes ou de portiques (1)? Quoiqu'on se persuade difficilement le contraire, il ne paraît pas, dans aucun auteur que nous ayons lu à ce sujet, qu'on puisse l'affirmer par des données positives, et les observations que nous ferons sur les églises chrétiennes pourront seules nous offrir, pour ce qui les regarde, des renseignements certains. Cependant, à défaut de théories écrites, ou des exemples qui vaudraient mieux, Winckelmann, qui, tout en faisant un travail de quelque érudition sur l'emploi de l'allégorie dans l'art antique, n'a pas toujours compris jusqu'à quelles limites on pouvait alors le pousser, reconnaît que le tombeau de l'Amazone Hippolyte, élevé près de Mégare, avait la forme du bouclier des Amazones, et que celui du poète Stésichore, près d'Himéra, en Sicile, formait une allusion à son nom, qui, dans le jeu des astragales, signifiait un coup de huit; de sorte que le petit édifice était coupé à huit pans (2). Winckelmann doit ces faits à Pausanias, observateur si justement estimé, et à Pollux, célèbre grammairien du temps de Marc-Aurèle. Mais ce n'étaient là que des monuments funéraires, et, quant à des édifices sacrés plus considérables, il ne serait peut-être pas plus facile d'en citer qui éclairassent cette question, comme on le peut parmi les modernes pour l'Escurial de Madrid, bâti en forme de gril, en mémoire du martyr S. Laurent (3), et pour l'église de la Sapience, construite à Rome, sous la forme d'une

Symbolisme de quelques tombeaux.

L'Escurial de Madrid et la Sapience de Rome.

(1) Varron, *De Lingua latina*, lib. VI.
(2) *De l'Allégorie*, p. 251.
(3) Mentelle, *Géographie de l'Espagne moderne*, p. 250. Paris, in-8°. 1783.

abeille, en l'honneur du pape Urbain VII, dont la famille portait cet insecte dans ses armes (1).

Temples élevés sur les hauts lieux,

Les intentions symboliques étaient-elles plus équivoques dans le soin que se donnaient les premiers hommes, dénués encore de temples, n'ayant qu'un simple autel de pierre, de bois ou de gazon, de chercher à l'élever le plus possible de la terre au ciel, pour offrir leurs sacrifices ou s'entretenir avec Dieu ? Abraham fait gravir à son fils la montagne symbolique de Moria, et va l'immoler sur cette terre où plus tard Jésus-Christ, le véritable Isaac, expiera dans le sacrifice de la croix les coupables abominations de l'idolâtrie (2). — C'est sur le Sinaï que Moïse reçoit le Décalogue (3). — C'est sur les hauts lieux consacrés à Baal que le faux prophète Balaam va consulter le démon (4).

Et entourés de bois sacrés.

Les bois sacrés dont on entourait les autels et les lieux saints n'étaient pas non plus sans signification mystique. Abraham agit ainsi à Bersabée (5); les infidèles avaient la même coutume, comme on le voit en beaucoup d'endroits des livres bibliques, ce qui forçait les Juifs, après la prise d'une ville ou quelque victoire sur leurs ennemis, de commencer par débarrasser le sol de ces arbres profanés par des religions impies (6).

Lorsque, dès les premières années de la fondation de Rome, on voulut établir sur le mont Tarpéien le premier temple de Jupiter, on fut obligé préalablement de déblayer la célèbre montagne des nombreux autels et de leurs bosquets qui l'encombraient (7). — Le temple de Jupiter Ammon, à

---

(1) Franc. Borromini *Opus architectonicum*, chieza della Sapienza. tav. X, Romæ, 1727, in-f°.

(2) *Genèse*, XII, et le *Commentaire* de dom Calmet, p. 484 ; — Genebrard, *Chronographia*, lib. I, cap. VI, in-f°, Lugd., 1609.

(3) *Exode*, XVI.

(4) *Nombres*, XXII-XXIII.

(5) *Genèse*, XXIV.

(6) *Juges*, CVI.

(7) Denys d'Alicarnasse, *Antiquit. rom.*, liv. I, ch. VIII; liv. II, ch. X.

Thèbes, était entouré d'une épaisse plantation de chênes; celui de Diane, à Éphèse, se cachait dans une touffe de laurier. Outre la convenance de cette végétation, qui n'était pas toujours aussi allégorique, mais qu'on recherchait de préférence pour les attributions accordées à ces arbres, par là on s'environnait aussi pour la prière de plus de silence et de recueillement. Les prêtres païens, qui n'avaient que faire de ce motif, y trouvaient du moins un moyen de frapper davantage l'esprit et le regard de la foule, et c'est une des plus utiles pensées du christianisme d'avoir adopté souvent cette industrie des fausses religions pour la faire servir avec mille autres à la vie sérieuse des âmes, qui lui importent par-dessus tout.

Orientation des temples.

Le sens allégorique ainsi constaté dans la situation donnée aux édifices religieux du paganisme ne se retrouvait pas moins dans leur orientation et dans leurs ornements extérieurs. Ouverts d'abord à l'Orient, comme on le voyait à Hiéropolis, à Memphis et en d'autres villes de l'Égypte (1), on paraissait tenir à y faire pénétrer par la porte commune les rayons symboliques de l'astre adoré de tous; mais on crut plus tard qu'il convenait mieux aux adorateurs, nécessairement tournés ainsi vers l'Occident pendant la prière, qu'ils dirigeassent eux-mêmes leur attention vers le point d'où la lumière revient chaque jour, et, selon le témoignage d'Hygin, c'était de son temps, c'est-à-dire à l'époque d'Auguste, un usage déjà fort anciennement reçu d'ouvrir la porte principale en face de l'Occident (2). Ce furent les Doriens qui initièrent cette pratique, et à leur exemple les autres peuples l'observèrent en dirigeant les quatre côtés des temples d'après les quatre points cardinaux. Dès lors, ce fut vers l'Occident qu'on tourna la face des statues placées au-dessus des autels; on regardait donc l'Orient pen-

(1) Hérodote, liv. II, ch. CXXXVI.
(2) *De agrorum Limitibus*, lib. I.

dant la prière ou l'offrande des sacrifices, et les dieux paraissaient venir du point où se lève le soleil, image principale et plus sensible de la divinité. C'est encore Vitruve que nous suivons ici (1). Il ajoute, sans en donner la raison, qu'avec le temps ce système se modifia ; mais, dans ces modifications mêmes, il est clair que l'oubli du principe ne fut pour rien et qu'on se laissa toujours guider par une idée mystique et religieuse. Ainsi, d'après ce même auteur, on devait tourner vers le bord du fleuve le temple bâti en l'honneur du dieu humide qu'on y adorait; et, pour ceux qui s'élevaient le long d'une voie ou d'une grande route, on ne contrariait la règle habituelle, en les ouvrant de préférence vers cette voie, qu'afin d'attirer à la divinité les hommages plus sûrs et plus faciles des passants ou des voyageurs (2). Ainsi encore nos églises, partout et toujours ouvertes au soleil couchant, n'ont eu jadis d'exceptions assez rares à cette règle que par des motifs bien moins connus aujourd'hui, mais que peuvent expliquer certaines circonstances locales ou d'autres causes acceptables, comme nous le dirons en son lieu.

<small>Exceptions qui confirment cette règle.</small>

Les temples n'étaient pas, d'ailleurs, les seuls édifices religieux que les anciens dussent tenir à orienter. Leurs tombeaux subissaient la même loi, soit qu'ils fussent dressés au-dessus du sol à l'état de monuments, soit que, recouverts de terre, ils n'apparussent que sous la forme de *tumulus* ou d'*allées couvertes*, soit enfin qu'entièrement soustraits aux regards, les corps fussent déposés en de simples fosses, sans aucun cercueil de pierre ou de bois, ou enveloppés entre des cloisons plus ou moins grossières de glaise, de briques ou de moellons. Cette méthode fut observée des

<small>Orientation des tombeaux.</small>

---

(1) Liv. I, ch. II ; liv. IV, ch. v.
(2) Voir une *dissertation* de dom Calmet *sur les temples des anciens* dans son *Commentaire sur les trois premiers livres des Rois*, p. 613. Beaucoup des textes que nous avions rassemblés pour ce chapitre s'y trouvent cités avec une fidélité irréprochable.

Égyptiens pour leurs pyramides, des Celtes pour leurs dolmens et leurs inhumations plus communes, des Romains du Bas-Empire après l'époque des incinérations, des Francs de l'époque mérovingienne, enfin des édifices civils qui, jusqu'au moyen âge, ont adopté cet usage, comme on le voit encore à la *Ragione*, ou Maison Commune de Padoue, et au palais impérial de Constantinople (1). Les chrétiens eux-mêmes de tous les siècles, dans leur liturgie, ont plus d'une fois ramené les sépultures à la règle d'orientation des églises, les cimetières n'étant, dans la pensée catholique, qu'une seconde église pour les morts, réfugiés autour de la croix et toujours dans le voisinage de l'autel qu'ils avaient entouré pendant leur vie (2). — Mais nous reviendrons sur ce point en son lieu. Reprenons au symbolisme de l'architecture.

Détails d'ornementation sculptée.
La pauvreté d'expression dans l'ensemble de l'art architectural d'Athènes et de Rome se racheta singulièrement par les détails d'ornementation dont la sculpture sut habilement l'embellir, dont la peinture colora ses colonnes, ses entablements et ses frises. Ces dernières surtout offraient le champ le plus habituel aux ornements allégoriques. Comme les grands sujets mythologiques qui s'y développaient sur une longue surface ouverte au talent du sculpteur, et qui, presque toujours, représentaient des courses, des chasses héroïques, des combats, des sacrifices, on vit les triglyphes et les métopes, comme nos modillons du moyen âge, et les intervalles qui les séparent, chargés d'attributs qui avaient leur sens et qui, pour la plupart, convenaient à l'histoire du dieu qui habitait l'édifice. Une des plus célèbres sculp-

---

(1) Voir *Annales archéologiques*, t. XVIII, p. 334, 341, et t. XXI, p. 262.

(2) Voir *Bulletin monumental*, t. I, p. 54, t. III, p. 2 et 349, et beaucoup d'autres preuves citées pour l'histoire générale de ce fait symbolique dans notre *Table générale analytique et raisonnée* des dix premiers volumes de cet important recueil, et, dans celle des dix volumes formant la 2ᵉ série, vᵒ Orientation. (2 vol. in-8°, Paris, 1846 et 1861.) — Voir aussi Bailly, *Hist. de l'astronomie*, t. II, p. 431.

tures de ce genre était celle dont Phidias avait décoré l'extérieur du Parthénon. La multiplicité des bas-reliefs allégoriques y disputait à la statuaire, qui n'y était pas moins prodiguée, le prix du génie et de la perfection artistique (1). C'est ainsi qu'avec moins de mérite, mais guidés par la même pensée fondamentale, les Romains, qui n'eurent point de Phidias, couvrirent d'élégantes ciselures et de remarquables reliefs les surfaces extérieures de leurs monuments nationaux. Au-dessus du fronton de la porte septentrionale de l'amphithéâtre de Nîmes, qu'on croit terminé sous Titus, deux taureaux sortent à moitié corps et indiquent ou les sacrifices de ces animaux, ou les combats auxquels on les destinait dans l'arène, ou enfin, et peut-être mieux selon la pensée d'un historien du pays, le titre de colonie romaine accordé à la cité, et d'après lequel son enceinte nouvelle devait avoir été tracée à la charrue (2). — Les temples d'Apollon, souvent entourés de bois de laurier, recevaient pour ornements sculptés de nombreuses images de sa lyre espacées au-dessous des frontons ou sur les consoles saillantes qui les supportaient. Le paon, symbole d'immortalité ; l'aigle, du commandement ; le hibou, de la méditation silencieuse, annonçaient des temples de Junon, de Jupiter ou de Minerve. Winckelmann dit avoir vu à Gaëte un reste de frise dorique dont les métopes portaient des têtes de Méduse, et, à la tour du passage du Garigliano, la même place était occupée par des Harpies. Notre antiquaire se contente de ces indications, et n'en cherche pas le sens mystérieux. Mais il en faut un à ces reliefs, dont le choix ne peut avoir été fait sans intention. Ne la trouverions-nous pas dans la position maritime des deux édifices placés, l'un dans un des ports de la Méditerranée, l'autre sur un fleuve qui s'y

---

(1) Émeric David, *Biogr. univers.*, t. XXIV, p. 31.
(2) Ménard, *Histoire des antiquités de la ville de Nîmes et de ses environs*, p. 23 et 29, in-8°, Nîmes, 1831.

rend ? En effet, les Harpies étaient filles de Neptune, et Méduse avait été aimé de ce dieu. Cette dernière, d'ailleurs, profanée malgré elle par le frère du Jupiter dans le temple même de Minerve, ne pouvait-elle pas figurer sur la façade d'un temple pour effrayer les profanateurs ? — Les Harpies, filles de la Terre aussi bien que du dieu des mers, ne convenaient-elles pas à une ville dont toutes les habitudes se partageaient entre la navigation et le continent ? Cette interprétation ne sera pas sans valeur aux yeux de qui sait comprendre l'antiquité, et, pour trouver la véritable cause de beaucoup d'ornements analogues, il ne faut qu'un simple rapprochement entre ces images, d'abord obscures, et tant d'autres partout éparses sous des formes à peu près semblables, mais éclairées par les études archéologiques.

Les lions de l'architecture orientale.

Un fait remarquable ne doit pas être oublié : c'est l'apparition des lions aux portes du plus grand nombre des temples et des palais dans les âges les plus reculés de l'architecture ancienne. C'est encore là un de ces mystères que des conjectures, toutes également plausibles, peuvent éclaircir, puisqu'elles s'autorisent d'un usage commun à presque toutes les époques des deux mondes. Il est bien entendu cependant que ces conjectures doivent se tenir en dehors de toutes les données de la fable. Un symbolisme plus élevé, plus philosophique, a présidé à l'adoption du noble animal, qui n'a rien de commun ici avec ceux de Cybèle et de Cérès, dont ils furent l'attribut spécial.

Le lion a toujours passé pour le symbole de la majesté et de la terreur (1). C'est à ce titre qu'il figure dans l'Iliade sur le bouclier d'Agamemnon ; que Phidias, sublime copiste d'Homère, fait de la belle crinière du majestueux quadrupède la chevelure de son Jupiter Olympien (2). Mais aussi sa royauté avouée

(1) Junker, *De la Manière de représenter le Père Éternel*, ubi suprà, p. 341.
(2) Valère Maxime, *De Dictis Factisque memorabilibus*, lib. III, cap. VII. — Pline, *Hist. natur.*, lib. XXXVI, cap. V.

sur tous les animaux l'a placé bien au-dessus d'eux tous, et il représente l'idée de la puissance et de la force. C'est pour cela qu'on le voit souvent, en Orient, supporter le poids d'énormes colonnes, et figurer naturellement la puissante résistance qui rend inébranlables les bases de l'édifice, comme de plus récentes découvertes faites à Ninive l'ont fait remarquer au savant Prussien M. Loftus (1). C'est pour cela encore que l'artiste auteur du prétendu siége d'Homère, que le voyageur Pococke (2) a vu dans l'île de Scio, en avait fait le principal ornement de ce meuble d'authenticité équivoque. Il rappelait le roi de la poésie antique; il y pouvait signifier aussi la force et le feu du génie, car il est revêtu de ce privilége sur la terre, par la même raison qu'il figure dans le zodiaque au mois de juillet, où le soleil a toute l'énergie de sa chaleur. Ce mois, cette chaleur qui y fait revenir annuellement en Égypte les débordements du fleuve qui la fertilise, nous rappellent qu'effectivement il faut remonter jusqu'aux habitudes religieuses de ce peuple pour découvrir l'origine de tant de lions admis dans la sculpture des édifices publics (3). Tout le monde est d'accord avec Piérius et Horapollon que ces animaux figuraient aux portes des grands édifices comme en ayant la garde; ils étaient censés dormir les yeux ouverts (4) : de là leur réputation d'exacte vigilance. Dans les hiéroglyphes, l'attention fidèle, la surveillance exacte se dessinaient par une tête de lion (5). — Quelquefois remplacées, il est vrai, par des sphinx, des chimères ou des grifons, commis au même soin domestique, les

(1) Voir l'*Univers*, 16 juin 1854.
(2) *Description of the East*, vol. II, pl. 206.
(3) Hori-Apollinis *Hierogl.*, cap. XX, p. 31.
(4) Voir Volfgangi Franzii *Animalium Historia sacra*, pars I, cap. VI, in-18, Amstelodami, 1643. — Pline le Naturaliste et les physiologues du moyen âge.
(5) Hori-Apoll. *Hierogl.*, cap. XVIII, p. 29. — Pier. Valer. *Hierogl.*, lib. I, cap. IV et XIX. — Voir aussi l'*Histoire symbolique et iconographique du lion*, par M. l'abbé Crosnier (*Bull. monum.*, t. XIX, p. 281).

belles qualités qu'on est convenu de lui reconnaître lui valaient cependant une préférence assez générale, et cette honorable tradition s'est perpétuée en sa faveur jusqu'à lui mériter un rôle aux portes mêmes de nos abbayes et de nos collégiales. Nous dirons en son lieu ce qu'il faut croire des raisons que les archéologues en ont données. Disons dès à présent, puisque nous sommes encore sur le domaine de l'antiquité, qu'en attribuant cette coutume des sculpteurs du moyen âge à un souvenir du trône de Salomon, ce n'était pas remonter à sa source véritable, car les livres de ce prince n'étaient sans doute qu'une reproduction des ouvrages d'art exécutés par les Égyptiens. Salomon ayant épousé une princesse de ce pays (1), avec lequel, d'ailleurs, les Israélites avaient de fréquents rapports, quoi de plus naturel que de leur emprunter les formes élégantes des meubles et des ornements? Mais on ne doit pas méconnaître ce qu'avait de réellement symbolique cette présence des lions et des lionceaux multipliés aux côtés du trône et sur ses marches. Ce nombre, dans lequel les inspirations égyptiennes n'étaient probablement pour rien, semblait répondre beaucoup mieux à l'idée de la grandeur du roi de Jérusalem ; c'était peut-être la puissance et la fidélité d'un peuple fort et respecté, entourant la puissance royale ; et l'Écriture ne les oubliera pas. Dans l'admiration qu'elle en témoigne, en terminant la description de ce siège merveilleux, elle affirme que « jamais un si bel ouvrage ne s'était fait dans tous les royaumes du monde (2). »

De l'emploi si universellement adopté de ce motif, on peut conclure que partout où il se trouve, au moins dans

---

(1) « Filia Pharaonis quam uxorem duxerat Salomon. » (III *Reg.*, VII, 8.)

(2) « Fecit thronum de ebore grandem, vestivit eum auro fulvo nimis ; qui habebat sex gradus... ; et duæ manus hinc atque inde tenentes sedile ; et duo leones stabant juxta manus singulas ; et duodecim leunculi stantes super sex gradus hinc atque inde. Non est factum tale opus in universis regnis. » (III *Reg.*, X, 18 et seq.)

les monuments anciens et dans ceux du moyen âge, il a un rôle qui, pour n'être pas toujours compris, n'en est pas moins réel. Comme tant d'autres de l'espèce, ce rôle a souvent été méconnu par les antiquaires. Parmi eux, les plus renommés ont même quelquefois nié l'intention artistique. Ne voit-on pas Winckelmann se demander, en soutenant l'inutilité de certaines sculptures, ce que peut signifier sur la frise d'un temple ou d'un palais un enfant qui a peur d'un lion? Il nous semble qu'ici l'interprétation est facile : le lion garde l'entrée; l'enfant s'en effraye et représente l'homme, si faible devant la force du formidable animal : tout vous avertit qu'on ne doit pas franchir ce seuil redoutable; c'est le *pavete ad sanctuarium meum* (1) du vrai Dieu de la Bible.

Un sentiment qui n'a échappé à aucun peuple voulait qu'un monument religieux ne fût pas livré à sa destination sans avoir été consacré par des cérémonies spéciales. Ces rites sacrés étaient en grand nombre et avaient tous leur signification mystique. Soit donc que les temples fussent fondés pour la première fois ou reconstruits, soit qu'on dût les rendre à leur première dignité après une profanation du crime ou de la guerre, on devait, pour chacun de ces cas, se conformer à des usages religieux, qui tous parlaient à la pensée autant qu'aux sens de la multitude. Quand Salomon procéda à la dédicace de son temple, la nuée, symbole de la présence de Dieu, qui avait paru autrefois sur le tabernacle de l'alliance (2), se montra encore au milieu de l'enceinte sacrée (3). La bénédiction du prince sur le peuple, ses prières, ses mains levées vers le Seigneur, indiquent quelles grâces ce peuple recevra du ciel dans cette nouvelle demeure de son Dieu, et que, là, sa bouche et son cœur pourront tout de-

Consécrations des temples chez les anciens.

Dédicace du temple de Salomon.

---

(1) *Lévitique*, XXVI, 2.
(2) *Exode*, XL, 32; *Nombres*, IX, 15.
(3) IIIe *Rois*, VIII.

mander et tout obtenir. Les sons des instruments de musique, le feu, l'encens, l'immolation des victimes, les libations de vin et de sang, se comprenaient de reste, et reportaient tous les cœurs à des pensées surnaturelles. De son côté, Dieu ne manqua pas non plus à donner des marques significatives de sa présence : le feu descendu sur l'autel pour consumer les holocaustes est, d'après Moïse, l'image de Dieu lui-même consumant le cœur de l'homme par le sentiment d'un amour pur, épris sur ses propres droits d'une légitime jalousie (1). S. Augustin, l'un des plus intelligents symbolistes de l'époque patrologique, regarde ici le roi d'Israël comme la figure de Jésus-Christ se sacrifiant à la gloire de son Père, et accomplissant par sa prière, avant la Cène, ce que Salomon n'avait fait que préfigurer (2).

Réconciliation du second temple de Jérusalem par les Macchabées.

Lorsqu'après la persécution d'Antiochus Épiphane, les Macchabées voulurent rétablir dans le temple, reconstruit après la captivité de Babylone, le culte interrompu par la guerre, et l'autel profané par la statue de Jupiter, ils jetèrent les pierres infâmes dont on avait fait la base et l'entourage de cet autel dans la voirie publique; au contraire, ils conservèrent avec piété celles de l'autel lui-même, qui ne pouvait plus servir après sa profanation; ils en firent un nouveau de pierres non taillées, en souvenir de ceux dressés autrefois par Jacob et d'autres patriarches; bientôt, en signe de joie, l'entrée du saint édifice fut parée de bandelettes de fleurs et de verdure, ornée de couronnes d'or et de boucliers, trophées des dernières victoires; le peuple y arriva tenant des branches d'arbre et des palmes, en mémoire de son exil et des trois années de persécution dans les déserts et les montagnes; de plus, on voulut qu'une fête annuelle conservât aux générations suivantes le souvenir de cette

---

(1) « Etenim Deus vester ignis consumens est. » (*Deutéronome*, XXIII, 24.
(2) *Contra Adimantum*, cap. XIII, — et aussi *De Civitate Dei*, lib. XVII, cap. VIII.

solennité, et l'historien Josèphe dit que de son temps encore on la célébrait à la lueur des lampes, symbole de l'allégresse populaire, lorsqu'on sortit des ténèbres de la persécution pour passer à la lumière de la liberté (1).

Rapports entre ces cérémonies et celles observées par les païens.

La consécration des temples païens n'était pas soumise à moins de formalités, et il est remarquable que beaucoup de celles qu'observaient les Juifs s'y retrouvaient; le surplus consistait presque entièrement en pratiques superstitieuses. Il paraît, d'ailleurs, que le cérémonial s'était grossi avec le temps de plusieurs accessoires que n'avait pas admis la simplicité primitive. Le premier temple consacré à Rome le fut après l'enlèvement des Sabines. Romulus, vainqueur du peuple qu'il avait trompé, monta au Capitole portant les dépouilles du chef ennemi tué sous ses coups, les déposa au pied d'un chêne vénéré des pasteurs, et, traçant l'enceinte d'un temple, il le dédia à Jupiter, donna à ce dieu le nom commémoratif de *Férétrien*, et promit que ses descendants y apporteraient les dépouilles opimes prises par eux dans les combats. Tel fut, au rapport de Tite-Live (2), l'ensemble court et imposant de la cérémonie, vers l'an 750 avant l'ère chrétienne. Huit siècles après, lorsque Vespasien eut fait rebâtir le Capitole et le temple de Jupiter, incendiés par les troupes de Vitellius, il voulut qu'une dédicace pompeuse signalât ce grand événement, dont Tacite nous a conservé les détails (3). Sur la déclaration des aruspices, on commença par jeter dans les marais environnants les décombres de l'ancien temple, le nouveau devant être élevé sur le même sol, d'après les mêmes alignements, le même plan général et les mêmes distributions intérieures, les dieux, disaient les augures, n'y voulant aucun changement. Il fallut, pour commencer la cérémonie, que le jour fût clair et serein. L'espace destiné au temple fut environné d'une enceinte de

Temple de Jupiter au Capitole.

---

(1) Josèphe, *Antiquités judaïques*, liv. XII, ch. II.
(2) *Hist. Rom.* lib. 1, cap. X.
(3) *Histor.* lib. IV, cap. LIII.

ruban et de couronnes ; on y fit entrer d'abord une troupe de soldats choisis uniquement parmi ceux dont les noms étaient d'une heureuse signification et, par conséquent, de bon augure, tels sans doute que ceux de Félix, Valérius, Faustus et autres. Bientôt les Vestales, naturellement désignées pour cette fonction, et de jeunes enfants des deux sexes, que la pureté de leur vie en rendait dignes, firent sur le terrain des aspersions d'eau pure puisée aux sources vives des fontaines ; après quoi un porc, une brebis et un taureau, immolés en un même sacrifice, intéressèrent à l'entreprise Jupiter, particulièrement honoré sur la colline avec Junon et Minerve ; puis, au signal donné par le préteur et le pontife, la foule, sans distinction de magistrats, de sénateurs, de prêtres, de chevaliers et du simple peuple, empressée de témoigner d'un zèle religieux dont personne ne devait être exempt, se jeta sur les cordes entourées de bandelettes auxquelles s'attachait la première pierre, et traînèrent cette énorme masse dans les fondements. Là on répandit aussi des pièces d'or et d'argent et des échantillons naturels des métaux qui devaient servir à la construction, car les aruspices avaient défendu d'y employer rien qui eût été profané par d'autres usages. Ainsi fut dédié ce monument, devenu depuis si longtemps le type et comme le synonyme de la première puissance du monde.

Symbolisme des constructions navales. Les constructions navales appartiennent en propre à l'architecture ; le bois, le fer, les autres métaux, y remplacent la pierre ; mais la coupe des pièces, l'art des proportions, la statique, dirigés par les ingénieurs les plus habiles, y sont appliqués au moyen d'études sérieuses et difficiles (1). D'ordinaire, il ne faut pas chercher de symbolisme dans cette construction ; tous les soins donnés à ce genre d'édification

---

(1) Athénée (*Dipnosoph.* lib. V, cap. III) rapporte que Hiéron, roi de Syracuse, fit construire un vaisseau magnifique par ses dimensions et ses décors, dont la direction ne fut confiée par lui qu'au fameux géomètre Archimède.

sont de nécessité impérieuse. Cependant on a vu beaucoup de navires présenter à la poupe des images peintes ou sculptées de personnages héroïques ou fabuleux, et même d'animaux, dont ils portaient le nom et dont on affectait de leur reconnaître certaines qualités : tels l'*hirondelle*, qui prétendait à une grande vitesse; la *Méduse*, dont l'horrible aspect devait effrayer l'ennemi; *la Minerve*, *le Neptune*, *le Jupiter*, etc. C'est par là que l'esprit humain s'est dédommagé de l'austérité des règles géométriques et des formes absolues des monuments destinés à la navigation. Ce goût d'ornementation s'est surtout fait remarquer chez les nations plus adonnées à la culture des arts, et auxquelles n'ont jamais suffi les principes de l'utile et du solide. Les Grecs d'autrefois et les Romains dans les derniers temps de la république, comme dans l'histoire moderne les Français, les Italiens et les autres peuples de l'Europe méridionale, attachèrent plus d'importance à l'embellissement extérieur de leurs navires que les Égyptiens et les Perses, que les Anglais et les Hollandais (1). Les écrivains de l'antiquité se plaisent fréquemment à nous dépeindre ce luxe maritime, et il importe ici de démontrer comment ils entraient dans les idées que nous traitons.

Sénèque le Philosophe, blâmant la préférence qu'on semblait accorder de son temps à la richesse des ornements et des peintures sur les moyens de solidité et de résistance qu'auraient dû avoir les vaisseaux, atteste qu'on les revêtait de brillantes couleurs, que la poupe en était parfois d'or et d'argent massif, qu'elle était ornée de figures d'ivoire, de statues des dieux, et que par là on n'ajoutait pas tant à leur prix réel qu'à d'onéreuses dépenses (2). — Il aurait pu ajouter ce que d'autres n'ont pas omis : c'est que sur les diverses parties de cette coque mobile, véritable cité

(1) Deslandes, *Essai sur la marine des anciens*, p. 59, in-12, Paris, 1768.
(2) Sénèq., *Epistolaru* n 76.

flottante, on simulait l'appareil régulier des enceintes murales ; les frises se déroulaient chargées de fleurs courantes, de plantes aquatiques, d'animaux marins, de scènes nautiques, de pêches, de combats, de caducées, selon que le vaisseau devait servir à la guerre, au commerce ou à la recherche du poisson. Les phoques, les hippopotames, semblaient errer sur ses flancs. — Et si le commandant du navire ou de la flotte avait remporté une victoire navale, il décorait de la couronne rostrale, ainsi nommée parce qu'elle était ornée d'éperons de navire, l'avant de celui qu'il montait (1).

Plusieurs pierres gravées, dessinées dans le recueil du baron de Stosch (2), et relatives à la navigation des anciens, représentent des allégories fort curieuses. Le coq, le dauphin, dont la conformation ressemble assez à celle d'un vaisseau, y figurent flanqués des rames qui les meuvent. Quelquefois un papillon étend ses ailes sur la poupe : c'est Zéphyre ouvrant l'époque printannière de la navigation ; d'autres portent des ailes au lieu de rames, et réalisent ainsi ce que les poètes ont dit de la marche d'une flotte, ou des vents qui la poussent et qui sont également censés avoir des ailes. Au reste, rien n'a été plus varié que ces sortes de caprices, qui ont multiplié à l'infini les sujets plastiques.

Des signaux maritimes. La marine a aussi ses hiéroglyphes et ses signes de convention dans les signaux, au moyen desquels on transmet de fort loin des avis et des ordres. C'est évidemment l'idée mère de nos télégraphes aériens, aujourd'hui vaincus par les procédés électriques ; mais ce télégraphe, ces signaux n'étaient pas connus des anciens, auxquels la pensée n'en pouvait venir, puisque cette pensée était inséparable du télescope, deviné par Roger Bacon au treizième siècle et

(1) Montfaucon, *Antiq. expliq.*, t. IV, 2ᵉ part., liv. VI, ch. VII, p. 203, 264, pl. 41, 42 et 43.
(2) *Gemmæ antiquæ scelatæ sculptorum imaginibus insignitæ*, etc., col. 6, nᵒˢ 3 et 17, in-fᵒ, 1724.

découvert par le Hollandais Métius en 1609. Jacques II, roi d'Angleterre, n'étant encore que duc d'York, donna le premier une ébauche de l'alphabet maritime, encore en usage aujourd'hui, quoique singulièrement amélioré d'abord par notre maréchal de Tourville. Ce système consiste, pour le jour, en un certain nombre de flammes ou de pavillons hissés et placés à des hauteurs et à des parties différentes du navire, et indiquant par leurs couleurs, qu'on change à volonté, tout ce qu'il est besoin de se transmettre. Ces minces et nombreux effets, impossibles aux marins de Rome et d'Athènes, étaient remplacés pour eux par les voiles diversement teintes, et dont ils se faisaient des marques de reconnaissance et de ralliement. La marine gauloise devait avoir ces mêmes ressources, qui inspirèrent quelquefois des ruses de guerre, dont César, entre autres, assure s'être une fois fort bien trouvé (1). Il paraît aussi que les Vénètes (anciens Vénitiens) peignaient de bleu tout le corps de leurs bâtiments, les mâts, les voiles et les cordages, afin que cette couleur unique, se confondant au loin avec celle de la mer, les laissât arriver plus facilement sur l'ennemi et les rendît eux-mêmes moins faciles à découvrir (2). Dès lors pour eux plus de couleurs à signaux, qu'ils reprenaient cependant lorsqu'il fallait se mesurer et transmettre des ordres à leurs nombreuses escadres. Aujourd'hui chaque nation a son pavillon, dont on sait l'importance dans les relations internationales : c'est l'emblème du souverain; on lui rend tous les honneurs que recevrait celui-ci, et il flotte au-dessus de tous les indices de même nature dont l'usage est reçu à bord.

Symboles maritimes des Chinois.

On n'a pas compris par quelle raison les Chinois donnent à leurs vaisseaux et leur ont, par une conséquence très-admissible, toujours donné des figures de serpents, de pois-

---

(1) *De Bello Gallico*, cap. VII.
(2) Deslandes, *loc. cit.*, p. 65.

sons et d'autres animaux sur le choix desquels le caprice n'a pas tant de part qu'une pensée commune et toute populaire. Les honneurs ainsi rendus au dragon tendent à détourner du vaisseau le mauvais vouloir de ce génie malfaisant, qui, dans les temps reculés, descendit du ciel, se creusa diverses routes sous la terre, et qui, tout en faisant part de grandes richesses aux enfants de ceux qui ont le bonheur d'être enterrés sur son passage, se met de connivence avec le vent du midi pour apporter la sécheresse, la famine et les orages. C'est ce dragon, dont on imite en papier de couleur la forme effrayante, à la suite duquel s'organise une procession destinée à obtenir de la pluie, et, pour mieux exprimer ce désir universel, les habitants de la ville attendent devant leur porte le passage du monstre, munis de vases pleins d'eau et s'évertuant à la répandre sur ceux qui ont l'honneur de le porter (1). On reconnaît bien là pourquoi la marine chinoise fait tant d'honneur à ce redoutable Neptune, pourquoi surtout elle tient à répéter partout son image protectrice, et quelle énorme politesse les Chinois daignent faire aux étrangers de distinction en leur assignant de préférence, pour la traversée de leurs fleuves, ces magnifiques chefs-d'œuvre de leur science nautique (2).

Conclusion des observations précédentes : le spiritualisme, caractère de l'architecture ancienne.

On trouvera sans doute que nous en avons assez dit sur l'architecture pour appuyer les conséquences de nos remarques et fortifier le principe que ce livre tend à consolider. L'art ancien respire le symbolisme; il s'en nourrit, il s'élève par lui bien au-dessus de la matière, il en fait son esprit, et par lui seul il s'achemine jusqu'à l'admiration conquise de la postérité. L'idée dominante dans l'architecture des Hellènes et des Latins, c'est la grandeur; toutes leurs constructions le redisent à Athènes comme à Byzance,

---

(1) *Annales de la propagation de la foi*, t. XXII, p. 354.
(2) Voir le P. Martin Martini, *Historiæ Sinicæ decas prima*, p. 147, in-8°, Amstelodami, 1659.

à Rome et dans le Latium comme dans les Gaules. Le grandiose est la règle qui s'assujettit le plan et les proportions, et ce point de départ implique dans le constructeur l'obligation d'atteindre, sous peine de déchéance, à la hauteur de son sujet par des rapports qui n'existent pas trop au-dessous de lui. Là, en un mot, c'est l'immensité vraie ou proportionnelle qui domine ; la beauté n'est qu'un accessoire et s'attache à des détails dont l'art des constructions peut, à la rigueur, se passer sans perdre son caractère indispensable et distinctif d'ampleur sublime et de majestueuse noblesse. La statuaire procède bien autrement : la beauté est la première condition, et, quoiqu'elle aille parfois jusqu'au grandiose, elle n'y aspire pas toujours, par cela même que la grâce a sa part voulue dans le plus grand nombre de ses œuvres, et que la grâce, toute-puissante qu'elle soit sur le cœur humain, l'émeut doucement, sans lui communiquer la flamme de l'enthousiasme. Hâtons-nous d'ajouter que ses effets esthétiques sont plus sûrs et plus généraux sur la foule, qui en devinera mieux le sens spirituel qu'elle ne le comprendra dans les monuments architecturaux. Mais aussi n'oublions pas quelle cause spiritualiste communique à ces deux parties de l'art ancien ce double caractère qui commande l'admiration ; bien au-dessus de la beauté des formes et de la grandeur des proportions plane l'élément fondamental, visible seulement aux regards de l'âme, le principe religieux qui fut le germe créateur de toute cette matière spiritualisée qu'on appelle des temples, et dont les autres édifices, palais, arcs de triomphe, arènes, gymnases, ne furent que des reproductions plus ou moins fidèles, mais toujours inférieures quant à l'idéal. Développons nos aperçus à cet égard.

<small>Différence entre l'architecture, qui est l'idéal de la beauté, et la statuaire, qui est l'idéal de la grâce.</small>

CHAPITRE X.

LA STATUAIRE ANTIQUE.

Origine de la statuaire.

De tous les arts du dessin, l'architecture est donc le plus digne ; la statuaire est le plus séduisant. Mais entre l'une et l'autre existent des rapports si intimes ; la matière et le ciseau leur prêtent si aisément leur harmonieux concours, qu'elles ne peuvent rester longtemps séparables ; à cet élan mutuel, les plus grands artistes de l'antiquité et des temps modernes ont dû la double vocation de l'architecte et du sculpteur. Callimaque, Polyclète de Sicyone, Scopas et d'autres chez les anciens lui empruntèrent, comme Michel-Ange dans la Rome des papes, et David en France, le plus beau lustre d'une réputation immortelle. De ce point, que personne ne saurait contester, il faut conclure que, si la première statue n'a pas précédé le premier temple, elle a dû nécessairement l'accompagner, moins d'abord comme objet d'ornementation dans les bas-reliefs et les frises, que comme image des faux dieux proposés à l'adoration des idolâtres. C'est dans ce dernier objet surtout qu'apparaît le symbolisme de l'art primitif, infiniment plus saisissable à la foule grossière des vulgaires adorateurs, qu'il ne l'était dans les immenses constructions des plus remarquables édifices. En effet, ce n'était pas le temple qu'allait chercher l'âme stupide du païen, mais l'idole pour laquelle le temple avait été bâti ; et l'œil de chair donné à cette intelligence dégradée n'y reposait que sur la représentation plus ou moins bizarre d'un dieu taillé à l'image de l'esprit infernal qui l'avait inspiré. Avant d'aller plus loin, expliquons-nous, pour ceux qu'étonnerait cette pensée, sur un article de la foi catholique dont on a fait trop bon marché dans notre siècle de raison pure, et qu'il s'agit d'élucider pour bien entendre ce que nous allons dire et ce que nous dirons plus tard.

Nous avons exposé quelle part avait eue, dans l'invention du paganisme, l'esprit méchant frappé par Dieu après sa révolte, et condamné dans l'enfer à une éternelle expiation de son orgueil (1). Nous avons montré d'éminents théologiens expliquant par ses artifices le funeste revirement qui s'était fait dans le cœur de l'homme, rempli d'abord de la crainte de Dieu, Principe de toute sagesse, puis prostituant ses adorations à des êtres fictifs, dont la biographie se forma peu à peu sur les intérêts des plus viles passions. Or il faut bien qu'on le sache, c'est à grand tort que le rire voltairien s'est exercé sur ce que nous croyons de cette créature justement maudite; qu'on a voulu réduire son existence réelle à la mesure d'un mythe convenu et d'un pur symbole ; qu'on a regardé enfin ce dogme comme une croyance superstitieuse, admissible peut-être pour la foi malhabile des bonnes femmes et des ignorants, mais ridicule et bizarre à la raison mieux éclairée des hommes de sens et des lettrés. Non, ce n'est pas plus un mythe, ni même une pieuse persuasion laissée à l'arbitraire des consciences par l'Église enseignante, que celles de ses vérités les plus austères et les plus incontestables, et elle n'a jamais permis d'en douter plus que des articles mêmes de son symbole. Toujours et partout, pour être chrétien, on a dû croire à l'influence possible du démon (Δαίμων, *mauvais génie*), du diable (Διάβολος, *accusateur, calomniateur*), ange déchu, *esprit lumineux*, vaincu dans le ciel, au jour d'une rébellion qu'aucune chronologie ne détermine, précipité avec ses

De l'existence des démons, et de leur influence sur l'idolâtrie.

---

(1) Voir ci-dessus, ch. v.

satellites, par le Créateur outragé, dans l'interminable supplice, où il n'est plus qu'un *esprit de ténèbres*. C'est une vérité révélée à Isaïe (1), un dogme que S. Paul rappelle très-fréquemment dans les termes les plus explicites (2), et que tous les Pères de l'Église, tous les docteurs, tous les philosophes catholiques ont regardé comme aussi réel qu'il le fut pour le Sauveur dans les différentes scènes de l'Évangile, où sa divine Sagesse confondit cette astucieuse malignité.

La condamnation irrévocable de ce déshérité du ciel n'a rien changé à sa nature spirituelle : invisible, agile, subtil comme Dieu lui-même, au-dessous duquel il restait néanmoins, par sa condition d'être créé, il n'a pas cessé d'être tout cela; et comme il pouvait d'abord se revêtir d'une apparence humaine ou de toute autre forme, pour servir les desseins de Dieu envers les hommes ; comme il pouvait être appelé alors à l'accomplissement de quelque charitable message, de la même manière que l'ange Raphaël l'avait été pour Gédéon et Tobie, Gabriel pour Zacharie et l'auguste Vierge; ainsi ce privilége ne lui a pas été enlevé, et il peut encore, comme tant de faits *historiques* le prouvent, en user pour le succès de ses œuvres. Seulement la perversion de sa volonté, dans l'acte de laquelle il succomba sous la vengeance toute-puissante, persévère après sa fatale déchéance; Dieu, par un mystère qu'il serait téméraire de sonder, permet, sans toutefois enchaîner jamais la liberté humaine, que l'ange mauvais s'efforce de nous séduire, et celui-ci en use aussi largement que l'y portent ses instincts prévaricateurs. Depuis sa première victoire sur le père des hommes, la vie humaine est un long combat contre lui; il ose s'attaquer même à la sainte humanité de Jésus, qu'il

---

(1) « Quomodo cecidisti de cœlo, Lucifer ? » (*Is.*, XIV, 12.)
(2) « Colluctatio adversus mundi rectores tenebrarum, contra spiritualia nequitiæ. » (*Ephes.*, VI, 12.)

tente dans le désert (1); il soufflette S. Paul de ses importunités déshonnêtes (2); il est entré dans Judas pour lui faire trahir le Juste (3); il seconde les supercheries de Simon pour opposer à la résurrection du Fils de Dieu un fait de magie qui en détruise l'efficacité (4). L'Église demeure fidèle aux exhortations du grand Apôtre, et, toute pleine de sa doctrine, résumé exact des Livres saints, Elle renouvelle dans tous les détails de sa liturgie les précautions que lui inspirent les ruses de Satan; Elle prévient ses enfants avec une sollicitude maternelle contre ses attaques et ses retours : la croix, l'eau purifiante, les bénédictions, les exorcismes sont autant de symboles qu'Elle lui oppose et de moyens destinés à traverser les piéges de l'ennemi. Serait-ce donc une fable que ce point de doctrine qu'entourent tant de sérieuses réalités, et quand la raison souveraine, qui s'exprime par la Bible, les Conciles et les théologiens, proclame l'existence de ce mystérieux antagoniste, quel chrétien osera, de bonne foi, lui opposer les répugnances païennes de sa simple raison et les argumentations hasardées d'un esprit également dénué de portée et de profondeur?

« L'existence d'un être méchant, qui porte l'homme au vice, dit un écrivain qui avait étudié la question, n'a pas été admise dans l'antiquité par les seuls Hébreux. On trouve des vestiges de cette idée chez presque tous les peuples : les Égyptiens avaient Typhon, qu'ils croyaient l'ennemi d'Osiris, le bon principe; ils lui immolaient des victimes qu'ils chargeaient d'imprécations; les Mages avaient Ahrimane, l'ennemi d'Oromase; les Grecs avaient leurs dieux Apopompées, et les Latins leurs ayrerunques. Zaleucus, législateur antérieur à Cicéron, disait que si le mauvais démon excite l'homme

---

(1) « Jesus ductus est in desertum a Spiritu ut tentaretur a diabolo. » (*Matth.*, IV, 1.)
(2) « Angelus Satanæ qui me colaphizet. » (2 *Cor.*, XII, 7.)
(3) « Et post buccellam introivit in eum Satanas. » (*Joan.*, XIII, 27.)
(4) Arnobe, *in Gent.*, lib. II. — S. Cyrille de Jérusalem, 6ᵉ *Catéchèse*.

au mal, celui-ci doit se réfugier aux autels et aux temples des dieux. A Tyr, à Carthage, on lui immolait des victimes humaines. Presque tous les peuples de l'Amérique admettaient, avec les Éthiopiens, un mauvais principe à qui ils faisaient parfois des sacrifices aussi barbares (1). » Enfin c'était un des points enseignés dans les initiations aux mystères de l'antiquité, que l'impulsion d'un être ennemi de l'Être souverain, opposé à l'ordre et au bonheur des hommes, l'agent de tous les crimes et de tous les maux (2).

Ajoutons que si le démon n'existe pas, il n'y a pas d'enfer : or « nier l'enfer, dit un des plus savants apologistes du christianisme, c'est nier la Rédemption et le salut du genre humain par la Croix (3).

Voilà donc notre croyance clairement établie : c'est d'elle que le moyen âge, nous le verrons, a tiré les plus énergiques pages de son iconographie, et toute cette suite de ses études peintes ou sculptées ne lui est pas venue d'une imagination fantastique, mais des Livres canoniques, des prophètes, des évangélistes, de l'Apocalypse ; ce n'était là pour cette belle époque de la foi chrétienne que la contre-partie des folles adorations du monde païen.

Le démon, premier type de la statuaire païenne.

Et maintenant refusera-t-on de croire avec nous que l'esprit du mal soit devenu, en même temps que l'instigateur

---

(1) Robin, *Recherches sur les initiations anciennes et modernes*, p. 80.

(2) *Ibid.*, p. 16. — Voyez encore sur cette question : *Des Esprits et de leurs manifestations fluidiques*, par M. de Mirville, in-8°, Paris, 1853. — *Mœurs et pratiques des démons*, par M. des Mousseaux, Paris, in-8°, 1854. — *Des Tables tournantes et du Panthéisme*, par M. Bénezet, Paris, in-8°, 1854. — Jamais la discussion ne s'était engagée d'une manière aussi complète et aussi catholique sur ce point du dogme, dont l'importance a été trop longtemps oubliée, et que tant d'hommes timides ou superficiels laissaient dormir dans leur conscience ou n'osaient qu'à peine défendre contre les railleries de l'ignorance, trop semblable à l'incrédulité.

(3) Nicolas, *Études philosophiques sur le christianisme*, 2ᵉ part., ch. VIII. — Nous aurons occasion de revenir sur ce point de fait en développant beaucoup de symboles qui s'y rapportent.

de l'idolâtrie, le type spirituel de la statuaire primitive ? Observons que, dans les fausses religions qui succèdent au monothéisme des patriarches, il n'est point question de dieux qu'il faille aimer; c'est la crainte qu'inspirent ceux des gentils, c'est la terreur qui règne autour de leurs sanctuaires, et des formes hideuses servent presque toujours à en matérialiser l'idée. Quand le dieu est revêtu des apparences animales, c'est toujours la force, la ruse ou la méchanceté qui s'exprime par elles. Le bœuf, le lion, le serpent, le crocodile jouent l'action principale dans cette théorie mythologique : le dieu est méchant, par conséquent redoutable; on le sculpte tel qu'on se le représente, et si la forme humaine modifie un peu plus tard ces détestables aspects, c'est toujours en se modifiant elle-même par des bizarreries qui font autant de monstres hybrides des nouveaux essais de l'art plastique. Voyez les statues égyptiennes et étrusques, l'homme et l'animal n'y font qu'un : les attributs de leurs natures diverses s'y trouvent réunis, et sur la poitrine et les épaules humaines vous rencontrez le plus souvent la tête ou les oreilles ou les cornes d'un chat, d'un chien ou d'un taureau. Et qu'on ne nous dise point que ces singularités tiennent à l'enfance de l'art, qu'elles sont l'œuvre d'ouvriers inhabiles plutôt que d'artistes véritables : la même époque d'où nous viennent d'incontestables maladresses que nous ne saurions nier nous fournit des statues de la plus grande régularité, comme tous les musées le constatent, et il est à remarquer qu'aux dieux seuls est réservé alors ce privilège d'une laideur systématique (1).

M. Mazure, dans un livre que nous avons eu déjà quelque occasion de citer, reconnaît fort bien et décrit parfaitement cette apparente anomalie de l'art antique, simultanément exprimé par de magnifiques beautés et de rebutantes lai-

(1) Voir dans Montfaucon, *Antiquité expliquée*, plusieurs planches du tome II.

deurs. Il l'attribue bien, comme c'est notre avis, à une méthode symbolistique, mais il n'aperçoit pas la cause originelle de cette méthode, et ne découvre pas le principe spirituel de cette crainte universelle qui indique sur l'humanité la domination tyrannique du génie du mal. Personne plus que l'honorable écrivain ne pouvait mieux cependant ouvrir les yeux à cette vive lumière, sans laquelle on laisse dépourvu d'explication réelle le phénomène que nous signalons (1). Mais il est de ces vérités élémentaires qu'on n'aperçoit tout d'abord qu'au moyen d'études spéciales, propres seulement à certaines carrières privilégiées ; et si quelqu'un peut être d'accord avec nous sur l'origine que nous assignons à ces types difformes de tant de divinités dégradées, c'est surtout l'élégant auteur d'un ouvrage où la foi chrétienne ne brille pas moins que la science et le bon goût.

Inconvénient de ce culte pour la morale publique.

Il faut donc regarder ces formes rebutantes de la statuaire et de la numismatique primitives comme autant de symboles variés de la puissance formidable d'une divinité prétendue ; elles étaient suggérées par les pratiques terribles employées dans les initiations aux mystères d'Isis, de Cérès et de Proserpine. Les débauches inouïes qui se consommaient dans ces assemblées secrètes revivaient au grand jour pour les initiés dans cette statuaire effrayante qui leur rappelait d'infâmes plaisirs et leur en promettait le retour fréquent ; d'où suivit que plus les divinités furent vicieuses et absurdes, plus devinrent grossiers les symboles qui les représentèrent : le signe de la fécondité humaine devint le dieu de l'impureté, qu'on honora par des fêtes dissolues ; le signe du temps dévorant les années fut un dieu cruel et sanguinaire se repaissant de sa propre lignée et recevant des sacrifices humains. Les faunes, les satyres, les sylvains, Pan avec ses figures variées, et toutes les espèces lubriques de ce genre, ne valaient pas mieux sous le rapport moral,

---

(1) Voir *Philosophie des arts du dessin*, ch. III et IV.

et devenaient ensemble, ou tour à tour, l'objet d'un culte secret qui, dans les jeux floraux et dans ceux de la bonne déesse, firent reculer Caton d'épouvante (1) et dictaient à Cicéron la sévérité de ses lois (2). Sous le masque d'une philosophie supérieure et d'enseignements monothéistes dont quelques écrivains trop hostiles au christianisme ont voulu faire l'objet innocent de ces réunions secrètes (3), on se livrait à des désordres trop réels et dont les initiés se conservaient le bénéfice à l'ombre d'une religion trop facile. Quelque soin qu'on paraisse avoir eu d'offrir aux regards des adeptes les représentations symboliques de la cosmogonie, de l'immortalité de l'âme et des principes élémentaires de la civilisation, ne semble-t-il pas bien étrange qu'il ait fallu se cacher pour professer de telles croyances, infiniment plus utiles et plus honorables à l'humanité que l'absurde système de mythologie dont les peuples païens étaient imbus? Ce n'étaient donc là que des moyens d'arriver à une fin exécrable et d'en détourner l'attention des peuples. Les preuves en abondent dans le danger qu'il y avait à pénétrer ces asiles d'impudeurs animales : témoin les deux jeunes gens dont parle Tite-Live (4), mis à mort par les prêtres de Cérès pour une indiscrétion de cette sorte, et le décret du sénat romain qui proscrivit les bacchanales (5). Dans ces expériences si funestes aux mœurs, ne pouvons-nous pas dire, avec un philosophe latin du quatrième siècle, que le diable trouvait trop son compte pour ne les avoir pas inventées (6)? Et comme l'origine de ces cou-

---

(1) *Antiq. expliq.*, t. II, p. 280. — Lactance, *Institut. div.*, lib. 1, cap. XX.
(2) *De Legibus*, lib. II, cap. XIV.
(3) Dupuis, *Origine de tous les cultes*, t. IV, p. 369, 530.
(4) Tite-Live, *Hist.*, lib. XXXI, cap. XIV.
(5) *Ibid.*, lib. XXXIX, cap. IX et seq. — Valère Maxime, lib. I, cap. III; lib. VI, cap. III et VII.
(6) Julius Firmicus, *De Erroribus profanarum religionum*, p. 36, à la suite du *Minutius Felix*, in-8°, Leyde, 1672. Voici le texte de Fir-

tumes brutales se perdait dans la nuit des premiers temps idolâtriques, tout porte à ne voir dans la statuaire dégoûtante sortie du berceau de l'art que l'expression des idées généralement reçues sur l'être hideux qu'adoraient les passions humaines. Il y avait ainsi de mystérieuses relations entre le dieu et le culte ; et quand l'humanité perfectionnée eut brisé les langes où l'avaient retenue les grossiers instincts de ses premiers égarements, ce même génie qui l'avait séduite par la terreur la captiva encore par les séductions de la forme : de la statuaire ignoble et abjecte de l'Égypte et de l'Inde, il fit la statuaire gracieuse qu'Athènes et Rome prêtèrent aux caprices non moins dangereux de la mollesse et de la volupté.

Le caractère des peuples anciens se reproduit dans leur statuaire.

Cette progression de l'art, jaillissant de son point de départ avec des idées sombres et cruelles pour arriver à son apogée par toute la délicatesse de la beauté, nous semble avoir été parfaitement comprise dans le livre de M. Cyprien Robert sur la philosophie de l'art. Nous lui laissons volontiers tout ce qu'a d'exagéré, à notre avis, la singulière idée qu'il emprunte avec trop de complaisance à M. Michelet sur « les caractères sexuels qu'il faut distinguer en architecture, comme en botanique et en zoologie. » Rien ne sert moins une thèse, d'ailleurs fort bonne par elle-même, que d'appeler à son service des principes forcés et des imaginations indécentes. Adoptons plutôt, avec l'auteur laissé à lui seul, la synthèse qu'il expose sur les relations établies entre l'art des peuples antiques et l'idée philosophique à laquelle il dut son existence. C'est ainsi que le fatalisme des religions indiennes, l'inintelligente halte de leurs adeptes dans les rêveries de la vie extatique produisent dans le dieu assis du temple d'Ellora l'emblème de l'immobilité si aimée de l'Égypte, et qu'on retrouve également dans ses pyramides et ses sphinx.

micus : « Habent propria signa, propria responsa, quæ illis in illis sacrilegiorum cœtibus diaboli tradidit disciplina. »

L'Égypte, cependant, a de moins que l'autre l'ardeur du génie et la simplicité biblique ; mais elle caractérise mieux par la sculpture les formes brutes de la matière ; elle imprime à l'homme, en tant qu'animal, une effrayante puissance ; mais, lourde, massive, moins variée qu'aux bords du Gange, la statuaire semble ne parler, aux rives du Nil, que le langage du deuil et de la résignation, et, comme tout est raide dans ses lignes architecturales droites et inflexibles, tout aussi, dans la pose de ses statues, à quelque ordre du genre animal qu'elles appartiennent, est froid, anguleux, saccadé, sans luxe de détails ; toute beauté s'y remplace par le gigantesque des proportions ; ce peuple ambitieux, sérieux, philosophe et stationnaire dans ses habitudes et ses doctrines, veut des dimensions colossales, des masses inattaquables, un regard fixe, une pose aussi grave que son immobilité spirituelle. *L'Égypte.*

La Chine, de son côté, offre un double caractère de puérilité et de grandeur qui, dans le peuple, léger et ignorant, patronise le ridicule des formes et les extravagances de la bizarrerie la plus variée, et, dans les grands, tout en développant la pensée du beau, l'obscurcit sous les détails déraisonnables de ses hiéroglyphes désespérants (1). *La Chine.*

Mais voilà que le génie d'Athènes s'élance vers la statuaire ; tous les efforts de l'imagination artistique ont fait naître enfin l'ère de Périclès, et Praxitèle et Phidias animent leurs belles statues d'une vie surnaturelle que l'art n'avait pas encore soufflée à la matière. Formes et idées, tout devient pur et gracieux ; c'est toujours, il est vrai, du sensualisme dans la plupart des chefs-d'œuvre : que pouvait-on attendre autre chose des adorateurs de Bacchus, de Priape et de la déesse de Gnide ? Mais comme le ciel qui abrite les artistes grecs, comme les belles et chaudes teintes des paysages de l'Arcadie et de l'Attique, inspiraient la délicatesse de *La Grèce.*

(1) *Essai d'une philosophie de l'art*, p. 102 et suiv., *passim*.

la pose et le fini des contours! La philosophie hellénique, épurée au contact de l'Égypte devenue plus savante, les émanations divines de la Bible, réflétées par les voyageurs, des rochers du Jourdain à ceux du Pyrée, guidèrent le ciseau des sculpteurs et jetèrent sur le marbre et l'airain une teinte de spiritualisme qui fit le charme principal de tant de chefs-d'œuvre, arrivés en si petit nombre jusqu'à nous.

Le Jupiter de Phidias, type du beau idéal de la Divinité.

Les longues dissertations sur cette esthétique de la statuaire grecque ne sont plus à faire. Personne n'ignore ce qu'il y eut de *divin* dans le Jupiter d'Olympie, dans l'Apollon du Belvédère et dans la Vénus de Médicis. Pausanias, Winckelmann, Sulzer, Quatremère de Quincy et tous ceux qui ont traité de l'art antique en ont fait ressortir les sublimes conceptions, et y ont montré l'étincelle du génie brillant jusque dans le regard de ces dieux. Sur ces œuvres renommées, le symbolisme n'était pas seulement dans la présence de ces ornements secondaires, attributs des personnages dont elles immortalisaient l'histoire poétique; la foule pouvait sans doute, et avec elle les admirateurs secondaires, admirer autour du Père des dieux et des hommes l'or, l'ivoire et l'ébène, les pierres précieuses et les peintures, son sceptre, la victoire ailée qu'il montrait à l'univers, des combats et des actions héroïques, souvenirs plus ou moins directs de la vie mortelle ou céleste du maître de la foudre. Les Grâces, les Heures pouvaient bien être comprises, groupées près de son trône et se rangeant sous l'action providentielle du vainqueur des Titans; mais ce n'était là que de l'esthétique de bas étage en comparaison des beautés idéales que l'artiste, le philosophe et le penseur découvraient dans un ensemble si plein de noblesse et de majesté. Quelle pose, et comme elle annonce le maître du monde! comme ce Jupiter, avec le calme de ses traits si fiers, sa large poitrine, ses bras puissants et d'une flexibilité si nerveuse, sent bien sa force, et que tout respire par lui! Sa taille de 50 coudées, que Strabon semble lui reprocher, n'est pourtant, comme dans la Minerve du même Phidias, qui en avait 26, qu'une image de la grandeur éternelle, et, outre les éléments qu'elle prêtait à la magnificence d'une exécution grandiose, elle portait dans les âmes les moins philosophiques un sentiment de respect que l'homme accorde toujours à ce qui lui semble au-dessus de lui. Ici l'artiste fait preuve de l'élévation de sa propre pensée ; la majesté de son style rend sensible l'être divin qu'il veut créer ; la gravité et l'ampleur du ciseau attestent ce que doit avoir de presque surhumain ce talent plein de souplesse et de fermeté qui rend mieux les dieux que les hommes (1).

Maintenant, regardez la Minerve d'Athènes; la même intention préside à l'éclosion du chef-d'œuvre : c'est l'aspiration de la forme humaine à la sublimité d'une déesse. La lance qu'elle tient d'une main, la victoire qu'elle maîtrise de l'autre, le sphinx et les griffons qui, sur le cimier et les deux côtés de son casque, symbolisent l'intelligence céleste ; les huit chevaux qui s'élancent de front au-dessus de la visière pour rendre la rapidité de la pensée divine ; les yeux formés de pierres précieuses d'où jaillissent les flammes d'un regard inspiré, et tous les détails de l'ornementation des diverses parties de la statue, restent encore bien loin de sa partie spiritualiste. Le seul Parthénon est digne d'elle, et cette beauté supérieure, d'une dignité si majestueuse, d'une grâce si élevée et si touchante, en dit plus pour inspirer le respect que les richesses immenses et les trois millions de notre monnaie qu'elle coûta aux Athéniens. Ici le génie a donc un autre caractère : il procède à la conquête de l'assentiment public par la séduction de la forme ; mais cette forme a quelque chose de pur comme une pensée de chasteté, de réservé comme la sagesse, de respectable comme

<aside>La Minerve u Parthénon.</aside>

---

(1) Quintilien, *De Oratoria instit.*, lib. XII, cap. X.

Idée de la beauté chez les anciens. la vertu. C'est cette beauté céleste que Pausanias regarde comme la plus digne de la déesse (1); c'était le beau idéal de cette jeunesse éternelle, de cette inflétrissable majesté de la Sagesse divine. Et à ce sujet, rappelons-nous comme les anciens, pendant le paganisme et après lui, se sont plu à donner à la beauté une force surnaturelle; Phidias lui-même conseille à son élève Agoracrite, malheureux dans un concours, de faire une Némésis d'une Vénus dont la belle figure n'avait pu lui valoir le prix. Il ne fallut, pour opérer cette métamorphose, que changer la chevelure molle et onduleuse de la statue en une coiffure de serpents : « tant il est vrai, dit Émeric David, que chez les Grecs toutes les déesses devaient être belles (2). »

C'est sans doute d'après ce principe que les anciens, si nous en croyons un savant emblématiste du seizième siècle, personnifiaient la beauté par une femme aussi parfaite des traits et de la taille que par la noble dignité de son port. A sa main, était un bouquet de fleurs ; à ses pieds restaient abattus, et comme captifs sous l'ascendant d'une puissance magnétique, un lion, un lièvre, un oiseau et un poisson, signifiant qu'elle surmontait à la fois la force et la faiblesse, l'orgueil et la timidité (3). Ainsi, dans toute statuaire, la perfection éloquente du faire était une condition de rigueur ; elle avait son langage mystérieux qui rapprochait l'homme du ciel, et c'est l'effet que produisirent souverainement et le Jupiter Olympien, et la Minerve athénienne, et la Vénus céleste, protectrice non des écarts des sens et des égarements de l'amour profane, mais des saintes affections de la famille, des amours pudiques et fidèles. Tant de beautés de l'ordre le plus élevé étaient, on le conçoit, autant

---

(1) *Pausanias*, lib. VIII.
(2) Émeric David, *Histoire chronologique de la sculpture ancienne confirmée par les monuments*. Ce livre est resté inédit, et ne se trouve malheureusement que par extraits dans la *Biographie universelle*, aux articles *Phidias*, *Polyclète* et *Praxitèle*.
(3) Joannis Sambuci *Emblemata*. Embl. xxvii, Antuerp., in-8°, 1566.

de significations plastiques d'idées morales, et c'est là le symbolisme vraiment utile, celui qui réalisait dans l'art sa vocation première et providentielle d'épurer la pensée humaine, et de lui faire quitter, pour les interminables champs de l'infini, ce monde fini et restreint, dont toute philosophie digne de ce nom tendra toujours à détacher l'être créé pour de plus hautes destinées.

A côté de ce symbolisme très-élevé, expression d'un idéal de la plus haute portée, la Grèce avait aussi pour ses dieux secondaires des règles qui en assujettissaient la forme plastique à certaines conditions pleines d'enseignements qui ne manquaient pas de subtilité. Ainsi, outre cette foule d'observances qui se rapportaient au culte de Mercure, et qui toutes avaient leur sens mystérieux, il était reçu de le représenter sous l'image d'un cube surmonté de sa tête, toujours coiffée d'un bonnet ailé. Un ancien scoliaste d'Aristote, cité par un savant italien du dix-septième siècle, nous en donne la raison. Comme cette figure, si elle est jetée au hasard, tombe toujours droite, ainsi l'éloquence, dont Mercure est le protecteur, est toujours vraie et semblable à elle-même ; le mensonge seul multiplie ses formes et varie dans son expression (1). On ferait des livres de toutes les observations analogues inspirées par les mythologues antiques, lesquels, peut-être, ne trouveraient plus que, de nos jours, on dût si honorablement caractériser l'éloquence.

Le Cube de Mercure.

Les Grecs, les plus adonnés de tous les peuples à la philosophie et au culte des arts, durent sentir plus intimement ces notions d'esthétique : c'est d'eux aussi que la postérité

Infériorité des Romains dans l'art.

---

(1) « Mercurium sermonis atque veritatis esse præsidem, ob id effigiem ejus quadratam, et formam cubi faciebant, indicantes... in quamcumque ejusmodi figuram partem ceciderit, perpetuo rectam manere. Sic oratio et veritas, ubicumque sibi similis et uniformis est ; mendacium multiplex et varium. » (Aloysii Novarini Veronensis *Schediasmata sacro-profana*, lib. IV, n° 36, Lugduni, in-f°, 1635.)

a recueilli sa plus riche portion d'héritage dans le domaine des hautes conceptions. Les Romains, au contraire, n'eurent que très-peu d'art proprement dit. La vivacité de leur caractère national s'absorba dans la guerre ; la raideur des habitudes publiques ou privées ne prêtait rien aux études qui polissent l'esprit ; au reste, ils semblaient s'en faire gloire, et Virgile dédommageait sa patrie de la nullité qu'il était forcé de lui reconnaître en ce point par les poétiques louanges et la préférence tant soit peu partiale donnée dans ses beaux vers aux travaux de la conquête du monde sur l'éloquence, les sciences exactes et l'art du statuaire et du sculpteur (1). Il avait raison ; en habile homme, il faisait contre fortune bon cœur, et surtout il pouvait sinon oublier la gloire littéraire que ses contemporains, et lui-même avant tous, jetaient sur le siècle d'Auguste, du moins vanter la vieille Rome de n'avoir rien connu des arts qui perfectionnent une civilisation. Il y avait à peine cent cinquante ans que les arts, la littérature et les sciences étaient introduits à Rome quand Auguste, si heureusement entouré de poètes et d'orateurs, s'efforça d'y implanter le génie plastique de la Grèce. Ce fut en vain : cette ville, ouverte à toutes les préoccupations des affaires matérielles, ne pouvait donner qu'un asile passager et non une demeure stable et digne d'elles aux Muses, qui aiment et demandent le repos de l'esprit. Sulzer a développé cette vérité dans un livre publié en allemand, et dont nous n'avons eu en français que des fragments épars çà et là dans l'*Encyclopédie* de Diderot. Elle nous importe moins, eu égard aux limites de la question qui nous occupe ; mais nous y trouvons la cause de cette nul-

---

(1) Excudent alii spirantia mollius aera.
Credo equidem : vivos ducent de marmore vultus ;
Orabunt causas melius ; cœlique meatus
Describent radio, et surgentia sidera dicent :
Tu regere imperio populos, Romane, memento ;
Hæ tibi erunt artes...

(*Æneid.* lib. VI. v. 846.)

lité complète où les artistes romains s'enfouirent par rapport à la statuaire. Ceux d'entre eux qui purent s'y exercer ne firent rien qui approchât des œuvres médiocres de la Grèce ; ils en furent quittes, sans doute, pour se consoler avec les beaux vers de Virgile : *excudent alii*. — Heureux s'ils n'avaient pas dû subir, au bruit d'une civilisation qui s'acheminait à la barbarie, les tristes déceptions qui firent bientôt mentir la suite de l'oracle : ***Tu regere imperio populos...*** Ce règne allait finir !

Quoi qu'il en soit, il y eut des sculpteurs à Rome ; il y en fallait pour décorer les théâtres, les temples et les palais ; et leurs travaux, comme ceux des praticiens de second ordre qui ornèrent les temples et les villes helléniques, se conformèrent nécessairement aux règles symboliques, sans lesquelles ils n'eussent donné à l'art ni vie ni parole. On ne peut fouiller les ruines des deux plus grandes nations du monde antique sans y rencontrer les traces renaissantes de leur mythologie appliquée aux moindres objets soumis à la fonte ou au ciseau, et soit que les imitateurs de Praxitèle ou de Phidias s'appliquent à faire valoir leur habileté sur les formes toujours nues de leurs dieux et de leurs héros, soit que dans la capitale de l'univers on s'applique à l'agencement des draperies (1), le sculpteur s'inspire toujours de quelque

Comment ils traitent cependant le symbolisme.

(1) Chez les Grecs, les formes humaines des dieux et des déesses furent toujours sculptées dans une nudité complète ; la seule exception peut-être fut en faveur de Lucine, que Virgile appelle la chaste par excellence : *casta, fave, Lucina*; chez les Romains, au contraire, dieux et héros furent, comme les images domestiques, toujours vêtus : c'est Pline qui nous a transmis cette observation : *Græca res est nihil velare, at contra Romana est militaria et thoracas addere.* (*Hist. natur.*, lib. VIII.) — Il fallait bien cependant que l'idée et le sentiment de la pudeur parussent oubliés dans ces *nus*, dont on se faisait généralement si peu de scrupule, puisque moins d'un siècle avant Praxitèle, dont la Vénus n'avait aucune gaze, Socrate, sculpteur en même temps que philosophe, voilait les statues de ses trois Grâces, pour faire entendre que la modestie, en donnant plus de prix à leurs charmes, devait être inséparable de la beauté. (Voir *Anecdotes des beaux arts*, t. II, p. 556.)

Junker s'est donc trompé en affirmant trop généralement que la Grèce

ornement étranger au costume, et dont le sens allégorique étend et complète l'idée de ses personnages. Les parties géographiques de la terre, les saisons, les âges de la vie humaine, les heures, le jour, la nuit, n'apparaissent jamais sans le cortége obligé de quelques signes qui leur sont propres, et équivalent à leur nom (1).

<small>Exemple remarquable dans une urne grecque au Capitole.</small>

On ne pourrait choisir un spécimen plus fini de cette profusion des pensées symboliques sur un même objet, et de l'agencement des parties figuratives qui composent une belle unité artistique, qu'une de ces belles urnes antiques recueillies à Rome dans le musée du Capitole, et qui doit être d'une facture grecque, à en juger par la perfection du travail et le choix des sujets allégoriques. Les symboles dont cette urne est chargée expriment la brièveté de notre vie. On y voit Prométhée formant l'homme d'argile, et Minerve, principe de toute sagesse, posant sur la tête de cette création audacieuse un papillon, indice de l'esprit qui va l'animer. Au dessus, une sorte de génie paraît fort appliqué à considérer cette double opération : c'est probablement un des dieux de second ordre, de qui Jupiter apprendra bientôt la téméraire entreprise du fils de Japet. A droite de cette action principale, on voit le soleil se levant dans un char à quatre coursiers; à gauche, Diane, figure de la nuit, dans un char à deux chevaux, se précipite vers un plan inférieur : double signification de la vie qui commence et de la mort qui doit la terminer; au-dessous de l'astre vivificateur, un Amour et une Psyché unissent leurs mains, pour marquer l'union de l'âme et du corps. Sous le char de Diane, un cadavre et un papillon qui s'enfuit marquent la séparation des deux éléments de l'existence humaine; près de là, un génie

---

drapait toutes ses déesses, « et ne représentait entièrement nues que Vénus et les Grâces. » (*De la Manière de représenter le Père éternel*, ubi suprà, p. 378.) Pline et Socrate témoignent explicitement du contraire. C'est beaucoup d'avoir contre soi l'histoire et la philosophie.

(1) Voir Montfaucon, *Antiq. expliq.*, t. III, pl. 65.

éteint tristement un flambeau qu'il renverse ; de l'autre main, il tient une guirlande sépulcrale, pour montrer que tous les hommes s'éteignent dans le tombeau. Une autre figure, voisine du cadavre, feuillette un volume : c'est la Muse de l'histoire, indiquant le souvenir que la postérité conserve des bonnes ou des mauvaises actions. Çà et là, on a aussi désigné les quatre éléments sans lesquels la vie humaine est impossible : Éole, roi des vents, représente l'air ; l'eau est un fleuve couché tenant un gouvernail ; la terre est une femme : d'une main elle supporte une corne d'abondance, de l'autre un panier, chargés tous deux des productions variées des quatre saisons ; enfin les forges de Vulcain dénotent le feu. Mais il fallait à cela joindre une pensée de spiritualisme, une image de l'immortalité de l'âme. Psyché, qui en est ici l'expression, est donc conduite par Mercure aux Champs-Élysées, pendant que Prométhée, lié à un arbre et en proie à l'aigle qui le déchire, dit assez la condition des impies et des méchants dans la vie à venir.

Le couvercle de ce beau vase ne le cède pas, au reste, quant à l'ingénieuse habileté de la sculpture, et couronne dignement une si belle et si poétique composition. Cet exemple n'est-il pas un de ceux qui démontrent le mieux combien les artistes anciens étaient riches de dessin et de conception (1) ?

Les villes, les colonies ne manquèrent pas d'avoir aussi leurs signes distinctifs, comme celles du moyen âge et de notre temps ont leurs armoiries et leurs devises ; on les représentait le plus souvent, dans les sculptures monumentales, par des femmes ornées d'attributs particuliers (2).

Mais en fait de monuments de ce genre, nous n'en possédons ni de plus nombreux ni de plus variés que les mé-

Le symbolisme appliqué à la numismatique.

---

(1) Bottari, *Museo Capitolino, osia descrizione delle statue, busti, bassirilievi... que si custodiscono nel palazzo in Campidolio*, n° 10. Roma, 1750, in-4°.
(2) *Ibid.*, p. 194, pl. 118.

dailles, sur lesquelles le symbolisme s'est exercé comme dans le plus vaste champ ouvert à son infatigable génie. C'était, la plupart du temps, une tête de femme, un arbre, un quadrupède ou un oiseau, un navire ou un temple, un fait mythologique ou un événement tiré de la fable ou de l'histoire. Parfois un simple signe accompagnait ces objets principaux, et devient souvent pour l'antiquaire d'aujourd'hui une énigme d'autant plus obscure que le temps l'a plus altéré ou que nous connaissons moins sa valeur. Sur les médailles et monnaies de Smyrne, on voit une Amazone, en mémoire de celle qui lui donna son nom ; au revers est un lion, qui dit le courage de ses habitants. — Éphèse avait un cerf, compagnon habituel de Diane, qu'on y révérait ; Phocée, ville maritime de l'Ionie, un *phoque*, poisson ressemblant au dauphin ; Minerve et Esculape se partageaient les deux côtés d'une médaille de Myrina, ville d'Asie, distinguée ainsi par son culte de deux autres villes de même nom (1). On sait quel rôle fut donné à l'aigle sur les monnaies des successeurs d'Alexandre et sur beaucoup de celles des empereurs romains. La victoire, l'armée, le temple de Janus ouvert par la guerre, ou fermé par la paix ; la personnification de la Ville Éternelle ou des autres cités du Latium ; le Tibre et d'autres fleuves, la louve de Romulus et de Rémus, forment sur celles-ci une série intéressante des grands souvenirs historiques du peuple conquérant.

Système suivi sur cet objet par les Gaulois. On conçoit que ce moyen de rendre un événement historique sur une si petite surface ait paru, en effet, le plus commode et le plus sûr ; c'est pourquoi les peuples les moins artistes y ont recouru dans la mesure de leur capacité. Un de nos savants collègues de la Société des Antiquaires de France a développé, en quelques pages attachantes, le système symbolique de la numismatique gauloise (2). Chez

(1) Montfaucon, *ubi suprà*, pl. 119 et 120.
(2) M. Étienne Cartier, *Annales archéologiques*, t. V, p. 225 et suiv., et t. VI, p. 215 et suiv.

cette nation, qu'abritaient les forêts druidiques, le sanglier paraît à toutes les époques sur les monnaies de toutes les tribus (1). La colonie romaine de Nîmes, qui avait adopté le crocodile enchaîné à un palmier, soit à cause de son origine, qu'elle faisait remonter jusqu'à Némausus, fils de l'Hercule égyptien (2), soit en souvenir de la conquête de l'Égypte par Octave, dont les vétérans furent ensuite envoyés à Nîmes (3), ne voulut rien perdre des habitudes nationales, et, tout en conservant l'obvers d'une de ses médailles au type de l'empire, et le revers au monstrueux amphibie, elle donna à la pièce la figure d'une cuisse de sanglier, en ajoutant à sa forme ronde la jambe et le pied de l'animal.

Si le mouton était l'attribut du pays, à cause de ses troupeaux et de ses pâturages, célébrés par Horace (4), ce qu'on voit encore sur une médaille d'Hadrien, où la Gaule va au-devant de lui accompagnée d'un de ces animaux (5), le cheval

---

(1) M. Lecointre-Dupont établit dans nos *Mémoires de la Société des Antiquaires de l'Ouest*, t. V, p. 140, que le porc, le cheval, le bœuf ou bison figurent sur les monnaies gauloises comme étant des espèces d'animaux qui faisaient la principale richesse du peuple, et que les uns ou les autres désignaient en conséquence les diverses provinces du pays où le commerce en était plus suivi. La justesse de cette observation n'empêche pas ces mêmes objets d'avoir une signification emblématique, et nos raisons sur ce point n'en valent pas moins : on peut voir d'ailleurs que ce principe du symbolisme monétaire est reconnu par M. Lecointre, p. 144, 146 et 149. Il a été développé de nouveau avec beaucoup plus d'étendue par MM. Duchallais et Hucher. Voir surtout de ce dernier ses *Études sur le symbolisme des plus anciennes médailles gauloises*.

(2) Ménard, *Histoire des antiquités de la ville de Nîmes*, p. 100.

(3) Voir Sabbathier, *Dictionnaire des auteurs classiques*, au mot *Nemausus*.

(4)   Pinguia Gallicis
     Crescunt vellera pascuis.
      (Od. XVI, lib. III.)

(5) Voir Addison, *Dialogue sur les médailles*, in-8°, 1799, p. 144. — Hadrien est un des empereurs sur les médailles duquel l'allégorie fut le plus employée, ce qui prouve combien le symbolisme était généralement reçu dès les premiers temps de l'empire (de l'an 117 à l'an 138. — Voir Gérard Jacob, *Traité de numismatique ancienne*, t. I, p. 149 et suiv.

n'avait pas moins d'importance chez nos ancêtres; il figure sur une foule d'espèces numéraires pour exprimer leur génie belliqueux et leur amour de l'indépendance (1). On leur connaît même des chevaux à tête humaine; l'habile numismatiste que je suis en donne un dessin qui n'est pas sans quelque mystère. Nous ne serions pas éloigné de regarder ce type comme le symbole de l'habileté des cavaliers gaulois, au profit desquels l'art du monnayeur aurait renouvelé l'ingénieuse fable des Centaures. Ce pourrait être aussi un monument de quelque victoire remportée par la cavalerie; car au-dessous du cheval un homme renversé représente assez bien celui que notre statuaire chrétienne a jeté si souvent sous un coursier monté par un cavalier de distinction (2). — A cette liste de symboles celtiques, ajoutons le taureau, le lion, le serpent, l'aigle, zoologie empruntée à la Grèce et à Rome, et dont le sens se retrouve à peu près le même partout; ajoutons-y les astres, les croissants, emblèmes religieux sans doute; les armes, les colliers et autres ornements, signes probables de préoccupations militaires; les fleurs et autres figures très-variées dont on ne voit pas au premier coup d'œil la signification, mais qui doivent cer-

---

(1) Voir, sur la profusion de ce type, la découverte faite à Paris, en 1745, de plusieurs monnaies gauloises (*Mémoires de Trévoux*, 1745, p. 1133).

(2) Sur cette monnaie d'or, comme aux tympans de nos églises romanes, le fier animal pose un des pieds de devant sur la tête du vaincu, et nous ne pouvons nous défendre de rapprocher ce fait, reproduit d'ailleurs sur les médailles de Licinius et de Constantin, des dissertations peu concluantes auxquelles se sont livrés à ce propos un certain nombre d'archéologues. Ne semble-t-il pas plus raisonnable de voir dans les sculptures du moyen âge une idée analogue, celle de la grande victoire de l'Église sur l'hérésie, victoire à laquelle prit une si grande part le premier empereur chrétien? C'est aussi l'opinion de M. Lecointre-Dupont, quoiqu'il ait cité cette même médaille sans en parler (*loc. cit.*, p. 149), et nous ne croyons pas qu'on puisse en chercher une autre. C'est pourquoi nous avons traité cette question dans ce sens au congrès archéologique de Fontenay-le-Comte. — Voir ce travail dans le compte rendu de cette réunion, in-8°, 1864.

tainement en avoir une, comme le fait judicieusement observer notre auteur; et nous resterons convaincus que nos aïeux du pays Carnute et de l'Armorique, pour n'être pas très-versés dans les arts, n'en avaient pas moins une théorie assez étendue sur le symbolisme civil et religieux (1).

Quel que soit le peuple dont on observe les monnaies ou les médailles, on y rencontrera d'innombrables sujets de telles observations. Notre histoire de France en est pleine, et il n'est pas un médaillier qui n'offre à cet égard une abondance de preuves qui rendraient inutiles de plus longs détails.

Le cabinet de la Bibliothèque impériale possède, au nombre de ses plus curieuses pièces romaines, une suite de grands bronzes et de médaillons d'Antonin le Pieux, parmi lesquels on remarque surtout un revers où Jupiter Sérapis, la tête surmontée du boisseau, est environné de sept planètes: Jupiter, couronné de lauriers; Saturne, la tête voilée et surmontée du globe terrestre; Mars, casqué; Apollon (Ἥλιος, surnom d'Antonin), radié; Diane, reconnaissable à son croissant; Mercure, une étoile sur la tête, et Vénus, coiffée d'une sphendone. Autour de ces planètes, entre un double grainetis, et tenant la place qu'occuperait la légende, se déroulent circulairement les douze signes du zodiaque. Le champ porte les deux sigles L. H., qui indiquent, en caractères égyptiens, que cette médaille, frappée à Alexandrie, le fut la huitième année du règne d'Antonin. La numismatique offre rarement un si grand nombre de symboles réunis en si peu d'espace (2).

(1) Voir le *Manuel de numismatique française*, par M. Étienne Cartier, de la Société des Antiquaires de France; *Monnaies gauloises*, passim, et *Annales archéologiques*, t. VI, p. 215 et suiv.

(2) Cf. la pl. 1, fig. 2, des *Mémoires de l'Académie des inscriptions*, t. XLI. Quant aux autres médailles de la même série, on les trouve dans l'Atlas de Dupuis, qui n'a pas manqué de voir dans ces douze signes les douze Apôtres, qu'il essaye sérieusement de faire considérer comme n'étant que le symbole des douze mois de l'année. (Voir son tome I, p. 436-437.)

Quelques particularités du symbolisme de la statuaire grecque et romaine.

Mais comme nous avons parlé des médailles en tant qu'auxiliaires des statues, disons encore, avant de clore ce chapitre, quelques particularités recueillies à propos de celles-ci. Nous avons vu les temples assis en des lieux désignés par des lois symboliques, orientés plutôt vers un point que vers un autre, dessinés par leur plan en harmonie avec leur destination. Des règles spéciales affectaient aussi la statuaire : ainsi les dieux et les premiers magistrats se montraient assis ; c'était le signe de leur repos et du calme qui devait présider à leurs pensées. — Les Grecs avaient, à Athènes, leur victoire aptère, ou sans ailes : on les lui avait refusées pour la fixer aux bords de la mer Égée (1) ; de plus, elle ôtait ses sandales, pour exprimer qu'elle ne devait plus s'éloigner.— Une statue de Mars enchaîné se trouvait vis-à-vis le temple d'Hipposthènes, à Sparte, et devait sa singularité à la même inspiration (2).—Près de Chéronée, pour honorer les braves Thébains morts dans un combat héroïque contre Philippe de Macédoine, on avait mis pour toute épitaphe, sur le tombeau de ces illustres victimes, un lion colossal, couché près de leurs restes, qu'il semblait garder à la postérité (3). — Les statues de certains dieux, dont l'histoire faisait allusion à quelques arbres, étaient faites plutôt du bois de ces arbres qui leur était consacré. Ainsi les jardiniers choisissaient pour la figure de Priape le figuier ; pour Bacchus, on préférait le bois de la vigne ; c'est ainsi qu'il fut exécuté à Naxos, comme le remarque Junius (4). L'olivier allait mieux à Minerve, le laurier à Apollon, le chêne à Jupiter (5). Claudius parle d'une Vénus faite d'aimant ; Célion fit un Hercule en fer ; souvent des symboles plus significatifs encore étaient

---

(1) Voir M. Théodose du Moncel, *Coup d'œil sur les antiquités d'Athènes*; Annales archéologiques, t. II, p. 207 et 208.
(2) *Ibid.*, p. 208.
(3) *Ibid.*, p. 288.— On voit que le lion de Waterloo n'est pas une bête nouvelle.
(4) *De la Peinture chez les anciens.*
(5) Montfaucon, *Antiq. expliq.*, t. III.

donnés aux hommes illustres dont la patrie aimait à s'honorer. Les Athéniens élevèrent à Bérose, historien dont Josèphe nous a conservé des fragments curieux, une statue dont la langue était dorée, par allusion à ses écrits et à ses observations astronomiques (1). Les Romains ne furent pas moins significatifs quand, pour récompenser Minutius Augurinus, qui de sénateur était redescendu au rang des plébéiens afin de pouvoir être tribun du peuple, ils le firent représenter en même temps par une statue et une médaille; il y tenait à la main deux épis, indice de l'abondance qu'il avait rendue à la ville par la sagesse de sa prévoyance et l'habileté de son administration (2).

(1) Pline, *Hist. nat.*, lib. VIII.
(2) *Ibid.*

CHAPITRE XI.

SYMBOLISME DE LA PEINTURE.

<small>La peinture plus populaire que la sculpture.</small> Inventée avant la sculpture, qui devait bientôt la suivre, et dépassée par elle dans le but que l'une et l'autre se proposèrent, la peinture était néanmoins destinée à une plus solide et plus durable popularité. Beaucoup de raisons devaient amener ce résultat. Si belle que soit une toile peinte, combien plus de difficultés n'aura pas offertes le bas-relief, le buste, la statue, le simple chapiteau d'une colonne corynthienne, si tout cela est capable de lutter avec elle par le seul fini de l'exécution! L'artiste semble donc, au premier abord, mériter beaucoup moins du ciseau que de la palette, et fort souvent, à égal mérite des deux, il en est ainsi; c'est pourquoi le sentiment commun se montre plus favorable au peintre qu'au statuaire : plus il faut être connaisseur pour bien juger d'un ouvrage d'art et avoir de ce sens exquis, de cette délicatesse du bon goût qui manque à la foule, plus se restreint aussi le cercle des admirateurs véritables. Voyez comme nos musées, ouverts sans distinction à tant de visiteurs qui s'y engouffrent, ont toujours un public si disproportionné à l'égard des statues et des tableaux. Pendant que ceux-ci attirent les regards curieux d'une multitude attentive qui se renouvelle à flots pressés, c'est à peine si le local donné à celle-là contient un petit nombre d'observateurs sérieux, parmi lesquels il faut compter encore pour beaucoup les amateurs de profession, artistes, rivaux, journalistes et autres, que leur plus ou moins de compétence

attire et retient devant les chefs-d'œuvre de l'exposition nouvelle.

Pourquoi cette différence, sinon de ce qu'il faut beaucoup plus de lumières, et se poser, pour ainsi dire, à un point de vue infiniment plus élevé, pour juger de l'art plastique et de ses productions variées que pour se former un raisonnement sur une surface plate, ornée de nombreux détails que l'œil comprend et auxquels fort souvent le cœur s'intéresse? Pour le plus grand nombre, une magnifique statue reste froide comme le bloc d'où elle sortit; il n'y a que fort peu d'hommes civilisés qui restent inaccessibles aux émotions nées d'un beau paysage, d'une scène de famille, d'une bataille pleine de vie et de mouvement. Greuse et Poussin, et plus près de nous Gros, Gérard, Girodet, Vernet, Léopold Robert et bien d'autres, ne sont-ils pas plus connus et mieux appréciés du peuple que Canova et tous ses émules de notre temps? Le sculpteur choisit ses sujets parmi les exceptions d'une nature élevée; comme l'architecte, et plus que lui, il défie ses juges par des conceptions dont tous ne sentent pas le mérite; l'histoire, presque toujours ignorée, de ses héros n'est point éclaircie par les belles formes qu'il leur prête, et ce que ces formes auront de sublime et diront à l'intelligence ne charmera qu'un esprit et des yeux nourris des beautés de l'art et des méditations de l'esthétique. Laocoon, Hercule Farnèse, gladiateur du palais Chigi, Apollon du Belvédère, donnez-leur les plus beaux noms que vous voudrez, vous n'en ferez pas, pour un villageois, un objet digne d'un quart d'heure d'attention, en dépit des inimitables contours, de la pose naturelle, du fini de toutes les parties. L'expression générale pourra lui communiquer une impression dont l'humanité n'est jamais complétement exempte, mais exigez une analyse du principe qui crée la vie dans ce morceau qui l'étonne, demandez-lui ce qu'il devine et ce qu'il sent, vous ne faites que l'embarrasser dans un nuage de sentiments dont il lui devient impossible de se faire l'interprète pour lui-même. A son égard, il n'y a dans le marbre modelé qu'une action quelconque ; mais comment est-elle rendue ? qu'a-t-elle d'original ? quelle est l'idée qui y domine, le symbole dont elle est l'expression ? Ce sont lettres closes, autant de mystères inintelligibles.

Il en est autrement de la peinture, généralement parlant. Outre que ses inspirations sont prises en plus grand nombre dans un ordre de choses plus communes et plus répandues, que c'est l'histoire détaillée de la vie humaine surprise sur le fait soit au dehors, soit à l'intérieur du foyer domestique, c'est encore une source de charmes indicibles, qui se rapetissent au niveau du simple peuple et lui procurent des jouissances auxquelles il ne reste pas indifférent. La vérité des scènes, les expressions diverses de tant de visages, la frappante ressemblance des choses que chacun a chez soi ou à sa portée ; le charme des souvenirs qui renaissent en face d'une page peinte, et par-dessus tout l'illusion de la lumière et de l'ombre dans un coloris fidèle, voilà ce qui donnera toujours à des peintures, ne fussent-elles que passables, d'immenses avantages sur les plus précieuses statues. C'est que l'imitation s'exerce dans celles-ci sur un champ moins vaste ; elle s'attache plus à une ou deux passions qu'à un large ensemble où se réverbère la société humaine. Si le génie était à tous, elle captiverait les masses ; mais le génie est rare, et presque toujours le sentiment le remplace : c'est le triomphe de l'image peinte, fût-elle médiocre, sur les savants efforts du sculpteur.

<small>Philosophie de l'art du peintre ; l'*Arcadie* de Poussin.</small>

Serait-ce donc qu'à travers cette fascination de la vue il n'y a rien dans un bon tableau de genre, dans un portrait idéal, dans le jeu d'une physionomie artistement copiée, qui aille jusqu'à l'âme, qui porte à la réflexion et ne découvre à l'esprit cultivé une source de jouissance intellectuelle ? Est-ce que ce feu divin, qui jaillit du ciseau et se communique à la matière qu'il élabore, ne peut pas ruisseler aussi du pinceau sur la toile qui reçoit ses prestigieuses ondulations? Loin de là, nous reconnaissons, au contraire, que la peinture a, comme l'art plastique, son langage symbolique et mystérieux, qui s'adresse à la partie intelligente de notre être en lui arrivant par le sens visuel. Mais c'est là le spiritualisme de la chose, tellement distinct de ce qu'elle a de visible, que, sur tel nombre donné d'admirateurs, c'est le moindre qui réfléchira aux secrets enseignements qu'on y trouve, pendant que le reste s'extasiera sur le fait en lui-même, et n'ira pas plus loin. Prenons pour exemple, au musée du Louvre, cette belle et mélancolique scène de *l'Arcadie* jetée par le Poussin sur une toile immortelle. Les grands arbres, les collines varient çà et là des lointains inégaux ; le calme du ciel, la douceur de l'air, la vive et naturelle fraîcheur du coloris charment au premier aspect, et, sans être un connaisseur remarquable, on se laissera dominer par un sentiment de plaisir né de cette nature si bien agencée, où le contraste de ses roches et de ses prairies n'est peut-être qu'un paysage de l'Italie, de la Suisse ou du Tyrol. Sans doute les quatre personnages intéresseront aussi : leur costume respire les antiques souvenirs de la Grèce ; l'inscription étrangère que l'un d'eux indique du doigt sur le monument funéraire émeut la curiosité de plusieurs ; mais combien passeront sans y chercher un sens, et à plus forte raison que d'autres, en plus grand nombre, ne verront dans l'ensemble rien de ce qu'y a mis la touchante philosophie du peintre français! En est-ce moins la plus douce et la plus rêveuse leçon de morale que l'art ait jamais pu donner? Pouvait-on répéter, en l'entourant de plus de charmes, un oracle de la nature qui revient sans cesse pour attrister toujours? et l'âme humaine, obligée d'accepter d'avance le joug du trépas, n'est-elle pas déjà résignée devant ces belles et sérieuses figures du vieillard, des deux bergers, de la jeune femme, tous préoccupés de la même pensée, et révélant, dans la dignité de leur pose comme dans la placidité de leur regard, une espérance que n'efface point le spectacle d'une mort peut-être prématurée? Et n'oubliez pas, vous qui sentez, que cette poésie, si savante à grouper les accidents d'une nature toute pastorale et qui opère par les oppositions, se retrouve dans la simple et ingénieuse combinaison des idées les plus opposées. C'est la plus grave des méditations du cœur humain en présence de cette terre fortunée où tous les soucis se terminent aux chants, aux danses et aux jeux, à la conduite des troupeaux, aux scènes libres et variées d'une vie que rien ne trouble et qu'on ne voudrait pas finir..... N'est-ce pas là comme un tableau religieux, et cette austère leçon dont nous poursuit la nature pouvait-elle se traduire par des symboles plus dignes d'attacher l'esprit et les yeux?

Infériorité de la peinture antique sur la statuaire de la même époque.

La peinture a donc aussi un symbolisme qui lui est propre, privilège qu'elle partage avec la statuaire, mais qu'elle peut porter d'autant plus loin que son action n'a pas de limites et qu'elle peut tout représenter. Les anciens, qui excellèrent dans l'art de découper, de draper et de poser une statue, furent généralement moins heureux dans l'exécution de leurs tableaux, auxquels la nouveauté de l'art et ses difficultés inhérentes ne permettaient pas encore de donner toutes les perfections qu'on en exige. Avec une correction de dessin égale à celle des modernes et une entente également savante du clair-obscur, ils furent loin d'être des modèles, quant à l'ordonnance générale, à la composition pittoresque et à la perspective aérienne (1). Il est vrai, comme l'observe judicieusement un critique éclairé (2), que nous ne pouvons les juger que d'après Pline et quelques autres; mais il nous reste des monuments de numismatique et des copies exactes de fresques retrouvées dans les cryptes de Rome ou dans les décombres d'Herculanum et

---

(1) De la Chausse, *Pitture antiche delle grotte di Roma e del sepolcro de Nazoni*, Romæ, 1706, in-f°, p. 13.

(2) Dubos, *Réflexions sur la poésie et la peinture*, sect. XXXVIII, t. I, p. 390, in-12, 1770.

de Pompeï; et par chacune de ces épreuves, on se figure très-bien ce qu'ils savaient (1). Il faut au moins leur accorder qu'à défaut de ces qualités nécessaires, ils savaient ingénieusement tourner l'écueil en exécutant des sujets qui pouvaient absolument s'en passer (2). Sur la plupart des peintures murales, seul genre dont quelques fragments nous soient parvenus, et sur toutes les médailles sans distinction, les hommes, les animaux, les monuments sont toujours vus de profil ou de face. Les grands maîtres eux-mêmes ne durent pas être exempts de ces imperfections, et en dépit de l'enthousiasme des critiques anciens pour Apelles, Zeuxis, Protogène et leurs plus renommés imitateurs; malgré ce qu'ont pu dire Pline, Varron et Aulu-Gelle des deux Ludius de Rome, de Turpilius de Vérone, et de plusieurs autres peintres célèbres, leurs contemporains ou leurs devanciers, il est clair qu'ils n'en parlent que d'après les notions de l'art reçues de leur temps, et que les chefs-d'œuvre qu'ils mentionnent sans en avoir vu les plus célèbres, alors détruits, n'avaient en réalité qu'une valeur relative. C'est de la sorte qu'il faut probablement accepter ce qu'on raconte du *Sacrifice d'Iphigénie*, de Timanthe, dont le principal mérite était peut-être d'avoir su dissimuler dans Agamemnon une expression de douleur qu'il ne pouvait rendre; ainsi du *Mariage de Roxane*, par Ochion, où, faute de perspective, les personnages ne devaient pas faire aussi bonne figure qu'on le prétend. Il est d'ailleurs à observer

(1) Le P. Belgradi, jésuite italien, qui vit un des premiers les peintures découvertes à Herculanum, reconnaît que les auteurs de ces curieuses fresques « n'avaient pas assez l'intelligence des dégradations des figures et des clairs-obscurs ménagés à propos; qu'ils faisaient communément le champ de leurs ouvrages d'une seule couleur; qu'il leur manquait quelque chose de cette précieuse facilité qui fait disparaître l'art et qui imite parfaitement le ton de la nature. » — Voir *Mémoires de Trévoux*, mai 1750 et juin 1751, juillet et septembre 1759.

(2) Addison, *Dialogue sur l'utilité des anciennes médailles*, p. 175, in-8°, Paris, 1799.

que les plus fameux artistes de l'antiquité ne sont guère loués, à de très-rares exceptions près, que pour des œuvres à un seul personnage, à deux ou trois tout au plus : c'étaient des portraits, des dieux ou des déesses, des guerriers armés, des gladiateurs ; c'étaient des arbres ou des fruits, des navires ou des animaux, des jeux de draperies ou des attitudes dignes d'éloges. Mais la vive mêlée d'une bataille, les chasses ardentes du Taygète et de l'Hélicon, les clairières lointaines d'une forêt avec les teintes variées des horizons et des montagnes, voilà ce que les anciens ne signalent point dans le répertoire de leurs peintres favoris. Pline, qui a consacré plusieurs livres de sa grande Encyclopédie, et notamment le trente-cinquième, à énumérer les grands génies de la Grèce et de son pays, cite à peine deux ou trois grandes compositions d'effet général parmi leurs œuvres, par exemple *la Calomnie* d'Apelles, dont nous allons parler ; tout le reste n'offre que des objets individuels dont le mérite était surtout dans la vérité des détails et dans certaines difficultés vaincues dont tous les âges ont à l'envi multiplié les exemples.

Toutefois, de cette ignorance des moyens mécaniques destinés à tromper l'œil, et que la peinture moderne a découverts, comme les lointains, les seconds plans savamment ménagés, de ce que nous appelons, en un mot, la science du tableau, ne concluons pas qu'aux siècles de Périclès et d'Auguste l'art du peintre fût réduit à une espèce de nullité. Ce qui manquait à l'action et interdisait les grandes pages ; ce qui ne permettait guère que des plans uniques avec des hommes et des animaux de proportions égales, placés sur des lignes dénuées de gradation, à peu près comme nos villes de la Gaule sur la Table Théodosienne, était racheté par l'exacte ressemblance des figures, les poses naturelles du corps, la vérité du regard. Et dans les objets de la nature ou de l'industrie, une imitation assez complète pouvait également immortaliser les raisins de Zeuxis et le rideau de Parrhasius, ce qui n'empêche pas que nous pourrions leur opposer avec succès le chardon de notre Lebrun, qu'un âne était près de manger, dit Perrault (1), si un coup de bâton ne l'en eût dégoûté à temps.

Une vie réelle circulait donc dans toutes ces belles choses si vantées. C'était le sens intelligible, le beau idéal, le spiritualisme même chaque fois qu'il y était possible : c'était le symbolisme en un mot.

Mais là encore, il le faut distinguer de deux sortes : celui qui rendait une idée métaphysique ou complexe par des signes déjà convenus ou ingénieusement inventés pour le besoin du moment, — et celui qui, plus digne et plus élevé, respirait plutôt dans la pensée de l'artiste que dans les inspirations propres de l'art, et venait du génie de l'un bien plus que des ressources naturelles de l'autre ; celui-ci plus mystérieux et plus spirituel, celui-là plus extérieur et plus sensible à tous ; le premier s'exerçant dans le domaine du sentiment et des passions, le second plus charnel, en quelque sorte, et plus vulgaire dans son expression et ses allures.

Deux genres de symbolisme à y distinguer.

Quant au premier, il devait s'emparer de la peinture, comme il avait régné dans la statuaire. Si ces deux divisions de l'art ont leur différence, elle ne consiste que dans les procédés ; le but de chacune est toujours de *peindre* et d'intéresser d'autant l'esprit et les yeux. Sous ce rapport, l'artiste ne manqua point à sa vocation. Depuis l'expression des sentiments de l'âme, que Pline regarde avec raison comme un des plus grands mérites du peintre, jusqu'aux plus sublimes formes de la beauté idéale, tout s'est réuni sur la toile antique, au moins depuis l'époque d'Alexandre le Grand, pour captiver le cœur et l'attention. C'est en cela que le philosophe trouvait surtout à contempler dans l'art ce *mens divinior*, qu'un poète attribuait à la poésie, et qui se trouve dans toute expression élevée de la pensée humaine,

Esthétique de la peinture chez les anciens.

---

(1) *Éloge de Lebrun.*

278   HISTOIRE DU SYMBOLISME.

sans en excepter les merveilles brillantes des grands triomphes oratoires.

D'abord consacrée aux sujets religieux, comme la sculpture, la peinture s'ouvrit, dès les premiers jours de sa marche encore timide, le vaste champ de l'idéalisme. Les œuvres d'abord monochromes des Égyptiens, celles des Étrusques, à peu près aussi grossières de forme et d'ornementation, en disaient bien plus sur ce point que la science moderne n'en peut deviner. Athènes, si florissante lorsque Rome n'était encore qu'aux premières palpitations de sa vie sociale, encourageait depuis longtemps les arts, les sciences et la philosophie; elle avait ses dieux sculptés avec leurs attributs sur les autels de ses temples; elle avait sur leurs murailles leurs histoires peintes d'une ou plusieurs couleurs par Cléophante de Corinthe, avant lequel on ne faisait que des grisailles; ou par Cimon de Cléone, qui varia les attitudes de têtes; ou par quelque autre que Pline mentionne, sans rien dire du temps où ils vécurent. On voit bien, néanmoins, à la pauvreté de leurs ressources, qu'ils devaient exercer leurs pinceaux à une époque fort rapprochée de la naissance de l'art. C'est une raison de plus pour croire que l'idolâtrie fut pour beaucoup dans ces premières inspirations.

Influence de la philosophie de Pythagore sur la peinture des Grecs.

Pythagore, esprit cultivé par tant de voyages et d'études, aurait pu, par sa doctrine, porter un coup funeste à ces profanations du culte divin, si la raison et la philosophie véritable avaient eu quelque autorité sur des peuples dont la frivolité devait passer en proverbe, et dont les opinions religieuses, par cela même, se formulaient d'après tant d'écoles opposées. Quoi qu'il en soit, Plutarque lui attribue la loi imposée à ses disciples d'adorer Dieu en esprit, et de rejeter pour ce culte purement intérieur toute image faite de la main des hommes (1). Nous voulons bien, avec M. de Gérando, qu'il ait pu emprunter ce principe aux enseignements d'Hermès,

(1) Plutarque, *Vie de Numa*, ch. XI.

d'Orphée et de Zoroastre (1); mais ceux-ci devaient le tenir des Hébreux, chez qui des tendances au polythéisme avaient dû faire interdire les idoles longtemps avant que Moïse publiât les dix commandements. Toujours est-il que le vœu de Pythagore dut avoir peu d'influence sur la statuaire et la peinture sacrée, puisque sa seule école en fit une loi, et que la dispersion de ses disciples, après le règne d'Alexandre, réduisit à l'état de système vieilli celui qui jette encore un si beau reflet sur l'école italique.

Il n'en fut pas autrement à Rome lorsque, deux siècles auparavant, Numa, donnant des lois à la nation que venait de fonder Romulus, y défendit d'attribuer aux dieux aucune forme d'homme ni de bête, et d'avoir aucune image quelconque de la divinité (2). Cette règle y fut observée, à la faveur de l'unité du commandement, jusqu'aux premières années de la république, cent soixante-dix ans après sa promulgation. Le changement survenu alors dans la forme du gouvernement entra sans doute pour beaucoup dans cette innovation; mais le goût des arts, de la sculpture surtout, qui s'y était développé sous l'action des artistes grecs déjà répandus dans le midi de l'Italie et en Sicile, contribua, autant que toute autre cause, à l'intrusion des dieux de pierre et de bois. Pour ceux qu'on représenta sur la toile ou la fresque, il paraît, par le silence des critiques sur leur valeur, qu'ils n'en eurent aucune, soit que le génie romain s'adonnât fort peu à ce genre de travail, soit qu'il préférât la sculpture, qui n'y était pas, à beaucoup près, aussi négligée, parce qu'elle paraissait plus durable. Ce n'est donc pas dans les peintres de la république romaine qu'il faut chercher les œuvres à citer. Ceux de l'empire ne firent guère mieux, et l'histoire n'a conservé le souvenir d'aucune peinture, exécutée à cette époque, dont la forme et le fond puissent nous sembler vraiment recommandables.

L'école latine la subit également.

(1) *Biographie universelle*, v° Pythagore.
(2) Plutarque, *ubi suprà*.

280 HISTOIRE DU SYMBOLISME.

Notions générales sur le symbolisme de la peinture grecque.

Pour avoir quelque notion de l'idéal et de la symbolique de cet art, que les modernes ont élevé si haut, parce qu'ils profitent de tous les tâtonnements, de toutes les découvertes péniblement acquises par les anciens, remontons jusqu'aux beaux jours où florissaient les républiques d'Athènes et de Lacédémone ; et encore ne recueillerons-nous que des renseignements vagues et douteux sur l'objet de nos recherches. On nous dit que Polygnote de Thasos rehausse les hommes en leur donnant une dignité inconnue jusqu'alors sous le pinceau des artistes. La vérité du portrait, et par conséquent du caractère et des passions de la personne peinte, n'était, avant Apelles, qu'une rareté de difficile rencontre. L'illustre favori d'Alexandre, en profitant des progrès multipliés auxquels ses prédécesseurs avaient atteint, y ajoute sa part, et ses ressemblances sont si parfaites, qu'au dire d'Apion, grammairien du temps de Caligula, cité par Sénèque, on pouvait, en les considérant, tirer, sans crainte d'erreur, l'horoscope du personnage (1).

Caractère du talent dans Apelles; son tableau de la Calomnie.

Pline, qui a parlé des artistes en homme qui l'était sinon par le pinceau, au moins par l'intelligence et le sentiment, loue principalement dans Apelles le goût exquis dont lui vint la palme sur tous ses rivaux, et qui s'exprimait en même temps par la grâce, la délicatesse du faire, le soin étudié des draperies et l'ordonnance de ses plans. Il le vante pour la fonte des couleurs, pour la justesse des idées, enfin pour la grandeur d'âme qu'il sait au besoin communiquer à ses héros. C'est là, dit le critique latin, la beauté réelle, et ce fut cette réunion de tant de qualités qui brilla dans le fils de Pithius : *Præcipua ejus in arte venustas fuit* (2). Tant de glorieuses assertions peuvent heureuse-

---

(1) Senecæ *Epistola* LXXXVIII.
(2) Pline, *ubi suprà*. Cet écrivain, dont on ne peut se lasser de lire les appréciations, a été analysé avec une sûreté de goût très-remarquable par le comte de Caylus dans son grand ouvrage intitulé : *Recueil d'antiquités égyptiennes, étrusques, grecques, romaines et gauloises*,

ment s'appuyer d'une preuve que beaucoup d'autres n'ont plus : c'est le tableau de *la Calomnie*. Le grand maître, accusé en Égypte d'avoir conspiré contre la vie du roi Ptolémée Lagus, mais reconnu innocent sur l'aveu d'un des coupables, se vengea de ses ennemis et du juge qui avait été près de le condamner, en peignant cette allégorie dont la réputation a survécu à sa perte. Voici comme Lucien, qui l'avait vue, décrit cette page célèbre :

« A la droite du tableau, un homme siége entouré d'une pompe éclatante. Ses oreilles sont celles de Midas ; il a pour assesseurs deux femmes placées de côté et d'autre : ce sont l'*Ignorance* et le *Soupçon*. Le principal personnage tend la main à une autre femme d'une grande beauté qui paraît s'avancer : c'est la *Calomnie*. Son visage, son maintien trahissent un sentiment d'emportement et de violence. D'une main elle tient un flambeau qui doit répandre le feu de la division et de la discorde, de l'autre elle traîne par les cheveux un adolescent qui implore l'assistance des dieux en élevant ses mains vers le ciel. Un homme la précède, au teint jaunâtre, au corps sec et amaigri, aux yeux ardents : c'est le *Dépit jaloux*, qui semble diriger tout. Près de la *Calomnie* se trouvent deux autres femmes qu'on reconnaît, à la modestie affectée de leurs manières, pour la *Fraude* et la *Trahison ;* elles cherchent, en la parant, à relever ses attraits ; mais sur leurs pas arrive le *Repentir*, vêtu d'un habit *noir* et déchiré, l'air confus et humilié, versant d'abondantes larmes ; car, regardant en arrière, il reconnaît déjà la *Vérité*, qui s'avance dans le lointain, entourée d'une vive lumière (1). »

7 vol. in-4°, Paris, 1752 et ann. suiv.— La science moderne, si progressive depuis le commencement de notre siècle, n'adopterait pas toutes les conclusions, ni même toutes les explications du savant antiquaire. Il faut reconnaître cependant qu'un immense travail et un esprit heureusement organisé étaient les premières conditions d'un ouvrage aussi considérable, et que son livre est certainement la meilleure analyse qu'on ait faite de tout ce que les anciens ont écrit sur cette matière.

(1) Luciani *Tract. de non temere credendum calumniæ*, édit. de Grævius ou plutôt de Jean Leclerc, Amstelod., 1687, p. 401.

Les éloges donnés à cette composition, dont l'effet n'est plus appréciable à nos regards, mais qui, par son entente générale, décelait un esprit aussi sage qu'ingénieux, supposent dans un peintre habile le double mérite d'avoir su plaire en même temps aux yeux et à l'esprit; de plus, il tend au but que l'art doit toujours se proposer : le développement d'une vérité morale. Peu importe ici que l'auteur se soit inspiré de sa propre cause et d'intérêts personnels. On ne peut nier que tout près de ses lignes satiriques et de sa vengeance d'artiste, il n'ait donné une leçon tant aux calomniateurs futurs qu'aux grands qui leur prêteront une oreille trop facile. Les oreilles de Ptolémée indiquent parfaitement ce qu'Apelles avait à lui reprocher. Les traits divers des passions qui animent ses personnages, la laideur des uns, la noble douleur des autres, les larmes du Repentir, la Vérité qui de loin dirige sa marche vers ceux qui se pressent trop de condamner, et que tôt ou tard elle éclairera des inévitables lueurs de son flambleau, n'est-ce pas le beau moral, cette vérité surnaturelle qui attache par le sentiment, qui n'est nulle part plus nécessaire que dans les tableaux d'histoire ou de genre sérieux, en un mot ce que Vitruve exige comme la première condition de l'art, ce qui fit le triomphe de Raphaël (1)? On voit parfaitement dans cette œuvre ce que peut l'allégorie, grand symbole qui agit au moyen de symboles secondaires, et pénètre, à travers son voile diaphane, jusqu'aux plus intimes replis de l'esprit et du cœur. Athénée cite d'Aglaophon, père et maître du célèbre Polygnote, un tableau dans lequel Alcibiade, revenant des jeux olympiques, était couronné par les mains d'une Olympiade et d'une Pythiade (2), déesses qui parais-

---

(1) « Neque enim picturæ probari debent quæ non sunt similes veritati. » (Vitruv., *De Architect.*, lib. VII, cap. V.) — Voir encore sur ce sujet l'intéressant et judicieux chapitre « Du vrai dans la peinture, » dans le *Cours de peinture par principes*, de De Piles, Paris, 1720, in-8°.

(2) Athénée, *Deipnosoph.*, lib. X.

sent de son invention et que les mythologues semblent avoir oubliées dans le catalogue de leurs célébrités. C'eût été peut-être d'une trop grande hardiesse que se faire ainsi des déesses au besoin ; ce n'en était pas moins la personnification des génies qui devaient présider aux yeux d'Olympie et de Delphes, et le plus court moyen d'exposer au public la pensée qui vivait dans le tableau.

On a beaucoup parlé, d'après le récit de Pline (1), du peintre grec Néalcès, dont les compositions s'animaient d'un allégorisme ingénieux. Ne sachant comment désigner le Nil, qu'on eût confondu avec tout autre fleuve dans une bataille navale des Égyptiens contre les Perses, il s'avisa de placer sur le rivage un crocodile s'élançant vers un âne qui y paissait et que l'amphibie allait dévorer.

<small>De Néalcès,</small>

Un trait d'habileté non moins remarquable, mais plus touchant, sauva un tableau de Mélanthe qu'Aratus, libérateur de Sicyone, voulait faire détruire pour effacer jusqu'au souvenir des tyrans qui l'avaient opprimée. Aristrate, l'un d'eux, y était peint monté sur un char et couronné par la Victoire. On regardait l'image héroïque comme un chef-d'œuvre. Néalcès, qu'aimait Aratus, obtint par ses supplications qu'il fût épargné, à condition toutefois que le principal personnage en disparaîtrait. Néalcès obéit, mais à la place d'Aristrate il peignit simplement une palme ; les pieds du tyran demeurèrent cachés dans l'ombre du char, et ce que l'œil ne voyait plus, ces accessoires forcèrent encore à le deviner (2).

<small>Et de Mélanthe.</small>

Le beau idéal parut aux artistes anciens la plus réelle expression de la divinité, nous l'avons vu ; mais ce que nous ne voyons guère, c'est qu'ils l'aient employé beaucoup en peinture, où leurs meilleurs ouvrages semblent n'avoir été, à l'exception de quelques Vénus des plus célèbres, que des

<small>Matérialisme des travaux d'Apelles.</small>

---

(1) Pline, *Hist. nat.*, lib. XXXV, ch. xi.
(2) Plutarque, *Vie d'Aratus*, ch. xiv.

sujets assez peu divins. Apelles travailla beaucoup pour Alexandre, et, après sa Diane et sa Vénus Anadyomène, on ne voit presque de lui que des tableaux de femmes qui sont toujours ou des portraits de Canopaspe ou de Phryné, ou ceux de quelques autres qu'aimait le roi de Macédoine. Cette méthode, que Pline blâme avec raison et qu'on doit reprocher plus gravement à de grands peintres chrétiens, pour lesquels le comte de Caylus cherche trop de mauvaises excuses, tendait à diminuer le respect pour la religion, tout en élevant l'art à son plus haut degré de perfection matérielle.

Spiritualisme de Zeuxis.

Zeuxis ne fit pas ainsi quand, pour peindre son Hélène, il réunit les traits des cinq plus belles personnes de Crotone, et parvint à faire un modèle qu'une seule n'aurait pu lui fournir : c'était « ajouter aux beautés de la nature pour les atteindre, et la corriger pour la mieux faire sentir (1). »

Convenances symboliques de l'art religieux chez les anciens.

Il est clair qu'à défaut des peintures païennes que nous n'avons plus, nous devons regarder les peintres comme ayant usé, dans la représentation de leurs dieux, des mêmes règles symboliques appliquées aux statues par les grands artistes de la Grèce. La dignité morale y devait briller dans les proportions de la taille basées sur la position hiérarchique donnée à chaque membre de la cour céleste. Leur majesté originelle, leur liberté inviolable, la perfection du torse et de la tête, la légèreté de leur allure, la force et la puissance de leur volonté devaient se rendre par l'expression du visage, la noblesse de la pose, la grâce des mouvements, la convenance, en un mot, de tout ce qui pouvait donner au style le sublime que la religion demandait pour les images de ses principales natures idéales. Au contraire, les dieux d'un ordre inférieur descendaient à des proportions moindres, comme l'indiquent suffisamment, dans les restes antiques de nos musées, les statues de toute dimen-

---

(1) De Piles, *loc. cit.*

sion des dieux terrestres, aquatiques ou infernaux. Le calme, la tranquillité de l'âme, qui siége dans la limpidité des traits, comme l'impassibilité du corps sur le trône donné à Jupiter ou à Junon, devaient respirer sur la toile aussi bien que sur le marbre et l'airain. C'est d'après cette idée que Zeuxis avait représenté le maître de l'Olympe assis au milieu des autres dieux, qui l'écoutaient debout (1). — Les vêtements durent entrer aussi pour beaucoup dans la sainte gravité dont il fallait entourer ces créations du génie. Quoi de plus éloquent, d'ailleurs, que ces amples draperies du costume grec et romain, noblement jetées et dont la parfaite imitation fit surtout la réputation de Cimon et de Polygnote? Les plus sublimes poètes ne négligèrent point ces descriptions, et les prophètes, qui en étaient d'admirables, n'ont pas négligé, quand ils voulurent donner une haute idée du dieu qui les envoyait, de le représenter tantôt comme revêtu d'une robe éclatante de blancheur, tantôt comme laissant flotter sur ses pas un ample et magnifique vêtement qui couvrait le vaste pavé du temple (2).

En dehors de cette condition de beauté surnaturelle que n'exigeaient pas tous les sujets, et à laquelle tous les peintres n'auraient pu atteindre, on sent que, les difficultés de la peinture n'ayant pu être vaincues que fort lentement, chaque peintre eut besoin, pour se faire comprendre, de suppléer par l'imagination à ce que lui refusait le mécanisme de son art. Ce fut encore à l'avantage du symbolisme, qui vint partout occuper quelque coin de la muraille ou de la toile, même quand l'allégorie proprement dite s'emparait de la plus large part. Il y avait toujours pour lui quelque prétexte de s'y glisser et d'y dire son mot, et quand celle-là personnifiait les vertus et les vices, les âges et les sexes, les saisons, les passions et tous les objets pour lesquels nous sommes encore

Connexion nécessaire entre lui et les idées philosophiques qui en sont la vie.

(1) Pline, liv. XXXV, ch. x.
(2) Isaïe, vi; Daniel, vii.

obligés de recourir si souvent aux souvenirs mythologiques, l'autre ne s'en attachait pas moins aux détails, et, sans altérer l'ensemble de la composition, il en faisait ressortir d'autant plus vivement l'idée mère et le prototype inspirateur. N'était-ce pas, d'ailleurs, un moyen de servir ces éclairs de génie qui se remarquent parfois dans l'œuvre la plus médiocre, de faire parler le sentiment, sans lequel un artiste, si mince qu'il fût, n'a jamais existé? Ce fut même assez souvent tout le mérite d'une peinture qui n'enchantait pas encore par la vérité des ombres et du coloris, et dont le bel effet, pourtant si vanté, ne pouvait être, nous l'avons vu, que d'une valeur relative. Quelle main, en peignant Jupiter, Pallas, Junon, Neptune, se fût dispensé de leur accoler l'aigle, représentant de l'empire universel; la chouette, amie du silence favorable à la méditation et à l'étude; le paon, rendu immortel pour symboliser la durée éternelle de la vie céleste, le trident, devenu *le sceptre du monde* en même temps que celui de la navigation?

Cupidon, Psyché et le papillon des Grecs.

Junker, dans son petit traité *Des Divinités ailées*, a réuni beaucoup d'observations dont la justesse recommande nos idées. Il y prouve que par le secours du langage symbolique les anciens rendaient souvent très-sensibles les propriétés particulières d'une idée générale qu'ils personnifiaient, et cite, d'après Spon, cet artiste grec dont le groupe, qu'on voyait de son temps dans la galerie de Florence, représentait Psyché et l'Amour qui s'embrassent, charmante image du besoin que l'âme a d'aimer (1). — Ceci redevient de la philosophie. — En voici encore : Psyché, assise dans un char, était précédée de deux Amours volants. Elle ne les guidait pas, elle ne les retenait que par une simple et légère bandelette; ils pouvaient donc, selon l'ingénieuse remarque de Montfaucon, diriger leur vol par eux-mêmes; ils devenaient un signe sensible de l'empire que les sens

(1) Junker, parmi les *Traités sur l'allégorie*, t. II, p. 408.

savent prendre sur la raison et sur l'âme, et prouvaient que le jugement se laisse égarer par eux. Ailleurs, deux Amours tiraillant un papillon montraient la victoire que les sens remportent sur l'âme (1). La fable de Psyché, dont le nom tout seul indique l'allégorie, et dont Apulée a tiré un si grand parti (2), se retrouve sur une foule de monuments antiques, marbres, peintures, pierres gravées, et aurait pu servir d'avertissement contre l'entraînement des passions, dont elle n'est que l'histoire symbolique. La légèreté de ce souffle qui nous anime ($\psi\nu\chi\eta$, âme), la nécessité de l'expiation pour la faute originelle, qui, dans toutes les traditions, a pour principe une fatale curiosité; les différentes images que les artistes anciens ont faites de cette beauté toute spirituelle, asservie par les égarements du cœur, tout révèle dans ce récit, amplifié par les mythologues latins, une idée métaphysique et morale dont l'art s'est emparé et qu'il a symbolisée avec plus de succès peut-être que tout autre. C'est surtout le papillon qui, pourvu de ses ailes, est devenu le type visible de notre substance immortelle. On le voit s'élevant au-dessus d'une jeune femme qui vient d'expirer, et aux pieds de laquelle repose une tête de mort; il erre sur un monument funéraire autour d'un squelette; il est tourmenté par un Cupidon sur une branche morte à laquelle l'ingénieux enfant s'efforce de le clouer; ailleurs, ce même dieu lui brûle les ailes de son flambeau. — On reconnaît sous toutes ces formes la même leçon de méfiance et de sagesse.

Cette tendance philosophique, dont le principe remonte à la chute originelle, traitée partout sur le même fond avec des variantes qui n'en modifient que l'expression, n'avait pas, sous la plume d'Apulée et de Fulgence, le tour purement romanesque que lui ont donné leurs imitateurs. Chez

<small>La morale servie et outragée tour à tour par l'usage ou l'abus des allégories.</small>

---

(1) *Antiquité expliquée*, t. I, 1re part., liv. III, ch. xxv, pl. 120-121.
(2) *Métamorphose*, liv. IV, V et VI.

ceux-ci, l'esprit de la narration, le charme du style, l'amplification arbitraire de l'idée primitive, les descriptions érotiques où la forme du langage ne cherche même pas à voiler des voluptés dangereuses, ont produit trop souvent l'effet contraire à celui que s'étaient proposé l'art et la littérature dans leur origine. Le paganisme l'a ainsi emporté plus d'une fois sur une civilisation qui devrait être plus chaste. — Il n'est pas non plus resté, dans ses peintures, étranger à l'esthétique de l'art, et, s'il avait ses profanes consacrant le talent aux images honteusement payées de la débauche, comme Clésidès et Clésiloque, il eut aussi ses peintres d'une pudeur irréprochable consacrant leurs ouvrages à la religion et à la vertu. L'illustre génie qui écrivit l'histoire physique du monde ancien a pris soin de faire valoir ces heureux contrastes, et donne de justes éloges à Habron, qui peignit la Concorde et l'Amitié parées de leur douceur et des heureuses richesses qui les suivent, et à Nicéarque, auteur d'un Hercule confus de ses faiblesses et humilié de ses accès de rage (1). Il est vrai que ces grands principes étaient rarement exposés sur la toile des peintres, peut-être à cause des difficultés de telles compositions. La vertu antique s'en dédommageait par de belles pages de philosophie, dont quelques-unes ont inspiré les artistes de l'avenir. Qui n'a rêvé, au musée du Louvre, devant cette intéressante page hollandaise de Gérard de Lairesse, où, tout vivant de beauté et de jeunesse, Hercule est représenté d'après un apologue de Prodicus, attiré en même temps par la Volupté et la Vertu, et se dégageant des funestes empressements de l'une pour aller vers celle dont la douce invitation détermine son choix ?

Antiphile et son Gryllus.

Un autre genre, qui a bien son mérite d'enseignement moral à côté des graves inconvénients de l'exagération satirique, fut cultivé aussi par les écoles de l'antiquité. On

(1) Pline, *Histor. natur.*, lib. XXXV, cap. 11.

attribue à l'Égyptien Antiphile, contemporain d'Apelles, et dont le nom grec semble lui-même un symbole de son génie mordant, l'invention de la caricature et du grotesque. C'est, d'ailleurs, faire connaître suffisamment ses penchants à la méchanceté que le signaler comme ce calomniateur d'Apelles immortalisé dans cette belle page que nous avons décrite. On s'accorde à dire toujours, d'après Pline l'Ancien, qu'un des tableaux d'Antiphile représentait sous des traits risibles un certain Gryllus, personnage qui semble avoir été passablement ridicule, et que pour cela on donna le nom de Gryllus à toutes les peintures de même genre faites depuis ce temps; mais on ne dit ni les traits offerts par cette peinture, ni quel était ce Gryllus si maltraité par le pinceau satirique (1). Il nous semble que ce pourrait bien être celui des compagnons d'Ulysse qui portait le même nom, et qui, changé en pourceau par les poisons de Circé, ne voulut plus quitter cette bienheureuse position quand chacun eut recouvré sa première forme (2). Le fait ne prête-t-il pas assez à médire de la nature humaine, et combien encore de notre temps mettent le corps au-dessus de l'âme et soumettent leur être spirituel aux goûts les plus dignes de Gryllus!

Caylus parle aussi d'un certain Caladès qui avait peint un général athénien endormi dans sa tente, et, par-dessus sa tête, la Fortune emportant des villes d'un coup de filet. La caricature moderne, si spirituelle et si inventive, ne désapprouverait pas un tel sujet, et en a fait beaucoup qui ne le valent pas. *Caladès et son filet.*

Passons sous silence, dussions-nous y revenir à l'occasion, mille autres témoignages de cette vie symbolique de l'art ancien; mais n'oublions pas de mentionner combien les artistes y tenaient, puisque généralement, et au moins dans leurs œuvres de quelque importance, ils aimaient à *Signatures et inscriptions symboliques des artistes anciens sur leurs œuvres.*

---

(1) Pline, *ubi suprà*, liv. XXXIV, ch. VI.
(2) Homère, *Odyssée*, liv. X, v. 135 et suiv.

imposer au marbre ou à la toile un signe adopté qui équivalait à leur nom. Ainsi Winckelmann signale sur deux antiques volutes de chapiteaux ioniques une grenouille et un lézard, désignant par une image sensible les noms de *Batrachus* et de *Saurus*, architectes de Lacédémone (1). En plaçant ainsi comme un ornement ces deux amphibies, les sculpteurs prétendaient déjouer la jalousie de certains personnages qui, après les avoir employés à bâtir un temple, leur interdisaient d'y graver leur nom. Ce procédé valait mieux que celui de Phidias, reproduisant ses traits et ceux de Périclès au milieu des combattants qui se multipliaient dans un des bas-reliefs de sa Minerve. Ces traits, tôt ou tard, devaient se perdre pour la postérité ; ils n'étaient pour elle qu'une lettre morte. Batrachus et son compagnon vivent encore, ne fût-ce que sur le débris précieusement conservé d'une colonne. — On raconte un trait semblable, quoique moins expressif, de Protogène. Il voulut se faire reconnaître comme auteur d'une peinture faite par lui dans les propylées d'Athènes, et comme il avait commencé l'exercice de son art en peignant des ornements sur les vaisseaux du port, il mêla dans la bordure de son chef-d'œuvre des attributs de la marine, et désigna ainsi l'artiste et sa première profession.

Ainsi vécurent la peinture et la statuaire d'emprunts faits à l'imagination, inépuisable créatrice d'innombrables symboles. Et encore que d'autres témoignages il nous faut omettre ! Mais nous laisserions sur ce point notre travail trop incomplet si nous n'abordions, avant d'en finir avec les arts du dessin, une question qui s'y rattache étroitement. Nous allons voir comment, avec les couleurs mêmes et leurs nuances variées, le pinceau est parvenu à multiplier ses ressources et à se faire tout une théorie de riches et merveilleuses interprétations.

(1) *Hist. de l'art*, t. II, p. 289, in-4°. — Voir aussi *Mém. de l'Acad. des inscript.*, t. IV, p. 663.

CHAPITRE XII.

DES COULEURS.

La variété des teintes, le charme du coloris ne sont pas les seuls avantages sur lesquels le sculpteur doive le céder au peintre. Quelque puissants que soient ces moyens de captiver l'attention et le regard, il en est un autre dont la palette dispose, et, tout en prodiguant aux surfaces leurs plans divers, leurs scènes variées, les costumes et leurs mille replis, elle peut encore, par le choix de ses tons et de ses nuances, modifier l'idée générale d'une composition plus ou moins vaste, et donner à ses personnages ou à ses moindres objets un langage propre et une philosophie à part. C'est un secret dont la plupart des peintres se doutent peu aujourd'hui, parce que l'effet matériel est presque généralement l'unique but qu'on veuille atteindre. Aussi pouvons-nous taxer sévèrement cette méthode artistique dont toute la finesse consiste à faire jouer les couleurs dans un milieu favorable, à leur ménager un jour plus abondant ou plus sombre, sans aucun souci de cet ingénieux privilége qu'avait l'art antique d'en subordonner l'emploi à une pensée de plus... Si les peintres étudiaient autre chose que la forme; s'ils ne croyaient pas leur œuvre accomplie lorsqu'ils en ont perfectionné les lignes, les teintes et les contours, ils sauraient quelque chose de ces ressources perdues ou dédaignées qui décupleraient la puissance de l'expression : tant il est vrai que, si, dans tous les arts, l'exercice est

Le symbolisme des couleurs trop ignoré à notre époque.

une importante condition de succès, c'en est un autre, aussi indispensable, et dont l'ignorance rapetisse le génie lui-même, que la connaissance de l'histoire du métier, et l'intelligence qu'on y trouve des plus utiles détails d'un sujet.

Cet art mieux apprécié des anciens.

C'était beau autrefois de composer une belle statue d'or et d'ivoire. Ces précieux matériaux semblaient exclure par la richesse de leur éclat toute autre ornementation qui en eût changé le caractère et diminué la valeur. Il en était ainsi du marbre et du bronze, dont le poli et la matière précieuse n'auraient souffert de coloration que comme une sorte d'injure; mais les statues de pierre, de bois et même d'argile recevaient, au témoignage de Pausanias, les décorations du peintre, et celui-ci s'appliquait à ne donner à leurs différentes parties que des couleurs dont le langage convenu ajoutait à l'expression de la pose et du geste des idées que

Exemples donnés par le paganisme.

le statuaire seul n'eût pu créer. Ainsi Empédocle, au rapport de Néalque de Cyzique, ayant fait de grandes libéralités au peuple d'Acragas, et doté les filles pauvres de la ville, fit teindre de pourpre, en souvenir de ces riches profusions, la statue que lui avait élevée la reconnaissance publique. A Phigalée, en Arcadie, Cérès, tenant d'une main un dauphin et de l'autre une colombe, double souvenir de ses relations avec Neptune, était vêtue de noir, moins par allusion au chagrin que lui avait causé l'enlèvement de Proserpine, comme semble le croire Funker, que par une raison beaucoup plus mystique et dont nous parlerons bientôt (1). Bacchus, dans un tableau de Philostrate où il est représenté avec Ariane, porte une draperie de pourpre qu'on lui retrouve encore jusqu'à deux fois à Herculanum (2). C'était donc bien là une couleur qui lui fût spéciale, comme

---

(1) Pausanias, *Voyage en Grèce* : l'Arcadie, liv. VIII, ch. XLII.
(2) Philostrate, *Iconographie*, liv. I, fig. 26, in-f°, 1614. — *Pitture Ercolan.*, t. II, tav. 13 et 16.—Winckelmann, *Recueil de lettres sur les découvertes faites à Herculanum*, Paris, in-4°, 1784.

plus ressemblante à celle du vin. Homère avait, le premier peut-être de tous les poètes, admis ce moyen dans ses descriptions : comme la nature, il donne un voile jaune et des doigts roses à l'Aurore ; la chevelure d'Apollon est blonde ou dorée, et les poètes et les peintres des âges suivants dont il nous est resté quelques traces n'ont pas manqué de systématiser ce principe, étendu, selon la remarque de Plutarque (1), à toutes les divinités juvéniles. Il paraît, d'après le même auteur, qu'on représentait Jupiter nu, avec une carnation très-foncée et tirant sur le brun : c'était la teinte des lutteurs, frottés de l'huile qui donnait la vigueur et la souplesse à leurs membres; on prétendait par là caractériser la force du père des dieux et des hommes (2). Addison (3) remarque bien, d'après un passage d'Horace auquel il aurait pu ajouter un mot de Virgile, que les anciens habillaient de blanc l'Espérance et la Bonne Foi ; on sait d'ailleurs que les candidats aux charges publiques, dont l'Espérance était la déesse, portaient la robe blanche ; c'était aussi la couleur des ailes de la Victoire, d'après Silius Italicus, qui en donne de noires à la Calomnie (4). A Rome, les noms des nouveaux magistrats proclamés dans les assemblées du peuple s'écrivaient sur une pierre blanche ; eux-mêmes se revêtaient d'une robe de cette couleur, comme on peut le voir dans la savante

---

(1) *Érotiques*, liv. III, Francfort, p. 1363.
(2) *In Alexandrum*, p. 666.
(3) Addison, *Dialogue 2ᵉ sur les médailles* :
>Te spes et albo rara fides colit
>Velata panno...

Et Virgile :
>Cana fides, et Vesta, Remo cum fratre Quirinus
>Jura dabunt...
>(*Æneid.*, lib. I, v. 296.)

(4) Nous verrons l'Espérance vêtue aussi de vert, par une raison analogue.
>Niveis victoria concolor alis... .
>...et atris
>Circa te semper volitans infamia pennis.
>(*De Bello Punico secundo*, lib. XV.

compilation de Dempster (1). Nous pourrions ainsi multiplier à l'infini de tels exemples, dont les plus anciennes chroniques seraient prodigues, et, depuis les Hébreux jusqu'aux nations les plus récentes, on verrait le langage des couleurs usité et compris partout et toujours.

Autres tirés du peuple de Dieu.

Quant aux Hébreux, la Bible tout entière en fait foi, et nous devrons nécessairement en développer les principes. Ce qui résulte de l'étude des Livres saints prouve bien que le peuple de Dieu a laissé les plus vieilles notions sur le symbolisme des couleurs, et qu'on s'est trompé de beaucoup en ne les faisant remonter qu'à la religion des Perses. On voit, par la seule description des draperies du Tabernacle de Moïse, que, de son temps, on avait déjà à cet égard une théorie passablement avancée, et, quelque divine qu'elle fût, comme nous aurons à le prouver, la variété de ses prescriptions témoignerait assez toute seule que les artistes y attachaient une réelle importance (2). Aussi les traditions du paganisme se réunissent aux idées chrétiennes pour l'autoriser, et c'est afin de compléter ce qui précède et d'éclairer la marche ultérieure de notre travail, que nous exposerons le plan scientifique des philosophes et des peintres sur les couleurs allégoriques. En exposant ces principes, il nous faudra nécessairement redescendre quelquefois de l'antiquité au moyen âge, mais ce ne sera que par une anticipation forcée, et sans préjudice d'un exposé plus large et plus complet que nous consacrerons bientôt aux spéculations et aux usages de cette dernière époque.

Analyse d'un traité de M. Frédéric Portal sur ce sujet.

Un auteur de notre siècle, un de nos contemporains, M. Frédéric Portal, s'est efforcé, dans un livre spécial, d'exposer ce qu'il importe de savoir sur cette partie si intéressante de la science symbolistique (3). Ce livre dénote beau-

(1) Thomæ Dempsteri *Antiquit. Roman. corpus*, lib. IV, cap. IX; mihi, p. 298.
(2) Voir le XXVe chapitre de l'*Exode* et les suivants.
(3) *Des Couleurs symboliques dans l'antiquité, le moyen âge et les temps modernes*, in-8°, Paris, Trenttel et Wurtz, 1837.

coup d'érudition ; il peut ramener à la connaissance perdue des mystérieuses pensées qui parlent si éloquemment dans les peintures murales et les verrières de nos églises ogivales ou romanes ; mais il n'est pas exempt d'erreurs que des recherches plus exactes, une imagination mieux retenue, une science plus sûre de l'herméneutique sacrée lui eussent certainement fait éviter. C'est pourquoi nous nous permettrons, en analysant au profit de nos lecteurs ses savantes élucubrations, d'y ajouter nos réflexions personnelles, soit pour confirmer les siennes, soit pour les rectifier lorsqu'elles nous auront paru défectueuses. On ne nous saura pas mauvais gré, nous l'espérons, d'avoir fait servir à cette révision toute bienveillante les progrès constatés de l'archéologie chrétienne et l'autorité de la théologie catholique, à laquelle M. Portal ne cesse pas de témoigner la plus honorable déférence.

N'était-ce pas, d'ailleurs, une utile entreprise que de vouloir fixer l'attention des savants sur ce point, le plus négligé sans doute, et cependant l'un des plus curieux de l'archéologie? Des hommes sérieux dont les études, trop superficielles néanmoins, n'avaient jugé que la surface des choses, avaient fait de cette partie de la science archéologique ce que d'autres avaient fait du symbolisme en général : ils en niaient l'application et n'y voulaient voir qu'un système. Or un système n'est que l'exposé de spéculations essentiellement contestables, parfois très-hasardées, et fort souvent plus conjecturales que solides ; et M. Portal, nonobstant les réserves que nous venons d'exprimer, n'apporte pas moins fort souvent, à l'appui de ses assertions, des textes et des sentiments de nombreux auteurs de tous les pays, les dogmes de toutes les religions, les citations qui défient presque toujours le plus scrupuleux examen, et dont nous avons pu vérifier le plus grand nombre. D'observations puisées dans une philosophie élevée résultent des inductions qui éclaircissent singulièrement certaines obscurités de l'histoire du

Fondements sérieux et principes généraux de cette étude.

monde primitif. Ainsi, chez les Perses, et nous pourrions ajouter probablement, bien avant eux, chez les premiers peuples idolâtres, le dualisme des ténèbres et de la lumière appelle l'emploi préféré des deux couleurs originelles, le noir et le blanc, dont toutes les autres ne sont que des modifications : ce dualisme symbolise le bien et le mal, le bon et le mauvais génie des peuples païens. — Seize siècles s'étaient à peine écoulés depuis la création, quand l'univers reçut de Dieu même le premier indice de cette langue mystérieuse et significative qui devait montrer à son peuple les vérités prophétiques dont le reflet divin colorait d'avance les révélations de l'Évangile. L'arc-en-ciel, réunion des rayons rouges, jaunes, verts, bleus et violets, est donné comme signe d'alliance entre Dieu et les hommes; la mythologie fait d'Iris la messagère céleste : les vives couleurs de sa ceinture sont les symboles d'un ordre nouveau, et par suite de la régénération des hommes et des choses. Elles se reproduisent, en Égypte, dans la robe d'Isis, hiéroglyphe du monde matériel, créé par elle, et du monde spirituel, régénéré par ses soins. Mahomet a recueilli cette idée : il trouve, dans les astres et dans les couleurs variées de la nature, des signes d'où peuvent naître de sages réflexions (1).

Après ces principes généraux, entrons dans les idées précises qui se rattachent à chaque couleur, et voyons d'après quelles inductions opère notre auteur pour établir leur symbolisme spécial.

Le blanc. Le blanc est la seule couleur qui réfléchisse tous les rayons lumineux; il est l'unité d'où émanent les couleurs primitives et les nuances infinies qui colorent les choses créées. Il devait être le symbole de Dieu, vie universelle, unité de qui tout procède, vérité absolue QUI EST CELUI QUI EST. La sagesse qui émane de Dieu, dit Salomon, est la blancheur rayonnante de la Lumière éternelle (2). C'est par

(1) *Coran*, ch. XVI, v. 13.
(2) « Candor est Lucis æternæ. » (*Sap.*, VII, 25.)

cette raison que Daniel voit Dieu revêtu d'un vêtement blanc ; ses cheveux sont blancs aussi, nouvel attribut qui, étant celui d'un vieillard, dénote ici l'éternité, qui n'appartient qu'à Dieu seul (1). — Au dixième chapitre de la même prophétie, l'Éternel est paré encore d'une robe en lin (2). C'est donc, dans la pensée divine, un titre formel et bien arrêté ; nous le retrouverons dans l'Apocalypse. La Bible, qui nous fournira bien d'autres notions analogues, nous vient déjà en aide, car il est difficile de ne pas retrouver en elle la source de toute philosophie primitive. Ainsi tout ce qui se rapporte, dans les religions anciennes, à la lumière, au soleil, au feu sacré, est une dérivation des textes bibliques et des doctrines antérieures déposées en eux. C'est pour cela que les Chaldéens et les Perses ont eu sur la divinité les mêmes notions que les Hébreux ; Eusèbe l'a établi dans sa *Démonstration évangélique*, et S. Justin dans son *Discours aux païens*. Plutarque fait remarquer aussi, dans son traité *D'Isis et d'Osiris*, que la lutte entre le bon et le mauvais génie s'est implantée dans toutes les religions ; et ce combat de la lumière et de la nuit, du blanc et du noir, vient, comme tous les autres points dogmatiques, de la Genèse elle-même, qui nous montre le Créateur séparant, dès le premier jour, les ténèbres de la lumière (3). L'Inde, l'Égypte, la Perse retentissent des mêmes enseignements. De l'Orient ils se répercutent dans la civilisation occidentale et dans ses fables les plus transparentes. Pan, dont le nom significatif résume la toute-puissance incréée, se fait aimer de Diane à la faveur de la blanche toison d'un bélier (4). Chez les Romains, le blanc était consacré à Jupiter,

---

(1) « Vestimentum Ejus candidum sicut nix..., capilli Ejus quasi lana munda. » (*Dan.*, VII, 9.)
(2) « Vestitus lineis. »
(3) « Divisit lucem a tenebris. » (*Gen.*, I, 4.)
(4)   Munere sic niveo lanæ...
   Pan, deus Arcadiæ, captam te, Luna, fefellit.
         (Virg., *Georg.*, lib. III, v. 391.)

père du jour. Pluton se révêtait de noir au milieu de ses ténèbres infernales, et, au rapport de Jean le Lydien (1) et de Creuzer (2), le premier jour de janvier le consul, en robe blanche, montait au Capitole sur un cheval blanc pour célébrer le triomphe de Jupiter sur les Titans, esprits des ténèbres foudroyés par lui et précipités dans les abîmes. Orphée, dans son poème *Sur les pierres* (Περὶ λίθων), décrit les propriétés merveilleuses des deux pierres blanches, le diamant et le cristal, qui engendrent tous les biens et toutes les vertus, comme le blanc tient en soi le principe de toutes les couleurs. Le cristal (c'est toujours Orphée qui parle) est auteur de la flamme, comme la sagesse donne naissance à l'amour divin. — Toutes ces vaines croyances, vérités défigurées, ne sont plus que des souvenirs scientifiques. Mais comment le christianisme en aurait-il conservé ce qu'elles avaient de symbolique, si Dieu lui-même n'y avait pas attaché pour nous instruire un sens qui survit à tant d'erreurs ? Lors de la Transfiguration, le visage de Jésus devient brillant comme le soleil, ses vêtements blancs comme la neige (3), et c'était bien certainement pour les Apôtres une incontestable manifestation de la Divinité (4).

Ses diverses applications.

Mais observons que, relativement à la couleur blanche comme à toutes les autres, il faut admettre des acceptions différentes, selon l'objet auquel elles s'appliquent. Ainsi, en l'adaptant à l'idée de Dieu, elle convient également au sacerdoce, qui le représente sur la terre. Jéhovah défend au grand-prêtre Aaron d'aborder le sanctuaire sans sa robe

---

(1) Sans doute dans son livre *De Magistratibus reipublicæ Romanæ*.

(2) *Religions de l'antiquité*, liv. VI.

(3) Et resplenduit facies Ejus sicut sol; vestimenta autem Ejus facta sunt alba sicut nix. » (*Matth.*, XVII, 2.)

(4) « Voce delapsa ad Eum hujuscemodi a magnifica gloria : Hic est Filius meus dilectus in quo mihi complacui : Ipsum audite. Et hanc vocem nos audivimus de cœlo allatam cum essemus cum Ipso in monte sancto. » (2ᵉ *Ép. de S. Pierre*, I, 17.)

de lin (1) : c'est le signe de la sagesse de l'esprit et du cœur, indispensable à la fréquentation des saints mystères; telle est encore l'aube des prêtres de la nouvelle Loi. Par analogie, le blanc, pour la jeune fille, dénote la virginité ; pour l'accusé, l'innocence; pour la justice l'intégrité. Il doit donc être une promesse d'espérance après la mort : de là le deuil porté en blanc autrefois et aujourd'hui. Opposé au noir, image des ténèbres et de la douleur, il était préféré par les convives des fêtes romaines. Le christianisme en a fait la couleur de la Vierge Mère, et celle du Pontife-Roi qui répand le spiritualisme sur l'univers. — Ici l'auteur étend ses exemples et ses preuves en de larges proportions que nous devons rétrécir; passons aux couleurs suivantes.

Le blanc étant le symbole de l'Être suprême, de la vérité absolue, le noir, nous l'avons dit, devait être celui de l'erreur, du néant, de ce qui n'est pas. Négation de la lumière, on le prêta à l'ange condamné, auteur de tout mal et de toute fausseté, auteur même de la mort, devenue la suite fatale de son péché et du nôtre. De tout temps et partout, on lui multiplie les conséquences de ce principe, sous quelque image que les peuples se le représentent. Dans les sacrifices égyptiens, le prêtre rejetait comme immonde la victime sur laquelle il reconnaissait un seul poil noir (2). Le Lévitique n'exige pas pour le Seigneur des holocaustes sans tache, comme l'affirme M. Portal; rien ne fait croire surtout, dans le texte sacré, que les termes *masculus immaculatus* doivent se rendre par la pureté d'une blancheur sans mélange. Les commentateurs s'accordent à n'y voir que l'obligation de choisir un animal sans défauts du côté des membres; on peut s'en convaincre en lisant dom Calmet sur les chapitres i et xxii du Lévitique. Le savant bénédictin y cite, par un exemple opposé, les sacrifices des mahométans, con-

Le noir; ses significations opposées.

---

(1) Ne omni tempore ingrediatur sanctuarium..., nisi hæc ante fecerit..., tunica linea vestietur, etc. » (*Lévitique*, xvi, 2-3-4.)
(2) Hérodote, liv. II, ch. xxxix.

sistant en victimes pures (*blanches*), sans aucune tache naturelle ni violente. C'était autant de marques extérieures de la pureté du peuple et du sacrificateur. En Chine, le noir symbolise l'hiver, saison de mort, le Septentrion dont le vent glace tout, et les eaux, qui enveloppaient toute la nature dans les ténèbres du chaos. Ces idées étaient également reçues chez les nations de l'Occident, puisque les religions mythologiques immolaient à Neptune un taureau noir.

<small>Motifs philosophiques de ces apparentes contradictions.</small>

Cependant, par une opposition qui se motive autant que bien d'autres, et dont nous exposerons bientôt la théorie, la nuit était regardée comme la mère de toutes les choses créées, qui en étaient sorties. Par cela même, la Vénus Mélænis (Μέλαινα) des Grecs était toute noire. L'Égypte avait aussi son Isis ténébreuse, qui jouait le même rôle dans ses mystères. Creuzer, après Apulée, consacre ces souvenirs et les explique dans ce sens (1). On voit par là comment le noir, symbole néfaste, est cependant consacré parfois aux divinités du bien ou du vrai ; car la Vénus Aphrodite n'est point celle des passions mauvaises ; Cérès est bienfaisante et nourricière ; le noir Chrichna, dans l'Inde, est le plus beau des dieux ; aux bords du Nil, Isis et Osiris sont des emblèmes d'abondance et de bonheur (2). En effet, ces divinités bienveillantes, s'occupant d'œuvres régénératrices, étaient supposées descendre au royaume sombre pour y préparer le retour des choses passées et des hommes purifiés à une existence nouvelle ; elles semblaient se charger de la robe du coupable et l'absoudre en se l'appropriant. C'est l'explication que donne M. Portal, et nous l'adoptons volontiers, en songeant que tous ces détails découlent des cérémonies secrètes, des initiations dans lesquelles nous avons vu que tout était symbolique, et que nous avons,

---

(1) Creuzer, *Relig. de l'antiq.*, liv. VI, ch. v. — Apulei *Metamorph.*, lib. IV.

(2) Ils étaient noirs, dit Plutarque (*De Iside et Osiride*), parce que l'eau noircit les substances qu'elle imprègne.

nous-mêmes chrétiens, à constater, dans notre plus belle architecture religieuse, des tendances absolument correspondantes (1).

Allons plus loin encore et plus haut que l'auteur. Remontons aux idées primitives de la régénération promise à l'homme dès les premiers jours de sa vie terrestre. La Femme qui doit écraser la tête du monstre infernal est attendue : la prophétie est comprise; les Patriarches font de son accomplissement le sujet de leurs méditations et de leurs espérances ; ils savent qu'un héritier leur est promis, qui rachètera les âmes, en revêtant sinon le péché, comme le dit par inadvertance M. Portal, mais notre nature pécheresse avec toutes ses misères et toutes ses douleurs possibles, moins le penchant au mal, comme l'affirme saint Paul (2). Or cette victime volontaire, ce Dieu souffrant et mourant descendra, une fois mort, dans le lieu d'expiation où l'attendent les justes. Cette vérité, pour être obscurcie, n'en est pas moins vivante au sein du paganisme, et ses divinités favorables, ses dieux libérateurs, ses bonnes déesses, se revêtent, par un prophétique instinct de l'avenir, de la couleur la plus propre à signifier leur mission de réparation et de rachat. Voulez-vous voir comme l'art chrétien est entré dans ces idées, ouvrez plusieurs manuscrits du moyen âge : Jésus-Christ y apparaît drapé de noir lorsqu'il lutte contre l'ange infernal, soit dans la guérison de quelques malades, soit dans sa tentation au désert (3). L'école byzantine du douzième siècle donne souvent à Marie un visage noir. Cela explique la Vierge si célèbre de Chartres. La Mère du Christ participe intimement avec lui à la régénération de l'humanité; elle est, d'ailleurs, le symbole

<small>L'art chrétien ne les a pas repoussées.</small>

---

(1) Voir *Bulletin monumental*, t. XX, p. 458.
(2) « Tentatum per omnia pro similitudine *absque peccato*. » (*Hebr.*, IV, 15.)
(3) Voir *Emblemata Biblica*, Manuscrit du treizième siècle, Bibliothèque impériale, n° 37.

de l'Église ; comme son Fils, elle combat contre les ténèbres ; elle est la douce et divine réalisation de ces images grossières qu'on appela jadis Aphrodite et Cérès.... Elle est noire, mais sa beauté morale n'en souffre pas : c'est surtout la beauté intérieure dont la Fille des rois veut s'honorer (1).

Le jaune. Le soleil, dieu créateur et conservateur dans les vieilles théogonies, a pour emblème le jaune, et Callimaque, dans une hymne à Apollon citée par Eustate, représente le fils de Latone avec des vêtements et des attributs dont l'or est la matière nécessaire. L'or et le jaune, c'est tout un ; les premiers peintres ont dû exprimer l'un par l'autre, avant que les moyens chimiques ou industriels eussent plié le métal aux ordres de la plume ou du pinceau ; et comme cette teinte brillante se rapproche plus de l'éclat de la lumière, partout on s'est accordé à faire de l'or et du jaune la manifestation artistique de la divinité suprême. Le jaune, d'ailleurs, a paru à quelques anciens un mélange de rouge et de blanc. Le blanc étant la sagesse, le rouge étant l'amour manifesté dans la création et dans la régénération des hommes, voilà Dieu reconnu à ses deux opérations les plus frappantes. Ceci explique beaucoup d'expressions bibliques, autrement incompréhensibles. Les Prophètes surtout sont pleins de ces mystérieuses paroles, et c'est pourquoi les Pères de l'Église nomment Jésus-Christ la Lumière, le Soleil, l'Orient. Les artistes chrétiens lui donnèrent des cheveux blond doré, comme à Apollon (2), type défiguré, aussi

---

(1) « Nigra sum sed formosa » (*Cant.*, I, 4). — « Omnis gloria ejus Filiæ Regis ab intus » (*Ps.*, XLIV, 14). — S. Bernard, dans son Exposition sur le cantique de Salomon (*Serm.* XXV, n°s 5 et suiv.), développe au long cette pensée, sur laquelle on peut conférer encore Origène sur ce même passage, et S. Ambroise sur le psaume CXVIII. — Quant aux paroles du Psalmiste, elles sont précisément l'éloge de la sainte virginité de Marie, au jugement de S. Jérôme, de S. Jean Chrysostome et de S. Cyprien. Nous reviendrons sur ce sujet.

(2) Francisci Junii *De Pictura veterum*, p. 243, Amstelod., 1637, in-4°.

bien qu'Orphée, du Verbe prédit et révélé. C'est pourquoi encore ils entourèrent de *l'auréole* la tête divine, quelquefois même toute sa personne, comme celle de la Vierge et des Apôtres. S. Isidore de Séville explique nettement la raison de ce rapprochement entre le Sauveur et la lumière : « Il est la splendeur, dit-il, parce que de lui vient toute manifestation ; un flambeau, car il nous éclaire ; une lumière ouvrant les yeux du cœur à la contemplation de la vérité. Soleil, il luit sur tout ; Orient, il verse l'éclat à l'univers, et nous ouvre la porte de la vie éternelle (1). » — Chez quelques nations de l'antiquité, en Égypte par exemple, un cercle d'or figurait la course entière du soleil et l'accomplissement de l'année. Ainsi le Messie, qui s'est appelé ALPHA et OMÉGA, le principe et la fin, devait apparaître, dans nos peintures mystiques, environné de cette flamme sans commencement et sans terme de ce disque lumineux où David l'avait vu (2). C'est dans ce même sens que le Sauveur promet aux justes « de briller comme le soleil dans le royaume de son Père (3). » De là le nimbe des Saints dans la peinture catholique, et quelquefois sur la tête des dieux et des héros païens.

C'est ici qu'il faut reconnaître un principe dont l'admission n'est pas moins indispensable à l'intelligence de cette langue mystérieuse : le principe d'*opposition* par lequel on applique à certains objets mauvais en eux-mêmes, ou d'une valeur inférieure, les mêmes couleurs qui signifient, dans leur sens naturel, les perfections ou les qualités opposées. Ainsi le

<small>Règle d'opposition des couleurs ; sa raison et ses diverses données.</small>

---

(1) « Splendor autem appellatur propter quod manifestat : lumen quia illuminat, lux quia ad veritatem contemplandam cordis oculos reserat, sol quia illuminat omnes, oriens quia luminis fons et illustrator est rerum, et quod oriri nos faciet ad vitam æternam. » (Isid. Hispal. *Origin.*, lib. VII, cap. II.)

(2) « In sole posuit tabernaculum Suum... et occursus Ejus usque ad summum. » (*Ps.*, XVIII.)

(3) « Fulgebunt justi sicut sol in regno Patris eorum. » (*Matth.*, XIII, 43.)

jaune, que nous voyons attribué à ce qu'il y a de plus élevé dans l'ordre des idées théologiques, et qui, dans les livres païens, se rattache si souvent aux choses les plus excellentes; ce jaune dont Ovide fait une parure de Minerve (1), a son opposition en lui-même et dénote souvent aussi tout le contraire de ces attributions si honorables (2). Ceci ne ressemble point à un paradoxe, quand on se rappelle les divinités noires que nous venons de citer, et n'implique dans la science du symbolisme aucune fâcheuse contradiction. Ce

---

(1) *Flava Minerva*, dans les *Métamorphoses* et ailleurs.

(2) M. Portal pousse ici, selon nous, un peu trop loin la recherche de ses preuves en faveur de sa thèse. Il attribue à certains textes bibliques un sens qui semblera d'autant plus forcé en faveur du symbolisme de la couleur jaune, qu'il n'a pour lui aucun interprète, que nous sachions. Ce n'est donc pas parce que l'or est jaune que Salomon compare à ce métal la tête de l'homme sage (*Cant.*, v, 11); ce n'est pas à cause de leur couleur que le miel et le beurre seront goûtés par Celui qui saura choisir le bien et éviter le mal (*Isaïe*, vii, 15); et que Job interdit au méchant d'en user jamais (*Job*, xx, 17). — C'est parce que l'or a toujours été, par son prix, par son éclat et son incorruptibilité, le terme de comparaison des meilleures choses. Le miel, par sa douceur si estimée des anciens; le beurre, par la délicatesse de son goût et l'usage préféré que les Hébreux en faisaient dans leur nourriture journalière, signifiaient aussi la sagesse et la richesse des pensées habituelles de l'homme de bien. Leur couleur n'était pour rien dans l'application qu'en font ici les auteurs sacrés. Loin de là, l'hébreu attribue au contraire aux cheveux de l'Époux du Cantique la couleur noire. Isaïe se sert d'une comparaison qui annonce uniquement l'Enfance de l'Homme-Dieu, et Job ne prétend qu'effrayer l'impie par une figure commune au langage biblique et aux poètes, en lui refusant les ruisseaux de lait et de miel, image de l'abondance promise au juste et que Dieu refusera au méchant. Ajoutons que, dans toute l'Écriture, les mots correspondant à l'idée du jaune sont en fort petit nombre, toujours employés dans un sens absolu qui exclut toute idée de symbole. Le miel n'y est jamais cité que comme l'idéal de la douceur, du bonheur que procure la sagesse; et les fléaux causés par le soufre, si souvent employé dans les auteurs sacrés comme un moyen de punition céleste, soit à Sodome, soit dans l'enfer, représentent simplement le supplice du feu, indépendamment de l'importance prétendue qu'il faudrait donner à sa couleur. Ces erreurs, sur lesquelles M. Portal base d'autres observations tout aussi peu solides, prouvent encore une fois qu'une étude sérieuse des saintes Écritures devrait être faite au préalable par les écrivains qui abordent ces matières.

n'est en réalité que ce qui a lieu trop souvent dans les idées morales. Quoi de plus ressemblant à la vertu que l'hypocrisie? Combien le faux honneur ressemble au vrai, le mensonge à la vérité!... Satan ne se transforme-t-il pas, d'après S. Paul, en ange de lumière (1)? Le Sauveur ne nous prévient-il pas contre une trop grande confiance en nous-mêmes en nous avertissant que nos lumières personnelles pourraient bien n'être qu'obscurité (2)? L'amour de la terre et des biens créés n'est-il pas une opposition flagrante à l'amour de Dieu et des richesses éternelles? Il y avait donc nécessité de signaler ces dispositions profanes, émanées de l'esprit du mal sous les mêmes nuances que les sentiments vertueux, dont elles étaient la négation et l'antagonisme.

Telle est la cause qui fit du jaune, en certains cas, et chez les païens, le signe de la culpabilité. Les nations modernes en ont fait la livrée de l'adultère, de la folie et de la trahison. Dans certains pays, les Juifs étaient obligés à se revêtir de jaune. François Ier en fit peindre la principale porte du château du Connétable de Bourbon (3). En Espagne, naguère, l'habit du bourreau était rouge ordinairement, par allusion à la punition du coupable; il était jaune si celui-ci avait forfait par félonie. Dans nos vitraux gothiques, maintes fois on trouve Judas reconnaissable à sa robe jaune, comme dans l'église de Sept-Fonds. Cette dernière donnée, émise au seizième siècle, n'était que le dernier trait de cet usage, épars dans toutes les verrières des âges précédents.

Signification néfaste du jaune.

Il fallait cependant quelques moyens d'éviter la confusion dans l'emploi d'une même couleur donnée tantôt au bien, tantôt au mal. Il ne paraît pas qu'on ait fait sur ce point des

Moyens d'éviter les erreurs qui naîtraient de cette opposition.

---

(1) « Satanas transfigurat se in angelum Lucis. » (II *Cor.*, XI, 14.)
(2) « Lucerna corporis tui est oculus tuus. Si oculus tuus... nequam fuerit, etiam corpus tuum tenebrosum erit. Vide ergo ne lumen quod in te est, tenebrae sint. » (*Luc.*, XI, 34-35.)
(3) Lamothe-le-Vayer, *Opuscules*, p. 240.

règles absolues. Mais alors il en était de la peinture comme de toutes les langues parlées : les mêmes mots y sont souvent pris dans un sens différent ; leur acception est favorable ou contraire, selon la place qu'ils occupent dans le discours : ainsi, on honore quelqu'un en le traitant de galant homme ; une femme galante est une femme déshonorée ; un brave homme peut bien n'être pas un homme brave. A ce moyen de discernement on ajoutait quelques procédés matériels : d'abord le bien et le mal, le vice et la vertu, sous quelques traits qu'ils fussent personnifiés, conservaient toujours leurs attributs spéciaux ; la couleur n'était qu'un attribut, qu'une spécialité de plus ; on reconnaissait donc par l'ensemble des symboles la signification donnée à chacun ; enfin, on nuançait parfois diversement l'expression des choses opposées : le jaune d'or, par exemple, était l'emblème de l'amour, de la constance et de la sagesse ; c'était le jaune pâle qui indiquait la trahison, la jalousie ou l'adultère.

Exemples pris du roux et du tanné.

D'autres teintes se formeront d'un mélange de couleurs diverses, comme le tanné, ou bistre, composé de rouge et de noir. Ce sera souvent la couleur de Satan, la livrée de l'enfer ; c'est l'amour des ténèbres et du mensonge ; c'est la fumée impure de l'esprit mondain obscurcissant le feu céleste et la lumière divine dont le tentateur était environné avant sa chute. Cette idée, en vogue chez les Perses, les Hindous, les Égyptiens, aussi bien que chez les peuples des contrées septentrionales, tels que les Scandinaves et les Saxons, pénètre jusque dans nos Livres saints. Comme Siva et Typhon sont roux ou tannés, de même dans l'Apocalypse, qui se conforme en cela à des idées reçues pour arriver à son but, le serpent, qui représente le diable, est roux (1), et le cavalier qui monte un cheval roux a le pouvoir d'ôter la paix à la terre (2).—

---

(1) « Et ecce draco magnus rufus. » (*Apoc.*, XII, 3). — Voir notre Explication de l'Apocalypse au tome II.

(2) « Et exivit alius equus *rufus*, et qui sedebat super illum, datum est illi ut sumeret pacem de terra. » (*Apoc.*, VI, 4.)

Antérieurement, les Hébreux avaient composé leurs eaux lustrales pour la purification des hommes déclarés immondes en y jetant les cendres d'une vache rousse brûlée hors du camp. Cette vache rousse est la figure du péché détruit dans cet homme qui aspirait à une régénération (1).
— La tradition chrétienne a perpétué cette attribution; elle donne des cheveux roux à Judas, qu'on trouve ainsi dans des miniatures du treizième siècle (2), dans un vitrail de Chartres de la même époque, et, plus récemment, dans la *Cène* de Léonard de Vinci. Au reste, ceux qui pourraient s'étonner de cette théorie des oppositions et du mélange des couleurs devront la reconnaître dans la zoologie, dont le symbolisme religieux a fait un si grand usage. Nous verrons des animaux formés de natures diverses et tout opposées, et fort souvent la même bête désignée comme l'équivalent des idées les moins susceptibles, en apparence, du moindre rapprochement.

Chaque couleur aura donc son cortège d'oppositions régulières; il ne faudra, pour les comprendre, que se reporter par une étude attentive aux détails du sujet, aux nuances diverses de la couleur, et se rappeler quelles couleurs primitives entrent dans la composition de celles dont on veut deviner le langage.

Le rouge, image du sang, devint l'emblème de la pudeur qui anime l'incarnat du visage (3). Diogène nommait le rouge la couleur de la vertu (4). Par une analogie toute naturelle, il devint aussi celle des combats; à Sparte, elle était un indice du courage militaire : les guerriers y étaient ensevelis dans un linceul de pourpre. En Égypte, le rouge

<small>Le rouge.</small>

---

(1) « Præcipe filiis Israel ut adducant tibi vaccam *rufam*, in qua nulla sit macula... » (*Num.*, XIX, 2.)
(2) *Emblemata Biblica*, manuscrit n° 37 de la Bibliothèque impériale.
(3) *Rerum Alamannicorum Scriptores*, ex bibliotheca Goldasti, t. I, p. 126.
(4) Lamothe-le-Vayer, *Opuscules*, p. 246.

était consacré aux bons génies. Le Jupiter grec, appelé Ζεύς, la vie, la chaleur, le feu, est drapé de rouge (1). Dans les religions orientales, principe et origine de celle des Hellades, on confond, en effet, le feu avec le rouge, qui devient dès lors le signe de l'amour sanctificateur de Dieu pour la créature formée à son image. Nous avons vu Pan ayant un corps blanc comme la neige : n'oublions pas qu'il est également pourvu de cornes jaunes ou dorées, qui expriment la puissance de la révélation, et sa tête de chèvre est rouge, et son visage de feu le fait appeler par Orphée le *grand tout* et le *feu qui ne s'éteint pas.*

Au reste, cette couleur, habituellement donnée à quelques divinités, comme à Jupiter et à Bacchus, était dédiée à toutes dans une certaine mesure. Les jours de fête, selon Plutarque (2), leurs statues étaient ainsi colorées, et on mettait du minium à leurs joues. Était-ce, comme le croit M. Portal, pour exprimer, dans ces circonstances solennelles, que l'amour est la base du culte ?... Cette raison me semble un peu trop mystique et par trop élevée pour des païens. N'était-ce pas plutôt un symbole de vie et d'immortalité ? Quoi qu'il en soit, le motif, plus ou moins compris, devait avoir son germe dans une intention allégorique.

On sait quelles frappantes relations existent entre les trinités égyptiennes ou hindoues et le grand dogme fondamental révélé aux Hébreux et aux chrétiens. On les retrouve plus saisissantes encore dans quelques expressions sanscrites qui désignent le feu, et ont en même temps la signification symbolique du nombre **3** : *vanhi*, par exemple. Le nom de la divinité *Om* a le même sens numérique. — Dans la langue thibétaine, *me* signifie à la fois le nombre **3** et le feu (3). — Ainsi le feu, essentiel aux sacrifices par lesquels

---

(1) Winckelmann, *Hist. de l'art*, t. II, p. 187.
(2) *Quæstiones Romanæ*, n° 98.
(3) *Journal asiatique*, juillet 1835.

s'exprimait surtout l'amour de l'homme pour Dieu, est devenu, dans les trinités païennes, comme dans la nôtre, l'attribut du Saint-Esprit, amour qui unit le Père et le Fils, et la liturgie catholique l'a désigné par la couleur rouge, qui y correspond. C'est par la même raison que les artistes des catacombes et du moyen âge représentent Jésus-Christ, après sa résurrection, vêtu de blanc et de rouge : divine sagesse, amour par excellence allant jusqu'à la mort pour l'objet aimé.

Pour retrouver les premiers linéaments du rouge approprié au culte et à la divinité elle-même, il faut remonter jusqu'aux plus anciennes sources religieuses que nous connaissions. La pourpre et l'écarlate entrent dans l'éphod et le pectoral d'Aaron (1). Le souverain pontife d'Hiéropolis avait seul le droit de porter une robe de pourpre; les prêtres étaient vêtus de blanc (2). Le labarum de Constantin révélé dans sa fameuse vision, l'oriflamme reçue du ciel par Clovis étaient des enseignes de pourpre précieuse (3). Dans cette même pensée, les rois avaient adopté dès longtemps le manteau de pourpre, insigne de la puissance de Dieu, dont ils étaient les dépositaires (4). Le Code Justinien condamnait à mort le vendeur et l'acheteur de cette riche étoffe (5).

Ici encore, nous nous garderons bien d'étendre nos prétentions jusqu'aux limites que M. Portal veut bien donner aux siennes. En adoptant tout ce qui vient, dans son exposé, de sources pures et incontestables, on refusera cependant d'accueillir sans examen des conjectures qui n'ont pas même en leur faveur de simples probabilités. Hâtons-nous de dire, contre quelques assertions trop hasardées, que les

---

(1) « Facient superhumerale de auro et hyacintho et purpura, etc. » (*Exod.*, XXVIII, 6.)
(2) Lucien, *De Dea Syria*.
(3) Euseb., *De Vita Constant.*, lib. I, cap. XXVIII.
(4) Court de Gébelin, *Monde primitif*, t. VIII, p. 202.
(5) Justiniani *Cod.*, lib. IV, tit. XL.

feux de la Saint-Jean ne sont point un symbole de l'amour divin ni du baptême de feu ; que le Saint dont ils expriment la fête n'est point l'Évangéliste que Jésus aima de préférence, et qui représente l'amour dans les actes, comme S. Pierre dans la foi ; car il ne s'agit ici que de S. Jean-Baptiste, et les feux allumés la veille de sa fête ne sont qu'un pieux usage fondé sur la prophétie de l'ange à Zacharie (1). — De même, on aurait tort de voir dans nos enfants de chœur vêtus de rouge des successeurs de celui qui représentait la mort dans l'initiation aux antiques mystères d'Éleusis ; — ou, dans la pourpre des cardinaux de l'Église romaine, un héritage des patriciens de l'ancienne Rome. On ne pensait plus depuis longtemps ni à Éleusis ni au patriciat, quand on donna aux jeunes clercs des cathédrales cette soutane éclatante qui mettait leur costume, d'après une règle de discipline ecclésiastique, en harmonie avec celui de tout le clergé. Car avant d'être rouge, ce costume fut successivement blanc, violet, puis il devint noir ; celui des enfants redevint rouge, pour les distinguer plus tard de l'ensemble du chœur ; enfin ce n'est qu'au quinzième siècle, sous le pontificat du pape Paul II, que le Sacré Collège, dont la robe était celle des évêques, fut appelé à prendre celle qu'il a encore aujourd'hui, et cela très-symboliquement, il est vrai, puisque cette couleur devait rappeler aux cardinaux que leur dévoûment à l'Église devait aller jusqu'à verser leur propre sang pour

---

(1) « Erit gaudium tibi et exultatio, et multi in nativitate ejus gaudebunt. » (Luc., 1, 14.) — Cet usage, aussi ancien que le christianisme, a traversé les premières phases de notre histoire nationale en se mêlant de quelques pratiques plus ou moins superstitieuses des populations encore païennes. Nous en avons dit quelques détails dans nos *Recherches sur la paroisse de Saint-Pierre-des-Églises* (*Mém. de la Soc. des antiq. de l'Ouest*, t. XV) ; et l'on peut consulter sur cette question un mémoire spécial dans le tome II des *Bulletins de la Société des antiquaires de l'Ouest*. Mais ces documents regardent beaucoup plus certains usages locaux que la véritable raison religieuse, qu'on n'a pas assez comprise, et dont nous parlerons au troisième volume de cet ouvrage.

elle, à une époque où les grands de la terre l'éprouvaient par des persécutions (1).

Revenons à la vérité. Après tant de significations favorables, le rouge n'en a pas moins d'autres acceptions bien différentes. L'égoïsme, la haine, l'amour charnel et désordonné auront en lui un symbole; ce sera une des couleurs du mauvais esprit, à qui nous en verrons d'autres, toutes aussi bien motivées, et le feu des sacrifices profanes aura sa correspondance dans le feu de l'enfer. Nous ne disons pas, il est vrai, avec M. Portal, que Jérémie revêt les faux sages de pourpre, puisque son texte est encore fort mal choisi et ne prouve rien; nous refuserons aussi de voir un argument qui lui serve dans la promesse faite par Dieu, dans Isaïe, que les péchés de l'impie, fussent-ils rouges comme l'écarlate, une sincère conversion les rendra blancs comme la neige (2). Il vaut mieux reconnaître, avec lui, que les païens,

Règle d'opposition pour le rouge.

----

(1) Platina, *De Vitis Summ. Pontificum*, in-18, p. 668, edit. 1664. — André Duchêne, *Histoire des Papes*, in-4°, 1645, p. 1581.— Pascal, *Origines de la liturgie catholique*, col. 1161.

(2) Jérémie dit, au verset 9 du chapitre X : « Inter cunctos sapientes gentium, non est similis Tui (Domine): aurum involutum de Tarsis affertur... opus artificis, manus ærarii... hyacinthus et purpura indumentum eorum... Dominus autem verus Deus est... » — Qui ne voit ici bien moins un symbole dans cette pourpre dont se revêtent les faux sages, qu'un témoignage coupable de luxe ambitieux et de leur fastueuse vanité? Le Prophète n'a pas d'autre pensée, puisqu'aussi bien ces insensés dont il parle sont entourés d'or, que tous les métaux précieux sont prodigués à leur usage, que l'hyacinthe ne les pare pas moins que la pourpre, et qu'après tout ils n'en valent pas mieux devant celui qui seul est véritablement Dieu. — Quant à Isaïe, qui ne voit qu'il s'agit d'une couleur éclatante à opposer à une autre, qu'il y a tout simplement là une antithèse, et que, le grand homme s'adressant aux princes et aux conducteurs du peuple: « Audite, principes Sodomorum » (ch. I, v. 10), la belle et riche couleur de leurs vêtements distinctifs lui devient un terme de comparaison, comme pour les pauvres il eût cité le noir ou toute autre teinte foncée? Ce qu'il voulait prouver, c'était la possibilité du pardon et le changement des cœurs. Qu'importait que, n'étant pas *blancs*, ils fussent encore noirs ou rouges? Le passage d'une de ces deux couleurs à celle de la neige implique naturellement la même difficulté: le miracle de la grâce devait être le même, et c'est tout ce qu'a voulu dire le Prophète.

tout en honorant le rouge dans les plus riches draperies faites à leurs dieux, s'en couvraient cependant pour sacrifier aux Euménides. Homère donne plusieurs fois à la mort l'épithète de pourprée, qui convient bien au sang, dont la perte cause la mort sur le champ de bataille. Les anciens répandaient de préférence sur les tombeaux des fleurs couleur de pourpre et de safran. On s'en servait aussi dans les initiations, où se symbolisait, par une espèce de mort mystique, le passage d'une vie terrestre à une autre plus digne et plus élevée (1). Il paraît même, par des miniatures d'un bréviaire de Salisbury que M. Portal dit avoir examiné, qu'au quinzième siècle, du moins en Angleterre, des draps rouges couvraient les cercueils pendant la cérémonie des funérailles (2). Peut-être ne peut-on se rendre un compte exact, quant à ce fait, de l'intention particulière qu'il exprime. Ce drap mortuaire pourrait bien être celui d'un prince ou autre personnage de haute dignité. Le texte seul peut éclaircir un doute qui est venu à M. Portal lui-même, et qu'il eût dû, semble-t-il, chercher à résoudre. Quoi qu'il en fût, cet insigne devait être certainement symbolique ; tous les draps mortuaires le sont, et Lamothe-le-Vayer constate que, dans une grande partie du Levant, la couleur bleue est tenue pour la livrée de la mort ; c'est par elle qu'on porte le deuil ; avec elle on ne se présente jamais devant les rois (3). Chez nous, c'est le contraire : le bleu *de roi* est la couleur du manteau royal, et fort en honneur dans toutes les classes, depuis que la maison de France sema de fleurs de lis le champ d'azur de son écu.

Le bleu.   Ces relations, d'abord assez surprenantes, vont s'ex-

---

(1) Voir Sainte-Croix, *Mystères du paganisme*, t. 1, p. 286, où tous ces faits sont cités avec les textes des anciens qui les autorisent.
(2) Manuscrit de la Bibliothèque impériale. — Nous aurons bientôt occasion de revenir sur cette couleur appliquée aux ornements de la mort.
(3) *Opuscules*, p. 245.

pliquer par quelques réflexions sur ce qui regarde le bleu.

Les divinités du paganisme, nous l'avons reconnu, n'étaient que les symboles des attributs de Dieu et de la régénération humaine par la Rédemption, attributs détournés de leur véritable sens originel. Si cette théorie est vraie (1), et elle a pour elle le témoignage unanime des penseurs et des philosophes sérieux, les divinités secondaires n'ont dû être que des émanations des divinités primitives; de même, les couleurs primitives, modifiées par des teintes qui en diversifient le sens, expriment une foule d'idées accessoires, et reculent infiniment les limites du langage symbolique. Le bleu surtout en est une preuve. Les anciens le confondaient, dit le P. Paul de S. Barthélemy, avec le vert et même avec le noir (2). Le bleu foncé tient, en effet, de ces deux nuances, et comme celle-ci se rapproche aisément des deux teintes les plus habituelles aux eaux courantes des rivières, dans lesquelles se reflètent et le ciel et les objets divers qui bordent leurs rives, on avait rattaché l'idée du bleu foncé à certains dieux qui avaient un rapport quelconque avec l'eau (3). L'eau, dans la doctrine des Brahmes, fut le premier principe de la création du monde. C'est là évidemment un vol fait à la Genèse (4), mais toujours avec cette inintelligence qui la défigure sous un voile plus ou moins épais. Telle est aussi la raison de la couleur bleue qu'on donne au corps de Vichnou, principe conservateur, sagesse divine qui s'incarne, d'après la théologie de l'Hindou, dans la personne de Chrischna pour sauver les hommes. Il est vrai que ce Verbe, imité du véritable, est bleu céleste, c'est-à-

---

(1) Voyez-en une preuve admise par les artistes du moyen âge dans ce que nous disons ci-après d'un manuscrit du douzième siècle, au chapitre VII de la seconde partie.
(2) *Musæi Borgiani codices*, p. 63-201, Romæ, in-4°, 1793.
(3) Voir Guigniaud, *Notes sur la symbolique* de Creuzer, t. I, p. 549.
(4) « Spiritus Domini ferebatur super aquas. » (*Gen.*, I, 1.)

dire le plus pur, le bleu éthéré, celui qui exprime l'amour de la vérité éternelle. C'était également la couleur de Jupiter Ammon, que S. Clément d'Alexandrie signale ainsi dans sa sixième homélie. En Égypte, en Chine, le dieu principal et créateur ne paraît jamais qu'avec cet attribut. — De leur côté, Saturne, Memnon, Osiris, Kneph, Bouddha, et autres semblables, étaient noirs ou bleu foncé, par la raison que nous avons dite plus haut.

Ces préliminaires expliqueront beaucoup d'observations qui nous restent à faire sur cette couleur. Toutefois nous devons remarquer encore, avec notre auteur, que la symbolique distingue trois couleurs bleues : l'une qui émane du rouge, l'autre du blanc, et la troisième qui s'unit au noir; elles ne diffèrent que par des teintes différentes, et quelquefois elles sont confondues dans une seule (1).

Ces trois aspects de la même couleur correspondent, dit M. Portal, aux trois degrés principaux de l'initiation antique et au triple baptême chrétien : S. Jean-Baptiste baptise dans l'eau, pour inspirer la pénitence : c'est une prépara-

---

(1) Ceci peut avoir besoin d'explication pour quiconque n'a pu réfléchir sur la composition des couleurs. On sait que les corps ne nous apparaissent sous telle ou telle nuance qu'autant que leurs parties ont une position ou une contexture qui les rend plus propres à réfléchir tels ou tels rayonnements de la lumière en plus grande quantité que les autres, de façon que ceux qui sont en plus grand nombre absorbent les moins nombreux. Cette absorption elle-même est nécessairement plus ou moins complète, selon que le rayon principal l'emporte plus ou moins sur l'effet produit par les autres. Léonard de Vinci, qui a deviné plusieurs secrets de la physique ignorés ou méconnus avant lui, explique fort bien, dans son *Traité de la peinture*, comment les veines paraissent bleues sur la surface de la peau, quoique le sang qui les remplit soit d'un rouge foncé; comment un corps noir, vu à travers un autre corps blanc et transparent, paraît de couleur bleue. Ces principes d'optique doivent être compris aussi bien que certains autres dont M. Portal a tiré de justes conclusions pour le fond de son livre : c'est, croyons-nous, parce qu'on ne l'a pas toujours clairement entendu qu'il a trouvé et qu'il a encore parmi de savants archéologues des adversaires qui eussent mieux goûté ses aperçus s'ils avaient pu bien juger des éléments sur lesquels il s'appuyait.

tion à un second baptême qu'il annonce et que Jésus-Christ donnera par le Saint-Esprit et par le feu (1).

Nous voyons, en effet, cette promesse se réaliser dans la Bible par les caractères mystérieux qui accompagnent la venue de l'Esprit de Dieu sur les Apôtres réunis dans le cénacle où ils l'attendaient. Ils entendent tout à coup un grand vent qui souffle avec impétuosité; des langues de feu se posent sur chacun d'eux, et soudain ils sont tous remplis du Saint-Esprit (2). — L'air est devenu par là le symbole de l'Esprit divin, de la Vérité sainte qui éclaire les hommes; il a pour couleur l'azur ou le bleu céleste. Cet Esprit, procédant du Père et du Fils, est représenté aussi par le rouge mêlé de bleu; car le rouge, c'est l'amour, c'est Dieu le Père, et le bleu azuré c'est le Fils, la Vérité révélée aux hommes, et comme cette Vérité s'incarne sur la terre pour nous ramener aux voies du salut, l'azur est encore affecté au Dieu sauveur, au Rédempteur de l'humanité. C'est cette pensée qui, dans les peintures du moyen âge, a fait la robe de Jésus bleue pendant la durée de sa prédication. Agneau immolé prédit par Isaïe (3), ce que les Juifs en ont cru primitivement s'est obscurci dans la mythologie de l'Inde, où le dieu Agni (*ignis*) est monté sur un bélier de couleur azurée, ayant des cornes rouges. Mais la Vérité divine, quand elle éclate, rend à l'Agneau mystique sa réalité, et alors sa robe, d'abord azurée, devient rouge après la résurrection, quand le Sang divin s'est épuisé dans l'accomplissement du plus grand mystère de son amour. Cette expression de vérité et de charité, qui se traduisent pour le chrétien en aspirations vers les demeures célestes de l'amour infini et de

---

(1) « Ego quidem baptizo vos in aqua in pœnitentiam... Ipse vos baptizabit in Spiritu Sancto et in igne. » (*Matth.*, III, 11.)
(2) *Actus Apostol.*, II.
(3) « Emitte Agnum, Domine, dominatorem terræ. » (*Isaia*, XVI, 1.) — « Sicut ovis ad occisionem ducetur; et quasi agnus coram tondente se obmutescet, et non aperiet os suum. » (*Ib.*, LIII, 7.)

la Vérité éternelle, font comprendre comment on a pu couvrir les cercueils, au moyen âge, de rouge ou de bleu. Ainsi s'expliqueraient le bréviaire de Salisbury, que nous citions naguère, et d'autres manuscrits plus anciens. Sur un manuscrit du dixième siècle, Jésus au tombeau est entouré de bandelettes bleues, le sépulcre est rouge (1). Sur la pierre paraissent deux anges ; celui de droite a l'auréole bleue et le manteau violet, qui est du rouge mêlé de noir, symboles des souffrances et de la mort du Christ ; celui de gauche porte l'auréole jaune et le manteau pourpre, symboles du triomphe de l'amour divin et de la révélation.

Pourquoi il n'est pas soumis à la règle des oppositions. Il ne paraît point que le bleu soit soumis à cette règle d'opposition que nous avons signalée pour les autres couleurs. M. Portal n'en mentionne aucune ; on pourrait en déduire cependant de quelques observations qui ont échappé au docte écrivain. Il est vrai, en effet, que le bleu foncé se confond aisément avec le noir ; dès lors celui-ci ne l'aurait-il pas emporté à la faveur de cette ressemblance, chaque fois qu'il aurait fallu donner à des personnages ou à des objets à qui le bleu convenait une signification contraire

---

(1) Cette couleur rouge donnée au tombeau de Notre-Seigneur pourrait bien n'avoir rien de symbolique, et n'être qu'une simple et respectueuse imitation du marbre qui recouvrait encore au septième siècle le tombeau du Christ, dans la crypte qui lui était consacrée à Jérusalem. Le V. Bède, qui rapporte ces détails intéressants dans le XVIe chapitre du Ve livre de son *Histoire d'Angleterre* (édit. Migne, col. 257), s'exprime en ces termes : « Color autem ejusdem monumenti et sepulcri albo et rubicundo permixtus esse videtur. » M. Portal, p. 224, croit voir ici une désignation formelle de la couleur rose ; nous lui demandons la permission de n'y trouver, d'après le mot *permixtus*, que les veines blanches et rouges, d'une espèce de marbre qu'on appelle *africain*, assez commun dans tout l'Orient. Pour peu que les voyageurs aient retenu les souvenirs du Saint Sépulcre, ce qui est fort croyable, il semble naturel que leurs relations aient inspiré les miniaturistes et qu'ils aient donné à leur copie la couleur du monument original. De là les bréviaires de Salisbury et de notre Bibliothèque impériale. Mais on ne voit rien qui y implique nécessairement une intention de symbolisme.

à celle qu'ils avaient naturellement? Mais une autre raison fortifie ici notre pensée, et l'étude des vitraux peints, où le bleu abonde, et où le noir est fort rare, nous semble poser à cette question une réponse affirmative. A Bourges, on voit, dans un des médaillons du vitrail de la Passion, Judas couvert d'une robe bleue au moment où il donne à Notre-Seigneur le baiser de la trahison; un manteau jaune entoure son corps : c'est encore le signe de sa défection criminelle (1). Ailleurs, le diable a le corps bleu et la face rouge. On pourrait multiplier ces citations, qui conduiraient fort loin. Toutefois ajoutons qu'au moyen âge on se servait de la couleur bleue pour certains ornements sacerdotaux, et que cet usage, quoique généralement abandonné au dix-huitième siècle, s'était conservé dans la cathédrale de Carpentras, par exemple, où l'on employait les parements bleus pour la fête de la Purification. D'autres preuves s'en trouvent en certains spécimens d'iconographie chrétienne, et les inventaires des anciens trésors de quelques églises confirment cette observation (2). Nous croyons, avec M. l'abbé Corblet, que cette couleur était probablement réservée au culte de la Ste Vierge (3).

Du vert, et de ses caractères pris en bonne part.

C'est de l'Inde que paraissent venir les plus anciennes traditions sur le vert. Il est la couleur de Vichnou, dont le combat avec le chef des mauvais génies exprime la régénération devenue, depuis la chute originelle, l'idée fondamentale de toutes les traditions religieuses. De son côté (ajoutons cette observation à ce qui précède), le chef des géants maudits porte, pour marque distinctive, la couleur bleue, laquelle, étant propre à la Sagesse divine, indique ici la fausse sagesse de l'homme s'élevant contre l'action du

(1) *Monographie de la cathédrale de Bourges,* par les RR. PP. Arthur Martin et Cahier, pl. 5.
(2) Voir notre *Histoire de la cathédrale de Poitiers*, t. II, p. 145 et 371.
(3) Voir *Revue de l'Art chrétien*, t. II, p. 460 et 472.

Dieu régénérateur. C'est une exception de plus à ce que nous observions tout à l'heure du rôle absolument favorable de la couleur bleue. La Vénus et la Minerve de la Grèce furent d'abord vertes; elles représentèrent la doctrine révélée de l'amour chaste et de la vérité incorruptible, car le vert est un composé de jaune et de bleu. Homère donne à Minerve des yeux verts. Une peinture d'Herculanum, citée par Winckelmann, confirme cette observation : Vénus y a une draperie flottante de teinte verdâtre (1). Le même savant fait remarquer qu'on l'attribuait également à toutes les divinités marines. Les Fleuves, les Nymphes, les Néréides sont ainsi vêtus; les animaux mêmes qu'on leur sacrifiait étaient parés de bandelettes vert de mer (2). Les Arabes, qui gardent les plus anciens usages de l'Asie, en firent le symbole de leur monothéisme, et ils le mêlent maintes fois comme contraste à l'action d'autres couleurs. C'est ainsi que, le Coran consacrant le noir et le blanc comme expression du bon et du mauvais principe, Mahomet y décrit un combat où des anges sont vêtus de blanc et de vert; et les légendes musulmanes racontent que maintes fois le faux prophète fut aidé par d'autres dont les turbans étaient verts. Les principales couleurs de l'islamisme sont donc le blanc et le vert : ils flottent sur leurs bannières; ils composent l'habillement du grand vizir et du muphti, des pachas supérieurs et des ulémas. Le turban vert, sans aucun mélange d'autre couleur, est exclusivement réservé aux descendants d'Ali (3).

Ces rapport du vert avec les eaux dans la mythologie antique, et l'idée de régénération qu'on y attachait, ne restaient pas étrangers à ces nombreuses ablutions qui se perpétuèrent depuis les premiers âges dans les mœurs orientales. Ces baptêmes réitérés étaient comme le principe d'une

---

(1) Winckelmann, *Hist. de l'art*, t. II, p. 188.
(2) *Ibid.*, p. 187.
(3) Mouradja d'Ohsson, *Tableau général de l'empire ottoman*, in-8°, t. IV, 1re part., p. 161.

nouvelle vie dans l'ordre des choses matérielles, car elles rendaient les forces et entretenaient la santé. Puis, quand elles devinrent des prescriptions religieuses, elles furent la figure de la vie spirituelle rendue à l'âme d'abord souillée; elles indiquèrent de loin les baptêmes de S. Jean et de Jésus-Christ, régénération véritable, renouvellement de l'existence morale, dont le vert dut être l'emblème, comme il l'est, dans la nature, de ces jours printanniers qui rendent à tout une végétation nouvelle, une vie qui s'élance avec énergie des germes que l'eau de la terre et le feu du ciel ont fécondés.

On voit donc comment le vert est devenu la couleur favorite de l'espérance (1). L'espérance n'aspire-t-elle pas à quelque chose de meilleur? le printemps ne donne-t-il pas, avec ses fleurs et sa verdure, les promesses que l'été et l'automne devront tenir? De même, parmi les trois Grâces, Thalie, qui présidait à la végétation, se drapait de vert.

Pourquoi il symbolise l'Espérance.

Le christianisme, toujours annoncé par les imaginations de toutes les mythologies, reprend ses droits méconnus du monde antique, et ne dédaigne pas les moyens d'enseignement que l'erreur avait conservés comme autant de témoignages futurs contre elle-même. Les initiations païennes viennent, au jour prédit, s'abîmer dans la grande initiation offerte par Jésus-Christ aux néophytes de la nouvelle Loi; à sa parole il faut « naître de nouveau pour voir le royaume de Dieu (2). » Comme Ézéchiel désigne sous le nom de bois vert les bons confondus parfois sous la justice de Dieu avec les méchants que désigne le bois sec (3), le Sauveur allant au supplice dit aux saintes femmes qui plaignent ses souf-

Ses applications dans le christianisme.

---

(1) De Bie, *Iconologie*, étude LII, in-f°, 1643.
(2) « Nisi quis renatus fuerit denuo, non potest videre regnum Dei. » (*Joan.*, III, 3.)
(3) « Ecce ego succendam in te ignem, et comburam in te omne lignum viride et omne lignum aridum... Occidam in te justum et impium. » (*Ezech.*, XX, 47; XXI, 3.)

frances : « Comment sera traité le bois sec, si le bois vert est traité ainsi (1)? » — Son sacrifice complète les espérances de l'univers, il est le résumé éloquent du commandement nouveau de la charité universelle qu'ont prêchée toutes les lois antérieures et tous les prophètes de la première alliance (2). C'est donc dans la charité que sera surtout la grande régénération, et cette vertu par excellence aura le vert pour symbole. S. Jean, l'apôtre de la charité, se revêt le plus souvent, dans l'iconographie catholique, d'une robe verte, comme dans la fenêtre terminale de la cathédrale de Poitiers ; les peintres du moyen âge aiment à en parer la Vierge mère et Jésus enfant. Dans leurs œuvres, la croix, triple signification de renaissance spirituelle, de charité dévouée et des éternelles espérances qu'elle enfante, est verte ; c'est une remarque à faire sur nos vieilles verrières, comme à Chartres et à Saint-Denis.

La même pensée se retrouve imprimée au saint tombeau, et les instruments de la Passion sont ainsi colorés à la même époque. Deux siècles plus tard, un fait, renouvelé de quelques nations païennes, se passa à Padoue et constate bien quelle signification l'esprit public avait conservée à la couleur verte. Un des plus célèbres jurisconsultes de son temps, Louis Cortus, défendit par son testament qu'on pleurât à ses funérailles ; il y interdit toute marque de deuil et de tristesse ; il voulut qu'elles se fissent avec une symphonie de toutes sortes d'instruments, et que douze pauvres filles, dont il constituait la dot, le portassent au cimetière, vêtues de vert et chantant des cantiques de joie (3). C'était peut-être une réminiscence de Macrobe, persuadé avec Scipion

---

(1) « Quia si in viridi ligno hæc faciunt, in arido quid fiet? » (*Luc.*, XXIII, 31.)

(2) « Mandatum novum do vobis, ut diligatis invicem. » (*Joan.*, XIII, 34.) — « Hoc est primum mandatum. » (*Marc.*, XII, 30.) — « Hæc est enim Lex et Prophetæ. » (*Matth.*, VII, 12.)

(3) Le P. Saint-Jure, *De la Connaissance et de l'Amour de Notre-Seigneur Jésus-Christ*, t. VIII, p. 245.

que les âmes, après la mort, remontent au ciel comme à la source de toutes les harmonies de ce monde (1). On voit par là, et nous aurons à le prouver plus au long en parlant des armoiries, que le choix fait si souvent de la couleur verte ne vient pas d'un vain caprice des peintres. C'est, d'ailleurs, dans l'ordre des choses morales, la reproduction même de la pensée divine, qui s'est plu à nous représenter les choses spirituelles les plus élevées par les choses corporelles les plus estimées parmi nous. C'est ainsi que cette souveraine Sagesse avait inspiré le prophète Ézéchiel quand il montrait le trône de Dieu revêtu de l'éclat du saphir, c'est-à-dire du bleu le plus pur, image de la gloire céleste (2), dit S. Jérôme, exprimant la vérité par des ressemblances. C'est elle encore qui montre dans l'Apocalypse la Majesté divine sous les rayons éblouissants du jaspe et de la sardoine : le vert de cette première pierre indique encore la nature divine toujours florissante, principe et conservation de tout ce qui existe; le feu de la seconde est une double expression de la sévérité de sa justice et de la terreur de ses jugements; puis quand, aussitôt après, l'arc-en-ciel environne ce même trône et ne se pare plus que de sa belle nuance d'émeraude, c'est encore le signe d'espérance et de miséricorde qui succède aux menaces du juge irrité, et ne parle plus, dans cette marque d'une bonté souveraine, que de la réconciliation ménagée par le Verbe incarné (3). Dans les choses de l'ordre

---

(1) « Persuasione hac qua post corpus animam ad originem pulchritudinis musicæ, id est ad cœlum, redire credantur. » (Macrob., lib. II, De Somnio Scipionis, cap. III.)

(2) « Et quasi aspectus lapidis sapphiri similitudo throni.» (Ezech., I, 26.) — « Ex quo intelligimus et sapphirum in similitudinem, non in veritate monstrari. » (S. Hieron. in hunc loc.) — Voir encore S. Bruno d'Asti, Præfat. in Lib. super Apocalypsim, n° 21.

(3) « Sedes posita erat in cœlo, et Qui sedebat similis erat aspectui lapidis jaspidis et sardinis, et iris erat in circuitu sedis, similis visionis smaragdinæ. » (Apoc., IV, 3.) — Voir le Commentaire de Sacy, t. XXXII, et notre tome II, ci-après, ch. VII.

social, ces idées ont été maintenues. Louis II, duc de Bourbon, institua, en 1370, l'ordre de Notre-Dame-du-Chardon. La croix, émaillée de vert, portait pour devise : *Espérance*. Les chevaliers la portaient à un collier de même couleur, qui était aussi celle de leur chapeau (1).

<small>Acceptions néfastes de cette même couleur.</small>

Dans son acception néfaste, le vert établit au besoin tout le contraire de ce que nous lui avons vu dire. Ce symbole d'une vie morale plus digne et plus sainte, cet emblème de régénération et de sagesse peut devenir celui de la folie, de la dégradation morale, et même du désespoir. Julien Pollux, grammairien du temps de Marc-Aurèle, nous apprend dans son Lexique que, dans les représentations scéniques de la Grèce, le vert glauque ou vert de mer était employé, en certaines circonstances, comme un présage défavorable ou une marque de deuil (2). Indice d'abord de la victoire, on en fit plus tard, dans cette même patrie des arts et de l'imagination, un signe de la défaite et une distinction des transfuges (3). Peut-être la superstition populaire et la crédulité moins excusable des savants n'attribuèrent-elles à l'émeraude la vertu miraculeuse de hâter l'enfantement que parce que la couleur dont elle brille présidait à la naissance des hommes, par une suite naturelle de ses analogies avec la création du monde primitif. N'était-ce pas assez pour qu'on la fît présider aussi aux cérémonies de la mort? Oui, c'était une grande ressource pour les peintres que cette conversion ingénieuse de certaines idées en d'autres toutes contraires, et rien ne le fait mieux connaître que cette partie si attrayante de l'art chrétien.

<small>Usage fréquent et ingénieux qu'en fait l'art chrétien.</small>

On ne peut diriger ses regards sur nos manuscrits, non plus que sur les vitraux de nos basiliques, sans admirer comme cette règle d'opposition s'y manifeste. On y voit

---

(1) Le P. Anselme, *Palais de l'honneur*, p. 129.
(2) Julii Pollucis *Onomasticon*, lib. IV, cap. XVIII, edit. Wesfrein, Amstelod., 1706, in-f°.
(3) *Ibid*.

contraster avec les saintes images de Jésus, de Marie, de S. Jean, de la croix régénératrice, et de tant d'autres objets les plus vénérables, les témoignages des plus mauvaises passions. Il est rare que Satan ne s'y montre point accoutré de cette livrée, devenue celle de sa méchanceté et de son désespoir. Ses formes hideuses se colorent ainsi dans un vitrail de Chartres où il tente la divine Sagesse du Sauveur. — A Bourges, il sort sous le même aspect du corps d'un possédé que S. Denys exorcise. Il est le mauvais génie des choses du monde anathématisé par Jésus-Christ et ses Apôtres (1), l'homme purement terrestre, pour qui le ciel n'est plus possible (2) ; l'ancien serpent, qui rampe à l'abri de ses astuces et vit dans les ténèbres et l'ignominie de sa défaite méritée (3).—Le vert convient à tous ces caractères, puisqu'il convenait si bien aux vertus et à la gloire dont le maudit est déshérité. Par analogie, Simon le Magicien porte, dans un des vitraux de Bourges, une robe jaune et un manteau vert : c'est un homme « rempli d'un fiel amer et engagé dans les liens de l'iniquité (4). » — S. Pierre, qui refoule par ces dures expressions les sollicitations du simoniaque, aura un instant de faiblesse : le voici, dans le même vitrail, fuyant, d'après la Légende dorée, devant la persécution qui le menace. Jésus lui apparaît pour le ramener à un plus digne courage ; dans cette rencontre, l'Apôtre porte un manteau jaune et une robe verte ; la sagesse lui manque, et son âme s'est affaiblie... Mais le courage est revenu à la parole du Maître ; le disciple, bientôt attaché à la croix, a dépouillé ces vêtements d'une honte que son

Il y est donné maintes fois au démon.

(1) « Væ mundo a scandalis ! » (*Matth.*, XVIII, 7.) — « Non pro mundo rogo, sed pro his quos dedisti mihi, quia tui sunt. » (*Joan.*, XVI, 9.)
(2) « Homo de terra, terrenus. » (I *Cor.*, XV, 47).— « Sapientia hujus mundi terrena, diabolica. » (*Jac.*, III, 15.)
(3) « Projectus est draco ille magnus, serpens antiquus. » (*Apoc.*, XII, 9.)
(4) « In felle enim amaritudinis et obligatione iniquitatis video te esse. » (*Act.*, VIII, 23.)

héroïsme va expier. Il n'a plus que la tunique rouge du martyre et de la charité parfaite. Partout, ce qui participe de l'ange déchu tient de ses attributs comme de sa nature. Par cette raison, le bourreau qui saisit l'Apôtre pour le supplice est habillé de vert et de rouge; celui qui l'attache à la croix, de jaune et de vert. On voit très-bien dans ces contrastes, par le caractère des personnages, quelle valeur il faut donner à chacune de ces couleurs, et de telles études rendent parfaitement compréhensible la méthode d'interprétation que nous analysons d'après M. Portal.

Pour compléter ce qui regarde les couleurs primitives, il faudrait traiter ici du violet et de ses acceptions dans le cercle d'idées qui nous occupe; mais cette couleur, étant composée de deux autres, trouvera sa place parmi celles dont il nous reste à parler, lesquelles se forment aussi de mélanges qui doivent être appréciés à notre point de vue.

CHAPITRE XIII.

DES COULEURS (suite).

Après avoir suivi M. Portal dans le développement de ses recherches sur l'application symbolique des couleurs simples, abordons avec lui celles qu'il appelle mixtes, parce qu'elles naissent de la combinaison de couleurs diverses. Nous commencerons par le rose.

Règles des couleurs mixtes.

Une règle souveraine régit, selon lui, les couleurs mixtes : la nuance dominante forme la signification générale, et la nuance dominée la modifie. La couleur rose, empruntant du rouge et du blanc, signifie l'amour de la Sagesse divine, car le rouge exprime l'amour, comme le blanc la sagesse. On voit ici qu'il y a analogie avec le jaune, qui, ayant la même origine, a nécessairement la même signification; seulement le jaune l'emporte sur le rose par la supériorité de son acception : il se rapporte à Dieu et à la révélation qui nous vient de lui; le rose, au contraire, indique l'homme régénéré, qui reçoit la parole sainte ou la révélation divine.

Le rose.

La reine des fleurs, celle qui passait pour la plus belle d'entre elles, était, chez les anciens, le symbole du premier degré d'initiation aux mystères. Dans Apulée, on voit Lucien recouvrer la forme humaine en mangeant une couronne de roses vermeilles que lui présente le grand-prêtre d'Isis (1) : ingénieuse allusion à la régénération du néophyte, qui, en s'appropriant l'amour et la sagesse de Dieu, signi-

(1) Apul. *Metamorph.*, lib. XI.

fiés par le rouge et le blanc unis dans la rose, dépouille ses passions brutales et devient véritablement homme.

Ce passage du philosophe platonicien, que ses voyages avaient fait initier à tous les mystères de la Grèce et de l'Italie, suffirait pour convaincre des relations symboliques établies entre le rose et la signification que lui attribue notre auteur. Il eût été bon de s'en tenir là et de ne pas outrepasser cette explication, très-admissible, par une surabondance de preuves qui ont encore le défaut de ne rien prouver. C'est aller beaucoup trop loin que de vouloir appuyer de prétendues relations entre le baptême et la rose sur une étymologie équivoque, faisant du mot *rosa*, la rose, une dérivation *évidente* de *ros*, rosée, et concluant de là que la rosée, la pluie, les ablutions mystérieuses avaient la rose pour emblème. *Rosa* ne vient pas *évidemment* de *ros*. Varron, qu'on ne peut suspecter d'ignorance sur la langue latine, tire *rosa* de ῥόδον, et *ros*, rosée, ne vient pas moins certainement du grec δρόσος, qui a la même signification, mais dont le pluriel δρόσοι signifie *des larmes*, et dont la racine est le verbe ῥέω, *je coule, je verse*. Voilà bien cette rosée que les poètes ont si bien nommée les *larmes de l'Aurore*, et l'on voit combien peu de rapports il faut lui chercher avec la rose et sa couleur (1). Tous les étymologistes s'accordent sur ce point. Pourquoi s'efforcer de l'oublier ou de le contredire? mais, surtout, pourquoi chercher encore dans la Bible toute une série d'autorités qui ramènent, par des conséquences forcées, les inutiles images de la rosée et de la pluie? Ni Moïse ni le prophète Isaïe, par la rosée qui s'échappe de la bouche de l'un en inspirations prophétiques, et que l'autre fait tomber du ciel sur la terre qui va germer le Sauveur, n'ont entendu autre chose que le rafraîchissement mystérieux promis au monde spirituel, ou la fécondité de la parole divine. Nous ne pouvons pas

---

(1) *De Lingua latina*, lib. IV; mihi, p. 27, in-8°, 1581.

plus admettre le mysticisme des rosiers de Jéricho, ni l'analogie du fleuve dont ils embaument les bords avec le baptême, source de la sagesse. Si toutes ces images sont figuratives, ce n'est probablement pas que la couleur rose s'y mêle pour quelque chose, non plus que le baptême, dont M. Portal veut que le fleuve soit ici l'énoncé prophétique. Remarquons, à ce propos, qu'en matière d'exégèse biblique il ne faut pas se créer des arguments nouveaux en dehors des idées acceptées déjà par l'Église. La voie est faite, et c'est la seule qu'il faille tenir à la suite des Pères et des auteurs approuvés. Loin de ces données, on risque de tomber dans le caprice, et l'on est fort heureux quand ces sortes d'imaginations ne portent aucune atteinte à la foi, comme on peut évidemment le constater ici.

Données de la mythologie sur cette même couleur.

Descendant des hauteurs supérieures où la sagesse et l'amour furent d'abord adorés comme des attributs divins, le langage profane consacra la couleur rose, comme la fleur qui en est l'expression, à Vénus et à Minerve. A la naissance de cette dernière, l'île de Rhodes voit avec admiration une pluie d'or (la sagesse céleste) se répandre sur les premiers sacrifices qui lui sont offerts (1). Les livres hindous appellent le rouge tendre la couleur de l'amour, et la fable avait attribué au sang de Vénus, blessée par une épine, celle qu'avait contractée la rose, qui était blanche avant cet événement (2).

Règle d'opposition qui s'y rapporte.

Par opposition à l'usage que les païens faisaient de la rose, dont ils se couronnaient dans les festins, et qui figurait à toutes leurs fêtes, cette fleur devint, dans les initiations, l'image de la mort. Cette vie nouvelle à laquelle on introduisait l'initié n'était-elle pas la mort de tout ce qui avait précédé

---

(1) Parisot, *Biographie universelle*, partie mythologique, v° Minerve. — Sans doute d'après ce vers de Claudien :

Auratos Rhodiis imbres nascente Minerva.

(2) *Ibid.*, v° Adonis.

le renoncement au monde matériel et profane? De là l'usage de jeter des roses sur les tombeaux, et les gâteaux de roses offerts aux morts tous les ans dans le mois de mai; de là cette couronne de roses donnée à Hécate, la déesse des funérailles : autant de témoignages d'espérance en cette seconde vie, qui se puise au sein même de notre destruction, comme le Sauveur l'a fait remarquer, en preuve de notre résurrection finale (1).

Réfutation de quelques erreurs.

Nous n'admettons pas, avec M. Portal, que la rose blanche puisse entrer pour rien dans les attributions qui sont faites à la rose rouge; nous ne la croyons pas non plus l'emblème de la sagesse monastique et de la renonciation au monde. Sa couleur dit assez pourquoi on la roule en couronne

---

(1) « Nisi granum frumenti cadens in terram mortuum fuerit, ipsum solum manet; si autem mortuum fuerit, multum fructum affert.» (*Joan.*, XII, 24.) — L'auteur des *Distinctions monastiques*, anonyme anglais, qui nous a laissé un recueil de symboles appliqués à presque toutes les choses de la nature et de la philosophie, fait observer que, d'après les diverses acceptions données dans les Livres saints au mot *frumentum*, ce mot signifie à la fois *la saine doctrine, les vertus, les âmes fidèles*, et, par opposition, *la vie débauchée et les biens terrestres*. Ainsi David a promis que *les vallées*, c'est-à-dire les âmes humbles, *abonderaient en froment*, ou comprendraient mieux la doctrine évangélique (*Ps.*, LXIV, 14). — Le froment que Gédéon battait dans son aire, pour l'emporter en fuyant les invasions des Madianites, figurait les vertus du saint homme, qu'il faut s'empresser de ravir aux attaques du monde. — Éliu, l'ami de Job, met au nombre des sollicitudes providentielles de *faire luire sur les blés* le soleil, dont la chaleur les mûrit, et la grâce éclaire ainsi selon leurs besoins les justes, qui aiment la volonté de Dieu et s'y soumettent (*Job*, XLI, 21). — Par opposition, la possession et l'usage immodéré du blé et des autres fruits de la terre deviennent dans le Psalmiste l'indice de la vie sensuelle, dans laquelle ses ennemis perdent le sentiment de la foi et le souvenir de Dieu (*Ps.*, IV, 8); ainsi du reste. Et ce court aperçu, que nous aurons lieu de développer dans notre deuxième volume, indique dès à présent comment il faut prendre au sérieux ces règles d'interprétation, trop généralement ignorées, et sans lesquelles on ne comprendra jamais le langage de l'Écriture et de ses commentateurs. — (Voir *Spicilegium Solesmense*, t. III, p. 466. — Nous aurons occasion de revenir sur ce livre, œuvre savante et laborieuse du cardinal Pitra, qu'il faudra lire désormais quand on voudra connaître les sources et l'immense autorité de la science symbolistique.)

autour des armoiries des religieuses, avec ses feuilles et ses épines. La Colombière, cité ici, n'en parle que comme d'un signe de la chasteté virginale conservée au milieu des mortifications de la vie pénitente (1). Nous pouvons rapprocher de cette idée le tableau exposé au Louvre, où S. François d'Assises présente à Jésus les roses rouges et blanches produites par les épines sur lesquelles il s'est roulé ; mais nous nous garderons bien d'y voir, quoi que prétende notre auteur, la moindre initiation ni à l'amour ni à la sagesse divine. Ce fait de la vie du saint Patriarche des Franciscains date d'une époque bien postérieure à sa conversion, et par conséquent à l'initiation supposée ; et je soupçonne que les roses rouges ou blanches, tout en signifiant la pudeur et la chasteté qui avaient triomphé dans le saint pénitent, pouvaient bien indiquer aussi, parmi ces épines, les charmes d'une victoire remportée sur d'importunes et fatigantes passions (2).

Au reste, nous ne croyons pas que la rose ait jamais eu un rôle bien répandu dans le symbolisme chrétien. Quand elle y apparaît, et souvent les peintres et les sculpteurs l'y ont reproduite, c'est moins pour sa couleur que pour le sens qu'on attache à elle-même ; alors elle peut bien rappeler quelques-uns des quatre ou cinq gracieux passages des Écritures bibliques, où l'auteur inspiré en fait l'image tantôt de la vie sensuelle des pécheurs, tantôt des mystiques et douces vertus de l'auguste Mère de Dieu. Nous ne connaissons dans la liturgie catholique que la bénédiction de la Rose d'or, faite chaque année par le Pape, le quatrième dimanche de Carême, dont les détails puissent réellement donner à la couleur rose une signification emblématique. Cette rose, ou plutôt ce bouquet de roses que nous voyons bénir par

La rose et son symbolisme. — La Rose d'or.

---

(1) *Vrai Théâtre d'honneur et de chevalerie*, t. II, p. 66.
(2) Voir les *Vies des Saints* de Baillet, du P. Croiset et de Godescart, au 4 octobre.

le pape Urbain II, dès l'an 1096, à la fin du concile tenu par lui à Saint-Martin de Tours (1), est encore, de notre temps, l'objet de la même cérémonie. L'ordre romain, interprété par Durand de Mende, prétend y faire allusion, en ce jour où déjà la pénitence quadragésimale est à moitié accomplie, au départ des Israélites pour Jérusalem, après la captivité de Babylone. L'auguste officiant, en donnant la rose bénite au prince qu'il a résolu d'en favoriser, prononce quelques éloges de cette fleur ; il en exalte « *la couleur gaie*, l'odeur fortifiante, l'aspect réjouissant. » Tous les vêtements du célébrant, à la messe solennelle qui suit cette bénédiction, les ornements aussi des assistants et de l'autel, sont de couleur rose. Le Pape lui-même porte une chape et une étole de même couleur ; les cardinaux ont la soutane, la ceinture, la mozette et la mantelette de la même nuance, et ils les gardent pendant toute la journée, qui n'est pas appelée vainement, comme on voit, le dimanche *Lætare* et le dimanche *des Roses*. Aussi les commentateurs de la liturgie disent-ils que ce jour est comme un oasis au milieu du désert de la Sainte Quarantaine, un repos de jubilation spirituelle au sein de l'affliction causée par le jeûne et par la pénitence. Ainsi, dit avec raison un écrivain qui a bien compris le sens des choses catholiques, l'Église mêle à ses joies, qui paraîtraient peut-être à quelques-uns empreintes d'une certaine mondanité, les enseignements les plus sublimes et les plus consolants. Le texte même de l'Oraison dont le Pape accompagne la bénédiction de la fleur mystique révèle que, dans la pensée de l'Église, elle est encore une fidèle image du Sauveur apportant parmi les épreuves de la vie mortelle une sainte joie au cœur de ses véritables enfants : « O Dieu, dont la puissance a tout créé, nous supplions Votre Majesté de vouloir bénir et sanctifier cette rose..., que nous devons porter aujourd'hui dans nos mains, en signe de joie spiri-

---

(1) Fleury, et Rohrbacher, *Hist. eccles.*, ad ann. 1096.

tuelle..., afin que cette Église qui Vous offre le fruit des bonnes œuvres marche à l'odeur des parfums de cette fleur, qui, sortie de la tige de Jessé, est appelée mystérieusement la fleur des champs et le lis des vallées, et qu'elle mérite de goûter une joie sans fin au sein de la gloire céleste... Avec cette Fleur divine qui vit et règne avec Vous, en l'unité du Saint-Esprit, dans tous les siècles des siècles (1). »

Quoi qu'il en soit, le rose est fort peu employé dans la peinture du moyen âge. Les manuscrits aiment peu sa teinte, qui manque de franchise, et l'excluent presque complétement des miniatures qui expliquent leur texte, pour la reléguer en fleurs plus ou moins capricieuses sur les marges de leurs feuillets. Elle est encore plus rare dans les verrières, où ses tons pâles ne commencent guère à paraître qu'aux quinzième et seizième siècles, quand l'art a perdu sa fermeté, que le symbolisme se meurt, et qu'on n'entend presque plus rien aux graves conceptions des immortels devanciers qu'on méprise.

Rareté du rose dans la peinture du moyen âge.

L'hyacinthe est le bleu mêlé de rouge ; le bleu y domine donc, le rouge n'y est qu'accessoire ; le bleu y représente la vérité céleste, et le rouge l'amour divin. D'après la règle expliquée ci-dessus, relativement aux nuances qui dominent et à celles qui sont dominées, l'hyacinthe exprimerait la vérité de l'amour. C'est l'explication de M. Portal ; malheureusement, il ne cite pas les sources d'où jaillit cette doctrine, qui semble un peu plus ingénieuse que vraie, et les exemples qu'il prétend tirer encore de Jérémie et d'Ézéchiel (2) ne sont rien moins que concluants. Ces prophètes,

L'hyacinthe.

---

(1) Cf. Guillelmi Duranti, præsulis Mimatensis, *Rationale divinorum officiorum*, pl. 173, col. 1, in-4°, Goth., 1494.—L'abbé Pascal, *Origines de la liturgie catholique*, col. 251. — *L'Univers*, 5 avril 1852 ; 21 et 22 juin 1856 ; enfin et surtout le *Traité* de Pierre de Capoue *sur la rose*, dans le troisième volume du *Spicilegium Solesmense*, Didot, in-8°, 1856, p. 489.

(2) « Hyacinthus et purpura indumentum eorum : opus artificum universa hæc. » (*Jer.*, x, 9.)— « Samaria... insanivit in amatores suos, in Assyrios vestitos hyacintho... » (*Ezech.*, XXIII, 6.)

dans les passages qu'il en cite, ne parlent de l'hyacinthe, étoffe précieuse dont les peuples idolâtres parent leurs statues, et que les Assyriens font servir au luxe de leurs vêtements, que comme une vaine marque d'ostentation qui les rend plus coupables devant le Seigneur, et ne leur sera d'aucun secours contre ses vengeances. Il vaudrait mieux, s'attachant au sens symbolique donné par les commentateurs à la pierre précieuse du même nom, voir dans cette couleur d'un ciel serein aux nuances changeantes cette aimable condescendance des Saints, qui, toujours attachés aux choses d'En-Haut, ne refusent pas cependant de s'occuper, en faveur de leurs frères, des choses d'ici-bas, et tolèrent parfois des imperfections pour éviter des fautes réelles. C'est l'opinion de S. Bruno d'Asti, c'est celle de Corneille de la Pierre, qui l'appliquent à d'autres textes des Livres saints, et du moins s'autorisent de faits qui l'accréditent pleinement (1). — Il est vrai que cette facilité de prendre les diverses nuances de l'atmosphère, attribuée à l'hyacinthe par Solin, ne lui est pas une propriété incontestable (2). On sait combien les premiers naturalistes, à la suite d'Aristote et de Pline, se sont plu à donner à leurs sujets de merveilleux attributs, dans lesquels le symbolisme trouva plus de profit que la vérité; aussi a-t-on pu fort bien attacher à ces nuances diverses les emblèmes des différents degrés de la vertu et du vice. C'est pourquoi le même compilateur fait de l'hyacinthe azurée l'insigne des hommes vertueux. Nous ne comprenons pas autant comment elle serait *défavorable* aux hommes corrompus (3). S. Épiphane et S. Grégoire de Nazianze la comparent à la salamandre, parce qu'elle n'est point attaquée du feu, mais l'éteint, au

---

(1) S. Brunonis Astensis, *Præfat. in Apocalypsim*, cap. xxi.— *Expositio super Genesim*, cap. xlix, 20. — Cornelius à Lapide, *Commentar. in Exod.*, cap. xxviii.
(2) Solini *Polyhistor.*, cap. xxxiii, Lutetiæ Par., in-4°, 1503.
(3) *Ibid.*

contraire, quand on l'y jette (1). Cette propriété, paraît-il, ne l'empêcherait point de se décolorer et de devenir blanche, transmutation qui lui vaudrait un titre nouveau et en ferait l'image de la foi constante, triomphant des passions par l'héroïsme de son innocence et de sa fermeté (2).

Le pourpre est le rouge nuancé de bleu : ce serait donc l'amour de la vérité, en adoptant le système de M. Portal... L'écarlate se compose de rouge avec teinte de jaune; il résulte du sens que possèdent ces deux couleurs que leur réunion devrait produire le symbole de l'amour spirituel, de l'amour du Verbe, ou de la parole divine. Pour nous, nous nous persuadons qu'il est très-difficile d'approprier à quelque idée bien arrêtée ces couleurs secondaires, que les peintres n'ont dû préférer que rarement, d'après nos observations, aux couleurs principales qui y dominent. *Le pourpre.*

Observons, d'ailleurs, qu'on aurait tort d'attacher trop d'importance à ces variétés des teintes d'une même couleur. Celles dont on a paré les belles pages de nos manuscrits; celles, à plus forte raison, dont se revêtent encore les murs de nos plus vieilles basiliques, ont rarement gardé leur vivacité naturelle, et il est fort ordinaire d'en voir pour lesquelles le temps, l'humidité, quelquefois même les ingrédients employés dans les peintures, ont été autant de causes d'altération. Comment rechercher de bonne foi la signification symbolique devant un inconvénient de ce genre, fort souvent méconnaissable, et dont il faut beaucoup se méfier? Il est donc beaucoup de spécimens auxquels on ne peut attacher une importance réelle. Les vitraux, il est vrai, grâce à leur coloration impérissable, restent à l'abri de cette *Difficulté de distinguer les couleurs mixtes dans la peinture du moyen âge.*

---

(1) S. Epiph., *De Gemmis*, lib. XII.
(2) Brard, *Traité des pierres précieuses*, p. 73, cité par M. Portal. Nous n'avons pu nous procurer ce livre, ni y vérifier les emprunts que celui-ci lui a faits quelquefois. Mais cet auteur est quelquefois aussi réfuté par M. Caire dans sa *Science des pierres précieuses appliquée aux arts*, et notamment p. 149, où il n'est pas de son avis sur une opinion des lapidaires à l'égard de la nature de l'hyacinthe.

méfiance; mais combien y observe-t-on de ces couleurs mixtes dont l'emploi se serait naturellement confondu avec les tons primitifs sous l'éclat de la lumière qui les traverse? Il est bien probable que l'hyacinthe, s'il y en a eu dans les peintures qu'analyse aujourd'hui le regard des archéologues, diffère assez du bleu et du violet, de ce dernier surtout, pour qu'on s'évite le soin très-difficultueux de le distinguer au milieu de ces nuances rivales.

Le violet.

Et, en effet, le violet se compose en égales portions de rouge et de bleu; il aura donc, c'est M. Portal qui le reconnaît, le même sens que l'hyacinthe : il sera l'amour de la vérité et la vérité de l'amour. Passons sur ce point. Mais comment sera-t-il la réunion du pourpre et de l'hyacinthe? comment naîtra de là l'union de la bonté et de la vérité, de l'amour et de la sagesse? Nous avouons ne pas le comprendre; car si le rouge pur se mêle au bleu pur afin de former une seule troisième couleur qu'on appelle violet, comment un élément de plus pourra-t-il s'y adjoindre sous le nom de pourpre, et en modifier la signification? Tout cela ne nous paraît ni prouvé, ni même parfaitement clair.

Pris en signe de deuil.

Nous adoptons plus volontiers l'opinion qui aurait fait du violet, dans les mœurs antiques, un signe de deuil. Ce ne serait, il est vrai, que par opposition, puisque, le rouge étant le feu spirituel, la vie intérieure, et le bleu l'immortalité, le violet dut être le symbole de la résurrection éternelle. Toujours est-il qu'on l'a maintes fois affecté aux cérémonies funèbres, ce qui lui vient sans doute des espérances d'immortalité qu'on y attacha toujours. On a trouvé des amulettes de cette couleur dans des tombeaux égyptiens. Winckelmann (1) reconnaît que le manteau d'Apollon était violet pendant son séjour chez Admète, lieu d'un exil forcé et d'une profession humiliante. Les voyageurs nous disent que c'est le deuil des Chinois (2). L'Europe ne l'a pas moins

(1) *Hist. de l'art*, t. II, p. 187.
(2) Prévost, *Hist. des voyages*, t. VI, p. 152.

adopté dans le même sens. Nous sommes encore tout près du temps où les rois de France portaient le deuil ainsi : les cardinaux en conservent l'usage, et la soutane violette des évêques répond, par un sens spécial, à la même pensée qui a imposé le noir aux autres membres du clergé. Cette destination lugubre lui est donnée sans doute par opposition au sens plus élevé que renferment les deux éléments qui le constituent. Le rouge étant l'amour, le bleu étant la vérité, il paraît convenable d'en attribuer la réunion à ce Verbe incarné qui nous aima comme Dieu, et, comme homme, nous instruisit avec autant d'amour que de vérité. Par cela même que le rouge exprime la charité du Père, qui aime le monde jusqu'à lui sacrifier son Fils (1), puis la doctrine révélée par ce Fils dans la mission qui précéda son Sacrifice, le violet exprimera fort bien l'union consubstantielle du Père et du Fils : voilà la cause de cette robe violette que le moyen âge a donnée à Jésus-Christ pendant sa passion, œuvre pour laquelle les deux premières personnes de la Trinité se sont associées, et dans laquelle on doit voir aussi la troisième, l'Esprit-Saint, qui, source de toute dilection et inspirateur de toute vérité, l'identifie à elles dans cette même union du bleu et du rouge. N'y eût-il que ce fait pour établir la réalité du symbolisme des couleurs dans l'art chrétien, on devrait la reconnaître à cette persistance universellement sentie qui fit partout et toujours revêtir le Christ de couleurs bien déterminées aux différentes époques de sa vie mortelle. Enfant, il est drapé d'une simple robe verte, symbole des espérances nouvelles du monde, restauré en Jésus-Christ (2); tout le reste de sa personne est d'une carnation naturelle, indice de son humanité. Homme fait, devenu le type de l'humanité hypostatiquement uni à la Nature Divine, il porte régulièrement la robe

Costumes de couleurs différentes donnés au Sauveur, aux différentes époques de sa vie mortelle.

---

(1) « Sic Deus dilexit mundum ut Filium suum unigenitum daret. » (*Joan.*, III, 16.)
(2) « Omnia instaurare in Christo. » (*Ephes.*, I, 10.)

rouge et le manteau bleu, ou la robe bleue et le manteau rouge. Les écoles de peinture les plus opposées ne se sont permis aucune déviation de ce principe arrêté, et les peintres grecs sont restés d'accord avec nous sur ce point hiératique, comme le prouve un petit tableau sur bois de notre cabinet arraché en 1854 au désastre de la forteresse russe de Bomarsund. — Quand vient le temps des souffrances, au jardin des Olives, au Prétoire, sur la Croix, le Sauveur a la robe violette, signe de tristesse sans doute, mais aussi image sensible de cette opération théandrique par laquelle le Fils de Dieu se dépouille de sa nature humaine et s'unit à son père. Après sa glorification par la résurrection accomplie, il prend, sans y mêler aucun indice de son humanité mortelle, le rouge et le blanc, spécialement donnés à Jéhovah, à Dieu le Père. — Marie, la Vierge Mère, si cordialement identifiée à son divin Fils, revêt, pour une plus parfaite ressemblance, le rouge et le bleu, auxquels se mêle quelquefois une draperie jaune d'or. Souvent aussi elle est drapée d'une robe violette, qui indique la sympathie de ses douleurs morales avec les souffrances physiques du Dieu martyrisé. Par cette raison, on donne également le violet aux martyrs, qui eurent leur passion comme leur maître.

Les liturgistes du treizième siècle mentionnent le violet parmi les couleurs déjà alors consacrées aux vêtements sacerdotaux. Nous y reviendrons dans un chapitre spécial ; qu'il nous suffise d'ajouter ici que les peintres grecs ont agi, dans la représentation du Sauveur à chaque période de sa vie évangélique, dans le même sens que les Occidentaux. *Le Guide de la Peinture*, ouvrage destiné par un moine grec du douzième ou treizième siècle à diriger les peintres dans les travaux d'ornementation sacrée, n'a pas manqué de tracer à ce sujet des conseils qui, déjà à son époque, étaient l'expression de traditions fort anciennes (1).

(1) Ce livre a paru, traduit par M. Paul Durand, à la librairie Didron, en 1845, sous le titre de *Manuel d'iconographie chrétienne*. Des notes

Enfin, les manuscrits et les vitraux de nos cathédrales confirment cette observation. Il est facile de se convaincre, en voyant quel large emploi on y a fait de la couleur violette, et à quels personnages elle est donnée, que la théorie développée ici peut se prouver par de fréquents exemples.

L'orangé, autre couleur mixte, formée du rouge et du jaune, ressemble beaucoup à ce dernier, et nous ne croyons guère qu'on puisse aisément l'en distinguer dans les peintures antiques; aussi nous pouvons d'autant plus lui appliquer ce que nous avons dit de l'hyacinthe dans ses rapports avec le bleu, qu'une confusion plus indispensable s'établit, dans la pratique de l'art, entre des nuances aussi ressemblantes. Nous n'oserions donc pas toujours, en nous livrant à l'examen d'une fresque, d'une miniature ou d'un vitrail, attester que le jaune qu'y aurait épanché la main de l'artiste serait plutôt simple que mêlé de rouge. Certaines couleurs, après une longue suite d'années, peuvent, nous l'avons dit, contracter des changements dont il faut tenir compte... Et comment constater sûrement ces modifications trompeuses? C'est donc moins aux antiquaires qu'aux peintres que M. Portal semble s'adresser, quand il traite, dans un chapitre spécial, de la couleur orange, qu'il appelle encore le safrané. Il faut bien remarquer, d'ailleurs, qu'il existe une très-mince différence entre cette teinte et le jaune pur ou le jaune d'or: c'est toujours la révélation de l'amour divin, ou l'amour de la révélation, de la parole sainte. Par opposition, c'est l'amour de la fausseté et du mensonge, et nous voyons les mêmes preuves historiques données par M. Portal en faveur du symbolisme du jaune se renouveler pour cette nuance, de façon à lui donner assez inutilement un double emploi. N'est-il pas à craindre que l'auteur ne se soit laissé

L'orangé.

---

y ont été ajoutées par les auteur et éditeur, et font de cet écrit du moine byzantin un livre d'utilité générale, aussi applicable à notre peinture occidentale qu'à celle encore gardée chez les Grecs avec une persistance de caractère qui maintient le moyen âge parmi eux.

entraîner à des persuasions un peu trop systématiques, et n'ait pris, dans les poètes et les autres auteurs grecs et latins qu'il évoque à son secours, des synonymes de la couleur jaune pour une couleur spéciale, toute différente, et qui cependant n'aurait été que celle-là dans la pensée de ces auteurs ?

<small>Le roux ou tanné.</small>

Le roux et le tanné, dont nous avons parlé déjà comme étant une modification du rouge par le noir et par le jaune, viennent, sous la plume même de M. Portal, confirmer nos doutes. Il avoue que le *color rufus* des Romains est une nuance assez difficile à reconnaître dans les monuments écrits, dont les traducteurs ont assez mal rendu le sens. Les peintures de l'antiquité et celles du moyen âge lui paraissent, comme à nous, soumises aux mêmes incertitudes ; l'action du feu sur les vitraux, la qualité des substances minérales, le plus ou moins d'humidité des lieux où furent conservés les fragments des vieilles fresques, ont pu, nous l'avons dit, et cet avis est ici reproduit par notre auteur en termes identiques, forcer l'œil le plus expérimenté à douter de la valeur de certaines nuances. Ces réflexions, pourquoi M. Portal ne les a-t-il pas appliquées, avant nous, aux dégradations diverses du violet, du rouge, du jaune, comme à celles qui produisent le tanné ou le brun, dont il est à présent question ? C'est un défaut de méthode pour ce livre, où tant de bonnes observations se pressent en faveur du symbolisme qu'il défend.

<small>Ses significations néfastes.</small>

Quant à cette dernière couleur, nous sommes entièrement avec lui. Si le rouge est l'amour divin, le rouge mêlé de noir dénature cette affection pure et toute céleste ; il l'applique aux choses mauvaises ; le mauvais génie doit s'en parer. Les religions païennes sont d'accord sur ce point avec le christianisme de l'Ancien et du Nouveau Testament. Le Siva des Indiens, principe destructeur, né dans les larmes, auteur de tous les maux qui affligent l'humanité, est brun : on le représente couvert de cendres, la chevelure hérissée de flammes (1). Le noir donne au rouge une teinte fumeuse : il en fait l'emblème de l'égoïsme, de la jalousie envieuse, de la haine. Plutarque (2) et Diodore de Sicile (3) disent que les Égyptiens représentent Typhon de couleur rousse ou couleur de feu, d'après l'expression grecque. Par cela même il prenait la forme d'un serpent, comme le dragon roux, qui est Satan au xiie chapitre de l'Apocalypse.

Chez les Grecs, Vulcain se reflète du feu sombre de ses forges, image des passions honteuses et criminelles, chassées du ciel, personnification des passions charnelles de l'homme et du mal moral qu'elles engendrent (4). — Antéros, l'amour du mal, né de la Nuit et de l'Érèbe, a pour compagnons l'ivresse, le chagrin, la dispute. Le philosophe Porphyre l'évoque avec Éros, son antagoniste, divinité de l'amour du bien. Celui-ci apparaît blanc comme le lotus ; sa chevelure est d'or ; — l'autre a les cheveux mêlés de noir et d'un roux ardent (5).

Les livres de la Bible ont indiqué fort souvent les mêmes analogies. Ce n'est pas sans quelque mystère que les détestables amours de Sodome et des autres villes de la Pentapole sont punis par le feu et la fumée ; que les Hébreux en deuil se couvrent de cendres ; qu'Ésaü, coupable de la vente de son droit d'aînesse, est né roux, couleur de feu, comme le signifie le mot *edom*, d'après la version des Septante. Je ne vois pas aussi clairement que les textes d'Osée et d'Isaïe choisis par M. Portal tendent à quelque désignation du symbolisme. Que les cœurs des méchants soient consumés du feu des passions qui les dévorent ; que l'impiété ressemble à une flamme violente détruisant tout sur son passage et l'aveuglant, en face des maux qu'elle cause, de la

Langage identique de la Bible.

---

(1) Creuzer, *Relig. de l'antiquité*, t. I, p. 160.
(2) *De Iside*.
(3) Lib. I, p. 79, *ubi suprà*.
(4) *Odyssée*, lib. VIII, v. 266 et seq.
(5) Eunapius, *De Vitis philosophorum*, p. 27.

fumée de son orgueil, ce sont là plutôt des figures de rhétorique que des symboles (1). On peut juger autrement de ces torrents de feu, de fumée et de soufre que l'un des chevaux de l'Apocalypse souffle de ses narines embrasées (2). Si les interprètes n'y voient pas « l'image des intelligences dépravées et de l'amour perverti, » ils y trouvent toujours des signes néfastes, l'annonce de la famine ou de la peste causées par la chaleur du climat. Mais il y a sans doute exagération à soutenir, dans cette occasion, le rôle du feu et de la fumée en rapport avec la couleur dont nous parlons. Quand on peut s'étayer de raisons sérieuses et en assez grand nombre, pourquoi s'obstiner à y joindre des arguments qui ne peuvent rien démontrer ? Plus d'une fois nous aurons à nous élever contre cette singularité, trop peu rare parmi les jouteurs de la science. Signalons-en une qui prouverait de reste, à elle seule, combien on peut aller loin quand on tient absolument à féconder de pures hypothèses. Écoutons M. Portal lui-même :

« La symbolique chrétienne, dit-il, reproduisit les diffé-
» rentes significations attachées à la couleur tannée par l'an-
» tiquité. Le Dragon roux de l'Apocalypse et le feu de l'enfer

(1) « Applicuerunt quasi clibanum cor suum, cum insidiaretur eis (rex noster) » (*Osée*, VII, 6) ; — et (XIII, 3) : « Israel deliquit in Baal, et mortuus est. Idcirco erunt quasi nubes matutina, et sicut ros matutinus præteriens, sicut pulvis turbine raptus ex area, et sicut fumus de fumario. » — Il est clair qu'ici le Prophète réunit, pour figurer la rapidité de la punition qui fondra sur le peuple perfide, toutes les comparaisons les plus propres à la faire concevoir. S'il attachait au feu et à la fumée le sens symbolique adopté par M. Portal, il faudrait aussi en attacher un autre à la nuée du matin, à la poussière de l'air, à la rosée et, d'après ses propres principes, des sens tout contraires seraient nécessairement donnés à une seule et même chose.—Pour Isaïe, il s'écrie au ch. IX, v. 18 : « Succensa est quasi ignis impietas, veprem et spinam vorabit..., et convolvetur superbia fumi..., et erit populus quasi esca ignis... » — Quelles autorités pourrait-on alléguer pour rattacher ces images, même la fumée et le feu, aux prétentions qu'on voudrait leur faire servir ici ?

(2) « Et ab his tribus plagis occisa est tertia pars hominum, de igne, et de fumo, et de sulfure, quæ procedebant de ore ipsorum. » (*Apoc.*, IX, 17.)

» dont parlent les Évangélistes indiquent dans quel sens on
» doit interpréter le rouge noir employé sur les vitraux et
» les miniatures du moyen âge. La cathédrale de Chartres
» offre ici un exemple qui appelle toute l'attention des ar-
» chéologues.

» Au-dessus de la grande porte d'entrée, sous la rose, à
droite, un vitrail représente la cosmogonie indienne, telle
qu'elle est décrite dans le Bagavadam. « Dans la plénitude
» du temps nommé Calpan, dit ce livre sacré, l'Univers
» était rentré dans le sein de Vichnou. Ce dieu, absorbé
» dans la quiétude d'un sommeil contemplatif, était couché
» sur le serpent Atisechen et porté sur la mer de lait... Le
» Destin fit sortir du nombril de Vichnou une tige de
» tamercy (lotus), et au bout de cette tige parut une fleur
» qui s'épanouit aux rayons du divin soleil, qui est Vichnou
» lui-même. Brahma fut créé dans cette fleur avec quatre
» visages, symbole des quatre Védam. » (*Bagavadam*, p. 62.)

» Sur le vitrail de Chartres, continue M. Portal, Vich-
» nou, drapé de bleu et de rouge, est couché sur la mer
» de lait d'un blanc jaunâtre; au-dessus de lui est l'arc-
» en-ciel rouge; du sein de Vichnou sort le lotus blanc.

» La verrière supérieure (lisez le *panneau supérieur*) re-
» présente Brahma avec sa quadruple face, et la couronne
» sur la tête. Brahma est presque nu ; sa peau est bistre ou
» tannée; il porte en sautoir un manteau vert qui lui couvre
» la partie inférieure du corps; il repose sur le lotus, et
» de chaque main il en tient une tige. Les verrières su-
» périeures (lisez *les panneaux*), séparées par des arma-
» tures de fer, représentent des sujets qui correspondent à
» Brahma. Enfin, sur la plus élevée paraît Jésus vêtu d'une
» robe bleue et portant un manteau bistre; au-dessus de sa
» tête, descend le Saint-Esprit, sous la forme d'une colombe
» blanche. Le lotus qui sort du sein de Vichnou s'élève
» jusqu'à Jésus-Christ, où il acquiert toute sa floraison. »
(*Couleurs symboliques*, p. 270.)

> Singulier système que se fait M. Portal à propos de l'arbre de Jessé.

Si quelque préoccupation fut jamais digne de remarque dans les annales de la science, c'est sans contredit celle qui a pu égarer un homme du mérite de M. Portal jusqu'à lui faire voir Vichnou et Brahma dans les images aussi reconnaissables de Jessé, le père de David, et de Jésus-Christ, dernier terme de la généalogie, que le verrier du treizième siècle a voulu représenter ici. C'est bien, en effet, la généalogie du Dieu fait homme, c'est l'arbre de Jessé partout reconnu, et aujourd'hui partout reconnaissable, que reproduit le vitrail de Chartres, et, en dépit de tant de belles explications, les dieux de l'Inde n'ont réellement que faire ici. Quoi qu'il soit des subtiles conséquences que M. Portal prétend tirer de l'exposition qu'il vient de nous faire, toute sa théorie s'écroule avec fracas devant le symbole purement catholique de cette végétation mystérieuse, que l'art inspiré par la Bible fait commencer à Jessé, quelquefois même à Abraham, et termine à l'Enfant Divin reposant sur les bras ou les genoux de la Vierge Mère. Si nous n'avions pu observer par nous-même, dans la magnifique basilique de la Beauce, la grande page coloriée, nous aurions assez de ses plus récents historiens pour prouver que M. Portal est seul de l'avis qu'il exprime (1) ; que *la mer de lait*, réminiscence par trop forcée du *Bagavadam*, est tout simplement le lit sur lequel repose le patriarche ; que si celui-ci est drapé de bleu et de rouge, c'est par la même raison que Jésus-Christ l'est également dans le panneau supérieur, et que les liens de parenté établis entre les deux personnages par les décrets providentiels exigeaient entre eux cette ressemblance significative. Nous trouverions aussi non pas des caricatures hindoues à plus ou moins de faces dans ce prétendu lotus, qui n'est autre chose qu'un arbre quelconque, paré des fleurs blanches, emblème de la virginité de Marie, mais un groupe

---

(1) Voir *Description de la cathédrale de Chartres*, par M. l'abbé Bulteau, in-8°, 1850, p. 191.

ou une suite des rois de Juda ancêtres de Notre-Seigneur. Nous verrions enfin que personne n'a jeté dans cette peinture historique et théologique non-seulement une colombe planant sur la tête de Jésus, mais *sept* colombes entourant cette tête divine et exprimant les sept dons du Saint-Esprit, dont chacun est inscrit dans le nimbe qui les couronne. C'est tout simplement la reproduction dessinée du texte d'Isaïe (xi, 2) : *Requiescet super eum Spiritus Domini, Spiritus sapientiæ et intellectus, Spiritus consilii et fortitudinis, Spiritus scientiæ et pietatis; et replebit eum Spiritus timoris Domini.* — Voilà les sept dons du Saint-Esprit, dont l'expression complète l'énoncé prophétique formant le premier verset de ce même chapitre : *Egredietur virga de radice Jesse.* Jessé, *la racine*, voit donc sortir de soi-même la tige, *virga*, puis la fleur : *flos de radice ejus ascendet.* — Après avoir établi ce premier fait par l'arbre généalogique des rois d'Israël, David, Salomon et deux autres qu'on prend ici plaisamment pour les quatre faces de Vichnou, le peintre termine son œuvre en réalisant tout le second verset par l'apparition des sept colombes symboliques se reposant, *requiescet Spiritus*, sur l'auguste Enfant qui s'élève au-dessus de tous ses ancêtres. Ce n'était vraiment pas la peine d'une excursion sur les rives du Gange et de l'Indus.

Et, en effet, quand tout est si clair et si visible, comment peut-on voir dans une peinture historique et théologique à la fois des êtres que l'artiste n'a probablement jamais connus, et dont l'annexion aux dogmes chrétiens eussent été, en face de l'autel surtout, une grotesque et détestable profanation ? Qu'ensuite un auteur aussi osé travaille de toute sa force à découvrir, dans le bleu et le rouge des vêtements de son Vichnou, le double baptême d'esprit et de feu, de vérité et d'amour...; qu'à propos des quatre rois de Juda, il nous rappelle que « Satan est dessiné *quelquefois* avec quatre faces sur les peintures du moyen âge, » il n'en sera ni plus ni moins; on prouvera malheureusement aux malencontreux contempteurs du moyen age qu'on peut lui faire dire tout ce qu'on veut. Tout cela n'était pas nécessaire pour établir le symbolisme du bistre, autrement dit du brun-rouge ou du tanné.

<small>Conséquences forcées par le même écrivain.</small>

Quoi qu'il en soit, c'est une observation assez généralement juste qui fait attribuer au bistre, par M. Portal, les idées de deuil, de dégradation morale ou de méchanceté diabolique. L'art des miniaturistes et des peintres-verriers l'a souvent destiné à les rendre, et de nombreux exemples en donnent la preuve dans nos églises et nos manuscrits. Est-ce à dire qu'il faille prendre au sérieux tout ce qu'en a cru l'ingénieux auteur? Nous n'irons pas jusque-là. En lui accordant la peau de Satan teintée de la sorte, en reconnaissant que le Sauveur est souvent drapé de bistre dans l'acte de la Passion, et même dans celui de sa résurrection, nous nous permettrons de craindre cependant que cette couleur n'ait, dans quelques-unes des circonstances qui regardent le Sauveur, un peu d'analogie avec le violet. Nous ne sommes pas très-sûr non plus que les cheveux roux de S. Pierre marquent sa prochaine apostasie dans un tableau de la Cène, quand il n'a pas encore été coupable. C'est plutôt, et plus simplement, la couleur habituelle des cheveux des Juifs; mais surtout nous ne voudrions pas entendre un écrivain catholique, en nous montrant l'Enfant-Dieu vêtu de bistre, expliquer ce costume *par sa naissance dans le péché pour sauver les hommes* (p. 274). Encore une fois, c'est là une des plus grosses hérésies possibles. Jésus-Christ, *en s'associant à toutes nos misères*, n'en a pu prendre la nature corrompue. Il a assumé la responsabilité de nos fautes; juste et innocent, il a payé pour les coupables, sans l'avoir été en rien. C'est la doctrine de S. Pierre : *Pro peccatis nostris mortuus est, justus pro injustis* (1).

---

(1) 1re *Épître de S. Pierre*, III, 18.—Et S. Paul n'a-t-il pas dit encore: « ... Habemus Pontificem..., tentatum per omnia pro similitudine, *absque peccato?* » (Hebr., IV, 15.)

André Lens dit que les Juifs portaient dans les jours de pénitence des cilices noirs ou bruns (1). Plusieurs Ordres religieux adoptèrent le costume brun, comme symbole de la renonciation au monde et du combat qu'ils devaient livrer contre l'enfer ; d'autres revêtirent la robe noire, en signe d'expiation des péchés communs. C'est toujours le même motif qui fit prendre aux prêtres des premiers temps du christianisme l'habit blanc, conservé par le Souverain Pontife et par quelques familles monastiques : la pureté de la conscience, la sainteté des actes conviennent surtout à ceux qui habitent la maison du Seigneur (2).

Raisons de certains costumes monastiques.

N'oublions pas, dans cette revue des couleurs symboliques, le gris, mélange du blanc et du noir, modification réciproque de l'un et de l'autre, sorte de demi-teinte dont la signification tient nécessairement, en plus ou en moins, des signes les plus positifs du bien et du mal. D'après la théorie exposée sur les deux couleurs qui s'unissent dans celle-ci, on peut tirer de cette union des conséquences utiles aux peintres, mais dont nous n'oserions affirmer, avec M. Portal, qu'on se soit emparé avant nous aussi résolûment qu'il paraît le croire. Sans doute, la raison et la sagesse étant représentées par le blanc, comme les passions honteuses par le noir, l'un des deux modifiera l'autre en atténuant sa portée, et chacun pourra bien, en se mariant ainsi, former une signification toute différente ; mais faut-il en conclure qu'on trouve un vestige de ce symbolisme des couleurs jusque dans le mot *gris* pris dans le sens d'une demi-ivresse? Ce serait bien subtil..., et toutefois notre auteur aurait quelque raison de le penser si, comme le prétend Furetière, cet adjectif ne fût employé d'abord en ce sens qu'envers ceux qui commençaient à

Le gris; erreur et vérité.

---

(1) *Les Costumes, ou Essai sur l'habillement et les usages de plusieurs peuples de l'antiquité, prouvé par les monuments,* p. 223, Liége, 1776, in-8°.

(2) « Domum tuam decet sanctitudo, Domine. » (*Ps.*, XCII, 7.)

avoir quelque peu trop d'un *vin gris*, tel que celui de Champagne. Mais laissons là toutes ces suppositions, et d'autres encore dont une thèse pourrait bien ne s'étayer qu'à ses propres dépens. Reconnaissons plutôt que la teinte grise n'a été que fort peu employée comme symbolique dans les affaires du monde; tout au plus a-t-elle exprimé les périodes convenues du demi-deuil dans les usages de la société humaine. Nous ne trouvons aucune preuve qu'elle ait pu indiquer l'innocence calomniée, *noircie*, condamnée à tort par l'opinion ou les lois, quoique cette interprétation n'ait rien de contradictoire avec la règle des oppositions, que nous connaissons bien maintenant.

<small>Exemple de son emploi au moyen âge.</small>
Quant au moyen âge, l'expérience nous a maintes fois prouvé que rien n'est si facile que de prendre, surtout dans les verrières, le gris pour du blanc, et il faut bien se garder, à cet égard, de préjuger trop vite en faveur du premier. Nous connaissons cependant plusieurs exemples qui secondent la pensée de M. Portal : à Bourges, entre autres, l'Enfant Prodigue accueilli, pauvre et défait, par son père richement paré d'une robe verte et d'un manteau rouge doublé d'hermine, est lui-même couvert d'une simple draperie grise qui se prolonge jusque sur sa tête en forme de capuce de même couleur. Ceci pourrait bien être symboliquement l'association du repentir à la nouvelle innocence que le Prodigue va retrouver dans le pardon de son père; mais nous ne voudrions pas répondre de beaucoup d'autres cas où le gris nous semble, dans le costume, beaucoup plus approprié au voisinage des autres tons qu'à une intention mystique. Pourquoi ne l'attribuerait-on pas aussi quelquefois à une détérioration fortuite du blanc? Il n'en serait pas tout à fait ainsi des manuscrits, où les teintes sont indépendantes de toute transparence et peuvent mieux se garder. M. Portal en cite deux ou trois qui semblent indiquer dans le coloriste une volonté déterminée de rendre le dogme de la résurrection de l'âme par l'union du blanc et du noir en

une seule et même couleur. C'est, en effet, la mort détruite par la Divinité, l'immortalité appliquée sinon à la matière, du moins à un objet créé. L'image du Sauveur présidant au jugement dernier, et revêtu d'un manteau gris doublé de vert; le Père et le Fils, drapés de même dans une autre vignette du quinzième siècle, paraissent n'avoir qu'un but parfaitement clair, et à cette même époque Ste Jeanne de Valois, fondant l'ordre des Annonciades, leur donnait un « vêtement gris, blanc et rouge, qui sont les couleurs de Jésus durant sa passion, » avec un voile noir, mémorial du deuil de la sainte Vierge après la mort de son Fils (1).

Terminons ici avec l'auteur l'exposé de ses recherches. Pour nous, dans les appréciations qu'elles nous ont suggérées, nous avons voulu être impartial, démontrant la justesse de ses vues, accueillant ses autorités et rejetant parfois ce qui pouvait nous sembler moins digne d'approbation. Beaucoup de lecteurs pourraient être plus sévères que nous; peut-être, s'ils le lisent attentivement, se rangeront-ils de son avis et du nôtre. Nous avons entendu accuser ce livre, avant que nous eussions pu le connaître, de ne rien prouver en concluant beaucoup trop. Il tenait de trop près à notre sujet pour échapper à notre curiosité, et nous croyons qu'il renferme les éléments d'importantes études. Mais ceux qui se sont plu à nier cette importance auraient pu reconnaître au moins que tout le système de M. Portal, fût-il erroné en partie, aurait certainement rendu à l'art un véritable service en signalant une voie dans laquelle on devrait entrer. Pourquoi, en effet, ne ferait-on pas désormais, pour spiritualiser l'art plastique et les différents genres de peinture, ce que nous prouvons qu'on a déjà fait? Le symbolisme des couleurs, prises dans leur application primitive ou dans leurs moyens secondaires d'*opposition*, n'offre-t-il pas d'immenses ressources à l'artiste? ne se prête-t-il pas à des

<small>Services que peut rendre à la science et à l'art le livre de M. Portal.</small>

---

(1) *La Règle des religieuses de la Vierge Marie*, in-12, Paris, 1665.

combinaisons extrêmement variées, éloignant de nos pages peintes tout hasard, toute monotonie ou incertitude, et faisant à chaque objet un langage propre, rempli de nombreuses et éloquentes expressions?

Si nous en croyons M. Portal, un tableau de M. Delaval, sur lequel nous n'avons pu nous procurer aucun renseignement, venait d'apparaître lors de la publication de son livre, et offrait l'application systématisée de ces principes. C'était une *Sapho* entourée de plusieurs divinités antiques dont chacune était, comme la célèbre Lesbienne, distinguée par la couleur qui lui fut consacrée autrefois (1). Ce retour à un moyen si naturel et si complétement artistique devait être encouragé; l'histoire de l'art depuis trente ans démontre peu qu'il ait été compris et imité. Nous faisons des vœux pour que les peintres étudient enfin avec zèle et sans prévention cette partie vivifiante de l'art. Quels avantages n'offrirait pas à leur réputation la peinture chrétienne ainsi comprise !

Tirons maintenant de cette synthèse une conséquence de haute portée pour l'histoire de la philosophie et de l'art.

On en doit conclure que l'art chrétien était déjà dans le symbolisme antique.

Évidemment, il résulte des deux chapitres précédents que les religions païennes ont tout emprunté au christianisme, car celui-ci existait en germe dès les premiers jours du monde, se développait sous la tente des Patriarches, s'exhalait par la bouche des Prophètes, et n'éclata dans l'Évangile qu'après des annonces réitérées et de longs avertissements. Autour de la Judée, les doctrines révélées ont pu s'entacher de mélanges impurs et s'altérer profondément au contact des passions humaines ; mais le fond de vérité divine restait dans toutes les hérésies créées par l'inintelligence et l'abrutissement de la foule, et on le reconnaissait dans toutes les traditions plus ou moins barbares qu'elle choyait. L'histoire de l'art est, à lui seul, une magnifique et incontestable

(1) P. 206.

preuve de ce fait providentiel. Que l'art, et ici nous parlons surtout aux artistes, revienne donc à ces données fondamentales; qu'instruit, éclairé par de sérieuses méditations, il cherche la lumière pour ses œuvres au sein même du Dieu qui daigna la créer pour Lui. Ne nous débattons point contre ces nobles étreintes, et, sous le vain prétexte d'un arbitraire qui nous est une richesse de plus, n'allons pas crier contre les prétendues innovations du symbolisme : ce serait nous rapetisser et nous perdre. Le feu sacré ne sert point d'auréole à la paresse, non plus qu'à toute opposition de parti pris. Cherchons, lisons, prolongeons, s'il le faut, de laborieuses veilles sur les pages trop négligées des anciens qui se firent nos modèles et nos maîtres; et, recueillant ce précieux héritage d'un passé qui n'est ni sans autorité ni sans gloire, rentrons, sous les auspices du génie, dans la voie honorable où le beau sert d'immortelle parure à la vérité.

CHAPITRE XIV.

RÉSUMÉ ET COMPLÉMENT DE LA PREMIÈRE PARTIE.

Revue des preuves générales du symbolisme antique.

Avant de clore cette première partie, il ne sera pas inutile de résumer l'ensemble des considérations qu'elle développe. Nous l'avons vu : partout et toujours l'homme a cherché des images et des signes pour représenter les idées morales ou pour restreindre, à l'occasion, les formes des choses naturelles sans en diminuer l'expression. Ce moyen extérieur est un besoin né des entraves posées par le Créateur entre notre intelligence nécessairement bornée et les aspirations qui nous entraînent invinciblement vers l'infini ; c'est un supplément indispensable au langage insuffisant de toutes les civilisations humaines. Pour établir cette vérité d'une manière claire et incontestable, nous avons voulu interroger les témoins placés devant nous par tous les siècles, depuis le premier jour du monde. Ces monuments élevés à grands frais dans les cités fécondes ou dans les plaines arides du désert ; ces masses de granit ou de marbre dont les surfaces gravées conservent encore, au milieu de leur splendeur antique ou de leurs ruines imposantes, les impérissables caractères d'une théologie plus ou moins divine ; ces écrits non moins précieux parvenus jusqu'à nous à travers les aventureuses transformations d'une matière plus ou moins docile ; ces mystères si longtemps endormis sur la brique ou le papyrus auxquels les avaient confiés de doctes mains, ces œuvres qui revécurent aussi brillantes et plus admirées que d'abord sur le parchemin de nos monastères, et enfin prodiguées à l'infini, depuis le quinzième siècle, au papier de nos imprimeries; les traditions et les chefs-d'œuvre morcelés des arts du monde hellénique ou latin, restes dénaturés, mais encore éloquents, des vieilles écoles d'Athènes, de Rome ou de l'Étrurie; enfin l'histoire elle-même résumant ces grands faits de la vie intime des peuples et nous montrant toutes les races s'appropriant le même moyen pour atteindre au même résultat : voilà d'irrécusables témoins déposant avec une profusion de preuves assez rares dans les affaires ordinaires, avec une impartialité que nous avons offert de contrôler par des renvois et des citations dont chacun pourra vérifier l'exactitude.

Et cependant qui pourrait épuiser cette matière ? Ici, comme dans la suite de notre marche, il a fallu et il faudra se borner. Nous n'avons pu faire qu'un choix parmi les éléments qui s'offraient à nous. Mais n'est-ce pas assez d'avoir amené devant nos lecteurs Diogène Laërce et Apollodore, Porphyre, Artémidore et Manethon, Pline, Cicéron et Plutarque; Eusèbe, S. Clément d'Alexandrie et tous les Pères de l'Église, organes isolés, quoique assez nombreux, de tant d'autres, dont les doctrines esthétiques formeront bientôt un autre cortége plus vénérable encore aux leçons du symbolisme chrétien ? Car cette surabondance deviendra nécessairement plus remarquable dans cette phase de notre œuvre que nous allons aborder. Plus variée aussi et plus intéressante, parce qu'elle touchera de plus près aux affections dont le christianisme jette l'ineffaçable empreinte aux cœurs qui se trouvent heureux de l'aimer, elle exposera à plusieurs, peut-être elle révélera à quelques esprits prévenus de grands principes enveloppés sous ces voiles trop peu soulevés de la science nouvelle. C'était, nous l'avons dit, pour amener l'intelligence au plus intime de ce sanctuaire que nous l'avons arrêtée aux abords et comme dans le vestibule où des préludes lointains, qui n'étaient pas

Relations entre lui et la religion chrétienne.

encore de l'harmonie, annonçaient toutefois, à mesure qu'on s'avançait dans l'édifice, ce qu'on y goûterait bientôt de pures et mélodieuses beautés. Ce seront, bien entendu, moins nos propres accents que ceux de la Foi catholique. A Dieu ne plaise que nous nous mettions à sa place! Nous ne sommes qu'un faible écho dans ce concert. A elle seule les notes graves et douces qui tour à tour découleront de sa céleste poésie et de ses ravissantes inspirations.

Gardons-nous donc bien de le méconnaître. Comme, dans l'économie générale du christianisme, les faits merveilleux, la morale surnaturelle et les prescriptions légales de l'ancienne Loi n'étaient, selon la pensée du savant évêque de Césarée, qu'une préparation à la loi plus parfaite de l'Évangile (1), ainsi les tendances de l'humanité à rendre ses croyances, d'abord si pures et bientôt souillées, par des signes sensibles, la dirigeaient doucement vers ces autres croyances apportées par le Fils de Dieu, prédites si longtemps avant son Incarnation, et dont les antiques traditions religieuses n'étaient que des ombres et des figures. Le temps des mystères devait se trouver surtout sous le règne de l'Église, et c'était pour ménager une plus facile transition de l'ancienne Foi à la nouvelle que la Providence avait attaché au cœur humain cet incompréhensible amour des choses cachées qui se révèle dans son penchant par tout ce qui est symbolique et mystérieux. C'est pourquoi notre vie mortelle n'a cessé de s'éclairer d'une science si pleine de charme aujourd'hui, et qui ne cessera pas de s'associer aux dispositions actuelles de la vie sociale; de sorte que notre goût pour les symboles et les images visibles des choses spirituelles deviendra aussi quelque jour pour nos propres neveux une partie de notre histoire intellectuelle.

Transformation des éléments primitifs en éléments chrétiens.

Tel l'homme fut, en effet, tel il sera en tout ce qui tient à sa constitution morale. Par cela même qu'il parle néces-

(1) Voir le livre d'Eusèbe, *De la Préparation évangélique*.

sairement et qu'il écrit, l'éloquence, le chant, les inflexions de la voix, les variations calculées ou non du geste, les langues et leurs expressions multipliées à l'infini, refléteront en mille images diverses la vivacité de la pensée et les innombrables caprices de l'imagination. La plume, le burin, le pinceau se plairont à écrire, à graver, à colorer sous des emblèmes toujours nouveaux ce qu'aura élaboré la pensée, ce que le langage voudra exprimer. Émule de la science et justement jaloux des moyens pourtant si simples, mais si rapides et si positifs, que la science a su se faire, l'art, infiniment plus riche qu'elle, ne cessera pas de plier à ses inconstantes fantaisies tout ce qui peut recevoir le sceau de ses toutes-puissantes influences. Ce ne seront plus, sans doute, les fables mortes et oubliées de l'Égypte et de l'Inde, de la Grèce et du Latium. L'écriture hiéroglyphique ne s'élancera pas des plaines de Memphis ou des gorges du Sinaï pour renouveler aux peuples modernes les admonitions à peine lisibles encore des hiérophantes et des Pharaons ; nous ne verrons plus des monstruosités, bizarres en apparence, quoique très-significatives par le fait, décorer des temples aux proportions colossales, aux formes barbares, et pourtant grandioses, comme à Mavalipouram, à Chalembron et à Bamyian. La civilisation européenne, qui s'avance plus que jamais vers les immobiles contrées de l'Asie, et qui dans l'Afrique, où déjà elle règne, aura d'autant plus tôt modifié le mouvement des traditions vieillies, imposera, avec ses idées chrétiennes, à ces peuples pacifiquement conquis d'autres formes pour leurs arts, et à leurs sciences des progrès qui les forceront d'y adapter de nouvelles et plus éloquentes images. C'est à ce point de jonction que le monde d'autrefois s'unira au monde d'aujourd'hui ; c'est sur cette terre formée des vieilles alluvions amoncelées par les âges que l'idée moderne plantera l'arbre nourricier de la foi chrétienne et sèmera les moissons d'un spiritualisme plus élevé. Déjà, nous avons pu l'observer, le symbolisme se montre plus pur, plus saint, plus digne de l'homme moral, plus dégagé de toute idée hostile à la délicatesse d'un goût éclairé par les bonnes mœurs, lorsqu'il préfère les données consacrées jadis dans nos Livres saints. Combien cette remarque sera-t-elle plus applicable à celui qui va naître pour nous des dogmes et de la liturgie catholiques s'exprimant par les arts qu'ils ont inspirés !

Mais, avant d'arriver à cette seconde phase de notre travail, il est bon de nous remémorer les principes généraux posés jusqu'ici, et dont nous retrouverons l'usage adopté chez les nations modernes ; car leur symbolisme, en beaucoup de choses, tient de fort près à celui des anciens, et les mêmes règles y conduisent souvent aux mêmes conséquences.

Nouvelle preuve de l'influence du sentiment religieux sur l'art païen.

Si éloigné, en effet, que soit le polythéisme antique des notions absolues du monothéisme juif ou chrétien, il existe nécessairement entre ces deux extrêmes un point de contact qui tient au principe religieux, à l'idée d'un Dieu compris avec plus ou moins de justesse. En ce qui s'y rapporte, aussi bien qu'à l'esprit des ténèbres, représenté dans les systèmes païens par le mauvais principe ou génie du mal, on trouve souvent des contrastes inexplicables à quiconque n'est pas initié à ces vieilles théogonies, créées après la dispersion des familles primitives; mais en étudiant, sous ses formes variées, le développement de ces premières hérésies, on comprend pourquoi les dieux de la Grèce, police et civilisée, pourquoi ses temples, élevés par des architectes en qui l'idéal du beau était celui des dieux mêmes, furent le type des plus hautes pensées et l'expression de la civilisation la plus pure, tandis que l'Orient ne donnait à ses pagodes gigantesques, à ses idoles horribles que des dehors, d'où naissait pour toute religion un sentiment de contrainte et de terreur. C'étaient là les symboles tout différents de la liberté sagement comprise et du despotisme sauvage et brutal.

Caractère diffé-

Eh bien ! c'est à ce même langage qu'on reconnaît dans l'art

RÉSUMÉ ET COMPLÉMENT DE LA PREMIÈRE PARTIE. 355

moderne l'Être divin qui règne sur le monde par son amour de Créateur et de Père, et l'Être avili et déchu qui n'aspire qu'à entraîner ce monde dans son éternelle damnation. Voyez dans nos temples chrétiens comme se rangent symétriquement, sous les corniches de leur vaste pourtour, de petites figurines au sourire épanoui, à l'œil gracieux, aux poses faciles, et toutes s'accompagnant de quelque attribut de leurs glorieuses et pacifiques fonctions : une lyre, une fleur, une couronne chargent leurs mains ; tout respire en elles une idée céleste, une joie qui a quelque chose de divin; mais à côté, et souvent intercalées dans les rangs de ces heureuses phalanges, que font ces détestables images aux traits féroces ou stupides, au sourire sardonique et forcé, aux cheveux hérisés ou mêlés de flammes, dont le regard lance la haine, dont la bouche vomit le blasphème et la menace à travers des contorsions affectées et des dents qui semblent chercher une proie ? On ne s'y trompe guère : pour peu qu'on soit initié à ces notions élémentaires du symbolisme qu'on récusait naguère, et que personne aujourd'hui ne veut plus ignorer, on reconnaît, sans trop de méditation et d'étude, ici les élus de Dieu, dans la béatitude de sa gloire ; là, ses ennemis terrassés, dans les interminables étreintes de leur rage et de leur douleur. Ainsi, de tout temps la grâce, la beauté, le calme, la félicité intérieure furent les symboles du bien. Le mal dut réfléchir sa triste image dans la laideur, le remords et le péché (1).

rentiel des deux grandes époques du spiritualisme.

Types extrêmes de la beauté et de la laideur.

(1) Nulle part ce double principe exploité par l'art chrétien dans la sculpture n'est plus sensible qu'à *l'intérieur de la cathédrale de Poitiers*. Nous l'avons exposé, avec une suite complète des idées qu'il faut attacher à chaque modillon, dans l'*Histoire* de ce monument, t. 1, p. 216 et suiv. Quelques critiques de l'époque (1849) nous firent l'honneur d'attribuer nos théories sur ces nombreux sujets et l'ensemble de nos doctrines à cet égard aux rêves d'une *ingénieuse imagination*. Aujourd'hui on ne dédaignerait pas des études sérieuses et *spéciales* ; il en est de ces questions tombées dans le domaine du bon sens public comme de la primoséculiarité des Églises de France, dont personne ne doute plus, si ce n'est quelques savants des hautes positions dans des

*Ce double principe se retrouvera partout. Il dominera de toute sa puissance morale tout sujet où une idée religieuse entrera pour la moindre part. On conçoit comment le christianisme devait se l'approprier lorsqu'il le trouva, en recueillant l'héritage que lui faisait la Providence, au milieu des ruines entassées de tous les cultes qu'il venait remplacer.

Nous n'oublierons pas non plus par quels procédés on a jadis symbolisé les idées abstraites ; ce souvenir nous servira plus d'une fois à interpréter maintes figures employées par le symbolisme du moyen âge et des premiers siècles chrétiens. Nos qualités ou nos défauts, nos vertus ou nos vices figurent le plus souvent dans cette partie de l'art, qui personnalise notre nature morale : de là ce fut une nécessité de pourvoir la langue des signes de certains mots d'une expression rapide, spontanée, et qu'une étude courte et facile mît à la disposition de tout esprit qui voulait lire et deviner : par là le symbole donnait un corps à une chose invisible, la forme exprimant au dehors une idée simple qui ne pouvait être représentée autrement. C'est de la sorte que les mythologies asiatiques rendirent, par l'image d'un œuf, l'idée de la génération universelle ; et que plus tard le paganisme, qui voulait tenir secrètes les impuretés de ses initiations aux mystères, s'efforçait de persuader aux profanes que la même idée apparaissait seule sous l'emblème le plus*

Double principe du bien et du mal se partageant le champ des idées morales.

Procédés à l'égard des idées abstraites passant des anciens aux modernes.

---

thèses où brille de toute sa splendeur le plus bel oubli des éléments de l'histoire ecclésiastique. Voyez plutôt la Réponse de M. Ravenez, de Bordeaux, aux attaques mal inspirées de M. Paulin Paris, de l'Institut, (in-8°, Bordeaux, 1861).— Voir aussi le beau livre de M. l'abbé Cirot de la Ville, *Origines de l'Église de Bordeaux*, in-4°, Bordeaux, 1869.— Il est vrai, et nous le reconnaissons avec empressement, que M. Paulin Paris est passé dans notre camp, que des études récentes et plus sérieuses lui ont fait loyalement rallier. Espérons que les mêmes raisons qui l'ont déterminé à ce retour dans la préface de sa nouvelle édition de l'*Histoire littéraire de la France* seront un exemple d'autant plus efficace, que les Bénédictins auteurs de cet important ouvrage s'étaient jetés eux-mêmes de parti pris dans les synthèses opposées par le jansénisme à toutes les traditions de nos Églises.

expressif de la corruption et des débauches de la chair. De la même source naquirent dans la plastique ces innombrables motifs tirés de tous les ordres des êtres existants, de toutes les parties des sciences humaines, surtout de la zoologie, de la botanique, de l'astronomie, et même des usages les plus communs de la vie domestique et privée. Les monuments de tout genre, depuis les pyramides jusqu'aux médailles du plus petit module, nous gardent par ce moyen des phrases entières réduites à un ou deux signes : indications d'autant plus précieuses pour l'histoire qu'elle n'en a pas d'autres, et qui parfois deviennent des preuves incontestables à l'appui d'opinions scientifiques enfin démontrées après de longues contestations. Le palmier qui étale ses branches sur une monnaie, le cheval lancé à la course, le poisson qui nage, l'étoile qui rayonne, un vase, une femme, un instrument de musique, de labourage ou de métier, en ont dit souvent beaucoup plus que des inscriptions dont on chercherait en vain la première lettre.

Tous ces moyens d'investigation s'offriront encore à nos études et ouvriront devant nous le vaste livre de l'enseignement religieux, soit dans les manuscrits patiemment élaborés par les moines de Fleury-sur-Loire ou de Cluny, soit aux façades et aux nefs qu'élevaient les mains non moins habiles d'autres familles monastiques; et nous reconnaitrons que ces idées, avec les dessins ou les sculptures qui les ont matérialisées pour le regard et l'intelligence, nous sont venues par une filiation suivie des temps les plus reculés où les Patriarches indiquaient les lieux, les animaux et les hommes par des noms *vrais*, qui répercutaient leur nature et leurs instincts, où l'Égypte savante appelait aux bords de son fleuve sacré les traditions déjà lointaines qui se résumaient dans son Ammon et son Osiris.

De même, dans un ordre d'idées moins élevé, et en ne nous attachant qu'à l'emploi des choses symboliques dans la vie purement matérielle de l'homme civilisé, nous avons

<small>Ces derniers popularisant le symbolisme dans les moindres expressions de la vie sociale.</small>

pu comparer les nations antérieures à l'ère nouvelle avec celles qui ont vécu depuis l'apparition du christianisme, avec nous-mêmes; et nos arts, nos sciences, notre littérature, nos prières et nos plaisirs se présentent à l'œil de l'observateur tout marqués de ce caractère d'imitation qui nous fait emprunter la même langue emblématique, afin de subvenir à l'insuffisance de notre langue naturelle. Indépendamment des œuvres d'art religieux qui, chaque année, sortent de nos ateliers pour figurer aux expositions nationales dont l'Europe s'émerveille, on voit le meuble le plus modeste, les plus minces objets revêtir quelque trait qui témoigne d'un goût prononcé pour l'allégorie, et, partant, d'une intelligence plus généralement répandue de cette esthétique populaire.

Nouveaux développements de la règle des oppositions. C'est peut-être une des plus singulières exigences du symbolisme, mais certainement aussi des mieux fondées, que cette règle des oppositions et des contrastes que nous avons exposée en parlant des nombres et des couleurs. Ne paraît-on pas s'abandonner à l'arbitraire d'interprétations peu autorisées, quand on veut au même nombre, à la même couleur, pris comme symboles, faire signifier tour à tour des choses ou des idées entièrement disparates, souvent même profondément séparées par leur nature ou par l'action qu'elles doivent exercer? Mais cette objection, si raisonnable au premier abord, ne tient pas longtemps devant une analyse attentive du principe. On voit bien que cette prétendue anomalie s'appuie sur les différences essentielles qu'il faut souvent admettre dans le même objet, eu égard à de certaines circonstances qui le modifient. Les mêmes passions, bonnes en elles-mêmes, ne renferment-elles pas le germe de tous les excès? La négation d'une qualité constitutive n'est-elle pas souvent l'affirmation d'une autre? Ce qui s'est vu ainsi, dans les théories païennes, professé, appliqué hautement, et toujours avec certaine mesure qui interdisait toute confusion possible, revivra encore dans l'art catholique de manière à y multiplier, à l'avantage de l'enseignement, les ressources d'un même objet. Une fleur, un animal y figureront dans un rôle plus ou moins honorable, selon que leur présence se rapportera à quelque souvenir connu d'un trait biblique, d'une légende, ou de leur propre naturel. Le chien est fidèle, mais il est hargneux, gourmand, incommode; son impudeur ne respecte aucune convenance : c'est pourquoi le Sauveur déclare qu'on ne lui donnera point le pain de la famille; c'est pourquoi aussi, par un contraste qui rentre bien dans sa qualité la plus vantée, la mère de S. François d'Assises sera avertie en songe des grandes destinées de son Fils par un chien docile portant le flambeau de la charité. Les roses de Saron et de Jéricho sont célébrées dans l'Écriture pour la suavité de leur odeur, parfum des vertus mystiques de la Vierge Mère ; ce n'est pas au même titre sans doute que le paganisme a consacré la même fleur aux couronnes de Cyprine et aux fêtes de la Volupté ; mais comment s'y tromper, quand on voit ces emblèmes, et tant d'autres à double et triple signification, attachés à des personnes ou à des choses dont le nom ou la vue excluent nécessairement la possibilité d'une erreur ?

En remontant aux plus anciennes notions de l'architecture hiératique, et recherchant sa marche progressive depuis son berceau jusqu'à l'époque de ses plus magnifiques développements, le symbolisme monumental, proprement dit, ne s'applique guère à l'ensemble de l'édifice sacré chez les peuples séparés du vrai Dieu. Ceux-ci n'expriment pas une idée fondamentale par une forme choisie et préférée donnée à la demeure de leurs dieux. On conçoit la raison de cette absence d'un symbolisme général dans une religion dont les divinités, sans cesse multipliées au caprice des événements et de la volonté humaine, auraient vu tenter inutilement de diversifier à l'infini les plans de leurs basiliques. Si de rares exceptions furent faites à ce

Différence entre le symbolisme de l'architecture antique et celui de la nôtre.

Il est presque nul dans la première quant à la forme des monuments.

système uniforme, elles se trouvent réduites à un très-petit nombre, dans les temples hypèthres par exemple, dans l'orientation au levant ou au couchant, qu'une raison applicable partout et toujours ne permit pas de décliner, ou enfin dans la forme ronde donnée aux temples de Cybèle, de Cérès ou de Vesta par allusion à la forme du globe terrestre. Un emplacement plus spécial, choisi de préférence selon le caractère du dieu, puis l'ornementation des peintres et des sculpteurs, dédommagèrent un peu de cette stérilité forcée; mais le décor fut surtout le camp retranché du symbolisme idolâtrique, et, pour bien comprendre les dessins ou les descriptions qui nous sont parvenues des grandes constructions religieuses de l'antiquité, il faut avoir la clé de ces détails, dont beaucoup passeraient inaperçus, si l'on ne savait, par la connaissance de l'archéologie, qu'il n'en faut dédaigner aucun.

Le temple de Salomon fait exception à cette remarque.

Il en fut bien autrement du temple élevé par Salomon au vrai Dieu dans la capitale du monothéisme. Outre sa magnificence, qui, en sept ans, l'avait placé de beaucoup au-dessus du temple d'Éphèse, une des merveilles du monde, et dont la construction dura plus de deux cents ans (1), quoiqu'il ressemblât aussi, sous beaucoup de rapports, aux temples païens des nations voisines, on le voit cependant ouvert aux quatre points cardinaux, comme pour inviter à l'adoration du seul vrai Dieu les peuples de toutes les contrées du monde. Ses dimensions sont mystérieusement calculées de manière que les Pères et les interprètes y découvrent une figure des trois vertus théologales; car,

(1) Il est probable que ce long intervalle entre les fondations et le couronnement de l'édifice en suppose beaucoup d'autres créés par des circonstances que l'histoire n'a pu toujours mentionner. Nous avons, dans l'histoire de nos plus vastes églises, des interruptions amenées forcément par les guerres, les pénuries d'argent et autres raisons semblables. La cathédrale de Poitiers, par exemple, commencée en 1162, ne fut *consacrée* qu'en 1378, et la façade resta encore inachevée jusqu'en 1870.

d'après S. Ambroise, les soixante coudées de long se rapportent à la Foi, qui nous soutient dans la longue et pénible marche de cet exil terrestre; les vingt coudées de large indiquent la Charité, qui renferme dans ses saintes affections toutes sortes de personnes, et les trente coudées de haut désignent l'Espérance, qui nous élève toujours vers le bien du ciel (1). La beauté des pierres, taillées avec soin et d'égales mesures, témoignait de l'importance des âmes, pierres vivantes destinées à la construction mystique de l'Église éternelle, comme l'ont remarqué, après S. Augustin, d'autres interprètes, tels que S. Grégoire le Grand, S. Paulin de Nole et S. Bernard (2). Le soin que prit le sage prince d'éviter à l'enceinte sacrée, pendant qu'on en cimentait les matériaux, jusqu'au moindre bruit des marteaux et de la scie, a paru à un savant théologien de ces derniers temps une image de ce repos éternel où l'âme chrétienne arrivera après le tumulte et les préparations de la vie présente (3). Enfin, ces murs déjà si admirables par le fini de leur travail furent intérieurement revêtus de lambris de cèdre, puis de lames d'or : profusion qui n'était pas non plus sans mystère, au jugement de S. Ambroise et de plusieurs autres. C'était, dit ce Père, une image sensible de l'incorruptibilité du cœur chrétien, dont la pureté fait la plus belle parure, dont

---

(1) « Per longitudinem fides, per latitudinem caritas, per altitudinem spes figuratur. » (S. Ambr., *In Apocalypsim*, cap. VI.)

(2) « Ad domus cœlestis ædificationem electorum animæ quasi quidam expoliti lapides deferuntur. Hic enim foris tundimur; hic omnia tunsionum resonant ferramenta. In domo autem Dei, in æterna patria omnis jam percussionum strepitus conticescit. » (S. Greg. *Moral.* lib. XXXIV, cap. x.) — « Ut lapides in fabricam templi cœlestis aptemur, oremus Altissimum eam pacem ædificationis nostræ, ut malleus et securis non audiatur in ea. » (S. Paulini *Epistola* XII.) — « Quod hic factum corporaliter videmus in parietibus, spiritualiter fiat in mentibus. » (S. Aug. *Serm.* 336 *in dedicat. Ecclesiæ*, n° 6.) — « In nobis proinde spiritualiter impleri necesse est, quæ in parietibus visibiliter præcesserunt. » (S. Bern., *In dedicat. Eccles. serm.* I, n° 1.)

(3) Estius, in lib. III *Regum*, cap. VI.

362   HISTOIRE DU SYMBOLISME.

toute la richesse est dans la vertu, comme son ignominie est dans le mal (1).

Le temple chrétien symbolique dans son ensemble.

Nous verrons ces mêmes autorités développer les mêmes idées à l'égard de nos églises, dont la dédicace est si imposante par le nombre et la majesté de ces cérémonies. Comme c'était dans les temples chrétiens que devaient se réaliser tous les mystères de l'ancienne Loi par le sacrifice prédit de l'Agneau sans tache, toutes les doctrines théologiques, tous les enseignements dogmatiques et moraux durent se symboliser dans l'ensemble de l'édifice et jusque dans ses moindres parties. Depuis le coq et la croix de fer qui s'élevèrent au-dessus de ses faîtes et de ses tours aériennes jusqu'aux sombres profondeurs de la crypte où reposèrent les saintes reliques des confesseurs et des martyrs, tout parla du Dieu immolé, du vice à fuir, des vertus à pratiquer, du jugement et de la mort, du ciel et de l'enfer, des travaux de l'homme et de son éternelle couronne; de sorte que l'édifice chrétien, considéré dans sa masse et dans son ornementation, est la source la plus féconde du symbolisme nouveau; mais il importait à notre sujet de le constater. C'était ce même symbolisme qui vivait déjà chez les anciens par une espèce d'anticipation prophétique, et ce que nous verrons si fortement ancré dans les mœurs chrétiennes du moyen âge comme de l'Église primitive avait son germe, ou plutôt ses précédents déjà chrétiens, dans les habitudes des premiers âges de l'univers. Quoi de plus propre à faire considérer cette propension générale comme une loi de la Providence? C'est la règle infaillible des traditions les plus vénérables donnée par un saint et adoptée par l'Évangile, où l'on ne croit que ce qui a été cru toujours, partout et de tout le monde (2). — C'est celle que son bon sens philoso-

Alliance secrète et providentielle du symbolisme des anciens et de celui du christianisme.

---

(1) « Aurum justitia; iniquitas lutum est. » (S. Ambros., *In psalm.* XXXIII.)
(2) « Quod ubique, quod semper, quod ab omnibus. » (S. Vincent. Lirinens. *Commonitorium.*)

phique dictait au maître de l'éloquence romaine quand il voulait que le consentement unanime des peuples sur un point de morale fût regardé comme une loi de la nature (1).

C'était donc pour arriver à la démonstration du symbolisme chrétien et en faire comprendre la loi théologique, providentielle, que nous avons arrêté d'abord notre marche au milieu de ces ruines antiques, triste pêle-mêle de beautés mutilées, que le voyageur contemple avec un étonnement mêlé de regret, mais dans lesquelles il voit avec un secret plaisir la semence féconde des merveilles de l'art moderne dont il cherche l'histoire en étudiant ses progrès. Arrivés à la fin de cette excursion, dont les sites variés nous ont retenu loin de notre but principal, afin de nous y guider mieux par des traits d'une lumière si sûre, nous prévoyons que le même besoin d'enseignement aura dû faire adopter à la religion du Christ l'un des plus puissants moyens qu'eussent maniés avant elle les rites divers qui s'étaient successivement partagé la conscience des races humaines. Ce qui nous reste à dire est donc une simple et nécessaire conclusion de ce que nous avons dit. Mais une doctrine plus vaste, plus riche en résultats pour l'esprit et le cœur, va nous développer de bien plus hautes théories. A cet effet, le catholicisme s'est fait une langue dont la sublime poésie se revêt d'une adorable naïveté que tous ne comprennent pas, mais qu'il faut essayer cependant de démontrer à tous, comme une des marques les plus admirables de la tendresse de la religion pour les âmes. Afin d'attirer les grandes intelligences, elle s'applique à perfectionner les beaux-arts; elle les assouplit au joug de la science théologique, et les fait servir d'enveloppe aux conceptions les plus hautes; et, par cette même industrie, elle n'aspire pas moins à s'attacher les esprits plus simples, qui ont besoin aussi de la nourriture intérieure,

But multiple de l'Eglise dans l'adoption et l'emploi de ses symboles.

---

(1) « Consensus omnium populorum lex naturæ habeatur. » (Ciceron. *Quæstionum Tusculan.*)

et, pour eux, elle procède dans ces mêmes arts par les images, les figures et les comparaisons. Ne jugeons pas du résultat de ce zèle par le succès mille fois trop restreint qu'il a sous nos yeux ; nous vivons à une époque encore palpitante des émotions révolutionnaires ; la génération présente a été fascinée des misérables enchantements du mal au milieu de préoccupations matérielles. Il faut se résigner à la voir encore, jusqu'à ce qu'une autre lui succède, mépriser ce qu'elle ignore, et peut-être blasphémer ce qu'elle n'a pas compris. Mais cette autre s'avance à grands pas ; c'est sur elle que compte l'Église, destinée à reconquérir sa place dans les cœurs ; c'est en elle qu'espère la société moderne, aspirant à une renaissance qui, cette fois, ne sera ni l'avilissement de la foi ni l'abâtardissement de ses inspirations artistiques.

Rôle nouveau fait au symbolisme dans l'art contemporain.

Ceux qui ont observé la marche des esprits depuis le commencement de ce siècle ont assisté à une œuvre qui, pour lente qu'elle semble à l'impatience humaine, n'en va pas moins sûrement au but indiqué par le Maître de toutes choses. La régénération des idées s'est opérée, après les tourmentes civiles qui avaient tout confondu dans le mépris des plus saints devoirs ; elle s'est faite d'abord par la parole évangélique, soit annoncée par l'éloquence de la chaire, où de grands succès se sont fait admirer, soit par la polémique d'éminents écrivains dont les livres resteront comme autant de preuves de leur mission providentielle. Aujourd'hui et depuis ces fameux événements de 1830 et de 1848, qui paraissaient menacer l'Église d'une persécution politique plus ou moins redoutable, en dépit même des énergiques efforts opposés par l'hypocrisie politique à cette l'Église, qui ne peut mourir, c'est par les arts que se réveille le catholicisme dans les cœurs ; et si l'éloquence, sous toutes ses formes, ne lui manque pas plus qu'autrefois, Dieu y ajoute, comme un surcroît, toujours capable de captiver la foule en la flattant, le respect des choses du moyen âge, l'attention sérieuse à l'étudier, l'amour de cette couronne d'œuvres charmantes dont tous les fleurons étalent autant de pensées religieuses, et dont l'aimable commerce forme un lien nouveau entre les âmes élevées et Dieu, qui se sert ainsi merveilleusement des choses visibles et naturelles pour ramener à son Verbe et à son Esprit.

Cet artifice divin a dominé les âges mêmes qu'envahirent les ténèbres du paganisme. La beauté extérieure presque partout, et, chez les peuples assez déchus pour la méconnaître et lui préférer des types affreux, le soin matériel d'un grandiose de convention, ont maintenu dans le cœur de l'homme ce sentiment de l'existence du Très-Haut. Sans l'art et ses impressions salutaires, le monde, apostat de la vérité éternelle, fût devenu athée; l'art, apostasiant avec lui, fabriqua ses idoles; cette profanation enfanta le paganisme, qui ne pouvait manquer d'avoir les plus détestables conséquences. Mais que n'eût pas été l'athéisme, au point de vue social? que seraient devenus des peuples en qui se fût éteinte toute croyance à un Être suprême, à l'immortalité de l'âme, au sentiment du crime et de la vertu? Ces trois points furent sauvés du grand naufrage de l'esprit humain : il n'y eut ni athéisme, ni matérialisme formel, ni oubli total d'une sanction surnaturelle aux saintes règles de la conscience; il y eut donc un culte. Publiques et solennelles, ou privées et restreintes aux étroites limites du foyer domestique, ses manifestations invoquèrent le secours de l'art. Celui-ci parla son langage expressif, fit éclore la poésie, l'architecture, la musique, la statuaire, la peinture, et, tout en fomentant ces erreurs fondamentales qu'avaient créées l'astronomie et la physique livrées aux vaporeuses imaginations des sages de la terre, il conserva dans le sanctuaire de la conscience l'image mutilée du Dieu véritable, qui l'avait faite d'après lui. C'était là sa première mission, et, tout en restant au service de la grande hérésie de la gentilité, il s'acheminait pas à pas vers les temps où

Que l'art a sauvé le monde de l'athéisme.

toute chair devait contempler le Sauveur promis, où tout devait se renouveler dans le Christ.

Il se purifie dans l'esthétique chrétienne.

Quand cette heure bénie fut sonnée, un nouvel essor fut donné à la raison. Enchaînée à la Foi, abjurant sa propre idolâtrie, cette raison orgueilleuse, qui avait tenu depuis si longtemps le premier rang dans les méditations de la sagesse humaine, et qui pourtant s'était égarée si loin de la vérité, comprit que, si Dieu lui avait fait une lumière capable de la mener à la connaissance des vérités nouvelles, ces vérités, une fois acquises, devaient la guider à leur tour et subordonner à leurs seules inspirations les élans qui l'entraînaient dans les voies élargies de l'art absous et régénéré. Ce fut le point de départ d'où l'esthétique chrétienne s'avança pour subjuguer le monde des âmes. La tâche lui fut aisée, car le rayon sacré dont tout esprit fut alors subitement ébloui devait soumettre l'humanité à un conqué-

Caractère de son action sur la pensée humaine.

rant qui la forçait d'admirer sa victoire. Combien l'honnêteté publique, la sainte pudeur de la vie intime, et tant de vertus retrouvées enfin sous l'égide du christianisme, durent s'applaudir de s'y voir revêtues de ce beau idéal, antique ornement dont le souvenir remontait jusqu'à l'apparition des anges et à la charité hospitalière des Patriarches! Alors une ère nouvelle fut faite à l'art. Plus il s'était abaissé sur la terre, où il avait rampé avec les passions désordonnées, plus il s'éleva vers le ciel pour en faire descendre, avec la suavité des mœurs sanctifiées, des formes plus chastes et de plus sérieuses leçons. Alors ce n'est plus la matière qui règne, forcément parée d'un symbole plus ou moins grossier, c'est le spiritualisme appelant à lui la matière pour l'assouplir à ses exigences irrésistibles; ce ne sont plus des principes versatiles, modifiés selon les caprices d'écoles opposées, se disputant sur les cosmogonies, et remontant, à l'aide d'histoires suspectes, jusqu'à d'équivoques héros pour trouver en eux la souche de généalogies aussi fabuleuses qu'illustres. C'est un dogme unique, avec un enseignement précis qui en démontre la source éternelle et les conséquences souverainement morales, en impose la foi absolue et inattaquable, et prétend à lui seul gouverner la pensée et maîtriser les cœurs. A la place de Jupiter, c'est Jésus, c'est le catholicisme imposant silence aux maîtres d'Élée et de Sunium.

Dupuis avait donné pour frontispice à sa vaine et pénible élucubration *De l'Origine des cultes* une planche par laquelle il prétendait exposer l'ensemble de son système et ranger, d'après sa méthode, les diverses religions dont il examinait la valeur. Il ajoute à ce mérite celui d'une explication qui lui procure le plaisir de placer au nombre des fables astrologiques et les mystères de l'Agneau, *dont personne*, dit-il, *n'avait encore trouvé la clef*, et *la Mère du Christ, qui fut successivement*, selon lui, *Isis, Érigone, Cérès* et quelques autres encore. C'est comme résumé de son livre que l'excentrique rêveur assigne à son premier volume cette carte générale qu'il dessine, encore tout essoufflé de sa course, et dans laquelle il s'efforce d'établir un ordre chronologique entre les croyances qui se partagèrent l'estime du monde religieux. Ces doctes absurdités, ces impiétés sans conviction directement adressées au christianisme ne doivent plus être réfutées. A Dieu ne plaise donc que, en regard de ses idées sur le chandelier à sept branches, posé par Moïse dans le tabernacle, et que l'illustre symboliste prend pour *l'emblème des sept planètes*, nous mettions l'explication un peu mieux fondée qu'en donnent les Pères de l'Église (1). Nous lui passerons la docte fantaisie de voir dans les animaux sacrés d'Ézéchiel et de S. Jean quatre de ses signes chéris du zodiaque : peut-être réussirons-nous bientôt à donner un sens plus acceptable à ces images calomniées. Jusque-là, nous nous permettrons de lui emprunter ce dessin et d'en faire à notre profit un autre usage. Voyez comme tout y représente

Système symbolique de Dupuis; une de ses allégories polythéistes expliquée en faveur de la loi chrétienne qu'il y veut renverser.

(1) Voir tous les commentateurs sur le livre de l'*Exode*.

bien, sauf quelques minces traits à rectifier, non-seulement la marche progressive de l'esprit humain à la suite des principales erreurs théologiques, mais aussi la distance morale qui sépare les cultes terrestres de celui qui seul nous vient du ciel.

Ainsi donc, au premier plan, abandonnés parmi les ruines de quelque temple des faux dieux de l'Orient, se voient sur deux pierres mutilées le sacrifice du taureau par Mithra, que nous avons décrit ci-dessus (ch. vii), et le serpent sortant de la corbeille de Bacchus, figure de la résurrection du fils de Jupiter et de Sémélé. Presque en même temps, le Taureau, père de la Nature, brise de sa corne l'œuf dont l'univers doit naître : c'est l'époque des mystères orphiques. Puis le culte de Vesta, séparé des dieux égyptiens, que personnifient le bœuf Apis, le fleuve du Nil et le vieux Sérapis entouré d'un serpent; puis l'autel et la statue de Jupiter Ammon aux cornes de bélier et lançant la foudre. Du côté opposé, Aaron, dans son costume emblématique de grand-prêtre, invoque Jéhovah près de l'autel qui soutient le chandelier à sept branches. Le veau d'or est là aussi, rappelant ce moment d'erreur coupable où le peuple de Dieu se fit une idole. Quoique sur un plan élevé, le judaïsme semble néanmoins dans une sorte d'isolement qui rend bien sa position exceptionnelle au milieu des cultes païens. Cependant, au-dessus de tant de folies et de cette religion céleste mais figurative plane le tétramorphe révélé aux prophètes du Dieu vivant, l'aigle et l'ange, le bœuf et le lion, évangélistes du Verbe incarné, de l'Agneau sans tache immolé sur l'autel, qu'ils entourent dans l'extase de leur adoration. Et enfin, comme cet Agneau, aussi bien que ce mystérieux cortége, n'est qu'une figure et une prédiction, au-dessus d'eux encore, et dominant cette vaste scène, apparaît la réalité divine, l'Enfant de Bethléem porté aux bras de la Vierge Mère, astre de justice né de la femme bénie entre toutes. Cette femme est couronnée de douze étoiles, diadème d'une gloire incomparable ; sous ses pieds se tord le reptile vaincu et désespéré. A sa droite éclate le soleil éclairant dans le zodiaque le Bélier et le Taureau, symboles choisis des sacrifices d'Abraham et de Moïse, antiques prophéties de celui du Christ ; à sa gauche, la lune a pris la plénitude de sa forme sphérique, pour marquer l'incorruptible beauté de la Vierge auguste ; et, comme un témoignage de cette immobilité stérile désormais imposée aux vaines superstitions du passé, les pyramides de Memphis, à l'origine problématique, à la destination incertaine (elle l'était alors), semblent flotter presque effacées au milieu de nuageuses vapeurs.

Voici donc qu'après les faussetés de l'idolâtrie et les tâtonnements de la science égarée en des voies qui la conduisent à sa perte, la vérité plane sur le monde et y brille des splendides beautés de sa gloire. Dupuis ne l'avait point prévu ; mais sa philosophie s'est trompée, et, tout en s'efforçant de ravaler nos dogmes au niveau des fables les plus ridicules, il a représenté de fait le triomphe du christianisme sur ces éléments décrépits des plus fragiles opinions. Il a cru ne suivre que l'ordre obligé des faits historiques en indiquant au faîte de son tableau la Femme et l'Enfant, et l'astre du jour, qui parcourt depuis six mille ans les douze demeures zodiacales ; et réellement il a donné au Rédempteur des âmes perdues le seul trône qui lui convienne, les sublimes hauteurs d'où sa divinité épanche son sceptre sur la terre et dissipe, aux reflets de son auréole divine, les fatales obscurités de l'esprit du mal.

Mérite surnaturel du symbolisme catholique ; charme de ses enseignements.

Tel, plus majestueux mille fois que le symbolisme antique, et tendant à des résultats infiniment plus vrais et plus imposants, le symbolisme des Écritures chrétiennes, des Pères et de la Tradition catholique apparaît avec ses charmes poétiques aux intelligences qui y cherchent la grâce des enseignements du Sauveur. Le comprendre, en voir jaillir les lueurs intérieures qui éclairent le chemin de l'âme encore exilée, c'est savourer une des plus douces contemplations du monde spirituel d'ici-bas. Sans doute un tel bien n'est pas accordé à l'esprit sceptique ou irrésolu qui nie la foi ou qui hésite à lui ouvrir son cœur...; mais du moins cette marche simple et méthodique de la doctrine la plus pure, ce zèle maternel qui s'élève et se rapetisse aux besoins des esprits, et leur proportionne tour à tour le lait des faibles ou la nourriture plus substantielle des forts, ne restent pas sans action sur ces réfractaires aveuglés. L'école puséyste d'Oxford en sait que dire; elle a vu plus d'un adepte de l'anglicanisme revenir par cette route à des convictions plus dignes de leur science. Et ne sera-ce pas toujours une des chères consolations de l'Église d'unir, pour les enfants qu'elle adopte, les plus nobles jouissances de la pensée aux saintes richesses de ses immuables vérités?

FIN DU TOME PREMIER.

OUVRAGES DE M. LE CHANOINE AUBER.

Histoire de la Cathédrale de Poitiers.—2 volumes gros in-8°, ornés de 30 planches. — Poitiers, 1848-1849. — Couronné par l'Institut. . . . . **15 fr.**

Recherches historiques sur l'ancienne seigneurie de la Roche-sur-Yon, nommée ensuite Bourbon-Vendée, et aujourd'hui Napoléon-Vendée.— Volume in-8°. — Poitiers, 1849. . . . **3 fr. 50**

Recherches historiques et archéologiques sur l'église et la paroisse de Saint-Pierre-des-Églises, près Chauvigny-sur-Vienne.— 1 volume in-8°, planche. — Paris, Didron, 1852. — Couronné par l'Institut. . . . . **3 fr. 50**

Mélanges d'archéologie, d'histoire et de littérature. — 3 volumes in-8°. — Extraits des journaux et recueils scientifiques auxquels l'auteur a coopéré, tels que les Mémoires de plusieurs Sociétés savantes, le *Bulletin monumental*; celui du *Comité des Arts et Monuments*; la *Revue de l'art chrétien*; l'*Art en province*, et autres. — Épuisé. . . . . **30 fr.**

Biographie de Jacques de Hillerin, poitevin et conseiller-clerc au Parlement de Paris.—In-8°.—Poitiers, 1850. . . . . . **2 fr.**

Biographie de M. Guerry - Champneuf, avocat du barreau de Poitiers. — In-8°. — Poitiers, 1852. . . . . **1 fr.**

Biographie de Girouard, sculpteur poitevin. — In-8°. — Poitiers, 1841. . . . . **1 fr. 50**

Recherches sur la vie de Simon de Cramaud, Cardinal, Évêque de Poitiers. — 1 volume in-8°.— Poitiers, 1841, complétées (en 1857) par une relation de la découverte des restes du cardinal dans la cathédrale de Poitiers. — In-8°. — Portrait. . . . . . **4 fr.**

Instruction de la Commission archéologique diocésaine établie à Poitiers, sur la construction, les restaurations, l'entretien et la décoration des églises, adressée par Monseigneur l'Évêque, Président, au clergé de son diocèse. — 1 volume in-8°. — Poitiers, 1851. . . . . 3 fr.

Vies des Saints de l'Église de Poitiers, avec des réflexions et des prières à la suite de chaque Vie. — In-8°. — Poitiers, 1858, avec une table générale analytique et raisonnée, imprimée seulement pour deux cents exemplaires. . . . . 2 fr.

Table générale, analytique et raisonnée du *Bulletin monumental.* — 2 volumes in-8°. — Paris, Derache et Didron, 1846 et 1861. — Ouvrage couronné par la Société française d'archéologie. **12 fr.**

Histoire de S. Martin, abbé de Vertou et de Saint-Jouin-de-Marnes, et de ses fondations en Bretagne, en Vendée et dans les pays adjacents. — 1 volume in-8° de vi-223 pages, avec 3 planches. — Poitiers, 1869. . . . . **3 fr. 50**
— Deuxième édition, in-18 de 300 pages. . . . . . **1 fr. 50**

Notice sur un reliquaire de l'époque romane. — In-8°, planches. — Poitiers, 1845 ; Amiens, 1860. . . . . **1 fr.**

Notice sur un poignard du XVIe siècle, et sur la famille de Blac-Wood. — Poitiers, in-8°, 1843, avec une planche. . . . **1 fr. 50**

Comme quoi la fameuse Mélusine n'est autre chose que Geneviève de Brabant. — In-8°. — Poitiers, 1842. . . . . **1 fr.**

De la Signification du mot *ieuru*, et du sens qui lui revient dans les inscriptions votives du Vieux Poitiers, d'Alise et de Nevers. — Poitiers, in-8°, 1859, avec 2 planches. . . . . **2 fr.**

Essai de Critique littéraire, théologique, politique, historique et grammaticale sur un *volume* de 56 pages in-8°, de M. Poupot, pasteur, ayant pour titre : Lettre à M. l'abbé Auber, en réponse à trois articles sur Calvin insérés dans le *Journal de la Vienne*, etc. — In-8°. — Poitiers, 1842. . . . . **1 fr.**

Adolphe et Mélanie, ou de la Persévérance après la première communion. — 1 volume in-8°. — Paris et Poitiers, 1835, 1841. **1 fr. 50**

Les Trois Vocations, lettres dédiées aux mères chrétiennes. — 1 volume in-12. — Paris, Gaume, 1837. . . . . **2 fr.**

Vingt Examens particuliers sur les principaux exercices de la perfection chrétienne. — 1 volume in-32. — Poitiers, 1837. . **60 c.**

Aventures de Télémaque... Édition classique, réimprimée sur les plus correctes qui ont paru jusqu'à ce jour, à l'usage des collèges, séminaires et pensionnats des deux sexes, avec un discours sur l'usage de ce livre dans les classes; des notes sur l'histoire, la mythologie, la géographie comparée; la distinction, en caractères italiques, des maximes les plus importantes du texte; une table des discours, descriptions, narrations et portraits qui peuvent servir de modèles de compositions françaises, et un résumé, au commencement de chaque livre, des principes moraux qui en découlent. — 1 volume in-12. — Paris et Lyon, 1838, 1844, et plusieurs autres éditions. . . . . **1 fr. 50**

Consolations du Sanctuaire, ou Méditations avant et après la Communion, tirées des Offices de l'Église, de l'Écriture sainte et des SS. Pères, pour les prêtres et les fidèles. — Dédiées à Monseigneur de Beauregard, Évêque d'Orléans. — 2 volumes in-18. — Paris et Lyon, 1839. . . . . **3 fr.**

Un Martyr, ou le Sacerdoce catholique à la Chine, poème en cinq chants, tiré des *Annales des Missions étrangères*. — 1 volume in-12. — Paris et Lyon, 1839. . . . . **2 fr.**

Dissertation sur l'*ascia*. — In-8°. — Poitiers, 1860. . . . . **1 fr.**

Histoire et Théorie du Symbolisme religieux. Ce travail formera 3 volumes in-8°. — Les 2e et 3e volumes sont sous presse. **21 fr.**

TABLE.

PREMIÈRE PARTIE.

DU SYMBOLISME DANS L'ANTIQUITÉ.

CHAPITRE PREMIER.

Introduction.

Merveille de la parole humaine, 1. — Nécessité de l'écriture, 2. — L'une et l'autre supposent d'autres signes indispensables, 2. — Fréquence des images dans toutes les langues, 3, — et dans toute la vie humaine, 3. — But de ce livre : le symbolisme de l'art chrétien, 4. — Définitions du symbole, et différents sens de ce mot, 4. — Ce qu'est le symbole religieux en particulier ; science du symbolisme, 6. — Motif et but de ses enseignements actuels, méconnus du plus grand nombre, 8. — L'auteur a voulu éclairer sur ce point, 9. — Importance de cette étude pour les ecclésiastiques, 9. — Plan général de cet ouvrage, 10. — Démontrer l'universalité du symbolisme, 10. — Il s'applique aux religions antiques, 11. — Aux coutumes et usages des diverses conditions sociales, 11. — Comment le christianisme a dû l'adopter pour l'enseignement de sa doctrine, 11, — comme dans son architecture et ses autres arts plastiques, 12. — D'où vient le long oubli qu'on en a fait, 12. — Notre méthode dans le développement de cette histoire, 13.

CHAPITRE II.

Les langues écrites.

Les signes symboliques essentiellement liés au langage humain, 15. — Formes originelles de l'écriture, 16. — Usage primitif du dessin, 16. — Prompte modification de cette méthode, 17. — Écriture hiéroglyphique des Égyptiens, 17. — Inscriptions juives du Sinaï, 18. — D'autres peuples en font usage, 19. — Combien fut populaire l'emploi de ce moyen, 20.—Le symbolisme succède aux signes purement figuratifs, 21.—Symboles des idées abstraites, 21. — Symbolisation des signes alphabétiques, 22. — Symbolisme de l'écriture chinoise, 23.

CHAPITRE III.

Les langues parlées.

Diverses formes du symbolisme. Il existe jusque dans les mots de chaque langue, 27.— Erreurs de quelques philosophes sur l'origine des langues, 28. — Sentiment de la Bible, seul admissible, 29. — Symbolisme des noms donnés par Adam aux animaux, 32. — Conformité des langues orientales et de la langue hébraïque; le symbolisme naturel à chacune, 35. — Parallèle des langues de l'Europe et de l'Inde, 36. — Les noms propres hébreux, et leur signification figurative, 39. — Application du même principe aux noms des anges, 41. — Ce fait, preuve providentielle de la religion, 43. — Exemple tiré du livre de Tobie, 44. — Les noms géographiques moins sensibles à cette influence chez les Hébreux, 47. — Même symbolisme des noms propres dans la langue grecque, 47. — Autre observation relative à la langue latine, 48. — Cet usage s'est perpétué dans les langues modernes, 49.

CHAPITRE IV.

Les sciences.

Conséquence de ce qui précède dans les symboles scientifiques, 51. — Symbolisme dans les chiffres arithmétiques et algébriques, 51, — et dans les signes géométriques, 52. — Nombres chaldéens, 55. — Dactylologie des anciens venue jusqu'à nous, 55. — Signes astronomiques, 57.— La métallurgie et la chimie, 59.—La musique, 61. — La danse, 71.

CHAPITRE V.

Les hiéroglyphes égyptiens.

La simplicité primitive des hiéroglyphes se complique forcément de signes plus obscurs, 73. — Initiations antiques protégées par ces écritures et justifiées dans leur but primitif, 74.—Les idées mythologiques ont une autre source, 76. — Causes véritables du polythéisme, 76. — La notion des anges confondue avec celle de Dieu, 77. — Les passions favorables à l'idolâtrie, 78. — L'Égypte, berceau des fausses croyances, 79.—Origine de Jupiter, et ses symboles, 79. — La Trinité divine obscurcie dans l'histoire du Jupiter païen, 80.—Traditions bibliques dénaturées sur la chute des anges, 81. — Idée du maître des dieux dans l'art du paganisme, 82. — Les personnages mythologiques sont presque tous des emprunts faits à la Bible, 82. — Singuliers caractères de Mercure, 84. — Le Nil et le Gange, 84. — Histoire et description de la table isiaque, 84. — Dissentiments des savants sur son interprétation, 85. — Opinion plus acceptable de Champollion, 86. — La fable d'Isis et d'Orphée, source commune des fables grecques, 88. — Symbolisme de l'histoire d'Horus, 90. — Horapollon et son livre sur les hiéroglyphes égyptiens, 91. — Idée de la traduction et du commentaire de cet ouvrage par Piérius Valérianus, 92. — Symboles tirés des choses naturelles, 93. — L'éternité, 93. — L'Épervier, 93. — La Corneille, 93. L'Escarbot, 93. — Le Vautour, 94. — Le Cynocéphale, 94. — Le Lion, 95. — Le Phénix, 95. — L'Ane et la Grenouille, 95. — Représentation des idées abstraites ou morales par divers autres animaux, 95.

CHAPITRE VI.

Les nombres.

Origine des nombres, 97. — Leur histoire remonte aux peuples primitifs, 98. — Les anciens attachent une importance réelle à leur signification, 99. — Chiffres et nombres des Hébreux, 100. — L'idée de la Trinité révélée au premier homme implique sa connaissance des nombres, 101; — elle devient le germe de leur symbolisme, 102, — et se répand dans les Livres saints, 102. — Le symbolisme des nombres vient donc de Dieu, 103. — Interprétations dans ce sens de faits bibliques, et leur valeur acceptée de l'Eglise : 104. — Les nombres mystiques dans les sacrifices du peuple de Dieu, 106, — toujours respectables, quoique parfois inexpliqués, 107. — Système des Pythagoriciens : ce qu'il a d'outré ou de raisonnable, 108. — L'unité et le nombre **2**, 112. — Pythagore dépassé par ses disciples ; conséquences forcées d'un principe admissible, 113. — Les nombres **3** et **4**, 114. — L'Arithmomancie, 114. — Symbolisme des nombres chez les Romains, 115. — Numa et le nombre impair, 115. — Varron et Aulu-Gelle, 115. — Horace, 117. — Ausone, 117. — Le nombre **5** ; emprunt que les chrétiens des premiers temps en font au paganisme, 118. — Comment les Pères de l'Église adoptèrent ce moyen d'exégèse, 119. — Leur unanimité sur ce point inspirée par l'exemple du Sauveur, 120. — Tertullien, 120. — S. Jérôme, 121. — S. Hilaire de Poitiers, 121. — S. Augustin, 122. — Son traité *De la Musique*, 123. — Son opinion sur l'importance des nombres, 125. — Il explique les quarante jours du jeûne de Notre-Seigneur, 126. — Le nombre **10**, 126. — Les trente-huit années du Paralytique, 127. — Prédilection de ce Père pour cette méthode d'interprétation, 129. — S. Ambroise, 129. — La Règle de S. Benoît, 131. — Le Droit canonique, 131. — Taion, évêque de Saragosse, et le Pape S. Grégoire le Grand, 131. — Sur la parabole des cinq talents, 132. — Ce même S. Grégoire le Grand, et le nombre **1000**, 132. — Le Septénaire de S. Adhelme, 133. — Le vénérable Bède, 134. — Ce qu'il dit des nombres **7**, **50**, **40** et **3**, 135, — puis des nombres **20**, 135, — et **6**, et **42**, 136. — Hugues de Saint-Victor, 137. — S. Bernard 137. — Le B. Thomas de Kempis, 139. — Bossuet, 140. — L'Église et sa liturgie, 140. — Différence entre ses prescriptions et les observances superstitieuses, 142. — Vaines idées à cet égard condamnées par les Pères, 142. — Récapitulation des idées symboliques sur quelques nombres en particulier, 144. — Nombres **1**, **2** et suivants, jusqu'à **8**, 144. — Conclusion de ce chapitre, 154.

CHAPITRE VII.

Les peuples de l'Orient.

Les croyances du bouddhisme, prises dans la révélation originelle, 156. — Dieu, d'après le Véda, 157. — Cette idée et d'autres semblables, germes de beaucoup d'autres symboles inexpliqués, 158. — Le lotos des Égyptiens, 158. — Personnifications diverses de nature, 160. — Rôle de l'astronomie, 160. — Rapports entre la théologie de l'Inde et celle de l'Égypte, 161.—Spiritualisme symbolique de l'art hindou, 162.— Le temple de Chalembron, 162.— Inductions en faveur du symbolisme du moyen âge, 163.— Les échecs, 164.— Théologie de la Perse, 165. — Preuves de l'idolâtrie des doctrines mithriaques, 166.— Le paganisme, symbole et réalité tout à la fois, 166. — Le culte de Mithra, 167. — Description d'une pierre gravée des mystères mithriaques, 168. — Symbolisme du Coran, 172. — Du Talmud juif, 173. — De la cabale, 175. — Des sectes chrétiennes, 177. — Des peuples septentrionaux, 178. — Les Scandinaves, 180. — Les Celtes et les Calédoniens dans les poésies d'Ossian, 180;— dans la vie guerrière ou sociale, 181.— Résumé et conséquences des notions acquises dans les chapitres précédents et dans celui-ci, 182.

CHAPITRE VIII.

Usages nationaux, anciens et modernes.

Puissance des signes d'après J.-J. Rousseau, 184. — Les Scythes et les Perses, 185. — Le Vieux de la Montagne, 186. — Les énigmes des rois d'Asie, 186. — Le livre de l'Ecclésiastique, 187. — Les songes, 187. — Usage des Juifs, 189. — L'enseignement des docteurs de cette nation conforme à celui des Pères de l'Église, 189.—Tendance des Grecs au symbolisme, 190. — L'Iliade, poème allégorique, 190. — Le bouclier d'Achille, 191.— Le fond du poème est-il emprunté à la Bible? 192. — Faits réellement symboliques, malgré l'obscurité de leur origine, 192. — Puissance des signes chez les Romains, 193. — Le *Monde* de Romulus, 194. — Le supplice des parricides, 195.— Les *mains croisées* de la ville de Langres, 196. — Les signes de deuil des anciens et des modernes, 196.— Le cyprès, 196.— Les inhumations, 197. — Les images et statues ornant les chambres funéraires chez les Romains et en Russie, 197.—La barbe et les cheveux à Athènes, et dans la Chine, 197. — Les esclaves et les ministres jetés dans la tombe des princes chez les Perses, 198. — L'encens et l'eau bénite des chrétiens, 199. — La faux, les sabliers, etc.; inintelligence des artistes modernes, 200. — Symboles encore usités chez les modernes, 201.—Tombeau du chrétien Paul Hu en Chine, 201.—Usages du Congo, 202. — Le mariage chez les nations septentrionales de l'Europe, 202. — Déclaration de guerre chez les Romains, 203. — La paix négociée par l'huile d'olive, et promise par le pain et le sel, 204. — Les flèches d'argent, 204.— La chemise sanglante en Corse, 204. — La fleur de lis de Clovis, 205, — et de Philippe de Valois,

205. — L'habit mi-partie de Pierre de Savoie, 206. — Le sabre d'Ali, 206. — Le symbolisme dans le monde actuel, 206. — Le bureau d'O'Connell, 207. — Le prie-Dieu de Pie IX, 208. — Éloquence de ce langage figuré, 208.— L'épée d'un prince français, 209.— La pensée publique familiarisée avec beaucoup de signes populaires, 210. — Les naufragés de Stène, 210. — La rosière de Salency, 211.

CHAPITRE IX.

Les arts chez les anciens.

Dignité et spiritualisme de l'art, 213.— Le symbolisme en est la vie, 214.— Enchaînement et filiation des arts libéraux, 215.— Symbolisme de la Poésie, 215.— Le cantique de Moïse après le passage de la mer Rouge, 216.— L'Odyssée, 217.— Les *Travaux et les Jours*, d'Hésiode, 218.— Symbolisme de l'Architecture, 218.— L'architecte et son génie, 219.— Spiritualisme de l'art antique dans l'Égypte et l'Asie, 219.— Erreur de Volney à ce sujet, 220. — L'art spiritualisé dans la Grèce, 220, — la Gaule, 221, — et l'Arabie, 222.— Premiers temples : ce qu'ils eurent de symbolique, 222. — La forme de croix donnée aux temples des idoles en Orient, 222. — Symbolisme de la croix dans l'écriture chinoise, 223.— Les ordres dans l'architecture à Rome et en Grèce, 224.— Temples hypèthres, 226.— Autres convenances symboliques dans le choix des lieux consacrés pour des temples, 226.— Les plans généraux des anciens vides de toute théorie normale à l'égard du symbolisme, 227. — Symbolisme de quelques tombeaux, 228.— L'*Escurial* de Madrid et la *Sapience* de Rome, 228. — Temples élevés sur les hauts lieux, 229, — et entourés de bois sacrés, 229.— Orientation des temples, 230.— Exceptions qui confirment cette règle, 231.— Orientation des tombeaux, 231. — Détails d'ornementation sculptée, 232. — Les lions de l'architecture orientale, 234. — Consécrations des temples chez les anciens, 237. — Dédicace du temple de Salomon, 237. — Réconciliation du second temple de Jérusalem par les Macchabées, 238.— Rapports entre ces cérémonies et celles observées par les païens, 239.— Temple de Jupiter au Capitole, 239. — Symbolisme des constructions navales, 240. — Des signaux maritimes, 242.— Symboles maritimes des Chinois, 243. — Conclusions des observations précédentes : le spiritualisme, caractère de l'architecture ancienne, 244. — Différence entre l'architecture, qui est l'idéal de la beauté, et la statuaire, qui est l'idéal de la grâce, 245.

CHAPITRE X.

La statuaire antique.

Origine de la statuaire, 246. — De l'existence des démons et de leur influence sur l'idolâtrie, 247.— Le démon, premier type de la statuaire païenne, 250. — Inconvénient de ce culte pour la morale publique, 252. — Le caractère des peuples anciens se reproduit dans leur statuaire, 254. — L'Égypte, 255. — La Chine, 255. — La Grèce, 255. — Le Jupiter de Phidias, type du beau idéal de la Divinité, 256. — La Minerve du Parthénon, 257. — Idée de la beauté chez les anciens 258. — Le Cube de Mercure, 259. — Infériorité des Romains dans l'art, 259.— Comment ils traitent cependant le symlisme, 261. — Exemple remarquable dans une urne grecque au Capitole, 262.— Le symbolisme appliqué à la numismatique, 263.— Système suivi sur cet objet par les Gaulois, 264. — Quelques particularités du symbolisme de la statuaire grecque et romaine, 268.

CHAPITRE XI.

La peinture.

La peinture plus populaire que la sculpture, 270. — Philosophie de l'art du peintre : l'*Arcadie* de Poussin, 272. — Infériorité de la peinture antique sur la statuaire de la même époque, 274. — Deux genres de symbolisme à y distinguer, 277. — Esthétique de la peinture chez les anciens, 277. — Influence de la philosophie de Pythagore sur la peinture des Grecs, 278. — L'école latine la subit également, 279. — Notions générales sur le symbolisme de la peinture grecque, 280.—Caractère du talent dans Apelles; son tableau de *la Calomnie*, 280.— Belles inventions de son symbolisme, 282 ;— celui d'Aglaophon, 282, — de Néalcès, 283, — et de Mélanthe, 283. — Matérialisme des travaux d'Apelles, 283. — Spiritualisme de Zeuxis, 284.—Convenances symboliques de l'art religieux chez les anciens, 284. — Connexion nécessaire entre lui et les idées philosophiques qui en sont la vie, 285. — Cupidon, Psyché et le papillon des Grecs, 286. — La morale servie et outragée tour à tour par l'usage ou l'abus des allégories, 287.— Antiphile et son Gryllus, 288.— Caladès et son filet, 289. — Signatures et inscriptions symboliques des artistes anciens sur leurs œuvres, 289.

CHAPITRE XII.

Les couleurs.

Le symbolisme des couleurs trop ignoré à notre époque, 291. — Cet art mieux apprécié des anciens, 292. — Exemples donnés par le paganisme, 292; — autres tirés du Peuple de Dieu, 294. — Analyse d'un traité de M. Frédéric Portal sur ce sujet, 294. — Fondements sérieux et principes généraux de cette étude, 295. — Le blanc, 296; — ses diverses applications, 298. — Le noir; ses significations opposées, 299. — Motifs philosophiques de ces apparentes contradictions, 300. — L'art chrétien ne les a pas repoussées, 301. — Le jaune, 302. — Règle d'*opposition* des couleurs; sa raison et ses diverses données, 303. — Signification néfaste du jaune, 305. — Moyens d'éviter les erreurs qui naîtraient de cette opposition, 305. — Exemples pris du roux et du tanné, 306. — Le rouge, 307. — Règle d'opposition pour le rouge, 311. — Le bleu, 312. — Pourquoi il n'est pas soumis à la règle des oppositions, 316. — Du vert, et de ses caractères pris en bonne part, 317. — Pourquoi il symbolise l'Espérance, 319. — Ses applications dans le christianisme, 319. — Accception néfaste de cette même couleur, 322. — Usage fréquent et ingénieux qu'en fait l'art chrétien, 322. — Il y est donné maintes fois au démon, 323.

CHAPITRE XIII.

Les couleurs (suite).

Règles des couleurs mixtes, 325. — Le rose, 325. — Idées trop systématiques de M. Portal sur ce point, 326. — Il se renseigne mal de l'autorité biblique, 326. — Données de la mythologie sur cette même couleur, 327. — Règle d'opposition qui s'y rapporte, 327. — Réfutation de quelques erreurs, 328. — La rose et son symbolisme; la Rose d'or, 329. — Rareté du rose dans la peinture du moyen âge, 331. — L'hyacinthe, 331. — Le pourpre, 333. — Difficulté de distinguer les couleurs mixtes dans la peinture du moyen âge, 333. — Le violet, 334, — pris en signe de deuil, 334. — Costumes de couleurs différentes donnés au Sauveur, aux différentes époques de sa vie mortelle, 335. — Costumes de la sainte Vierge et des martyrs, 336. — Identité à cet égard de la peinture grecque et de celle de l'Occident, 336. — L'orangé, 337. — Le roux ou tanné, 338. — ses significations néfastes, 338. — Langage identique de la Bible, 339. — Singulier système que se fait M. Portal à propos de l'arbre de Jessé, 341. — Conséquences forcées par le même écrivain, 344. — Raison de certains costumes monastiques, 345. — Le gris ; erreur et vérité, 345. — Exemples de son emploi au moyen âge, 346. — Services que peut rendre à la science et à l'art le livre de M. Portal, 347. — On en doit conclure que l'art chrétien était déjà dans le symbolisme antique, 348.

CHAPITRE XIV.

Résumé et complément de la première partie.

Revue des preuves générales du symbolisme antique, 350. — Relations entre lui et la religion chrétienne, 351. — Transformation des éléments primitifs en éléments chrétiens, 352. — Nouvelle preuve de l'influence du sentiment religieux sur l'art païen, 354. — Caractère différentiel des deux grandes époques du spiritualisme, 355. — Types extrêmes de la beauté et de la laideur, 355. — Double principe du bien et du mal se partageant le champ des idées morales, 356. — Procédés à l'égard des idées abstraites passant des anciens aux modernes, 356. — Ces derniers popularisant le symbolisme dans les moindres expressions de la vie sociale, 357. — Nouveaux développements de la règle des oppositions, 358. — Différence entre le symbolisme de l'architecture antique et celui de la nôtre, 359. — Il est presque nul dans la première quant à la forme des monuments, 359. — Le temple de Salomon fait exception à cette remarque, 360. — Le temple chrétien, symbolique dans son ensemble, 362. — Alliance secrète et providentielle du symbolisme des anciens et de celui du christianisme, 362. — But multiple de l'Église dans l'adoption et l'emploi de ses symboles, 363. — Rôle nouveau fait au symbolisme dans l'art contemporain, 364. — Que l'art a sauvé le monde de l'athéisme, 365. — Il se purifie dans l'esthétique chrétienne, 366. — Caractère de son action sur la pensée humaine, 366. — Système symbolique de Dupuis ; une de ses allégories polythéistes expliquée en faveur de la loi chrétienne qu'il y veut renverser, 367. — Mérite surnaturel du symbolisme catholique : charme de ses enseignements, 369.

ERRATA.

P. 71, note 1ʳᵉ : *imitations*, lisez : *initiations*.

A

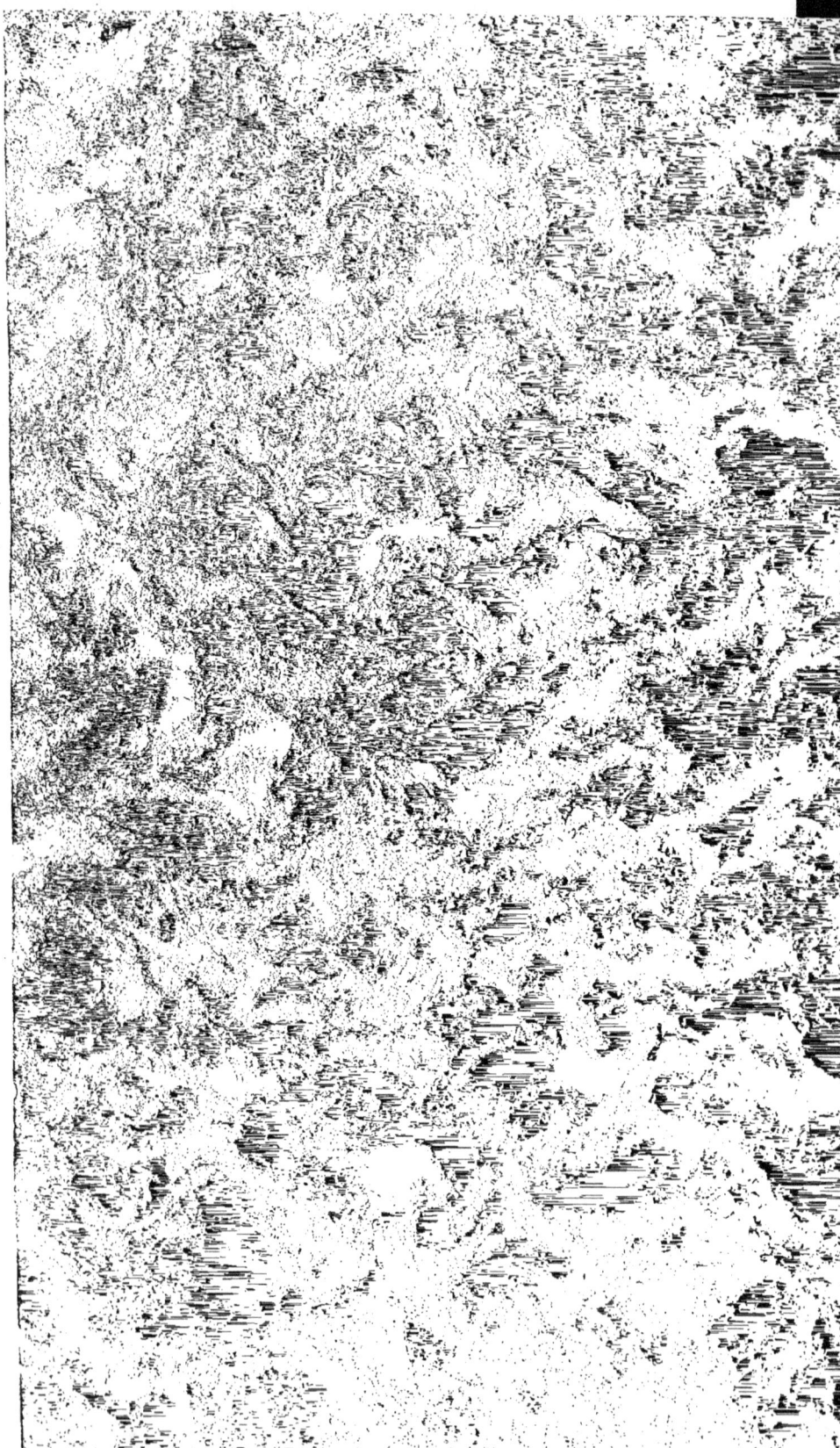

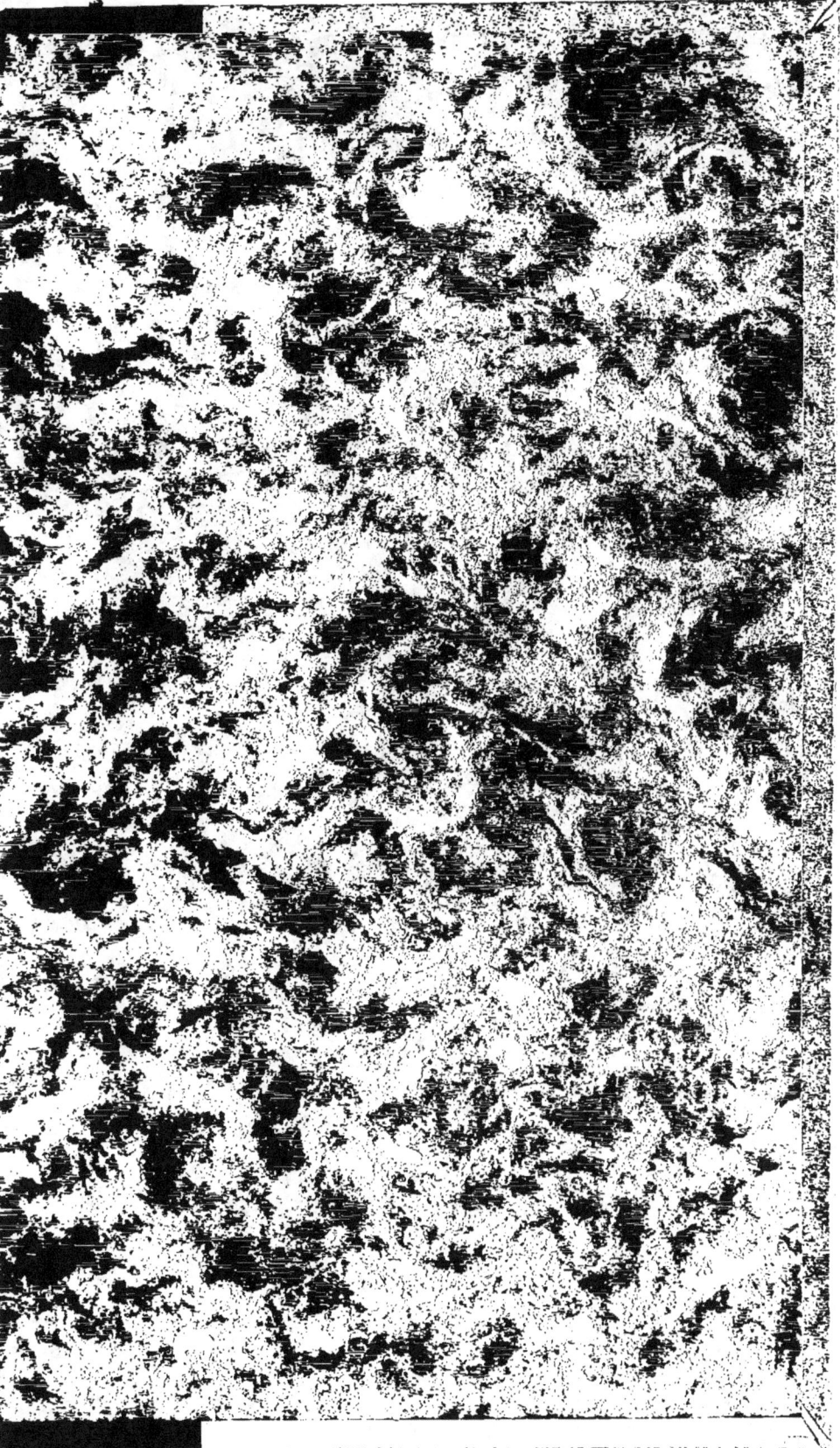

www.ingramcontent.com/pod-product-compliance
Lightning Source LLC
Chambersburg PA
CBHW052119230426
43671CB00009B/1044